잘나가는 도시의 성공비결

노잼도시 NO! NO!

나는 특화도시로 간다

김정렬

박영사

머리말

글로컬 특화도시는 세계적 보편성과 지역적 특수성을 결합한 도시이다. 경쟁과 협력의 조화롭고 역동적인 결합이 도시경쟁력의 원천이자 뉴노멀 추세이다. 한국적 정서에 기반한 대중가요나 드라마가 세계화 경쟁에서 성공한 것처럼 우리 도시도 굴뚝산업에 안주하는 노잼도시를 탈피해 세계인이 열광하는 매력도시를 창출해야 한다. 영국의 런던을 비롯해 맨체스터와 리버풀은 도시재생과 혁신클러스터를 결합해 매력적 테크도시로 변신했다. 하드파워 첨단기술과 소프트파워 문화예술의 적절한 혼합이 도시경쟁력을 증진한 것이다.

우리나라는 1995년 WTO 체제의 출범과 민선 지방자치의 부활로 글로벌과 로컬이 혼재된 글로컬화(Glocalization)의 도전에 직면했다. 아직은 국가의 영향력이 강하지만 창의적인 매력도시에 대한 요구와 기대가 늘고 있다. 글로컬 특화도시의 상대적 위치를 알려주는 양단에는 글로벌 지향 세계도시와 로컬 중시 슬로시티가, 중앙에는 혼합형 에코스마트시티가 위치한다. 경쟁과 흡수 지향의 글로벌에 근접한 테크노폴리스(Technopolis)와 공존과 자립 지향인 로컬에 근접한 애그로폴리탄(Agropolitan)도 쌍대비교가 가능한 글로컬 특화도시이다.

변화된 환경의 동향인 세계화와 지역화라는 복합적 상황에 대한 대응전략은 세계도시와 슬로시티의 혼합비율에 따라 다양한 특화도시가 가능하다. 각각의 특화도시가 달성하는 글로컬화 구현상태는 세계적인 것과 지역적인 것의 동시성을 인식하며, 세계적 획일성의 대항기제로 지역적 특수성을 반영한 새로운 가치를 창출한다. 기업에서는 맥도널드와 같은 세계적 브랜드의 현지화 전략으로 글로컬에 주목해 왔다.

세계 각국은 정보통신, 의료바이오, 물 등 첨단기술산업의 거점 마련에 주력하고 있다. 실리콘밸리를 비롯해 혁신클러스터나 테크노폴리스로 불리는 첨단기술도시는 높은 수준의 도시경쟁력을 확보했다. 당뇨병과 비만 치료제로 덴마크

글로컬 특화도시의 유형화

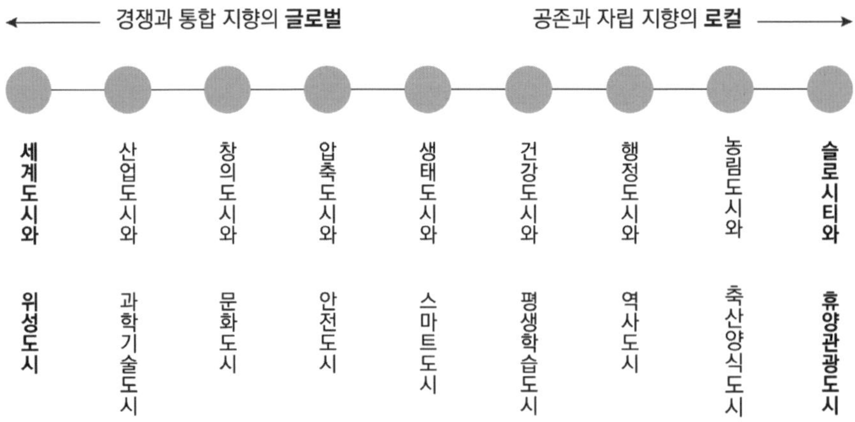

를 먹여 살리는 글로벌 헬스케어 기업 노보노디스크(Novo Nordisk)를 비롯해 북유럽 중소도시의 선전이 인상적이다. 에스토니아 탈린은 물론 북유럽의 소도시들도 IT 정보화 분야에서 인상적인 성과를 창출했다.

최근에 활력을 강화한 수원시의 홍보 문구처럼 살기 좋고 일하기 좋은 도시를 만들어야 한다. 평판이 좋아지면 자연스럽게 도시의 매력도가 증진된다. 생태와 교통 및 교육이 양호하면 티부의 가설처럼 인구가 증가한다. 세속적인 관심사인 집값이 상승할 확률도 높아진다. 물론 부동산 가격은 도시의 본질적 가치와 다른 경우가 많다. 한국에서 가장 살기 좋은 도시로 알려진 세종특별자치시나 송도국제도시도 주택시장을 교란하던 투기 수요가 줄어들자 가격이 안정되었다. 진짜 행복한 도시로 향하는 정상화 경로를 예시한 것이다. 행복한 시민이 열심히 일하며 지역에 안착하면 도시경쟁력이 증진되기 때문이다.

잘나가는 특화도시의 구현사례는 곳곳에 자리한다. 성공한 개인이나 기업을 배우는 것처럼 잘나가는 도시의 노하우도 제대로 학습해야 한다. 요즘은 국가가 도시의 성공을 배우는 시대이자 유능한 시장과 지사가 대권 후보로 부상하는 시대이다. 청년들이 취업과 승진의 관문을 통과하려면 역량을 강화하고 꿀팁도 확보해야 한다. 장사가 잘되는 맛집은 분명한 이유가 있다. 신선한 재료, 풍부한 양념, 친절한 접대, 깨끗한 매장 등 그 집만의 확실한 비결이 있다. 손님의 기호에 부응하려면 각종 노하우를 결집한 고객감동 패키지도 구비해야 한다.

그리스와 로마는 물론 중세도 도시의 전성시대였다. 아테네와 스파르타, 피렌체와 베네치아는 도시연합체를 결성해 서아시아 전제국가의 침입을 물리쳤다. 서로마의 후계자인 신성로마제국은 도시의 선제후들이 황제를 선출했다. 이러한 방식은 오늘날 독일연방의 작동원리이자 오늘날 스위스연방 대통령의 선출절차와 유사하다.

17세기에 절대국가는 권위주의적 통치를 강화했다. 이에 절대권력을 통제하려고 삼권분립과 지방자치 및 정당제도를 고안했다. 발전목표를 강화하려는 정부 간 관계의 역동성도 촉진했다. 도시행정 현장에서 분출하는 자치는 통치의 대항기제이자 보완기제이다. 글로컬 시대는 로컬거버넌스를 촉진하는 자율성을 중시한다. 관치와 통치라는 정부(Government)의 시대에서 자치와 협치라는 거버넌스(Governance)의 패러다임이 등장하면서 우수사례가 분출했다.

세계화와 지방화가 혼합된 글로컬화 또는 세방화 대응전략은 오래전부터 국정운영과 지방자치의 화두였다. 한동안 잠잠하던 글로컬 논의는 수도권과 지방의 양극화가 심화되면서 재조명되었다. 도시경쟁력이 국가경쟁력을 압도하는 시대를 맞이하여 한국의 도시들도 관리 중심의 소극행정을 탈피해 혁신 지향의 적극행정을 추구하고 있다. 우리 도시가 세계와 지역 모두가 인정하는 글로컬 경쟁력을 확보하려면 다국적기업과 국제행사의 유치는 물론 인구구조 변화나 다문화 포용에 유의해야 한다. 미래지향적인 도시는 도시특화, 지역재생, 도시재개발, 젠트리피케이션, 균형발전, 도시거버넌스 등에 주목해야 한다.

도시는 수많은 인재들이 집단지성을 발휘해야 진보한다. 에드워드 글레이저는 인적자본을 끌어들이고 결집시키는 도시매력도가 부와 행복을 좌우할 것으로 보았다. 인도 벵갈루루와 미국의 실리콘밸리는 도시의 인접성 · 친밀성 · 혼잡성을 극대화시키는 방식으로 기술혁신의 중심지로 부상했다. 도시발전은 인재유치를 촉진하는 행정과 정책의 선진화가 좌우한다. 국가나 도시의 문제해결 과정은 계획－실행－평가로 구분된다. 삼권분립의 논리를 반영한 굿거버넌스도 창의적 정책형성(입법), 관료제의 집행능력(행정), 확실한 부패통제(사법)가 요체이다. 싱가포르 정부는 역동적 거버넌스를 구현하려고 미리 보기, 다시 보기, 두루 보기를 실천해 왔다.

정부가 문제해결에 동원하는 양대 정책수단은 규제와 유인이다. 요즘은 인 · 허가처럼 강제적인 규제수단이 충분한 정보제공이나 유도적인 넛지(Nudge) 스타일로 변화하였다. 도시문제의 해결수단을 유형화하면 거시적·포괄적 정책수단과 미시적·선택적 정책수단으로 구분된다. 전자는 영미국가가 중시한 포괄적·자율적 거시경제정책 수단으로 조세·세출정책(낙후지역 우대, 이전재정 활용 등)과 금융정책(대출조건, 대출한도 등)이다. 후자는 서유럽과 동아시아가 선호한 선택적·개입적 산업정책 수단으로 노동이동정책(노동시장 유연화, 인구재배치 등)과 기업유치정책(산업단지 조성, 벤처기업 지원 등)이다.

요즘은 국내외 도시를 방송으로 배우는 시대이다. 다큐와 예능을 망라해 국내외 여행 프로그램이 만개했다. 유튜버나 톡파원이 안내하는 도시나 마을기행의 형식이다. 경주하듯이 여기저기를 들락거리며 스탬프를 찍거나 먹방에 심취한다. 하지만 자기성찰에 충실한 여행자라면 도시의 내면을 탐사하고 심층비교도 시도해야 한다. 깊이 있는 지식을 전달하는 일에 최적화된 책도 여행처럼 재미를 겸비해야 한다. 이에 본서는 사회과학적 비교의 엄밀성을 추구하면서도 흥미로운 여행스타일 기술로 독자들의 관심을 유도하고자 한다.

우리는 600대 도시가 세계 총생산의 70%를 차지하는 시대에 살고 있다. 글로컬 특화도시로 도약하려면 산업, 문화, 관광, 휴양 등 성공비결을 학습해야 한다. 단순히 그 도시가 성취한 결과보다 준비나 집행의 노하우에도 착안해야 한다. 시장의 변혁적 리더십, 관료제의 안정적 정책집행, 도시정책의 결정구조, 이해관계자의 지원을 유도하는 협력체제, 역사문화 유산의 우수성, 생태환경의 보존 등이 대표적이다.

갈수록 치열해지는 도시 간 경쟁에서 생존을 담보하려면 확실한 해법이 필요하다. 물론 잘나가는 도시의 성공비결은 모든 도시가 준수할 철칙은 아니다. 하지만 역사의 흐름과 도시의 유형이라는 종횡단 비교를 통해 도출한 핵심성공요소를 신축적으로 결합하면 난제의 해결도 촉진된다. 최근에 개성을 중시하는 지역학 연구의 연장선상에서 로컬리티(locality)나 어바니티(urbanity)에 주목하는 학제적 논의가 부상한 일도 고무적이다.

나는 소장학자 시절에 주로 국가를 탐구하고 비교했다. 하지만 21세기의 개막을 전후해 도시연구로 전환했다. 시대의 새로운 요구에 부응한다는 사명감과 지방공기업평가원 근무라는 현실적 필요가 크게 작용했다. 2001년 대구대로 자리를 옮긴 후에는 도시행정학과 교수로서 관련 교과목을 개발하고 강의했다. 인사혁신처가 주관한 7급 지방직 지역개발론의 문제선정 위원으로 여러 차례 참여한 일도 특화도시의 동향과 쟁점 파악에 유용했다. 현대 도시를 탐구하는 주제는 다양하다. 최근에 문화예술 비평과 인문학적 성찰이 트렌드지만 행정학자인 나의 관심사는 지역재생과 특화발전이다. 잘나가는 도시를 구축하는 기획과 창조의 스토리에 주목한 것이다. 국내외 지역개발 현안을 비교하면서 흥미와 재미, 교양과 상식을 유도하려고 여행 작가의 생생한 관점도 접목하고자 한다.

이 책을 마무리하는 시점에 필자와 〈비교발전행정론〉을 공저한 이도형 교수님이 〈소멸시대의 지역활성화와 도시사랑법〉을 출간한 소식을 접했다.* 이 책은 내발적 발전과 탐구적 도시 걷기라는 체험적이고 창의적인 방식으로 지역소멸 해결책을 제시했다. 애향심에 기반한 시민의 관심과 열정은 지역사 아카이브나 지역지도 그리기의 원동력이다. 시민과 소상공인이 참여하는 마을기업과 소비자가 의료, 육아, 급식 등을 해결하려고 만드는 생활협동조합에도 주목했다. 더불어 북반부 선진도시의 비결을 탐구하는 과정에서 시민보다 시청에 주목한 나의 책에 대한 보완적 성격도 지닌다.

나도 기회가 된다면 남반부 스타일 도시를 대상으로 〈느리지만 견고한 도시의 생존비결〉이라는 책에 도전할 계획이다. 관찰대상 지역과 도시를 찾아가 체류하면서 깊이 있게 내면을 살핀다면 도시발전의 본질과 미래에 대한 성찰과 교훈을 도출할 수 있을 것이다.

마지막으로 이번에 출간한 책 〈잘나가는 도시의 성공비결〉의 집필 과정에서 조언과 격려를 해 주신 지인과 동료에게 감사를 드리고 싶다. 특히 대구대 고동우, 차의과학대 정지형, 대진대 송성숙, 안산대 최라영, 장성희 박사, 강주현 박사 등은 책 체제와 문구를 수정하는 아이디어를 제공하는 수고를 마다하지 않았다. 더욱이 어려운 여건에도 불구하고 출판기회를 마련해 주신 박영사 관계자 분들에게도 감사의 말씀을 드린다. 미약한 책이지만 도시의 미래를 준비하는 다양한 분들에게 다소나마 도움이 되기를 기대해 본다.

2025년 7월

김정렬

---

* 이도형. (2025). 소멸시대의 지역활성화와 도시사랑법. 한국학술정보.

차례

제2장
북미의 특화도시: 미국과 캐나다

제3장
유럽의 특화도시: 시장과 공동체 및 엘리트 주도

제4장
아시아 특화도시: 유불선과 이슬람 및 힌두교 지대

제5장
남반부 특화도시: 중남미와 아프리카 및 대양주

제6장
한국의 특화도시: 수도권과 영남권 및 호남 · 충청 · 특별자치권

에필로그: 차세대 도시경쟁력과 글로컬 특화도시

프롤로그
: 글로컬 특화도시를 만들어야 한다

1. 도시란 무엇인가

도시의 개념은 가변적이다. 한적한 시골에 비해 도시는 인구가 밀집한 곳이다. 농산어촌보다 공장과 사무실이 밀집된 제조업과 서비스업 지대를 관장한다. 한자어로 도시(都市)는 정치·행정의 중심지인 도(都)와 경제·상업의 중심지인 시(市)가 결합된 의미이다.

나라마다 도시를 허가하는 기준은 인구적, 물리적, 경제·사회적, 중심지적 기능을 충족해야 한다. 가장 대표적인 인구 기준은 수천 명에서 수만 명까지 다양하다. 도시의 면적이 자연적으로 형성된 마을이나 취락의 면적을 넘지 않는 서구권 도시들은 도시의 인구가 상대적으로 적은 편이다. 하지만 중국이나 일본처럼 전체 인구가 많고 도시의 광역화가 보편적인 나라에서는 수백만 명 규모의 대도시가 흔한 편이다. 우리나라에서 시·읍으로 승격하려면 도시의 형태를 갖추고 시는 인구 5만 명 이상, 읍은 인구 2만 명 이상이 되어야 한다. 이러한 도시의 특징은 농산어촌에 비해 전문적이고 이질적인 비농업 인구가 많고 공동체 지향의 근린의식이 희박하다는 점이다.

우리나라의 광역자치단체는 17개 시·도(특별시 1개, 광역시 6개, 도 7개, 특별자치시도 3개)지만 생활권을 고려한 광역권은 수도권(경기인천과 서울), 동북권(대구경북과 강원), 동남권(부산·울산·경남), 특별자치권(제주와 세종), 충청권(대전충남과 충북), 호남권(광주전남과 전북), 통일회복권(북한과 연변요동) 등으로 구분이 가능하다. 또한 도시로 통칭하는 기초자치단체 시·군·구는 226개(시 75개, 군 82개, 구 69개)

이다. 우리나라와 유사한 일본의 행정구역도 광역 도·도·부·현과 기초 시·정·촌으로 구분된다. 광역은 1개의 도(都), 1개의 도(道), 2개의 부(府), 43개의 현(県) 등 47개이다. 일본의 8대 지역은 홋카이도(北海道), 토호쿠(東北), 간토(関東), 추부(中部), 간사이(関西), 추고쿠(中国), 시코쿠(四国), 큐슈(九州)와 오키나와(沖縄) 등이다.

도시가 농촌과 구별되는 특징은 집단성, 결절성, 비농업성이다. 우선 집단성의 기원은 다양하지만 피라미드나 공중정원을 건설한 고대 문명에서 시작되었다. 또한 결절성은 도시의 중심지와 주변부가 상호작용하면서 필요한 물자와 서비스를 충전해 진보한다는 것이다. 그리고 비농업성은 2차나 3차산업에 종사하는 비농업 인구가 농업 인구보다 높은 비중을 차지한다는 의미다.[1)]

모든 도시는 일정 수준 이상의 물리적인 하드웨어적 요소와 생활적인 소프트웨어적 요소를 지닌다. 도시를 의미하는 단어에는 시티(city)와 어반(urban)이 있는데, 전자가 하드웨어를 강조하는 반면에 후자는 소프트웨어를 중시한다.[2)] 기술의 진보가 도시의 높이나 안전과 직결된 문제라면 문화의 다양성은 도시생활의 폭과 깊이를 규정한다. 세종시나 캔버라 같은 신생 계획도시는 공항과 공원 같은 하드웨어에 치중하지만 파리나 볼로냐 같은 역사도시는 박물관이나 대학이라는 소프트웨어를 중시한다.

서기 1000년 당시에 지구촌을 대표하는 3대 세계도시는 송나라 수도인 카이펑, 지금의 이스탄불인 콘스탄티노플, 무어인 도시인 코르도바였다.[3)] 서기 2000년 뉴밀레니엄을 전후해 세계도시의 패권은 런던, 뉴욕, 도쿄가 주도했다. 지금도 서진을 계속하는 세계도시의 신흥 강자는 서울을 비롯해 중화권 도시인 베이징, 상하이, 홍콩, 싱가포르와 인도권 도시인 뉴델리, 뭄바이, 벵갈루루 및 아랍권 도시인 두바이, 아부다비, 리야드, 도하가 주목을 받고 있다.

세계 각국의 도시화가 진전되면서 도시 지역에 인구가 집중하는 현상과 도

---

1) 한국도시지리학회. (2020). 도시지리학개론. 법문사. p.4.

2) 최현희. (2024). 사랑받는 도시의 선택. 헤이북스. p.17.

3) 데구치 하루아키 저, 김수지 역. (2019). 도시의 세계사. 문학사상.

시적 생활양식이 폭넓게 확산되는 흐름이 중층적으로 발생하고 있다. 지금은 세계인구의 50%가 도시에 거주하지만 2050년에는 70%로 증가할 것이다. 종주도시화는 산업 및 인구가 하나 또는 몇 개의 대도시에 집중하는 현상이다. 반면에 가도시화(dis-urbanization)는 우리나라의 해방직후 시기처럼 도시인구의 증가 속도가 도시산업 성장속도보다 빠르게 나타나 도시인구의 상당수가 비공식 경제부문에 종사하면서 불량 주거지를 형성하는 현상이다. 인구가 도시에서 비도시지역으로 이동하는 역도시화(counter-urbanization) 현상도 종종 발생한다. 나아가 선진국에서는 급격한 도시화의 한계를 극복하는 대안으로 제로성장이나 저성장을 표방하는 슬로시티 운동이 발생하기도 한다. 베네치아나 교토로 대표되는 유명 관광지에서 오버투어리즘의 폐해를 완화하는 규제대안으로 관광세나 체류세를 부과한 일이 대표적이다.

20세기 이후 미국에서 자동차 보급에 따른 교외 주거지의 급속한 확장은 도심지의 슬럼화를 촉진하였다. 새로운 교통수단인 자동차가 스프롤(sprawl) 현상을 심화시키자 이를 타개하는 대안으로 1980년대부터 근린으로 돌아가자는 모토를 제시한 뉴어바니즘(New urbanism)이 등장했다. 압축도시나 플랫폼시티는 대도시 외곽이나 농어촌의 난개발을 해소하려는 정책수단인 것이다.

미국처럼 우리나라도 도시의 지위를 획득하지 못했지만 읍·면 중심지의 인구밀도가 높고 도시적 근린주구의 척도인 마트나 공동시설을 구비한 곳들이 늘고 있다. 더욱이 정부보조금 지원이나 대학입학 특례를 유지하려고 도시 승격을 의도적으로 늦추는 곳들도 있다. 이러한 사정을 감안한다면 도시는 지방자치 구역의 보편적 형태로서 국가에 필적하는 지위를 확보한 것으로 평가할 수 있다.

미국의 연방체제는 연방-주-지방이라는 3개 층으로 구성된 종래의 계층적 연방체제(layer cake federalism)에서 서로 대등한 협조적 연방체제(cooperative federalism)로 전환되었다. 이에 따라 주정부나 지방정부에 대한 연방정부의 통제도 명령 위주에서 설득 방식으로 변화했다. 또한 카운티(county), 시(municipal), 읍(township), 특별구(special district) 등으로 이어진 지방정부의 재조직화도 활발한 편이다.

우리는 다시 국가에서 도시로의 패러다임 전환을 목격하고 있다. 구체적 변화의 양상으로는 하향식(Top-down)에서 상향식(Bottom-up)으로, 불균형발전에서 균형발전으로, 개발정책에서 복지정책으로, 하드파워에서 소프트파워로의 변화가 이루어지고 있다. 결국 중앙정부의 보조금에 의존하던 기존의 지방자치를 탈피해 활기찬 시민경제와 적극적 투자유치로 자치경영의 성과를 창출해야 한다.

사회과학의 분과인 경제학·경영학과 정치학·행정학은 공공성에 대한 대비적 이해를 촉진해 왔다. 방임적인 자유시장 관점은 개입적인 파시즘, 뉴딜정책, 공산주의 등을 터부시한다. 반면에 개입적인 중앙기획 관점은 시장과 사회의 실패현상에 주목하면서 철인이나 계몽군주의 지도를 용인한다.

일본, 싱가포르, 중국 등은 공공부문이 주도적 역할을 수행한 신중상주의 국가이다. 반면에 영국, 미국, 영연방은 민간부문의 활동이 활발한 신자유주의 국가다. 독일, 프랑스, 북유럽은 제3섹터의 전통이 강한 공동체주의 국가다. 즉 공(public)과 사(private)라는 양 극단을 전제한 상태에서 양자가 혼합된 중간지대를 설정할 수 있다.

국가와 마찬가지로 도시도 공사의 상대적 강도에 따라 유형화가 가능하다. 금융자본이 자율성을 누리는 뉴욕과 런던, 관의 묵시적 압력인 행정지도가 통하는 베이징과 싱가포르, 협동조합처럼 공동체가 활성화된 볼로냐와 프라이부르크 등으로 유형화가 가능하다. 유사한 측면에서 전통적 산업도시나 행정도시는 동아시아 지역에서 자주 목격된다. 반면에 역동적인 세계도시나 기술도시는 영미 지역이 선도해 왔다. 나아가 미래지향적인 생태도시나 창조도시는 유럽에서 태동한 도시다.

신은 자연을 만들었고 인간은 도시를 만들었다는 영국 시인 쿠퍼의 서사처럼 인간이 만든 도시는 신이 만든 자연과 구별된다. 인공적인 도시는 자연의 하모니와 달리 불협화음의 연속이다.[4] 도시의 복잡한 갈등과 난제를 해결하는 것이 도시행정의 과제이자 인류의 미래를 좌우할 중대사다. 도시는 시민의 행복을

4) 김천권. (2017). 현대 도시개발. 대영문화사. p.3.

증진하기 위해 다양한 서비스를 제공한다. 근린생활시설인 학교나 공원은 물론 공공기반시설인 상하수도나 교통망도 필수적이다. 기업이 만드는 일자리를 비롯해 상가나 레저도 도시경쟁력을 좌우하는 핵심적 요소다. 나아가 이러한 노력이 결합해 문명과 진보를 이룩한다.

과거의 성공이 미래의 성공까지 보장하는 것은 아니다. 우리는 기후변화나 인구소멸과 같은 새로운 도전에 직면해 있기 때문이다. 탈산업사회로 진입한 미래도시가 추구할 핵심가치로 도시행정학자들은 지속가능성, 혁신성, 사회적 포용성, 문화적 다양성, 안전성, 건강성, 회복탄력성 등에 주목하였다. 가치와 실용, 유토피아와 디스토피아, 하드웨어와 소프트웨어 등을 결합해 지속가능성을 유지하려면 에너지, 물, 자원 등을 절약하는 한편 재생에너지로 자원순환도시를 구축해야 한다. 또한 스마트시티, 인공지능, 빅데이터 등 혁신적인 기술과 서비스를 도입해 도시 인프라와 서비스를 효율적으로 관리해야 한다.[5]

오늘날 지역경제 활성화의 주요 이슈는 성장동력, 특화산업, 특구, 향토산업, 재래시장, 클러스터, 지식, 과학기술 등이다. 지역마케팅의 성패를 좌우하는 핵심 변수는 지역이미지, 공동브랜드, 축제, 스포츠 마케팅, 문화산업, 관광기념품 등이다.[6]

도시는 기능, 규모, 지리, 구조 등에 따라 다양한 유형으로 분류된다. 기능별 분류는 산업도시, 상업도시, 행정도시, 문화도시, 관광도시, 교육도시, 교통도시, 항만도시, 교역도시, 물류도시, 유흥도시 등이다. 규모별 분류는 대도시, 중소도시, 소도시 등이다. 지리적 분류는 내륙도시, 해안도시, 산악도시, 사막도시 등이다. 구조적 분류는 단핵도시, 다핵도시, 단핵과 다핵이 혼합된 삼핵도시 등이다. 법제적 분류는 특별시, 광역시, 특례시, 지정시[7] 등이 있다. 전문적인

5) 박광국 · 채원호 편. (2024). 도시의 미래: 진단과 처방. 박영사.

6) 모성은. (2010). 지역경제 정책론. 박영사.

7) 일본은 기초자치단체 시정촌 중 인구 50만 명 이상의 도시에 대해 광역자치단체인 도도부현에 상응하는 일부 기능을 허용하는 지정시 제도를 운영한다. 우리나라도 인구 50만 명 이상의 도시에 행정구를 설치할 수 있도록 특례를 허용하는 한편 인구 100만 명 이상의 특례시는 시정연구원 설치 등 광역자치단체의 권한에 준하는 권한까지 허용하고 있다.

특성별 분류는 역사적 특성(고대도시, 중세도시, 현대도시), 경제적 특성(금융도시, 기술도시, 자원도시), 사회적 특성(위성도시, 계획도시, 슬럼도시) 등으로 세분화가 가능하다.

하지만 여기에서는 도시발전전략에 초점을 부여한 특화방안에 주목하였다. 현대 도시는 다양한 기능을 수행하지만 대학이나 기업처럼 특성화를 추구한 도시가 늘고 있다. 시민들이 만들어가는 도시의 모습도 다양하다. 소위 잘나가는 도시의 전형인 세계도시에서 반도시화 기조를 견지하는 슬로시티라는 양 극단 사이에 압축도시, 과학도시, 창조도시, 문화도시, 관광도시, 교육도시 등 다양한

특화도시의 유형과 사례

특화도시 유형	특화도시 유사사례	해외 구현도시 사례	국내 구현도시 사례
세계도시	메트로폴리스, 메트로폴리탄 연합도시, 메가시티, 메가시티 리전	런던, 뉴욕, 도쿄, 베를린, 모스크바, 파리, 토론토 연합도시	서울, 경인특별시 구상, 부울경 메가시티, 대구경북특별시 구상
위성도시	전원도시, 베드타운, 에지시티	레취어스, 웰윈, 밀턴킨스, 요코하마	부천, 성남, 고양, 의정부
압축도시	에지시티, 플랫폼도시, 농도지구	스트라스부르, 도야마, 캘거리	용인, 동탄, 김천, 나주
과학기술도시	테크노폴리스, 스마트도시, 안전도시	실리콘밸리, 싱가포르, 보스톤, 쓰쿠바, 본	대전 대덕밸리, 판교, 광교, 송도
산업도시	항구도시, 굴뚝도시, 경제자유구역	디트로이트, 뉴캐슬, 선전, 글래스고, 로테르담	울산, 창원, 포항, 구미, 거제
창의도시	예술도시, 음악도시, 역사도시, 문화도시	빌바오, 바르셀로나, 니스, 교토, 로마	통영, 안동, 목포, 경주, 공주,
생태환경도시	녹색도시, 친수도시, 건강도시, 보행도시	쿠리치바, 프라이부르크, 닥사이드 그린, 토론토(건강도시)	춘천, 에코델타시티, 상주(자전거도시), 무주(건강도시)
행정역사도시	대학도시, 성곽도시, 평생학습도시	캔버라, 쿠알라룸프르, 하이델베르크, 옥스퍼드	세종시, 전주, 경산, 해미읍성, 낙안읍성
관광휴양도시	전시·컨벤션도시, 힐링도시, 테마파크도시	라스베가스, 올랜도, 세도나, 베르켄	제주, 경주, 신안, 유성, 온양
농림축산도시	애그로폴리탄, 어항도시, 축산도시, 과수단지	덴버, 라팜파(방목), 발렌시아(오렌지), 암스테르담, 시드밸리	새만금(간척지), 김천(포도), 논산(딸기), 태백
슬로시티	공동체도시, 휴양도시, 행복도시	오르비에토, 라다크, 샹그릴라, 카를스루에	청산도, 증도, 악양, 단양, 영월

특화도시가 위치한다. 그리스 학자인 독시아딕스(1968)는 인간의 생활공간을 규모의 연속체로 보아 15개 유형으로 분류하였다. 1단계 개인에서 1,500명 인구의 6단계 근린지구(neighborhood)는 도시형성 이전의 생활공간이고, 9,000명 인구의 7단계 소도읍부터 15단계 세계도시는 도시적 생활공간이다.

물론 특화도시가 종적인 단선화 전략을 추구하는 것은 아니다. 미래사회가 종과 횡을 겸비한 융합인재를 요구하듯이 특화도시도 네트워크나 클러스터의 유용성을 구현해야 한다. 전통적인 제조업 도시들은 규모의 경제를 확보하려고 특정 산업의 밀도를 증가시켰다. 하지만 지식정보사회의 경쟁력은 헬싱키시가 전공별로 특성화된 대학을 통합한 것처럼 이종 교류에 기인한다.

전통적으로 우리나라의 산업정책은 시대별로 특화산업을 육성하는 입지를 제공하는 일에 주목했다. 1960년대의 섬유(대구) · 봉제(구로), 1970년대의 철강(포항) · 기계(창원) · 전자(구미) · 석유화학(울산), 1980년대의 부품소재(반월 · 시화 · 남동), 1990년대 이후의 반도체(수원) · 자동차(울산) · 정보통신(서울디지털) 등이 대표적이다. 하지만 산업입지별 전문화는 산학연 연계나 연구개발 인프라가 취약해지는 결과를 초래했다. 실제로 구미나 창원의 경우 미국의 실리콘밸리나 핀란드 울루에 비해 클러스터링이 미약한 것으로 나타났다.

2. 도시경쟁력의 결정변수

도시경쟁력 모델은 도시의 혁신 노력과 성과를 총체적으로 평가하고 비교하는 방법론이다. 도시경쟁력은 수많은 정책혁신 노력의 총합이라는 점에서 메타 정책의 의미도 지닌다. 메타 정책은 개별 정책의 생명주기인 형성－집행－평가라는 정책과정 전반을 포괄한다. 더불어 특화도시의 핵심성공요소는 도시경쟁력을 좌우한 결정적 변수를 의미한다.

변화된 환경의 동향인 세계화와 지방화라는 중층적 상황에 대한 대응전략은 글로벌 지향 세계도시와 로컬 지향 슬로시티의 혼합비율에 따라 다양한 특화도시를 상정한다. 실제로 국내외 도시들은 미래의 도시경쟁력과 직결된 특화도시 청사진을 준비해 왔다. 각각의 특화도시가 달성하는 글로컬화 구현전략은 세계적인 것과 지역적인 것의 동시성을 인식하며, 세계적 획일성의 대항기제로 지역적 특수성을 반영한 새로운 가치를 창출한다. 경영학에서는 맥도널드와 같은 세계적 브랜드의 현지화 전략으로 글로컬에 주목했다.

정책의 성패나 도시경쟁력의 수준을 좌우하는 변수는 미시적인 행위, 중범위적인 제도, 거시적인 구조로 구분된다. 축구의 성패를 좌우하는 핵심 변수에 비유하자면 선수 개인기와 팀의 조직력 및 외부 환경인 경기장 사정이 대표적이다. 부연하면, 구조는 역사의 유산이나 지리적 특성처럼 도시에 부과된 제약환경이다. 파리나 경주가 사찰, 박물관 등 역사적 유산이 풍부한 도시라면 인천과 텐진은 대도시 인근 항구로 항만, 도로 등 도시 인프라가 양호한 곳이다. 제도는 공식적 규정(법규나 조직)과 비공식적 연계(정책네트워크나 관행)로 구분된다. 지방자치법이 규정한 중앙정부의 지원과 규제 수단이나 인접 도시와의 협력체제 구축사례가 대표적이다. 행위는 시장의 리더십과 시민의 역량이 대표적 요소다. 시민의 호응을 유도하는 시장의 변혁적 리더십과 교육수준이 높은 창의적 시민은 도시발전과 직결된 문제이다. 결국 운칠기삼으로 성패가 갈리는 화투와 달리 도시의 성패를 좌우하는 변수는 상대적으로 복잡하고 역동적이다.

도시경쟁력의 강화와 약화원인

- 행위적 원인(미시적 변수): 양호한 개인역량, 개인의 결정오류--> 선수 개인기
- 제도적 원인(중범위 변수): 협력적 제도설계, 정부의 정책실패--> 팀의 조직력
- 구조적 요인(거시적 변수): 호의적 외부환경, 불리한 상황전개--> 경기장 사정

도시경쟁력과 마찬가지로 경제발전과 국가경쟁력을 좌우하는 요소도 다양하다. 우선 경제발전의 3대 변수는 노동, 자본, 기술이다. 노동에 의한 발전은 농어촌 인구의 도시유입이나 외국인 노동자의 해외이주가 대표적이다. 산업혁명 초기 영국 농촌에서는 지주들이 밀 재배보다 양 사육을 선호하는 엔클로저 운동이 발생하면서 일자리를 상실한 농민들이 도시의 방직산업 노동자로 진출했다.

20세기 후반 일본과 한국에 외국인 산업연수생 신분의 노동자들이 이주해 왔다. 자본에 의한 발전은 저축과 차입으로 투자금을 확보하면서 시작된다. 미국의 대기업 체제(철강, 석유), 소련의 스탈린체제(기계, 군수), 일본과 한국의 재벌체제(조선, 자동차) 등이 대표적 구현사례이다. 기술에 의한 발전은 학습과 혁신의 결과물이다. 영국의 방직산업과 증기기관, 미국의 전기와 정보통신, 이스라엘 드론과 싱가포르의 여과필터 등이 구현사례이다. 나아가 전략적 선택의 측면에서 산업화 초기에 정부주도 방식을 채택한 소련, 일본, 한국 등은 집중적으로 투입이 용이한 노동이나 자본에 의한 발전을 추구하면서 기술혁신 성과에서 애로를 경험하기도 했다.

국가경쟁력의 원천은 사상과 사고의 유연성, 사유재산제의 인정, 시장경제의 채택, 과학기술 수준, 자본시장, 대량생산과 소비지역 등이다. 이러한 요건을 가장 먼저 구비한 나라는 영국이지만 가장 효율적으로 구현한 국가는 미국이다. 소련과의 체제경쟁으로 국력을 소진하고 금본위제의 한계에 봉착한 미국식 국정운영방식의 한계를 입증한 사례가 아시아 안보 자강론을 촉구한 1969년 닉슨독트린과 미국발 금융위기인 2008년 리만브라더스 사태다. 물론 미국이 영국의 전성기인 19세기 후반 빅토리아 시대에 비견되는 시점을 아직 맞이하지 않은 것일지도 모른다. 중국이 세계사를 선도하는 문명국이 아니라 덩치 큰 빠른 추격자에 불과하다면 새로운 질서와 규칙의 설정자로서 미국의 세계리더 역할은 앞으로도 지속될 것이다.

정책변수인 정부의 효율성과 기업의 생산성도 도시경쟁력 확보와 직결된 문제다. 대규모 공식조직이라는 공통점을 지니는 정부와 기업은 서로 벤치마킹이 용이한 존재다. 따라서 미국의 성장을 주도한 선도기업의 전략을 차용하면 한국 도시의 경쟁력 강화에 유용하다. 이를 반영하는 모범사례가 첫째, 디지털화에서 가치를 포착한다. 둘째, 연구개발, 지식재산권, 직원역량 같은 무형자산에 적극적으로 투자한다. 셋째, 미래기술 활용에 필요한 숙련된 인재를 양성해 인재전쟁에서 승리한다. 넷째, 새로운 시장에 접근해 이해관계자들과 창조적으로 협업할 수 있는 기회를 모색하는 등 시스템적 사고방식을 채택한다.

한편 기존에 제시된 도시경쟁력 모델은 대부분 수십 개의 지표를 조합해 점수나 지수로 전환하는 방식이다. 물론 형성과 집행보다 성과에 주력하는 도시경쟁력 모델도 도시의 공과에 관한 정보를 제공한다는 점에서 중장기 발전전략 수립에 긴요하다. 정량지표를 지수화한 도시경쟁력 모델의 대표적 사례로는 Oxford Economics'의 Global Cities Index, 모리기념재단의 Global Power City Index (GPCI), Mercer의 Quality of Living City 등이 있다.

옥스퍼드 이코노믹스의 글로벌 도시지수(Global Cities Index)는 경제, 인적자본, 삶의 질, 환경, 거버넌스 등 5가지 범주 및 27개 세부 지표로 측정한다. 평가결과는 1위 뉴욕에 이어 2위 런던, 3위 새너제이, 5위 파리 등에 이어 시애틀, 로스앤젤레스, 샌프란시스코, 멜버른, 취리히가 10위권이다. 아시아에서는 도쿄 4위, 서울 41위. 싱가포르 42위, 타이베이 65위, 홍콩 76위, 오사카 91위, 선전 206위였다.[8]

일본 모리기념재단 도시전략연구소의 세계도시 종합경쟁력(Global Power City Index: GPCI) 평가는 경제, 연구개발, 문화교류, 거주, 환경, 교통접근성 등 6개 분야 70개 지표로 평가한다. 평가결과 런던 1위, 뉴욕 2위, 파리 3위, 도쿄 4위, 싱가포르 5위, 서울 6위로 나타났다.[9] 서울시의 순위상승은 연구개발, 교통접근성, 거주 분야 덕분이다. 연구개발 분야는 연구자 수와 학문적 성과에서 강점을 보였다. 교통접근성은 기후동행카드를 도입해 대중교통 수요를 유인한 일이 주효했다. 거주 분야는 공공임대주택 부족으로 절대적으로 취약한 분야이지만 모아타운을 활용한 소규모 재개발·재건축 활성화가 기대된다. 모아타운은 신축과 구축 건물이 혼재돼 있어 대규모 재개발이 어려운 10만㎡ 이내 노후 저층 주거지를 하나의 그룹으로 모아 지역단위로 정비하는 방식이다.[10]

Mercer의 2023년 도시 삶의 질 10위권 순위는 빈, 취리히, 오클랜드, 코펜하겐, 제네바, 프랑크푸르트, 뮌헨, 밴쿠버, 시드니, 뒤셀도르프 등이다. 아시아

---

8) https://www.oxfordeconomics.com

9) https://mori-m-foundation.or.jp

10) 정종호. (2025). 주목 받는 서울 도시경쟁력 상승. 세계일보. 2025.01.01.

도시는 싱가포르 29위, 요코하마 47위, 도쿄 50위, 홍콩 77위, 서울 81위, 타이베이 82위 등을 기록했다.[11)]

지역경쟁력지수(RCI)는 유럽연합의 분석틀을 활용해 우리나라 자치단체의 경쟁력을 평가했다. 분석대상 세부지표는 기본 역량 19개, 효율성 역량 13개, 혁신 역량 13개로 구성되어 있다. 여기의 조사결과도 수도권과 비수도권, 대도시와 중소도시 간의 심각한 격차를 보여준다. 다만 연도별로 자치단체 간의 순위 이동이 비교적 활발하게 이루어졌다는 점에서 핵심 변수인 정책역량의 중요성을 시사한다.[12)]

김정홍은 지역경쟁력을 좌우하는 요인과 지역 간 격차를 발생시키는 요인을 분석해 시사점을 도출했다. 기초자치단체를 대상으로 지역경쟁력의 원천을 기업부문, 산업부문, 입지부문, 정책부문으로 나누어 함의를 도출하였다. 기업부문에서는 노사관계의 안정성이 매우 높게 평가된 반면에 R&D투자 및 연구인력 정도는 지역별로 인식의 차이가 존재했다. 산업부문에서는 지역 내 대표산업의 존재를 전 지역에서 매우 높게 평가한 반면에 지식기반산업의 존재는 지역 간에 인식의 차이가 존재했다. 입지부문은 쾌적한 자연환경을 높게 평가한 반면에 인프라 접근성 및 우수성은 인식 차이가 존재했다. 정책부문은 단체장의 역량을 전 지역에서 높게 평가했지만 지역 간 평가의 격차가 크지 않았다.[13)]

선행연구를 토대로 본서는 지수화된 정량적 성과는 물론 정성적 노력을 결합하는 도시경쟁력 모델을 설계하였다. 구조(거시)－제도(중범위)－행위(미시)를 연계한 방법론과 정책형성(Plan)－정책집행(Do)－정책평가(See)를 망라한 정책과정을 투영한 총체적 도시경쟁력 모델의 핵심 구성요소로 정책추진체제, 정책집행수단, 지역경제, 시민행복, 도시매력을 제안하고자 한다. 일례로 정책형성 단계에서의 상반된 이해관계를 조정하는 소통과 기획능력이 필수적이다. 또한 막대한 사업비가 소요되는 정책집행 단계에서는 재원조달과 사업홍보가 필수적이다. 나아

11) https://www.mercer.com
12) 배지현 · 배한이. (2023). 지역경쟁력 현황 및 시사점. 한국은행 대구경북본부.
13) 김정홍. (2010). 우리나라 지역경쟁력의 평가와 시사점. 산업연구원. 산업경제정보(490).

가 우수사례로 도약하는 첩경인 정책평가의 요소는 양, 질, 격으로 구분된다.[14)]

최은수의 모델은 도시경쟁력 3대 결정요인인 풍(豊, Wealth)－화(和, Harmony)－격(格, Premium)을 Maslow의 단계별 충족전략에 주목했다.[15)] 도시의 발달사는 기본적으로 시민들의 욕구를 충족시키려는 정책과 제도 및 행정시스템의 선진화와 직결된 문제다. 사람들이 1단계 생물학적 욕구, 2단계 안전에 대한 욕구, 3단계 사회적 욕구, 4단계 자긍심에 대한 욕구, 5단계 자기실현에 대한 욕구를 단계적으로 추구하는 것처럼 도시도 시민들의 이러한 욕구를 단계별로 모두 충족시키기 위해 노력한다는 것이다.

결과를 만드는 정성적 노력의 시발점인 도시정부의 정책추진체제는 정책형성, 로컬거버넌스, 정책레짐, 정책네트워크, 정책결정패턴 등을 집약한 개념이다. 정책추진체제로서의 제도는 법규나 조직처럼 가시적이고 정형적인 구제도주의 관점의 제도보다 협력체제나 네트워크 같이 비가시적이고 비정형적인 신제도주의 관점의 제도를 선호한다. 이때 제도는 환경 요인인 구조나 의지 요소인 행위와 장기간의 반복적 상호작용을 통해 형성된다. 이처럼 한번 확립된 제도는 좀처럼 변하지 않으며 특정한 도시나 정책의 성패를 좌우하는 핵심 결정요인으로 작용한다.

도시정부가 정책집행에 활용하는 수단은 규제(채찍)와 유인(사탕)으로 유형화된다. 먼저 규제란 '국민들에게 영향을 미치기 위해서 규제대상자들에게 준수를 요구하는 공식화된 규정이나 명령을 통해서 정부기관에 의해서 채택된 조치'로 정의된다. 다음으로 유인은 혜택을 제공하거나 줄이는 인센티브 방식이다. 특히 지역개발을 촉진하려고 도시정부가 제공하는 유인수단은 금전적 수단(재정·금융수단)과 행정적 수단(컨설팅·기관형성)으로 구분된다. 금전적 수단의 범주에는 보조금, 정책금융, 세제혜택, 공공구매[16)] 등이 포함된다. 반면에 행정적 수단의 범

14) 이도형. (2025). 앞의 책. p.49.

15) 최은수. (2010). 도시경쟁력 결정요인에 대한 탐색적 사례연구. 한국경영학회 융합학술대회.

16) 시청의 공공구매는 시장형성 초기에 주로 이루어진다. 신제품에 대한 조기수요를 보장하는 조기구매(early demand)와 신제품을 원가 이상의 높은 가격으로 구매하는 가격프리미엄(price premiums)이 대표적이다. 또한 시청의 비전제시는 Porter(1990)가 지적한 전략산업 선정이 대

주에는 방향성을 제시하는 비전제시(중장기 계획)와 행정지도 및 기관형성(특구, 비즈니스 인큐베이터, 지원조직)이 대표적이다. 특히 방향성을 제시하는 유인행정은 행정이 적절한 정보를 제공해 행동결과에 대한 통찰력을 제공함으로써 잘못된 행동을 억제하거나 바람직한 행동을 자극하는 간접적 개입방법이다. 정보수단은 지식의 전달, 이성적 논쟁, 설득 등을 통해서 사람들에게 영향을 미치는 넛지와 유사하다. 일례로 침체된 지역경제의 활성화 수단으로는 사업확장 지원, 창업지원, 사무공간과 자금지원, 신용보증과 대출이자 지원, 기업유치, 마케팅과 브랜딩, 정보제공, 기업가정신 독려, 인프라 정비 등이 활용된다. 나아가 예산의 지출을 수반하는 유인수단은 경제적 개발용도와 사회적 복지용도로 구분이 가능하다.

도시정부를 비롯해 다양한 이해관계자의 노력이 결집된 정책형성 기제인 정책추진체제(로컬거버넌스)와 정책집행(정책수단)은 정책평가(성과)를 좌우하는 원인이자 독립변수다. 독립변수인 노력의 결과물이자 종속변수의 상태로서 도시경쟁력은 각기 양, 질, 격을 대표하는 지역경제, 시민행복, 도시매력으로 구분이 가능하다.

도시의 발전성과는 양과 질 및 격을 혼합해야 한다. 도시경쟁력은 한 도시가 가지고 있는 경제력과 행복도 및 매력도라는 삼박자를 망라한 총체적 역량으로 여타 도시에 대한 상대적 우위라고 볼 수 있다. 따라서 도시경쟁력은 국가경쟁력과 마찬가지로 산업경제적 차원을 넘어서는 총체적 개념으로 이해되어야 한

도시경쟁력의 변수와 구성요소

- 정책추진체제(정책형성): 정부 간 관계, 관민협력, 지역유산, 도시 인프라
- 정책집행수단(정책집행): 규제수단, 유인수단(금전적 수단과 행정적 수단)
- 지역경제(정책평가; 양): 지역총생산, 혁신생태계, 기업생산성, 일자리 창출
- 시민행복(정책평가; 질): 삶의 질, 사회적 포용성, 정주와 고용, 심리적 안정
- 도시매력(정책평가; 격): 도시브랜드, 도시평판도, 도시흡인력, 도시경관

표적 사례다. 전략산업 지정은 행정지도 방식처럼 정부의 묵시적 지원의사가 담겨 있기 때문에 민간기업의 투자를 유도하는 효과를 초래한다. 비전이 제시된 정책목표에 다른 정책수단이 체계적으로 결합되면 비전의 역할과 효과는 한층 커지게 된다. 이는 한국, 일본, 프랑스 등에서 중시한 산업정책 수단이다.

다. 발전은 물질적 요인을 강조하는 성장 개념과 달리 양적 성장과 질적 성숙, 또는 물질적 요인과 인간적 진보를 모두 포괄하는 종합적 개념이기 때문이다.[17]

양적 성과인 지역경제는 지역 총생산, 혁신 생태계, 기업 생산성, 일자리 창출 등으로 파악이 가능하다. 지역총생산(Gross Regional Domestic Product: GRDP)은 일정기간 동안 정해진 경제구역 내에서 생산된 모든 최종재화와 서비스의 시장 가격 합으로 경제구조나 규모 파악에 활용한다. 또한 시민들의 생계를 책임지는 일자리를 창출하고 기업하기 좋은 제도와 시설도 필요하다. 하지만 경제활성화 수준이 해당 도시에 거주하는 시민행복을 좌우하는 것은 아니다. 우리는 풍족한 삶을 위해 도시로 이주하지만 붐비는 출퇴근과 심각한 스트레스에 시달리기 일쑤다.

질적 성과인 시민행복은 삶의 질, 사회적 포용성, 정주와 고용, 심리적 안정 등으로 파악이 가능하다. 도시발전은 분석적이고 가시적인 지역경제의 동의어가 아니라 사회정의와 삶의 질 향상을 지향해야 한다. 빈부격차, 소득격차, 의료격차, 교육격차 등을 해소하는 포용적 발전을 구현하지 못한 상태에서 중장기 발전 역량을 담보하기 어렵다. 시민행복을 쾌적한 기후, 고학력·고소득 이웃, 아름다운 풍경 등이 보장하는 것은 아니다. 범죄의 도시 보고타나 추위가 심한 코펜하겐이 지구촌 최고의 행복도시로 부상한 일이 대표적이다. 진정한 행복은 인간의 본성을 반영하기 때문에 행복도시는 그 안에 살고 있는 사람들의 작은 생각과 행동에 따라 결정된다. 찰스 몽고메리(2014)는 〈우리는 도시에서 행복한가〉를 통해 도시에 살고 있는 '사람'이 주인임에도 불구하고 탐욕과 판단착오 때문에 삶의 수단인 집과 차에 자리를 내주고 말았다고 진단한다.[18]

격을 대리하는 성과인 도시매력은 도시브랜드, 도시평판도, 도시흡인력, 생태환경 등으로 파악이 가능하다. 도시브랜드란 여타 도시와 차별화된 해당 도시의 특성과 이미지를 총칭한다. 도시는 자신이 소유한 자연환경, 역사적 특성, 문화적 매력, 고품질 행정서비스 등을 활용해 확실한 정체성을 확립해야 한다. 안

17) 이도형·김정렬. (2019). 비교발전행정론(제4판). 박영사.

18) 찰스 몽고메리 저, 윤태경 역. (2014). 우리는 도시에서 행복한가. 미디어윌.

홀트가 도시브랜드 육각형 모델에서 제시한 존재감, 장소성, 잠재력, 역동성, 인적 요소, 인프라 등을 자극해야 한다.[19] 도시가 빌딩과 생태 같은 유·무형 도시경관을 활용해 도시의 이미지를 증진하면 방문의사와 자산가치가 증진된다. 더불어 도시가 고품격 이미지를 창출하려면 다문화 포용성과 공적개발원조 확대도 필요하다.

특화도시별 국제비교는 중범위 메조(meso) 수준인 유형별 비교와 지역별 비교로 구분하였다. 우선 세계도시와 슬로시티를 비롯해 9개 특화도시라는 메조 유형별로 중범위 비교를 시도하였다. 또한 국가군 블록의 설정은 영미, 유럽, 아시아, 남반부 등의 차이에 주목했다. 개별 국가는 지역별 비교와 도시별 비교를 병행하고자 한다. 일례로 미국은 지역별로 도시의 특성이 달라진다. 통상 지역(region)은 국가보다는 작지만 지방(local)보다는 큰 광역권과 유사한 개념이다. 반면에 도시는 대비적인 촌락(향촌)을 포함해 지방으로 통칭되는 존재다.

3. 도시발전을 촉진하는 행정혁신과 리더십

도시발전에 대한 접근방법은 다양하다. 효율성을 중시하는 경영·경제학 관점의 성장론자와 민주성을 중시하는 정치·사회학 관점의 보존론자가 대비적이다. 더불어 합법성을 중시하는 행정·법학적 관점의 절충론자가 포함된다. 교양서를 원용하면 〈도시의 승리〉를 저술한 에드워드 글레이저와 〈우리는 도시에서 행복한가〉를 저술한 찰스 몽고메리가 각기 경영·경제학과 정치·사회학 관점을 대표한다. 도시의 매력을 중시하는 글레이저의 주장은 로버트 모지스나 오스만 남작과 같은 도시계획 실무자는 물론 부동산 개발업체들이 옹호해 왔다. 자연친화도시를 추구한 몽고메리의 주장에 동의하는 활동가로는 〈월든〉의 소로우, 〈미국 대도시의 죽음과 삶〉의 제인 제이콥스, 〈불편한 진실〉의 엘 고어 등을 들 수 있다. 그러나 본서는 균형발전을 중시하는 중립적 절충론자 관점을 채택하고 있다.

19) 최현희. (2024). 사랑받는 도시의 선택. 헤이북스.

뉴욕에서 저널리스트로 활동한 제이콥스는 주거, 상업, 공공공간이 혼합되어 사람들이 자연스럽게 어울리고 교류할 수 있는 환경을 강조했다. 보행자의 활발한 활동을 도시의 성공요소로 보았다. 반면에 뉴욕광역권 도시계획위원회 의장인 모지스는 슬럼으로 간주된 지역을 철거하고 대규모 아파트와 고속도로를 건설하는 계획을 추진했다. 고속도로, 대중교통, 공원, 다리, 박람회장 등 대규모 인프라가 도시발전의 성패를 좌우하는 것으로 보았다.

반세기전 정보사회 초입에서 환경변화와 조직대응에 관해 통찰력을 보여준 선구적 이론이 나이스비트의 〈메가트랜드(Megatrends)〉와 토플러의 애드호크라시(Adhocracy)다. 나이스비트는 산업사회에서 정보사회, 흑백론에서 다양한 선택, 중앙집권에서 분권화, 국민경제에서 세계경제, 수직적 조직구조에서 수평적 조직구조 등의 트렌드 변화를 포착했다. 토플러는 유연화된 신축조직의 구현사례인 메트릭스, 프로젝트 팀, 태스크포스, 위원회, 공동관리 구조 등의 경쟁력에 주목하였다. 나아가 도시정부의 혁신은 신속하게 대응하는 애자일(Agile) 정부나 부서간 장벽을 넘어 협업하는 월레스(wall－less) 정부를 추구한다.

이러한 추세는 4차 산업혁명과 인공지능이 선도하는 지금의 상황에서 여전히 유효하다. 도시경쟁력을 좌우하는 구조적 제약환경인 정보통신기술의 급속한 발전, 산학연 협력과 네트워크의 부상, 로봇과 인공지능의 화학적 결합, 공공과 민간의 장벽파괴와 상호교차 벤치마킹, 불확실성을 흡수하는 조직 간 협력체제 등이 초격차 경쟁을 좌우하는 변수로 작용하고 있다.

기업식 정부를 중시하는 공공혁신 추세를 비추어 전략기획, 팀제, TQM, 6시그마 등 기업의 선진 관리기법에 대한 벤치마킹은 다소의 부작용에도 지속될 것이다. 물론 공공부문과 민간부분 간의 차이 때문에 기업의 관리기술을 직접적으로 도입하기는 어렵다. 하지만 상호교차적 벤치마킹의 폭과 범위를 결정하는 공공과 민간부문 간의 경계선은 갈수록 약화되고 있다.

한국 행정은 지속적인 혁신에도 불구하고 갑질, 복지부동, 보신주의, 부정부패, 철밥통 등이 남아 있다. 이를 해결하려면 재량권 축소, 소극행정 철퇴, 적극행정 면책, 원스트라이크 아웃제, 저성과자 교육 등과 같은 충격요법도 필요하다. 더불어 규제개혁과 적극행정을 중심으로 기업의 우수사례를 차용하려는 움직임도 포착되었다. 변혁적인 기업의 일처리 방식을 배우려고 초일류기업 삼성의 성공비결에 탐구한다. 권위적인 독불장군이나 갑질문화를 탈피하려고 기업식 팀제도 도입했다.

규제개혁과 적극행정은 개혁(구조)이나 혁신(절차)보다 행태(문화) 변화를 추구한다. 우선 위험감수 행동가는 기존의 법규라는 장벽에 도전해 적극적으로 돌파하는 손흥민 스타일이다. 역지사지하는 신속한 일처리 방식을 우선한다. 또한 공공기업가정신은 형식적 절차보다 실질적 성과를 중시하는 실용주의 리더십이다. 배면뛰기라는 새로운 경로를 개척해 신기록을 작성한 포스베리가 대표적이다. 혁신적 창업마인드로 무장해 법규의 준수보다 시민의 감동을 중시한다. 나아가 헌신적 청지기는 이기적 대리인을 탈피해 공공마인드를 추구한다. 드라마 〈미스터 선샤인〉에서 아기씨를 보살피는 집사 커플이 모범 사례다. 사회복지나 보건의료 분야에서는 공무원의 자기희생과 무한책임이 요구된다.

규제개혁과 적극행정 지향성이 결집된 공공혁신의 미래상이 굿거버넌스의 구현이다. 협의의 거버넌스는 대내외 환경변화에 부응하는 정부－시장－시민사회의 협력적 통치(협치)를 의미한다. 하지만 광의의 거버넌스란 특정한 분야의 문제해결을 촉진하거나 저해하는 제도나 관행을 총칭한다. 도시별 발전성과를 좌우하는 좋은(나쁜) 거버넌스는 역동적(정태적), 포용적(배제적), 이타적(이기적) 등이다.

경쟁력이 우수한 도시는 행정개혁과 발전전략의 연계를 중시했다. 집권 2기를 시작한 트럼프는 행정개혁을 선도할 정부효율부의 수장으로 일론 머스크를 내정했다. 기업인 출신 보수인사답게 트럼프의 발전전략은 단기적으로 미국제일주의 노선을 표방하고 있다. 이 둘의 관계가 언제까지 갈지 모르겠지만 이민을 통제하고 관세를 인상하는 방식으로 일자리를 창출해 백인 블루칼라의 지지에 보답할 것이다. 당장은 효율지상주의나 경제성장에 치중하겠지만 복지수요나 국제리더 역할에도 부응할 것이다. 성장지상주의나 미국우선주의 노선은 중장기적으로 부작용도 상당하기 때문이다.

최고의 도시경쟁력을 자랑하는 싱가포르의 굿거버넌스는 형식주의 지양과 낭비 줄이기, 비즈니스 프랜들리와 민원절차 간소화(Zero-In-Process), 형식주의 제거(Public Officers Working to Eliminate Red-tape: POWER) 등에 주력한다. 한국적 현실을 반영한 굿거버넌스의 지향점으로는 공공 마인드(공무원 신분보장과 처우 개선을 전제한 약자의 보호자), 협치 마인드(공무원 파견근무 활용), 인문 마인드(창의적 사고와 융복합 마인드), 성과 마인드(권한부여를 전제로 성과평가 강화), 현장 마인드(현장행정 우선과 사무행정 탈피) 등이다.

경쟁이 치열한 시장에서 생존한 잘나가는 기업의 성공비결도 유용하다. 피터스와 워터맨은 미국의 잘나가는 기업(best-run company) 43개를 비교해 10가지 성공비결을 도출했다. 즉, 강력한 리더십, 가치의 공유, 명확한 비전, 조직몰입, 조직문화의 혁신 등이 '우수한 관리의 10계명'이라는 것이다.[20] 하지만 신공공관리적 행정개혁이 중시하는 기업식 정부의 이상은 효율성과 경제성에 초점이 부여되어 있다는 점에서 불가피하게 정부의 전통적인 가치인 합법성이나 민주성을 약화시키는 결과를 초래한다. 따라서 민간부문의 관리기법을 적용함에 있어 합법성과 민주성을 반영하는 보완장치들을 마련하는 일에도 유의하여야

관리의 우수성 제고를 위한 10계명

• Stick to Knitting 뜨개질 하듯이 자기의 강점에 전념	• Vision 명쾌한 방향과 비전을 제시하는 관리자
• Stay close to the Customer 고객수요에 적극적으로 대응	• Hands-on 실무 경험을 축적한 관리자
• Productivity through people 구성원의 감정과 관점의 중시	• Bias for action 새로운 사고의 적극적 실천
• Autonomy and entrepreneurship 창의성, 위험감수, 권한부여의 중시	• Simple structure and lean staffing 관리부문의 최소화, 분권화, 신축성
• Value driven 가치지향적 강력한 문화	• Loose/tight control mechanism 엄격한 재정통제 및 명쾌한 성과목표 강조

출처: Peters & Watermann(1982); Doherty & Horne(2002) 재인용.

---

20) Peters & Watermann. (1982); Doherty, Tony L. & Horne, Terry. (2002). Managing Public Services: Implementing Changes – A Thoughtful Approach to the Practice of Management. Routledge. London and New York. 재인용.

한다.

효율성과 책임성의 조화를 추구한 대표적 사례가 영국의 최고의 가치(Best Value) 원칙이다. 신공공관리에 기반한 성과관리의 일반적 원칙은 3E, 즉 경제성, 효율성, 효과성이다. 그러나 영국의 성과관리체계인 Best Value 프로그램은 3개의 E만으로는 공공부문의 성과를 충분히 측정할 수 없다는 인식하에 형평성(Equality), 감정이입(Empathy), 생태(Ecology) 등을 포괄한 개념인 윤리(Ethic)의 'E'를 추가하였다. 이 점에서 Best Value는 성과관리의 이해관계자 모델(Stakeholder Model of Performance Management)로 평가할 수 있다.

미에현 전 지사였던 기타가와는 오스본과 게블러가 공저한 〈정부재창조(Reinventing Government)〉를 '나의 성경책'으로 애칭하며 벤치마킹에 주력하였다.[21] 미국을 벤치마킹해 '관에서 민으로'를 표방운 신공공관리(NPM)의 열풍은 1980년대에 지자체의 민영화를 촉진했던 도시경영론(감량경영)과 비교하여 보아

정부재창조의 10계명과 일본 지자체의 신공공관리 구현사례

정부재창조 운동의 10가지 원칙	일본 지자체의 신공공관리 구현사례
1. 촉매제로서 행정(노젓기보다 키잡기)	행정은 코디네이터, 전략기획의 강화
2. 지역사회가 소유하는 행정(권한부여 확대)	로컬거버넌스의 활성화
3. 경쟁하는 행정(경쟁의 활성화 유도)	강제경쟁입찰제, 수의계약 탈피
4. 사명중시의 행정(규제중시 행정의 탈피)	부문별 예산제도, 실적중시형 인사제도
5. 성과중시의 행정(성과지향의 예산체계)	행정평가와 연동한 예산편성
6. 고객중시의 행정(고객만족 중시)	시민을 고객으로 한 '고객만족도'조사
7. 기업화하는 행정(소비자에서 생산자로)	민자유치의 활성화, 관민협력의 강화
8. 선견지명의 행정(치료에서 예방으로)	복식부기를 활용한 기업식 운영체계
9. 분권화하는 행정(계층제에서 팀워크로)	사무사업평가, 현장참가의 강조
10. 시장지향의 행정(시장개입의 최소화)	민간자율의 중시

출처: 安達智則(2004)

21) Osborne, D. & Gaebler, T. (1992). Reinventing Government: How the Entrepreneurial Spirit is Transforming the Public Sector. New York: Addison-Wesley; 安達智則. (2004). 자치체 '구조개혁' 비판: 'NPM행혁'에서 시민의 자치체로. 旬報社. 재인용.

도 진전된 내용이다. 일본에서 목격된 'NPM'의 구체적인 내용은 시정촌 합병[22]을 비롯해 복식부기, 행정평가,[23] 인사평가, 예산편성, 민자유치(PFI), 지정관리자제도,[24] 구조개혁특구, 지역재생계획 등이다. 이러한 구성은 제 3 섹터를 비롯해 단식부기, 민간위탁, 정경관 유착의 온존 등으로 대표되는 1980년대의 임조개혁이나 도시경영론과는 확연히 구별되는 행정개혁의 새로운 운영체제(OS)로 비유할 수 있다.

도시발전의 추진계기나 기제는 다양하다. 미국에서는 재정위기가 심화되자 주지사나 시장의 변혁적 리더십이 빛을 발하는 경우가 많았다. 시정 책임자가 발휘할 리더십 덕목으로 기회포착과 제도형성능력, 인재 발굴, 지구력, 공정한 보상체계의 확립, 거시적 안목, 관료제나 의회와 원만한 관계유지, 실현가능성 중시 등에 착안해야 한다.

도시의 책임자를 고르는 선거나 인사는 공식적인 근무평가와 비공식적 평판을 종합해야 한다. 일시적인 인기나 개인적인 연출에 편승하면 허당을 고르기 십상이다. 리더십의 무대는 수직적 통치에서 수평적 협치로 전환된 상태다. 그리스의 도편추방제에 착안해 독선적이고 비합리적인 인물을 선별하는 공동의 지혜를 발휘해야 한다. 주민자치나 시민교육은 유권자의 역량을 키우는 수련장이다. 공적 인물이 작성한 글도 주목할 대상이다. 자신의 소신과 논리를 투영한 변변한 글조차 발견하기 어렵다면 그의 자질과 용기를 의심해야 한다. 언론도 선거 국면에서 표출한 줄서기 행태를 탈피해 시민의 현명한 선택을 충실히 지

---

22) 시정촌 합병은 적은 규모의 자치단체를 합병하여 지방분권과 지역주권의 실현을 달성하기 위해 일본정부가 강력히 추진하고 있다. 1998년에 3,232개에 달하였던 시정촌 수가 2005년도 말에는 1,822개까지 줄었고, 2006년도에는 1,800개 정도로 줄었다.

23) 일본의 지자체는 사무사업평가를 비롯해 시책평가, 주민의식조사, 활동기준원가계산(Activity Based Costing: ABC), 계층분석법(AHP), 공공시설평가 등을 적극적으로 활용하고 있다. 이러한 지자체 행정평가의 주요한 특징으로는 탈정치화 지향, NPM 지향, 공급자 중심의 평가, 컨설턴트의 활용 등을 들 수 있다.

24) 지정관리자제도는 고이즈미 내각이 규제완화를 통한 행재정개혁을 추진하는 가운데 도입한 제도로서 그동안 행정이 수행하여 온 행정재산의 관리를 민간에 개방하는 제도다. 공공시설의 관리에 민간의 능력을 활용한 것으로 주식회사, 사회복지법인 등 공익법인, 특정비영리활동법인(NPO법인) 등 법인격을 갖고 있지 않은 단체에도 관리를 맡길 수 있게 되었다.

원해야 한다.

행정의 달인을 요구받는 시장이나 대통령은 공무원, 기업가, 시민운동가 출신이 많다. 이들은 각기 원칙, 효율, 소통에 강점을 지닌 인사다. 물론 같은 공무원 출신이라도 경제부처, 법조인, 자치행정 등에 따라서 차이가 나기도 한다. 법조인 출신이 원칙론자의 전형이지만 경제부처 출신은 준기업가 성향을 보이고 자치행정가 출신은 타협의 미덕을 중시한다.

시정혁신은 조직, 인사, 예산, 정보 등이 하모니를 추구해야 한다. 특히 조직은 어떤 사람들이 어떤 능력과 자세로 일하느냐에 따라 성패가 좌우된다. 인사가 만사인 것이다. 용인술의 철칙은 공정한 선발과 적재적소 배치, 충분한 권한부여와 확실한 성과평가다.

4차 산업혁명 시대를 맞이해 데이터베이스와 네트워크에 기반한 정보체계의 유용성이 부상했다. 정보체계는 상위 계층의 전략적 기획을 지원하는 의사결정지원시스템(decision support system), 중간 계층의 관리통제를 주관하는 관리정보시스템(management information system), 하위 계층의 운영통제를 후원하는 전산정보처리시스템(electronic data processing system) 등으로 구분된다. 나아가 최근에는 전문분야의 솔루션을 자동으로 제공하는 인공지능 기반의 전문가시스템(expert system)의 활용이 급증했다. 더불어 대규모로 저장된 데이터 안에서 체계적이고 자동적으로 통계적 규칙이나 패턴을 분석하여 가치있는 정보를 추출하는 데이터 마이닝(data mining)도 각광받고 있다.

현대 정부의 패러다임은 '행정'에서 '관리'로, 그리고 '서비스'를 표방했다. 먼저 관료제 행정은 절대국가의 유산인 정실주의를 치유하려고 '원칙'을 중시하는 집행가적 정부의 구현을 표방했다. 19세기 독일과 프랑스의 법치행정이 대표적이다. 다음으로 기업가적 정부는 정치의 과잉을 초래한 엽관주의의 부작용을 '효율' 기반의 실적주의로 해결했다. 20세기 미국 행정의 요체인 성과관리가 대표적이다. 나아가 헌신적인 청지기라는 서비스 행정에 대한 요구는 관료들이 표출한 이기적 대리인에 대한 반발이다. 20세기 중반 유러피언 드림에서 발원한 서비스 행정의 재발견은 거버넌스 기반에서 '소통'을 추구하는 정치가적 정부의 부활을 담고 있다.

이처럼 다양한 정부상을 혼합해야 행정의 미래가 밝아진다. 세계 각국의 도시는 집행가, 기업가, 정치가를 동시에 요구할 정도로 총체적 난국이다. 원칙을 무시하고, 성과를 간과하며, 소통을 빙자하는 시정이 도처에서 목격되고 있다. 따라서 시민들은 "사소한 비리도 엄단한다, 매뉴얼을 확립하고 숙지한다, 성과에 따라 차등한다, 창의적 아이디어를 수용한다, 공공성 강화를 추구한다, 생활정치 구현을 추구한다" 등과 같이 공약을 선별하고 적합한 지도자를 선택해야 한다.

도시행정은 본질적 행정가치인 공익을 추구한다. 공익은 자유, 형평, 평등 등과 같은 헌법적 가치와 유사하다. 수단적 행정가치인 행정이념에는 합법성, 효율성, 민주성, 가외성 등이 있다. 공익에 대한 접근은 실체설과 과정설로 구분된다. 실체설은 정부 또는 행정관료가 공익결정 과정에서 주체로서 적극적인 역할을 수행한다고 본다. 과정설은 사익들의 타협과 조정의 산물로서 실체를 드러내는 가치를 공익이라고 본다.

도시행정 혁신의 기반이론은 신공공관리론과 뉴거버넌스가 대표적이다. 영미에서 등장한 신공공관리론은 시장지향적 경쟁원리를 강조하는 반면에 유럽에서 태동한 뉴거버넌스는 신뢰를 기반으로 조정의 원리를 추구한다. 또한 신공공관리론은 시정의 대상을 고객으로 간주하지만 뉴거버넌스는 덕성을 지닌 시민을 파트너로 간주한다. 신공공관리론은 행정의 효율성을 보다 중시하고, 뉴거버넌스는 행정의 민주성에 더 초점을 둔다.

잘나가는 공기업들은 ESG나 고객만족 경영을 중시해 왔다. 현시대는 환경보호, 사회적 책임 실천, 그리고 이해관계자를 고려한 경영이 선택이 아닌 필수로 간주되고 있기 때문에 공공기관은 ESG 가치를 확산하는 지속가능경영을 실현하고 있다. 불확실성의 시대를 맞이해 영리한 토끼가 세 개의 굴을 파놓는다는 교토삼굴 경영마인드를 채택한 서울물재생시설공단의 E(환경)는 '수질지키고, 탄소 줄이고!' 친환경 밸류 체인 강화를 추구했다. S(사회)는 '상생은 필수, 안전은 기본!' 물처럼 유연한 지속가능경영을 추구했다. G(지배구조)는 '민원 OUT, 행복

IN!' 시민이 직접 체감 가능한 환경경영을 본격 가동했다.

한편 공공기관이 서비스 품질을 제고하려면 고객만족의 본질을 성찰하는 한편 명확성(Clear), 간결성(Concise), 관찰가능성(Observable), 현실성(Realistic) 등 서비스 품질기준을 준수해야 한다. 고객만족은 단순한 친절 캠페인이 아니라 사람을 변화시키고, 일하는 방법을 혁신하며, 문화와 환경을 바꾸어 나가는 전사적 혁신운동이다. 고객만족을 구현한 조직들은 명확한 서비스 표준, 서비스 리더의 다변화, 서비스 품질을 증진하는 훈련 강화, 최일선 접점의 강조 등과 같은 특징을 내면화했다.

조직의 환경대응은 수동적인 조직군 생태학(population ecology)과 능동적인 전략적 선택(strategic choice) 이론으로 구분된다. 전자는 조직의 성공이 환경적 상황에 대한 적합성 여부에 달려 있다고 본다. 특히 환경 변화에 대한 조직의 적응능력을 둔감하게 하는 구조적 타성 개념을 제시하였다. 반면에 후자는 환경이 조직에 미치는 영향을 강조한 상황이론을 비판하며 등장했다. 상황이론과 조직군 생태학 이론이 중요시하는 환경적 요인은 전략적 선택을 제약하는 제약 요인에 불과하고, 환경의 영향은 관리자에 의해 조절가능하다.

도시경쟁력을 유지하려면 어려움, 위기, 스트레스, 변화 등에 신속하게 적응하는 회복탄력성(Resilience)을 보여야 한다. 리질리언스는 적응력, 복원력, 안정성, 긍정적 사고, 지속적 학습, 성장 지향성 등의 의미다. 리질리언스는 조직은 물론 개인이나 사회에도 적용이 가능하다. 리질리언스는 타고나기도 하지만, 학습과 훈련을 통해 강화할 수 있다. 긍정적 사고 훈련, 문제 해결 능력 강화, 사회적 지지망 구축 등이 대표적 기제다.

일본의 지식이론 대가인 노나카 이쿠지 교수가 제시한 암묵지(tacit knowledge)와 형식지(explict knowledge)의 활용도 중요하다. 암묵지는 인간의 기억 속에 저장된 지식이다. 반면에 형식지는 눈에 보이는 책이나 영상에 기록된 지식이다. 이들은 암묵지에서 형식지를 얻는 외부화(Externalization), 형식지에서 암묵지를 얻는 내면화(Internalization), 암묵지에서 암묵지를 얻는 사회화(Socialization), 형식지에서 형식지를 얻는 결합화(Combination) 등의 상호전환 과정을 거치면서 개인

지식에서부터 조직지식으로 발전한다.[25)]

현대 도시정부의 정책결정은 불확실성과 복잡성을 요체로 한다. 따라서 합리모형의 가정처럼 도시정부가 채택한 정책이 그 체계적 계산과 적정한 절차에 따라 전략적 목표나 목적을 극대화하기는 어렵다. 오히려 반대의 경우인 쓰레기통모형의 가정인 우연과 기회라는 우발적 결정방식이 설득력을 지닌다. 문제성 있는 선호(problematic preferences)처럼 정책결정 참여자들이 무엇이 바람직한지에 관한 선호가 분명하지 않은 상태에서 정책결정에 참여한다. 또한 '불명확한 기술'처럼 목표와 수단 사이의 인과관계가 명확하지 않은 경우도 자주 발생한다.

쿠바미사일위기 사례는 정책결정에 개인, 조직, 정치라는 3가지 차원이 중층적으로 작용한다고 보았다. 엘리슨모형은 개인의 합리성과 조직의 항상성에 의존한 기존 정책모형의 한계를 간파한 것이다. 제3의 변수인 치열한 관료정치 구도가 결정의 정수라는 것이다. 냉전시절 소련은 미국이 중동에서 자국에 대한 군사적 압박을 강화하자 쿠바에 신형 미사일을 배치하기로 결정했다. 첩보를 입수한 케네디 정부는 안보위기의 해결대안으로 전면적인 상륙작전, 핵심시설 정밀타격, 소련선단 해상봉쇄, 외교적인 타결유도 등을 마련했다. 각 대안은 개별적 합리성과 더불어 육군부, 공군부, 해군부, 국무부 등의 관성적 선호를 대변한다. 정부가 채택한 해상봉쇄 대안은 개인기와 조직력보다 이해관계자를 설득하는 관료정치의 유용성을 반영한 것이다.

우리가 당연시하는 일상의 의사결정에도 문제가 발생한다. 경험과 직관에 의존하는 휴리스틱(heuristic)은 절차와 계산을 준수하는 알고리즘보다 빠르고 편하지만 고착과 편의라는 오류를 유발한다. 노벨상 수상자인 대니얼 카너먼은 합리적인 알고리즘보다 관성적인 휴리스틱에 의존하는 이유에 주목했다. 부과된 과업환경이 개인의 인지능력에 비해 지나치게 복잡하거나 압도적인 경우 또는 사람들이 시간 제약 또는 기타 압력에 직면해 관례적 결정방식인 휴리스틱을 선호한다는 것이다. 휴리스틱의 종류는 편의, 대표성, 고착(anchoring) 등이 있다. 즉, 익숙하거나 전형적이고 협소한 방식으로 대안을 선택하는 편향(bias)을 표출한다는

---

25) 정철현. (2006). 신행정정보체계론. 서울경제경영. p.22.

것이다.

결정의 피로감이란 반복적 결정상황에서 판단능력이 저하되는 현상이다. 옳은 말도 반복해 들으면 싫증이 난다. 오전에는 냉철하지만 오후로 갈수록 체력저하나 흥미상실로 문제가 발생한다. 과음한 다음날도 오류가 빈발한다.

정부의 정책결정도 죄수의 딜레마 게임이나 예산 짬짜미 로그롤링처럼 전략과 타협의 산물이다. 계층과 세대를 충분히 대표하지 못하는 국회의 입법도 결함을 표출해 왔다. 이러한 제약조건을 충분히 이해하지 못하면 결정의 질을 담보하기 어렵다.

도지사나 시장은 물론 직업공무원과 기업경영자들은 결정에 대한 인식과 경험이 풍부한 편이다. 결정과 유사한 계획을 자주 접하는 분야가 도시행정이다. 시민의 다양한 요구를 수용하고 미래의 불확실성을 축소하는 도시계획을 수립하기 때문이다. 대다수 행정과 경영 현장에서도 계획과 집행 및 평가에 대한 이해는 기본이다. 치열한 정책결정이나 의사결정 상황에 부응하려고 행정학이나 경영학 교육과정이 천착한 결정의 질을 연마했기 때문이다. 반면에 상명하복 문화가 팽배한 군대나 검찰은 균형 잡힌 결정에 애로를 표출해 왔다.

이해관계자들이 경합하는 도시정책의 결정패턴은 다양하다. 미국에서는 정책과정을 둘러싼 정부와 시민사회 간 관계를 중심으로 엘리트론(철의삼각)과 다원론(이슈네트워크)이 형성되었다. 엘리트론은 헌터(Hunter, 1953)가 애틀랜타에는 사업가, 은행가, 상공인으로 구성된 엘리트가 존재하고 이들이 정책을 주도한다는 사실을 입증했다. 반면에 달(Dahl, 1961)은 뉴헤븐시 사례에서 지역사회의 권력이 소수 엘리트 집단에 집중되어 있지 않고 다양한 집단에 분산되어 있다는 사실을 규명하였다.

조합주의 전통을 계승한 유럽의 합의주의 정책결정방식은 시장자율에 의한 문제해결이나 일방적인 국가개입에 의한 문제해결 어느 쪽도 선호하지 않는다. 국가를 포함한 사회의 정점조직들이 정책결정의 틀 내로 들어와 서로 타협하고 협상하면서 사회의 제 문제를 해결하기 위한 결정들을 수행하게 된다. 이러한 시각은 신제도주의 접근에 기초한 분야별 정책네트워크나 지방수준 레짐이론의 형성을 촉진하였다.

레짐이론을 주장한 스톤(Stone)은 지역사회 문제를 자체적으로 해결하기 힘든 지방정부가 기업을 비롯한 민간부문의 주요 주체들과 일종의 통치연합을 형성하여 지역사회를 이끌어간다고 설명한다. 특히 성장기구론을 주장한 몰로치(Molotch)는 지역사회의 정치와 경제를 토지자산가와 개발업자 등 성장연합이 주도한다고 설명한다. 지역경제 침체에 직면한 지방정부는 방임적인 연방정부와 달리 주지사나 시장이 선도하는 지역발전 프로그램을 고안했다. 공공부문의 능력을 보완하는 관민협동(public－private partnership)이 대표적이다.

손더스의 〈이중국가론〉은 국가구조에 중앙과 지방의 이중성이 있다고 한다. 다원주의 모델은 지방 차원의 경합적이고 개방적인 정치과정에 적합하고, 마르크스주의 모델은 중앙 차원의 조합주의적 정치과정에 적합하다는 것이다. 다원주의 모델은 노동재생산 비용을 낮게 억제하려는 목적으로 행해지는 주민 대상의 사회소비에 해당하는 공공지출을 둘러싼 과정이며, 마르크스주의는 생산성 향상을 목적으로 민간부문 대상의 사회투자에 해당하는 공공지출을 둘러싼 과정이다. 이러한 기능은 종종 충돌하지만 기능분화에 의해 관리된다.[26)]

제한된 서너 개의 도시를 비교하는 사례연구는 맥락과 변수를 동시에 고려하는 체계적인 연구방법이다. 사례연구의 특성은 확증이나 가설검정보다는 발견을 추구한다. 사례연구 방법의 방법론적 특성은 특정적(particularistic), 기술적, 탐지적(heuristic), 해석적, 포괄적이다. 이러한 사례연구 방법은 연구내용과 접근방법에 따라 변화한다. 사례연구의 탁월한 학습효과에 주목한 미국 행정학계는 1970년대 왈도의 선도적 역할과 미국 정부의 재정적 후원으로 행정대학원협의체(NASPAA)를 구성해 행정대학원 강의에 활용 가능한 250여 개 정도의 우수행정사례를 축적하는 성과를 이룩하였다. 하지만 당시의 사례연구 성과는 주로 미국 정부나 도시를 상정한 단일사례연구의 성격을 지니고 있었다는 점에서 문화적 맥락이 다른 도시 간 비교연구나 응용에 한계를 지니고 있다.

비교의 방법에는 종단비교와 횡단비교가 있다. 시간의 변화를 고려해 특정

---

26) 아키즈키 겐고 저, 하정봉·길종백 역. (2008). 행정과 지방자치. 논형. p.177.

한 대상의 실체를 파악하는 통시적 종단비교와 현재를 기준으로 복수의 대상을 살피는 공시적 횡단비교다. 시간의 추이를 반영하는 비교는 개별 국가나 도시라는 단일사례이기 때문에 특수성을 고려한다. 반면에 횡단비교는 복수사례를 대상으로 하기 때문에 보편성을 중시한다. 일례로 한국의 조세정책은 개발도상국에서 선진국으로 도약한 연륜이 짧아서 복지를 중시하는 선진국의 보편적 특성과 구분할 필요가 있다. 보다 현실적으로 동아시아 경쟁상대인 싱가포르나 대만이 우리나라보다 법인세를 낮게 부과한다는 점에도 주목해야 한다.

제2차 세계대전 이후 미국과 유럽은 전후 서구사회의 양축으로 번영했다. 하지만 세계 정상급 대학을 앞세워 혁신에 성공한 미국이 국부를 늘리면서 유럽과의 격차를 벌리고 있다. 미국의 빅3인 캘리포니아, 텍사스, 뉴욕주의 GDP를 합치면 유럽 최대 국가 독일을 능가한다. 이제는 미국의 GDP 상위 9개 주만 합쳐도 유럽 5대국을 누른다.[27] 그러나 미국인이 유럽인보다 행복한지는 의문시된다. 유럽은 미국보다 평균수명이 길고 평등한 사회구조를 지니고 있다. 유럽은 온실가스 감축이나 공적개발원조 확대에서 미국보다 모범적이다.

---

27) 조선일보. 2023.08.11.

제1장

시대가 원하는 특화도시의 종류: 유형별 비교

세계화와 지방화는 긴밀한 상호작용과 역동적 시너지를 창출해 왔다. 세계화는 경쟁과 지배를 중시하나 지방화는 협력과 연대를 우선한다. 상반된 가치인 효율성과 공공성을 추구하는 것이다. 자본의 논리를 따르는 세계화가 득세하면 격차구조가 심화되고 자연환경이 파괴된다. 지역에서 생산이 가능한 것까지 비교우위에 따라 교역의 대상으로 상정한다. 하지만 일정 수준의 자급자족(autarchy)을 허용하는 지방화의 유용성도 인정해야 한다.[1] 시민의 일상과 떨어진 국가보다 도시의 경쟁력이 부와 행복 및 자부심의 원천으로 등장했기 때문이다.

글로컬 특화도시는 세계적인 경쟁력을 갖추기 위해 지역적 특색과 가치를 살리는 도시다. 교토나 빌바오처럼 지역 고유의 문화를 기반으로 정체성을 강화하거나 시애틀이나 암스테르담같이 스마트 기술과 지속가능성 가치를 융합한 도시가 대표적이다.

도시경쟁력의 강화도 국가경쟁력만큼이나 난제다. 도시경쟁력이 국가경쟁력을 좌우하는 필요조건인 것처럼 로컬거버넌스의 활성화를 배제한 상태에서 국가거버넌스의 안착을 기대하기 어렵다. 지금 우리는 글로벌 확산을 주도한 세계도시와 로컬의 부활을 표방한 생태도시의 분투를 목격하고 있다. 잘나가는 도시는 전략적 선택이론의 가정처럼 연계망을 창조하는 능동적 존재이지만 쇠락하는 도시는 조직군 생태학이론의 규범처럼 변화를 회피하는 수동적 존재다.

미래지향적 도시는 지구온난화나 펜데믹 해결을 선도하지만 과거지향적 도시는 눈앞의 이익이나 일상의 행정절차에 함몰되어 있다. 전통적인 학교교육과 마찬가지로 협소한 도시서열 구조에 안주하며 단선적인 순위경쟁에 치중하면 창의성과 역동성을 구현하기 어렵다.

글루컬 시대가 원하는 특화도시의 창출방안은 기존에 정립된 특화도시를 재결합해 시너지를 창출하는 경우가 많다. 세계도시와 슬로시티, 문화도시와 과학기술도시, 스마트도시와 생태도시, 교육도시와 혁신도시 등을 편집하고 결합해서 창의적이고 역동적인 발전모델을 창출하자는 것이다.

---

1) 우석훈. (2000). 거리두기 경제. 경향신문. 2020.04.06.

1. 세계도시와 위성도시

1) 세계도시와 메가시티로 도시경쟁력을 키우자

세계도시론은 20세기 중반에 출현했다. 영미국가가 주도한 자유주의 시장경제의 세계화도 국가의 획일적 대응보다 다양한 도시의 창의적 대응을 중시했다. 영향력 있는 도시가 세계적인 경제, 정치, 문화적 네트워크에서 중추적 역할을 수행한다는 시각이다. 구 소련 스타일의 기획이론(planning theory)과 학문적 전통을 공유하는 존 프리드만(John Friedmann), 스튜어트 홀(Stuart Hall) 등 주류 도시계획론자들은 도시가 국가경쟁력 강화를 위해 국내적 차원은 물론 국제적 차원에서 경제적, 기술적, 문화적, 정치적 영향력을 행사한다는 세계도시 유토피아 가설에 동참했다.

1990년대 이후 세계화와 정보화가 심화하면서 세계도시의 디스토피아를 우려하는 시각이 등장했다. 사회학자이자 도시학자인 사센(Saskia Sassen)이 세계도시와 축출자본주의론에서 제기한 논거다. 이는 특정한 도시가 세계화 네트워크에서 막대한 영향력을 행사하면서 격차나 양극화가 발생할 가능성을 우려한 것이다. 상대적으로 빈곤하고 정치적 불안정에 시달리는 개발도상국가에서는 탐욕으로 가득한 글로벌 자본이 지역의 무능하고 부패한 정치권력과 유착해 전횡을 부렸다.

세계도시 찬성론자들은 경제적 중심지 역할 강조, 고급 인프라와 서비스 제공, 문화적 다양성 증진, 국가적 경쟁력 강화, 글로벌 네트워크 형성 등을 제시했다. 반면에 반대론자들은 지역 간 불평등 심화, 생활비 상승과 소외, 지속 가능성 문제, 문화적 동질화, 글로벌 경제 의존성 등을 우려했다.

런던, 뉴욕, 도쿄, 홍콩이 포진한 세계도시는 선망의 대상이다. 세계도시 후보군은 수백만 대도시인 메트로폴리스, 메트로폴리스가 결합한 천만 메갈로폴리스, 교통망과 유틸리티를 공유하는 트윈시티, 특별지방자치단체 방식의 도시연합체인 메가시티리전 등이다. 영국과 일본의 메가시티리전은 교통, 수도, 주거, 일자리 등을 공동으로 운영해 관리효율성과 성장잠재력을 증진시켰다. 울산광역시

미국의 메가시티리전

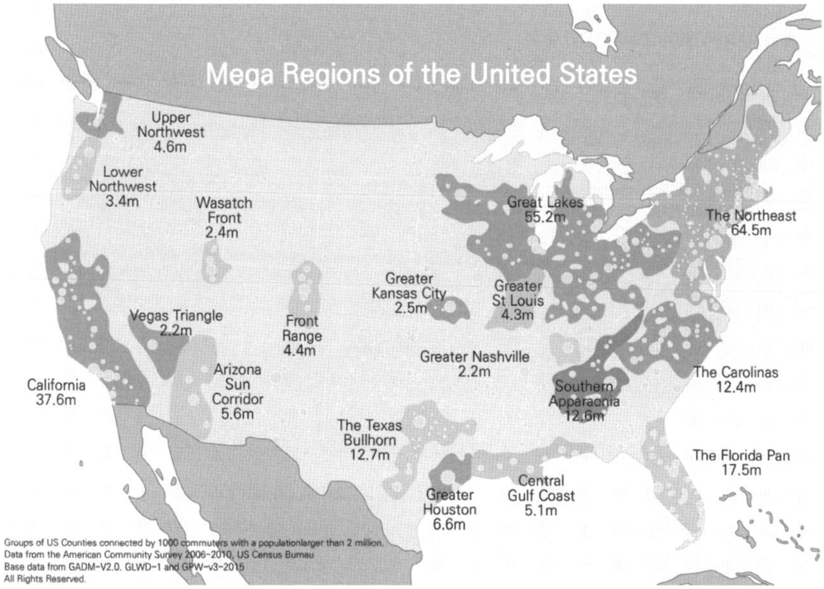

가 포항이나 경주와 연합하려는 해오름 동맹도 유사한 방식이다.

북미의 거대 경제권인 메가시티리전(MCR)은 도시와 주변 지역들이 하나의 네트워크처럼 작동한다. 뉴욕권, 시카고권, 로스앤젤레스권은 세계 20개 MCR 중 각각 1위, 4위, 8위를 차지하며 높은 도시경쟁력을 지니고 있다.

세계도시를 선별하고 등급을 부과하는 기준은 비즈니스 활동, 인적 자원, 정보 교류, 문화적 경험 등이 활용된다. 최상위 세계도시(Core cities)는 세계금융과 문화예술을 선도하는 뉴욕, 런던, 베이징, 도쿄, 상하이, LA가 위치한다. 차순위 세계도시(Secondary cities)는 파리, 베를린, 프랑크푸르트, 암스테르담, 빈, 로마, 시카고, 싱가포르, 홍콩, 선전, 오사카, 상파울루, 서울, 시드니 등이 포함된다. 주변부 세계도시(Peripheral cities)는 교토, 부산, 인천, 뭄바이, 요하네스버그, 타이베이 등이 들어간다.

세계도시를 인구라는 단일기준으로 설정할 경우에는 1,000만 명이 다수설이다. 2025년 기준으로 도쿄, 뭄바이, 델리, 다카, 상파울루, 멕시코시티, 뉴욕-뉴어크, 콜카타, 상하이, 카라치, 킨샤사, 라고스, 카이로, 마닐라, 베이징, 부에노스

세계의 메가시티리전

아이레스, 로스앤젤레스-롱비치-산타아나, 리우데자네이루, 자카르타, 이스탄불, 광저우, 오사카-고베, 모스크바, 라호르, 선전, 첸나이 등 26개 도시(권)가 해당된다.

프리드만은 세계도시의 역할이 단일한 차원으로 한정되지 않는다고 보았다. 일부 도시는 금융의 중심지로, 다른 도시는 정보나 문화의 중심지로서 기능할 수 있다. 또한 세계도시를 선별하는 기준으로 과거에는 제조업 비중에 주목했지만 도시녹지나 수자원 같은 생태적 환경의 중요성이 커지고 있다. 뉴욕 맨해튼은 건물의 밀도가 높지만 센트럴파크를 비롯한 공원으로 경쟁력을 유지했다. 싱가포르의 공원 커넥터 구상을 통해 산과 하천은 물론 공원과 녹지를 연결했다. 세계도시 위상을 유지하려면 생태나 환경 가치를 중시해야 한다.

세계도시는 환경 측면의 지속가능성에도 주목하는 도시계획을 차용했다. 싱가포르는 50년 단위의 계획인 장기도시계획을 수립하면서 생태와 휴양을 확충하는 등 녹지와 수변공간을 조성해 왔다. 시뮬레이션 등 과학적 접근으로 생물다양성 및 파편화된 서식지를 복원하고, 시민에게 휴식공간을 제공하며, 지역공동체와도 협력할 계획이다.

관광과 문화에 초점을 부여한 매력도시 순위에서 서울이 16위에 올랐다. 1위는 런던, 2위는 뉴욕, 3위는 파리였으며 아시아에서는 도쿄가 4위, 싱가포르가

5위, 방콕이 32위에 올랐다. 글로벌 시장조사업체가 레조넌스와 입소스가 30개국 2만 2천 명을 상대로 전 세계의 도시 400여 곳을 조사한 결과다. 서울은 K－팝과 드라마, 뷰티 산업의 중심이며, 미슐랭 가이드 식당이 176곳이나 있는 미식 여행지로 소개되었다.[2)]

우리나라의 메가시티 구상은 압축도시처럼 논쟁적이다. 경쟁력을 배양하고 소멸위기도 극복하는 전략이기 때문이다. 700만 명 내외인 유럽 강소국을 차용해 권역별 메가시티에 권한을 부여하면 글로컬 특화도시가 촉진될 것이다. 경쟁과 통합 지향의 글로벌과 공존과 자립 지향의 로컬의 혼합비율에 따라 테크노폴리스나 애그로폴리탄처럼 대비적인 매력도시가 출현한다.

대비적인 매력도시가 출현한다. 통합방식의 대구경북특별시가 퍼스트 펭귄의 후보였지만 비상계엄과 대선으로 추진동력이 약화된 상태다.

자치단체 통합방식인 메가시티는 성장시대를 거치며 비대해진 행정조직의 재편을 추구한다는 의미도 담아야 한다. 우리 공무원들은 그동안 늘리는 일에만 주력했지 줄이는 일에는 둔감했다. 행정개혁으로 줄어든 행정비용은 지역개발과 주민행복을 촉진하는 창조적 정책수단을 강화하는 일에 활용해야 한다.

유럽 도시는 연합 방식에 익숙하지만 한국 도시는 통합 방식을 선호해 왔다. 전임자의 성과에 인색한 목표의 무기억성도 인내와 시간을 요구하는 메가시티의 위협요소다. 메가서울은 균형발전에 역행하기 때문에 경인특별시가 블루칩이다. 수도권의 관문 인천은 인구 300만 명을 돌파했다. 대구를 추월한 상태에서 부산을 추격하고 있다. 하지만 인천은 특화발전 구상이 미진하고 시민 행복도와 외부 평판도가 약하다.

서울특별시 김포구 신설은 경쟁과 흡수의 논리를 표방한다. 반면에 경인특별시 구상은 공존과 협치의 미덕을 전제한다. 서울과 경기의 대립구도를 탈피하려면 제3자가 제안한 변화의 계기가 필요하다. 인천은 김포를 디딤돌삼아 경기북부와 결합해야 한다. 메가서울은 생활권이 중첩된 광명, 과천, 구리를 우선하되 최대한 자제해야 한다.

---

2) YTN. 2024.11.30.

인천발 메가시티는 경기북부에서 통일을 선도해야 한다. 서울과 경기남부의 비대화를 견제하려면 수도권 삼분지계가 필요하다. 서해 도서인 옹진과 강화가 선도할 남북협력의 물고는 레인보우 프로젝트를 표방하며 고양, 파주, 연천, 동두천, 포천으로 확장해야 한다. 인천과 떨어진 양주, 의정부, 구리, 남양주, 가평 등과의 연계는 교통망 강화로 응답해야 한다.

경기도는 인천이 광역시로 분리된 이후에 남북격차가 심화되었다. 인천이 교육과 경제에서 경기북부의 중심지 역할을 포기했기 때문이다. 서울과 인천을 대신해 수원과 의정부가 경기북부를 주도했지만 역부족을 절감했다. 검찰, 병무 등 중앙정부의 지역사무소와 경기도청 북부청사가 의정부에 들어섰지만 지역개발의 침체나 광역자치의 소외현상은 여전하다.

경기북부는 분단 이전에 유라시아 소통로 역할로 활력이 분출하던 곳이다. 한국전쟁 이후 안보에 주력하던 시절에는 수도 방어의 사명을 완수했다. 하지만 싱가포르 원노스나 태백산맥 폐광촌과 달리 〈미군기지이전특별법〉의 효과는 미진했다. 인천도 팔당에 의존하는 상수원 다변화를 위해 임진강 수계가 필요하다. 경기북부의 공감을 유도하려면 헌신적인 청지기 정신을 발휘해야 한다. 인천의 세계도시 전략인 뉴홍콩시티를 위해 경기북부의 생태와 테마를 보충해야 한다.

경기북부특별자치도는 자기다움을 추구하는 내생적 지역발전이 용이한 대안이다. 하지만 중앙의 지원에 의존하는 방식이다. 지방자치의 본질인 자율적 문제해결을 추구하는 경인특별시에 주목하는 이유다. 인천의 글로벌 역량과 경기북부의 로컬 역량을 결합한 글로컬 특화도시가 출현하기를 기대한다. 차기 정부는 글로컬대학을 넘어서는 글로컬도시 구상을 제시해야 한다.

2) 위성도시의 출현계기와 발전성과

세계도시나 메가시티를 보완하는 위성도시나 전원도시 구상은 급속한 산업화와 도시화의 부작용인 환경오염을 가장 먼저 경험한 영국 런던이 선도했다. 20세기 초 런던 외곽에 전원도시를 건설해 도시와 농촌을 혼합하려고 시도했다. 전원에 둘러싸인 도시의 규모는 너무 커서는 안 되고, 토지는 공유나 신탁으로 한다는 것이다. 이러한 전원도시의 현대적 응용사례가 압축도시다. 압축도시는 대중교통 중심지를 대상으로 토지이용의 집적을 통해 토지의 이용가치를 높이는 개발방식이다.

1903년 런던 북쪽에 건설한 레치워스(Letchworth)는 세계 최초의 전원도시로 하워드(Ebenezer Howard)의 전원도시론 구상을 실현한 것이다. 자연과 조화를 이루는 설계로 공원, 녹지, 주택이 조화를 추구했다. 자족성을 중시하여 산업 구역과 주거 구역을 분리하면서도 가까운 거리에 배치했고, 사회적 주택 제공과 공동체 중심의 삶을 추구했다.

1920년 건설한 웰윈(Welwyn)은 레치워스의 성공에 자극받아 하워드의 이상을 확장한 도시설계를 추구했다. 도시와 전원의 균형을 강조하면서 현대적 인프라를 포함시켰다. 런던과의 철도 연결로 경제적 자립성을 보완하는 한편 상업 및 주거시설을 도심지 역사를 중심으로 배치해 접근성을 높였다. 또한 1907년 런던 북부에 건설한 햄스테드(Hampstead)는 전원도시 개념을 도심 가까운 교외 지역에 적용한 사례다. 고급 주택과 공원을 중심으로 한 계획적 설계로 유명하다.

전원도시의 영향으로 뉴타운 운동과 현대적 도시계획이 촉진되었다. 분당과 일산과 같은 신도시 모델도 이러한 개념을 차용했다. 이들 사례는 도시와 자연의 조화를 통해 인간 중심의 거주환경을 창출하려는 혁신적 시도다. 유사개념인 위성도시나 생태도시도 환경의 중요성에 착안하였다. 재생가능한 에너지원 활용으로 자원의 효율적 사용과 환경오염 감소, 지속가능한 도시기반 구축에도 기여하였다.

전원도시론 이후 영국의 도시개발 패러다임은 경제적 가치에 주목하는 도시재개발에서 도시의 사회적 가치를 제고하는 도시재생으로 변화했다. 1950년대는 전후 도시재건에 집중한 시기다. 1960년대는 물리적 환경에 초점을 부여한 도시회생이 본격화되었다. 1970년대에는 도시의 쇠퇴와 빈곤 문제가 정치·경제·사회와 관련한 구조적 원인으로 파악해 정부 간 협력을 통한 문제해결에 주력했다. 1990년대에는 도시정부와 주민중심의 지역경제개발전략과 지역주민을 위한 도시재생이 진행되었을 뿐만 아니라 지속가능발전이 도시정책의 핵심 요소로 부상했다.

위성도시나 전원도시의 유사개념인 에지시티(edge city)는 자동차 출퇴근이 보편적인 미국스타일 도시개발 방식이다. 스프롤 현상이 심각한 애틀랜타, 뉴저지, 보스턴, 디트로이트, 피닉스, 샌프란시스코 등에서 시작되었다. 대도시 주변에서 출현하는 자족형 신도시인 에지시티는 주거와 일터를 결합해 도시경쟁력을 확보했다. 물론 자동차 통근에는 유리하지만 대중교통을 이용자나 보행자에게는 불리하다.[3)]

에지시티의 특징은 충분한 업무 공간과 일자리 제공, 상업 및 여가 중심 역할을 하는 도소매 공간, 주거보다 많은 일자리, 독립적인 생활권 형성, 과거 비도시 지역에서 발전 등이다. 대표적 사례로는 미국 실리콘밸리과 한국의 판교테크노밸리를 들 수 있다. 더불어 텍사스 프리스코나 싱가포르 톰슨-이스트코스트 등의 사례처럼 에지시티는 전통적인 도심의 중심지와는 다른 형태의 도시다. 자동차나 전철 중심의 교통망을 바탕으로 상업적, 경제적 자족성을 이루며 도시성장을 이끌고 있다.

한국의 위성도시는 서울특별시의 발전역량을 강화하고 보완하기 위해 출현했다. 서울이라는 중심부를 둘러싼 주변부 신도시들은 개발연대의 고도성장기에 종속적 갑을관계를 유지했지만 시민행복과 도시재생이 부각된 지속가능발전의 시대를 맞이해 협치에 기반한 안정적 협력관계를 모색하고 있다.

수도권 신도시의 기원은 1960년대 중반 이후 급증한 서울의 인구와 공장을 분산·수용하려고 경기도 광주군 성남출장소를 개청하면서 시작되었다. 하지만 당시 공영개발의 원칙을 도외시한 정부와 서울시의 투기방치형 도시개발사업 추진은 이주민들의 집단적 항의를 유발한 1971년 8월 광주대단지 사건으로 귀결되었다. 초기 이주민들의 불만은 1970년대 중반 산업화와 도시화가 가져다 준 부동산 투기와 거품의 편익을 정부와 기업 및 시민이 공유하면서 수면 아래로 가라앉았다. 하지만 1990년대 중반 분당이라는 중산층 신도시가 출현하자 본도심(수정구·중원구)과 신도심의 갈등이 발생하였다.

---

3) 존 레비 저, 서충원·변창흠 역. (2013). 현대 도시계획의 이해. 한울 아카데미. p.229.

이재명 성남시장 당시에 추진한 무상복지 3종 세트(청년배당·무상공공 산후조리원·무상교복)는 전임 이대엽 시장의 시청이전이 촉발한 재정위기와 마찬가지로 논쟁을 유발했다. 하지만 자치단체나 중앙정부의 벤치마킹 대상으로 부상했다. 내부적으로는 주거와 산업이 공존하는 판교테크노밸리가 분출한 부동산 열풍과 재정수입 확대가 갈등의 증폭을 제어했다. 남판교에 위치한 대장동 개발을 둘러싼 이해관계자들의 대립구도 역시 성남시 지역개발의 구조적 특성을 반영하는 논쟁거리로 전락했다.

2. 산업도시와 과학기술도시

1) 산업도시의 출현과 침체 및 부활

산업도시는 제조업 성장에 힘입어 태동했다. 급속한 도시화를 촉발한 산업도시는 영국의 런던과 맨체스터, 미국의 시카고와 디트로이트, 한국의 울산과 창원 등이 대표적이다. 독일 루르지역은 굴뚝산업을 대표하는 석탄과 철강산업이 발전한 지역이다. 제조업이 쇠퇴한 이후에 창조산업과 문화도시로의 전환을 추구했다. 미국 디트로이트는 모터시티로 불리는 자동차산업의 밀집지대로 포드, GM, 크라이슬러 등이 위치한다.

우리나라는 산업도시를 육성하려고 집적단지 구상을 추진했다. 1960년대 울산공업단지 개발을 시작으로 지난 반세기 동안 한국 경제의 고도성장을 견인했다. 기반시설이 잘 구비된 산업용지를 제공하고 각종 세제 및 금융지원을 제공해 기업의 초기 투자비용을 경감한다는 점과 업종군의 집적을 통한 시너지효과를 창출해 기업의 생산 활동을 지원한 것이다. 국가전체적 견지에서 공장의 집단적 배치를 통한 토지이용의 효율화를 꾀함으로써 사회적·환경적 비용을 축소한 점도 고무적이다. 그러나 공급자 위주의 산업용지 제공으로 지역별 수급불균형을 촉발한 점은 개선해야 한다. 이에 1990년대 후반부터 지방분권과 산업조화를 목표로 산업과 주거를 결합한 지역특화단지나 혁신클러스터의 가능성에 주목하였다.

현대 도시이론은 미국 시카고와 영국 런던을 배경으로 발전했다. 19세기 후반 시카고는 서부개척과 1862년 홈스테드법(자영농지법)에 힘입어 신흥 대도시로 성장했다. 하지만 급속한 도시팽창이 촉발한 범죄, 매춘, 도박 등 사회문제에 직면했다. 1871년 발생한 대화재는 비극적 사건이지만 새로운 도시계획을 촉진하는 계기로 작용했다. 1892년 설립된 시카고대학은 실용적인 학풍을 앞세워 시카고시가 도시연구의 메카로 부상하는 계기를 제공했다.

대화재를 극복한 시카고는 시민들이 사회계층에 따라 공간적으로 분화해 다섯 개의 동심원 구조를 형성했다 동심원 정중앙인 중심업무지구(CBD) 너머에는 공장지대와 노후주택이 병존하는 과도기적 점이지대(zone in transition), 노동자 계층의 주거단지, 고소득층 주거지, 통근자·외곽 지역 등이 형성된다. 저소득층은 편리한 공장 출퇴근을 위해 도심 가까이에 살려고 하며, 고소득층은 외곽의 여유로운 구역에 살려고 하기 때문에 이러한 구조가 형성된 것이다. 그리고 각 동심원은 제각기 바깥의 지대를 잠식하며 팽창하는 특성을 지닌다.

중후장대 제조업은 물류산업의 발전과 밀접한 관련성이 있다. 제조업 생산물의 교역으로 성장한 동남아시아 항만도시는 지리적 요충지인 말라카해협의 페낭과 싱가포르다. 포르투갈이 개척한 고아와 마카오, 영국이 조차한 홍콩, 프랑스 식민지 호치민 등도 유명한 물류의 거점이다. 인도 뭄바이를 비롯해 남아시아 도시는 전통적 요소와 식민지 요소가 혼재되어 있다. 바자는 도시 내부에 위치한 공공시장을 지칭하는데, 이슬람권 도시의 수크와 유사한 기능을 수행한다.

미국 알라바마주 헌츠빌은 국방산업의 중심지로 알려진 곳이다. 헌츠빌은 로켓시티(Rocket City)라는 별칭답게 우주 및 방위산업이 주력이다. 우주관련 교육과 연구를 지원하는 미국 우주로켓센터도 이곳에 위치한다. 레드스톤 아스날은 미군기지로 군사 연구, 미사일 개발, 첨단방위 시스템의 허브다. 더불어 록히드마틴, 보잉 등 방산 업체도 위치한다. 국방산업도시 헌츠빌은 높은 급여 수준과 낮은 생활비에 힘입어 미국 내에서 살기 좋은 도시로 자주 선정되고 있다. 이에 한국의 유사도시인 사천과 논산 및 고흥도 높은 관심을 표명하고 있다. 또한 자주포나 군함을 생산하는 방위산업체의 주가가 오르며 서울대 공대까지 국방공학

센터 신설에 나서고 있다.

울산은 제조업의 성장에 힘입어 광역시로 도약했다. 하지만 최근에 해안가 조선소 지대인 동구에서 침체의 징후가 포착되었다. 울산 북구와 남구는 각기 자동차와 석유화학이 주력산업이다. 현대자동차는 수출경쟁력이 유지되고 있지만 해외생산기지 확대나 지역별 차종특화전략이 위협요인이다. 2025년 트럼프 2기의 관세압력을 우회하는 수단으로 정의선 회장이 백악관을 찾아가 미국내 31조원 투자계획을 발표한 일이 대표적이다. 석유화학산업 활성화의 경우 단기적으로는 유가의 침체가 중장기적으로 신재생에너지의 활성화가 위협요인이다. 전통적인 제조업을 대치하는 수소경제, 해상플랜트, 바이오 등의 부상은 지연되고 있다. 인구의 감소와 부동산 하락이 시민의 불안을 자극하기 시작했다. 청년층과 여성을 중심으로 지역의 블루컬러 문화인 노잼도시 기피 심리도 확인된 상태다.

우리나라 제조업은 전기자동차 특수를 반영한 2차전지의 인기가 조정 국면을 지나자 로봇에 주목하기 시작했다. 한국의 대규모 생산공장에서 산업용 로봇의 활용비율이 높다는 것이 낙관적 희망의 근거다. 하지만 AI와 휴머노이드 로봇의 화학적 결합은 결코 용이한 목표는 아니다. 2차전지의 경우처럼 중국이 딥시크와 유니트리로보틱스를 앞세워 시장을 선점하면 한국 업체의 고전이 예상된다. 삼성전자도 바이오시밀러 투자와 유사한 방식으로 레인보우로보틱스를 자회사로 편입하면서 로봇산업에 대한 의지를 다지고 있다. 일본이 사이버 보안 등 소프트웨어 분야를 전략산업으로 집중 육성하는 것처럼 한국 정부도 전략적 산업정책으로 로봇에 화력을 집중해야 한다.

2) 과학기술도시가 미래의 도시경쟁력이다

과학기술도시는 첨단기술산업을 중심으로 산업, 연구, 교육, 주거가 조화를 이루는 곳이다. 과학기술도시의 전형은 실리콘밸리와 대덕연구개발특구다. 북유럽의 시스타와 울루, 싱가포르 원노스, 일본 쓰쿠바 과학도시, 독일 베를린 아들러스호프, 중국 베이징 중관촌 등도 유명하다. 과학기술 기반의 창조경제 선진국은 창조인재·문화 육성형(캐나, 호주), 벤처·창업생태계 육성형(이스라엘), 자본주도 육성형(미국, 영국, 프랑스), 창조산업·융복합 육성형(핀란드, 노르웨이) 등으로 분류된다.

첨단기술의 생명주기와 마찬가지로 도시의 부침도 짧아지고 있다. 세계화 시대는 국가가 주도하는 하향식 발전전략을 탈피해 도처에서 분출하는 상향식 도시혁신이 국력을 좌우한다. 미국의 경쟁력이 뉴욕의 경쟁력을 좌우하던 시대에서 상하이의 경쟁력이 중국의 경쟁력을 규정하는 시대로 변화했다.[4] 변화의 시대를 맞이해 도시의 총체적 혁신역량이 공룡처럼 비대해진 국가의 대응속도를 능가했기 때문이다.

도시가 지속가능하려면 슘페터의 제언처럼 부단히 혁신해야 한다. 1958년 발표된 호손효과도 작업 관찰, 조도 변화 등 지속적인 혁신조치가 생산성 향상에 기여한다고 보았다. 지역개발의 주도자들은 견고한 거버넌스(robust governance)를 확립해 양적 성장에서 질적 성장으로 패러다임을 전환하는 한편 안정적 집행과 주기적 평가의 미덕도 구현해야 한다. 수도권의 산업도시 안산시는 과거의 영광에 안주하다 화성시나 시흥시에 밀리며 미국 동북부 러스트벨트에 위치한 디트로이트처럼 인구가 줄고 있다.

하버드 경영대 마이클 포터의 국제경쟁력 모형은 다이아몬드를 구성하는 4대 변수인 요소 조건, 수요 조건, 기업 전략·구조 및 경쟁여건, 관련 및 지원산업 조건 등에 주목했다. 이러한 모델을 혁신도시의 경쟁력에 적용하면 유용하다. 첫째, 지역별로 특화된 산업의 요구에 맞는 노동과 자본 및 물리적·과학적·기술적 하부요소의 유효성이다. 둘째, 고부가가치 상품개발을 요구함으로써 혁신압력을 제공하는 고도로 세련된 지역고객의 존재다. 셋째, 지적재산을 보호하고, 투자를 권장하며, 기업활동을 촉진하는 규칙, 인센티브, 경쟁압력의 유효성이다. 넷째, 거래비용을 낮추고, 아이디어 교환을 촉진하며, 유연한 아웃소싱 기회를 창출하는 지원조직인 멘토나 컨설팅 업체, 산업별 협회 네트워크, 풍부한 공급업자 등이다.[5]

---

4) 김천권. (2017). 현대 도시개발. 대영문화사.

5) 김정렬·장지호. (2011). 정부기업관계론. 대영문화사. p.266.

벤처기업가 출신 이민화는 한국이 추격형 경제에서 탈추격 경제로 변신하려면 대기업 갑을구조에서 대·중소기업 생태계로, 중앙 집중에서 분산 견제로, 효율의 불패에서 혁신의 필승으로, 사전규제에서 사후평가로, 정답 교육에서 창조 교육으로, 중앙집권에서 지방분권으로 등의 혁신전략을 추구하라고 제안했다.

과학기술도시를 구현하려면 대한상공회의소 최태원 회장의 제안처럼 메가 샌드박스를 대구·경북, 강원권, 호남권, 충청권 등 권역별로 전략산업을 지정한 다음에 규제를 유예하거나 교육·인력·연구개발 인프라를 제공해야 한다. 과거 소프트웨어 산업을 선도했던 대구를 AI 시범도시로 만들자는 제안도 의미가 있다. 민간이 혁신적인 아이디어를 내고 정부와 지자체가 그 아이디어를 실현할 수 있도록 행·재정 수단을 지원하는 전략도 바람직하다.

정부가 혁신적인 벤처기업을 지원하는 정책수단은 자금지원, 창업 지원, 기술 지원, 영업 및 마케팅 지원, 생산성 향상 및 구조조정, 정보화 지원, 인력 지원, 외부연계 및 기업 간 협력 지원 등 다양하다. 정부의 중소기업육성정책이 효과성을 제고하려면 국가혁신체제나 지역혁신체제(Regional Innovation System: RIS) 관점에서 공급자 논리를 탈피해야 한다. 일례로 비즈니스 인큐베이터는 혁신적인 중소기업에 대한 토탈 서비스와 지역경제의 성장을 목표로 고안되었다. 신생기업에 대해 사무실과 같은 물리적인 장소는 물론 비즈니스 서비스와 네트워킹 서비스도 제공해 수요자의 만족도를 증진시켰다.

지역혁신체제는 테크노폴리스는 물론 기업도시나 혁신도시의 기반이다. RIS는 단일한 주체의 주도적 역할보다 다양한 주체들 간의 협력적 관계를 중시한다. 물리적 하부구조와 더불어 사회적 자본의 형성을 중시한다. 이러한 노력으로 혁신에 적합한 공간이 창출되는 것이다. 리서치트라이앵글파크나 윈노스과학단지에서는 대학과 연구소가 연구개발을 담당하고, 제조업체는 생산기능을 담당해 시너지를 창출했다. 생산과 주거, 일과 휴식을 병행한 혼합전략도 주효했다. 보스턴을 비롯해 니스, 헬싱키, 스트라스부르 등이 테크도시로 부상한 이유는 최적의 입지여건과 더불어 어메니티라는 쾌적한 도시환경이 크게 작용했다. 1990년대 시작된 서유럽 농어촌의 어메니티 운동을 첨단기술도시가 차용하면서 도시경쟁력을 증진한 것이다.

최근에 과학기술도시로 부상한 선전은 1980년대 시작한 중국의 경제특구로 화웨이, 텐센트 등 글로벌 테크기업의 본사가 위치한 곳이다. 사우디아라비아 네옴 프로젝트도 청정에너지, 첨단기술, 관광산업 등에 초점을 부여한 미래형 스마트도시를 건설하고 있다.

대전은 1970년대 중반 중화학공업육성정책을 후원하는 연구개발단지로 시작했다. 대덕단지에는 원자력과 정보통신을 비롯해 전문 연구기관이 위치한다. 1990년대 중반 개최한 대전엑스포는 도시브랜드 가치를 증진시켰다. 물론 선진국 도시는 세계박람회를 마치면 행사장 건물을 곧바로 철거한다. 철거가 지연된 대전은 관리상의 비효율에 시달렸다. 이후 대전엑스포과학공원은 청산되었고 잔존 업무는 대전마케팅공사를 경유해 대전관광공사로 이관되었다.

우리나라의 첨단산업도시는 권역별 혁신도시를 비롯해 판교, 광교, 송도, 상암DMC 등이다. 우리가 독창적 방식으로 세계의 관심을 끌려면 싱가포르나 더블린을 넘어서는 감동적 스토리를 장착해야 한다. 분단의 장벽 휴전선과 남북을 넘나드는 임진강을 테마로 DMZ 국제평화지대를 건설한다면 저렴한 토지와 편리한 교통을 앞세워 도시경쟁력을 확보할 것이다. 기술과 자연이 혼합된 국제평화도시는 창조도시 구상과도 혼합해야 한다. 세계적 창조도시로 부상한 아테네, 빌바오, 피렌체, 비엔나, 파리, 베를린 등의 교훈도 학습해야 한다.

3. 창의도시와 문화도시

1) 창의도시의 기제와 방법

18세기에 산업혁명으로 선진국에 진입한 나라와 도시는 제조업의 경쟁력을 배양했다. 하지만 영국과 스페인을 비롯한 선진국 도시들은 20세기 중반 이후에 제조업 위기를 극복하는 도시재생 전략으로 창의산업을 육성하였다. 유엔은 개방성과 포용성을 중시하는 2030 지속가능발전목표(SDGs)를 구현하는 수단으로 문화의 가능성에 주목하였다. 유네스코는 보다 직접적으로 도시혁신의 기제인 문화산업의 가능성에 착안하였다.

유네스코가 2004년부터 지정한 창의도시 네트워크는 문학, 영화, 음악, 공예 및 민속예술, 디자인, 미디어 아트, 요리 등 7개 분야다. 창의도시의 대표 사례는 에든버러 문학도시, 칸 영화도시, 볼로냐 음악도시, 리모주 공예도시(도자기), 헬싱키 디자인도시, 요크 미디어 아트도시, 청두 요리도시 등이 대표적이다.

창의도시 네트워크에 가입한 우수사례의 성공비결을 일반화하면 다음과 같다. 첫째, 창의도시의 주제가 도시의 생활 속에 뿌리내린 지역의 고유의 문화에 근거해야 한다. 둘째, 창의도시의 발전계획은 공공부문과 시민사회가 공동으로 참여하는 거버넌스 방식을 채택해야 한다. 셋째, 창의도시의 브랜드 가치를 증진하기 위해 축제, 국제회의 등 전략적 소통의 장을 다양하게 마련해야 한다. 넷째, 창의산업이 도시의 다른 산업 및 시민들의 삶과 선순환해야 한다. 다섯째, 창의산업 목적세나 기금을 조성해 교육이나 창업을 촉진하는 수단으로 활용해야 한다. 여섯째, 창의도시 성과관리를 강화해 지표별 이행실적을 평가하고 환류해야 한다. 일곱째, 창의도시를 통합적 문화생태계로 구축해 운영해야 한다.[6]

찰스 랜들리는 창의도시가 상상력이 풍부하고 혁신적인 방법으로 도시의 성공가능성을 제고한다고 보았다. 창의도시의 성공요건으로는 우선 해당 지역이 어떻게 관리되는가의 여부에 달려있다. 도시개발 사업을 성공리에 추진하기 위해서는 인허가 권한을 지닌 중앙정부의 지원은 물론 지역기업이나 주민단체들의 협력을 유도해야 한다. 환경변화에 신축적으로 대응하는 적응적 리더십은 물론 환경의 변화압력을 성장의 동력으로 전환시키는 변혁적 리더십이 요구된다. 나아가 도시개조에 요구되는 핵심역량은 도시의 필요성에 대한 동태적 인식, 3차원의 공간창출, 인간욕구의 이해, 지역사회의 협력유도, 도시의 순환과 이동을 촉진, 영감자극과 동기부여, 외부의 조망과 내부적 요소와 결합, 전통자산의 현대적 재활용, 도시의 내재적 특성을 중시, 한적한 시골의 가치와 번잡한 도시의 가치를 결합, 환경친화적인 녹색가치를 중시하는 등의 노력이 필요하다.

---

6) 백두이. (2024). 유네스코 창의도시 모범사례 특성 연구. 고려대학교 석사학위논문.

미래 도시의 유토피아는 실리콘밸리, 바르셀로나, 쿠리치바 등 세계 각지에 산재한 우수사례 속에 녹아있다. 거기에는 고용을 창출하거나 기술을 응용하고 주민들의 역량을 촉진시키는 혁신적인 방법들이 존재한다. 도시의 정신과 정체성을 대표하는 건축물, 에너지 절약형의 시설물, 편리한 공공교통, 오락과 학습 기능을 겸비한 상가, 사람들이 모이는 중앙광장, 비일상적인 축제 등이 자리하고 있다.

리처드 플로리다는 창의도시를 산업사회의 한계를 극복하는 미래도시의 새로운 비전으로 규정했다. 창의도시의 경쟁력은 인재(talent), 기술(technology), 관용(tolerance) 등 3T에 의해 좌우된다. 창의도시의 주역인 창조계급은 레오나르도 다빈치와 같이 과학, 건축, 예술 등에 정통한 통섭적인 실용주의자를 상정한다. 현대적인 관념으로는 과학자, 기술자, 연구자, 시인, 소설가, 연예인 등 독창적 콘텐츠를 생산하는 사람들과 법률, 금융서비스 등 지식집약산업에 종사하는 전문직업인이다. 이러한 창의도시의 업그레이드 버전이 과학기술도시, 문화예술도시, 전원휴양도시 등이다. 티부 가설인 '발로하는 투표'와 허시만의 '충성 · 항의 · 퇴장' 모델이 시사하듯이 창조계급을 보유하려면 창조산업 투자의 확대, 개방적이고 포용적인 도시 분위기, 매력적이고 쾌적한 주거지 등이 필요하다. 예술가들의 거주비율을 의미하는 보헤미안 지수나 성소수자에 대한 포용성을 대표하는 게이지수도 유의해야 한다.[7)]

플로리다는 도시재창조에 주력하다 젠트리피케이션의 폐해를 외면했다는 비판에 직면하기도 했다. 젠트리피케이션의 선구적인 사례가 뉴욕의 소호다. 1960~70년대의 소호는 빈곤층과 예술가들이 거주하던 지역으로, 공장 건물과 낡은 창고들이 많았다. 소호가 점차 문화적 · 예술적 명성을 얻게 되면서 부유층과 부동산 개발업자의 관심을 끌기 시작했다. 고급주택과 상업시설이 개발되면서 예술가와 저소득층 주민들은 급상승한 생활비를 감당하지 못하고 지역을 떠났다. 그 자리를 상류층과 고급 브랜드들이 채우게 되었다. 이와 유사한 사례는 런던의 노팅힐, 파리의 마레, 서울의 경리단길 등이 있다.

---

7) 최재정. (2015). 도시를 읽는 새로운 시선. 홍시.

빌바오는 구겐하임 미술관 분관을 유치해 창의도시 브랜드를 강화했다. 이에 서울과 부산은 퐁피두센터 유치를 선택했다. 퐁피두센터는 1977년에 오픈한 복합문화공간이다. 퐁피두센터는 외관이 파이프로 노출된 독특한 외관과 경사진 광장이 유명하다. 대중을 위한 문화공간으로서 개방형 도서관과 디자인 전시관 역할도 수행해 왔다. 목포는 고베, 마카오, 부산, 인천 등과 마찬가지로 개항의 역사가 오래된 역사·문화 자원의 보고다. 근대기 건축물과 산업 유산도 적극적으로 활용하고 있다.

골목길 경제학자 모종린은 생활권 기반 창조 커뮤니티 유형과 사례로 혁신생태계(판교테크노밸리, 상암디지털미디어밸리 등), 스타트업 커뮤니티(테헤란로, 성수동 등), 문화지구(인사동, 대학로 등), 로컬 브랜드 상권(서교동, 이태원 등), 예술인마을(파주 헤이리예술마을, 양평 예술인마을 등), 마을공동체(마포구 성미산마을, 남원 산내면 등) 등에 주목하였다.

우리나라 수도권에도 창조산업이 느슨한 군집을 형성하고 있다. 서울특별시는 뉴미디어, 창조 서비스, 패션, ICT 서비스업을 중심으로 특화되어 있다. 특히 디자인산업을 육성하려고 동대문디자인플라자(DDP)를 터전으로 활용했다. 청계천 의류상가의 패션경쟁력을 디자인산업으로 확산시키는 일에 성공한 것이다. 물론 청계천 의류상가의 배후지원단지인 창신동 노동자나 청년층 디자이너의 처우가 개선된 것은 아니다. 하지만 1970년대 전태일 시절의 노동착취를 해소하고 미래를 기약한다는 점에서 고무적이다.

경기도는 ICT 제조업이 특화되어 있으며 바이오, 창조서비스, 식품산업도 유망하다. 인천광역시는 일부 행위예술과 ICT 제조업이 특화된 것으로 나타났다. 창조산업의 수도권 편향성은 탁월한 입지경쟁력에 기인한다. 더불어 강남과 성남의 실용적 정보서비스, 용인과 평택의 미래가치 제조업, 종로구와 인천 중구의 문화예술 클러스터 등 지역별로 특화한 맞춤형 육성전략도 필요하다.[8)]

한국의 나폴리로 알려진 통영시는 음악과 문학을 소재로 창의도시를 추진했

8) 채지민. (2015). 수도권 창조산업의 공간적 분포 특성과 경제적 및 사회통합적 영향 분석. 성신여자대학교 대학원 박사학위논문.

다. 통영이 고향인 박경리와 윤이상은 도시마케팅의 홍보대사 역할을 수행해 왔다. 통영을 찾는 이들은 소설 〈김약국의 딸〉에 묘사된 통영의 모습을 발견하려고 노력한다. 동피랑과 서피랑 벽화마을이 시사하듯이 산비탈로 항구도시의 한계를 보완하려고 어업과 양식 및 나전칠기 공방도 육성했다. 나아가 지금은 조선이나 관광이 주력산업으로 부상했다.

통영을 음악도시로 각인시킨 인물은 세계적인 작곡가 윤이상이다. 동서양 음악을 창조적으로 혼합하는 일에 매진한 그의 성과는 국내외에서 극찬을 받고 있다. 그는 북한을 방문했다가 1967년 김형욱과 김대중처럼 중앙정보부 요원에게 납치되는 고초를 겪었다. 수감중에 작곡한 오페라 〈나비의 미망인〉이 초연되자 호평을 받고 동백림 사건의 불법적 체포과정이 알려져 국제사회의 여론이 악화되자 1969년 형집행정지로 풀려나 서독으로 돌아갔다. 하지만 그는 사후에 통영시가 기념사업을 펼치는 상징적 존재로 부활했다.

2) 문화도시의 원천인 역사와 인문학

문화도시는 도시의 역사가 오래된 유럽이 주도해 왔다. 1985년 유럽연합이 시작한 유럽문화수도 프로그램이 대표적이다. 유럽문화수도는 지역의 문화적 다양성과 문화유산을 홍보하고, 도시의 발전과 재생을 도모해 왔다. 이 프로그램은 1985년에 시작되었으며, 주요 지정 사례는 아테네(그리스, 1985), 피렌체(이탈리아, 1986), 리버풀(영국, 2008) 등이다.

도시의 문화적 재생과 글로벌 네트워크 형성의 성공적 모델로 평가받는 유럽문화수도의 또 다른 사례인 에쯔(독일, 2010)는 독일의 산업 중심지로, 폐광 지역을 문화적 중심지로 탈바꿈시켰다. 코쇼체(헝가리, 2013)는 지정 이후 예술과 창의산업 분야의 새로운 허브로 부상했다. 탈린(에스토니아, 2011)은 디지털 기술과 전통문화가 조화를 이루는 행사로 주목을 받았다.

산업혁명의 발상지 맨체스터는 전통적 제조업을 대신해 문화와 미디어가 성장하면서 서비스업의 비중이 증가했다. 이러한 맨체스터의 변신은 집중에서 분산으로, 대량생산보다 유연생산을 추구하는 포스트모더니즘의 확산에 근거한다.

근대적 의미의 발전 프레임을 극복하려는 포스트모더니즘의 기원은 1960년대 미국과 프랑스에서 시작된 문화운동으로 당시 학생운동, 여성운동, 흑인민권운동, 제3세계운동 등과 연관되어 있다. 이러한 문화운동의 영향으로 도시발전 패러다임도 개성, 자율성, 다양성 등에 주목하게 되었다.

인도네시아 캄풍(Kampung)은 전통적인 마을이나 거주지를 의미한다. 시골 지역이나 소규모 커뮤니티를 지칭하며, 많은 경우 집들은 목조 건축물로 이루어져 있고, 전통적인 생활방식이 유지되는 곳이다. 주요 특징은 자연과의 조화, 공동체 생활, 문화와 전통 중시 등이다. 도시화가 진전되면서 일부 캄풍은 현대적 도시로 변화했지만 여전히 많은 캄풍에서는 전통적인 삶이 유지되고 있다.

도쿄를 비롯해 인구감소에 직면한 선진국 도시들은 공급자 중심에서 수용자 중심의 도시개발로 전환했다. 역세권과 숲세권 아파트가 각광받는 현실이 이를 반영한다. 일본 롯폰기힐스의 랜드마크로 부상한 모리타워 복합개발 구상은 예술(Art)와 지능(Intelligent)을 결합한 문화도시(Artelligent City)를 추구했다. 호텔, 미술관, 레스토랑, 쇼핑몰, 전망대 등을 결합한 복합단지의 역할은 삶과 일 및 쇼핑 사이에 예술을 접하고 최고의 인재와 교류하는 장소와 기회를 제공한다는 것이다.[9)]

우리나라의 문화도시의 선구적 사례는 〈아시아문화중심도시 조성에 관한 특별법〉이다. 이 법은 문화의 다양성과 창의성을 기반으로 아시아 문화와 자원의 상호교류를 촉진하기 위해 아시아문화중심도시를 광주광역시에 조성한다는 것이다. 광주광역시는 1995년부터 시작된 광주비엔날레를 통해 국제적 예술문화도시로 알려진 곳이다.

문화도시는 〈지역문화진흥법〉에 따라 문화를 통한 지속가능한 지역발전과 시민의 문화적 삶의 확산을 비전으로 설정했다. 지역별로 특색 있는 문화 자원을 효과적으로 활용해 문화 창조력을 강화할 수 있도록 정부가 13개 도시를 지정해 각각 200억 원을 지원한다. 속초시는 보조금을 활용해 음식문화도시를 구현하려고 실향민을 통해 전해져 온 함경도 음식문화에 주목하고 있다.

---

9) 서울프라퍼티인사이트 플랫폼 마케팅팀. (2024). 도쿄는 어떻게 도시의 미래를 만드는가. 시티폴리오.

부산광역시는 부산국제영화제(BIFF)로 잘 알려져 있다. 부산디자인위크, 부산하이브리드페스티벌 등도 예술과 대중문화의 중심지에 어울리는 행사이다. 또한 대구광역시는 대구국제뮤지컬페스티벌을 앞세워 음악과 공연예술의 중심지로 부상하고 있다. 전통자산인 대구약령시와 같은 문화유산도 보유하고 있다. 서울은 전통과 현대가 조화롭게 결합된 도시다. 전통 문화유산인 경복궁, 창덕궁, 북촌한옥마을 등과 현대적인 문화시설인 서울역사박물관 등이 어우러져 있다.

문화도시 안동은 선비문화의 보고이자 인문정신의 보루다. 찜닭, 소주, 국시, 식혜, 간고등어, 헛제삿밥 등과 같이 안동이 들어간 향토음식도 도시브랜드를 각인시키는 주역이다. 우리나라에서는 호남을 대표하는 근대문화도시 목포와 군산, 백제의 흔적이 남겨진 공주와 부여, 신라와 가야의 무대인 경주와 김해 등이 안동과 유사한 잠재력을 지니고 있다.

서울특별시는 서울시립교향악단, 서울120다산콜재단, 서울디지털재단, 서울디자인재단, 서울관광재단 등 20여 개의 출연기관을 운영한다. 지방공공기관에는 지방공기업과 더불어 다양한 출자·출연 기관들이 포함된다. 일례로 서울시립교향악단은 클래식 음악을 기반으로 시민들의 문화복지를 실천해 왔다. 서울을 대표하는 교향악단으로서 정기공연 예술성과 약자동행 봉사성 간의 균형 확보에 주력하고 있다.

교향악단은 대표이사, 음악감독, 지휘자, 악장 등 리더들이 역할을 분담해 단원들과 활발한 소통을 추진하였다. 거스 히딩크를 연상시키는 신임 음악감독 얍 판 츠베덴 취임 이후에는 제2의 전성기를 표방하였다. 서울시향은 2024년 강변음악회 사전공연, 광복 79주년 기념음악회 등에 장애 예술인 참여를 확대하였다. 자치구와 협업해 4~10명 실내악 규모로 작은 음악회를 개최하여 장애인, 다문화, 환자, 국군장병, 발달장애 학생 등 다양한 사회적 약자의 문화향유 기회도 증진하였다.

4. 압축도시와 안전도시

1) 압축도시는 지방소멸을 구원할 것인가

압축도시(compact city)는 지방소멸과 스프롤(sprawl)에 대응하는 전략이다. 자동차보다 전철이라는 대중교통 수단을 활용해 토지이용의 집적과 이용가치를 높이는 구상이다. 기존의 도심지나 역세권을 주거·상업·업무 등이 복합된 고밀도 단지로 재구축하는 것이다. 도시의 토지를 고밀도로 개발하면 인적·물적 자원과 정보의 거래비용을 축소된다. 더불어 외곽이 난개발되는 스프롤 현상을 방지하는 친환경적인 도시개발이 가능하고 사회적 비용의 최소화도 촉진된다.

압축도시의 특징은 건물의 높이나 층수를 높이는 고밀도 개발, 주거지·상업시설·오피스·공공시설 등이 함께 어우러지는 혼합용도 개발, 대중교통을 중심으로 교통망을 구축하는 효율적인 교통체계, 자원의 낭비를 줄이고 지속가능성을 추구하는 환경친화적 도시설계, 모든 계층이 함께 생활하는 사회적 통합 등이다.

일본에서는 지방소멸 위기를 극복하려고 거점도시 중심으로 인근 시정촌을 연계한 압축도시를 추진했다. 일례로 도야마시는 현청 소재지로 북알프스라 불리는 고산 관광과 유리 공예로 유명한 곳이다. 도야마시의 도전은 2002년 모리 마사시(森雅志) 시장 당선과 더불어 시작됐다. 모리 전 시장은 지속가능한 도시발전을 위해 자동차 편중을 탈피하는 대신에 철도와 노면전차 등 대중교통망을 강화해 역사에 상업·업무·문화, 거주 기능을 집약하는 다극(多極) 네트워크형 압축도시를 건설했다. 지역발전의 난제를 해결한 모리 시장은 광역교통망 건설이나 도시재생 구상이 행정의 주도만으로 완수하기 어렵다고 역설한다. 따라서 시민을 집요하게 설득하는 방식으로 협지를 구현했다.[10] 더불어 중앙-지방정부 간 협력관계를 토대로 지방창생 비전과 전략도 준비했다. 지방소멸을 극복하는 중장기 비전으로는 출산율 향상과 인구의 유지를 내걸었다. 구체적 전략은 민간의 핵심 성과지표(KPI)를 원용해 연간 10만 명의 도쿄 전입 해소, 청년 지방 일자

10) 오영환. (2021). 늙어가던 도야마시, 도시철도망 바꾸니 확 살아났다. 중앙일보. 2021.08.20.

리 30만 개 창출 등을 제시했다. 관광이 지역활성화의 요체라는 인식하에 외국 관광객 소비증대 방안과 어린이의 농산어촌 체험 강화를 추구했다.[11)]

프랑스 지방도시는 배후지 거주민의 도심지 접근을 촉진하는 교통수단인 노면전차(light railway transit: LRT) 구축, 상업과 교통을 연계한 도시계획, 소규모 상점을 지원하는 상업조정제도, 법규와 세제의 신축적인 정비, 도시개발 전담조직과 마스터플랜, 지방 정치와 행정의 건설적 협력관계 등을 활용해 지역발전의 동력을 확보했다.[12)] 스트라스부르는 파리에서 440여 ㎞가 떨어진 독일 접경의 소도시지만 취업은 물론, 자연, 문화, 역사, 교육기관, 소비나 오락시설 등이 균형 있게 공존한다. 프랑스 중세의 모습을 잘 보존해 세계적 관광지로 부상한 쁘티프랑스가 있는 곳이다. 동시에 유럽연합(EU) 의회가 위치한 유럽의 중심이다.

파리가 추진한 15분 도시는 여가, 쇼핑, 교육, 문화, 휴식, 공유 및 재사용 등 다양한 기능을 복합적으로 누리는 자립적 생활권으로 재구성을 의도했다. 그리고 공공 공간인 도로와 광장, 학교를 시민을 위한 삶의 공간으로 전환하는 동시에 시민중심 문화와 소통을 강조한다. 파리의 경우 일상에서 문화를 연결하는 플랫폼 형식으로 재편성하는 작업을 진행해 왔다.

덴마크 코펜하겐은 친환경 압축도시의 전형이다. 도심 내 자전거 도로와 보행자 친화적인 거리가 잘 발달해 있다. 특히 코펜하겐 외곽의 신도시 오외스타트(Ørestad)는 고밀도 주거지역과 상업지역이 결합된 공간이다. 대중교통 중심으로 설계되었으며, 지속가능한 도시를 추구하고 있다. 이곳은 고층 건물과 아파트 너머로 광활한 자연이 펼쳐진 곳이다.

도시의 교통은 그 자체가 목적이 아니라 경제나 사회활동을 보조하는 수단이다. 도시교통은 인적·물적 이동 비용을 낮추며, 도시의 공간적 확산을 촉진시킨다. 특히 토지가격이 저렴한 곳에 생산시설 입지를 가능하게 하여 재화와 서비스의 생산비용을 감소시킨다. 우리나라는 1970년대 경부고속도와 영동고속도로

11) 오영환. (2019). 한국의 도시재생, 일본의 지방창생. 중앙일보. 2019.03.13.

12) 뱅상 후지이 유미 저, 조용준 역. (2021). 앙제에서 중소도시의 미래를 보다: 프랑스 지방 도시는 왜 활기가 넘칠까. 미세움.

개통을 계기로 고속도로 시대가 본격화되었다. 2000년대 이후에는 고속철도 시대가 열리면서 2004년 KTX, 2017년 SRT가 연이어 개통되었다. 2020년대에는 GTX 노선의 단계적 계통이 압축도시를 촉진할 것이다.

도시 부동산의 가치는 고전적 지대이론으로 설명이 가능하다. 폰 튀넨(von Thünen)이 저술한 〈고립국〉은 교통운송비에 따라 도시구조 및 토지이용 양태가 달라지는 점에 주목했다. 중심지에 근접할수록 운송비가 적게 들기 때문에 지대가 높아진다. 리카도의 차액지대설에 따르면 지대는 토지생산물 가격에서 토지 이외의 생산요소 가격을 뺀 차액과 일치한다. 입찰지대곡선(bid-rent curve)은 도심에서부터 거리가 달라짐에 따라 각 지점에 대한 토지이용자의 최대지불용의액이 어떻게 달라지는가를 보여준다.

도쿄 롯폰기힐스는 중심부에 위치한 복합개발 프로젝트로 주거, 상업, 업무, 문화시설이 하나의 지구에 밀집되어 있다. 이곳은 대중교통 접근성이 뛰어나고, 보행자 중심의 환경을 제공하며, 지역 내에서 자급자족할 수 있는 생활권을 구비한 상태다.

선전의 치엔하이(前海)는 첨단기술과 금융업을 중심의 복합도시다. 교통네트워크가 효율적으로 설계되었고, 녹지와 친환경 건축물을 통해 지속가능한 도시개발을 구현하였다. 이곳은 대외개방 정책의 시범무대다. 홍콩과 선전국제공항도 멀지 않고, 남부 경제중심지인 주강삼각주 지역도 한 시간 거리다.

국내 사례로는 세종시와 판교테크노밸리가 대표적이다. 세종시는 행정중심복합도시로 설계되어 주거와 업무지역 간의 거리를 최소화하고 대중교통과 자전거 중심으로 계획된 도시다. 판교테크노밸리는 IT와 첨단 산업의 중심지로, 직주근접 개념을 적용하여 근로자들이 도보나 자전거로 출퇴근할 수 있도록 설계되었다. 동시에 공원과 녹지가 많아 쾌적한 환경을 제공한다.

한국을 대표하는 산업도시 안산시는 제조업 침체와 뉴비전의 지연으로 고점 대비 인구가 10만 명이나 하락했다. 이에 안산시는 GTX C노선을 유치하는 한편 역사를 중심으로 도시기능을 한곳에 모으는 압축도시 계획을 마련했다. 대형쇼핑몰과 문화복합시설, 호텔과 업무시설, 학교과 주거단지 등을 결합한 랜드마크를 건설한다는 것이다. 이러한 구상은 청라돔구장과 화성국제테마파크 추진과 연계한 시너지 창출에 따라 좌우될 것이다.

2) 무결점 안전도시 만들기

안전도시는 발생가능한 위험을 최소화하는 종합적 시스템을 추구한다. 단순히 범죄예방이나 재난극복을 초월해 다양한 위험상황에 역동적으로 대응해 완결성을 확보해야 한다. 나는 행정안전부가 주관하는 범정부 재난안전사업의 전 주기를 자문하면서 총체적 접근의 중요성을 절감했다. 정교한 기획활동과 안정적 추진체제는 물론 예산과 인력의 적정한 배분 및 산출과 결과의 성과평가도 필요하다.

1854년 런던 소호서 발생한 수인성 전염병 콜레라의 확산으로 500여 명이 사망했다. 공중보건과 상수도의 중요성을 환기시킨 사건이다. 염소를 비롯해 소독약의 보급으로 전염병 위협은 약화되었다. 하지만 오폐수와 녹조가 촉발한 원수의 오염이 새로운 위협이다. 런던의 스모그와 산성비도 대기오염의 심각성을 경고했다.

현대 재난안전관리는 다양한 법칙과 이론을 실무에 활용했다. 하인리히 법칙은 대형 사고가 발생하기 전에 경미한 사고와 잠재적 징후가 반복적으로 발생하기 때문에 전조를 무시하지 말라는 경고다. 도미노 이론은 사고에는 일련의 원인들이 순차적으로 발생하기 때문에 하나의 원인을 제거하면 사고예방이 가능하다고 본다. 머피의 법칙은 잘못될 가능성이 있는 것은 결국 잘못된다는 이론이다. 파레토 법칙은 재난예방에서 80%의 성과는 20%의 핵심 조치에서 비롯된다는 법칙이다.

국내 대학에서 개발한 사회안전지수는 생활안전, 경제활동, 건강보건, 주거환경 등 4개 분야의 정량지표와 주민 설문조사 결과인 정성지표를 결합해 도출한다. 2024년 평가결과 시·도에서 사회안전지수가 높은 곳은 세종특별자치시, 서울특별시, 경기도, 대전광역시 등으로 나타났다.

재난안전 분야는 풍수해, 가뭄, 지진, 폭염, 한파, 감염병, 화재, 산불, 대기

한국 정부의 재난안전예산 중점투자방향

① 기후위기에 대비한 인프라 확대	
‣ 예보역량 강화 ‣ 산불 예방·진화 능력 향상	‣ 치수안정성 확보 ‣ 폭염·한파 적극 대응
② 재난·사고 현장 대응력 제고	
‣ 현장 교육·훈련 강화 ‣ 응급의료체계 강화	‣ 상황관리 체계 개선 ‣ 신유형 재난 대응체계 마련
③ 국민 일상 생활안전 강화	
‣ 생활 속 화재 예방 ‣ 교통안전 강화	‣ 식·의약품 안전 강화 ‣ 생활범죄 예방
④ 일터 안전수준 향상	
‣ 건설현장 안전강화 ‣ 영세사업장 안전 사각지대 해소	‣ 근로자 건강 보호 ‣ 취약분야 지속 관리
⑤ 취약계층 안전 강화	
‣ 주거안전 강화 ‣ 피해자 회복 지원	‣ 기후변화 적응 ‣ 안전의식 제고

출처: 행정안전부. (2025). 2026년 재난안전예산 중점투자방향.

오염, 도로교통 재난·사고, 항공교통 재난·사고, 가축 및 수산생물전염병, 유해화학물질 재난·사고, 시설 재난·사고, 사업장 산재, 범죄, 의료제품 사고, 재난안전 관리체계, 구조·구급과 응급의료, 안전취약계층 안전 등 20여 개다. 성공적 재난안전관리를 위해서는 안전시스템 구축과 안전마인드 강화 간의 시너지를 추구해야 한다. 나아가 재난안전예산의 전략적 배분도 핵심적 성공요소다.

재난안전에 대한 인식이 확산되며 관련 예산과 활동도 증가했다. 소방청의 구급활동은 지난 5년간 구조 건은 연평균 약 106만 건, 구조 인원은 약 10만 명이며, 구급 건은 연평균 약 318만 건, 이송환자는 약 186만 명이다. 보건복지부가 관장하는 응급의료환자 방문 건은 지난 5년간 연평균 525만 건이며, 이 중 사망자는 약 3만 명이다.

대한민국의 안전대전환을 담보하는 집중안전점검은 행정안전부가 주관해 중앙부처와 지방자치단체의 시설물과 재난취약 지역을 살핀다. 집중안전점검 평가지표는 안전점검 실효성, 안전점검 확산실적, 안전점검 환류 적절성, 안전점검 결과 공개 및 이력관리 노력도, 우수사례 확산을 통한 정책기여도 등이다.

응급의료환자 방문 건수와 유형(단위: 건)

구 분	연평균	2019	2020	2021	2022	2023
합 계	5,254,040	5,937,569	4,635,931	4,804,262	5,061,764	5,830,676
귀 가	3,936,658	4,533,068	3,439,643	3,567,996	3,771,806	4,370,775
사 망	30,812	31,785	24,938	26,832	36,541	33,965
입 원	1,174,225	1,250,725	1,067,693	1,067,693	1,155,999	1,329,013
전 원	87,615	103,804	78,580	81,168	85,023	89,499
기 타*	13,829	11,868	22,625	18,763	10,027	5,861
미상/미입력	3,170	6,319	2,452	3,147	2,368	1,563

※ 각 년도 국가응급진료정보망을 구축하고 진료정보를 전송하는 센터급 이상 의료기관에 대한 현황자료('19년 162개, '20년 167개, '21년 165개, '22년 166개, '23년 179개)

※ '20년부터 '기타'에는 '가망 없는 퇴실' 포함('20년부터 별도 통계집계)

출처: 중앙응급의료센터(2020~2024), 각 연도 국가응급진료정보망(NEDIS) 통계연보

재난을 제대로 통제하려면 위험시설 선정, 집중적 점검, 지적사항 조치 등이 필수적이다. 특히 교량, 공동구, 맨홀, 싱크홀, 학교, 공공시설 등에 대한 주의가 요구된다. 부산시는 급경사 주거지가 많고 전통시장의 화재가능성도 높은 편이다. 이에 시장이 현장시찰을 강화하고 해상교량을 관리하는 부산시설공단을 비롯해 유관기관과의 협력체제를 강화했다. 사정이 비슷한 강원도의 경우도 집중 안전점검에 대한 관심과 성과가 모두 양호했다.

자치단체 우수사례는 포항시의 지진대비 통합훈련, 대구시의 서문시장 화재예방 점검활동, 강원도의 산사태 예방 및 복구사업, 서울시의 재난문자 다국어 서비스, 부산시의 장애인 대상 맞춤형 재난대응 교육 등이다. 재난극복 해외 우수사례는 2011년 동일본 대지진을 극복한 일본 센다이와 지진피해를 극복하고 회복력을 보여준 뉴질랜드 크라이스트처치가 교훈적이다.

5. 생태도시와 스마트도시

1) 친환경 생태도시의 기원과 진화

친환경 생태도시에 대한 관심을 촉구한 계기는 1992년 브라질 리우데자네

이루에서 열린 유엔환경개발회의(United Nations Conference on Environment and Development: UNCED)가 채택한 국제 환경 및 개발에 관한 리우선언이다. 이 선언은 지속가능한 발전을 위한 국제적 원칙과 지침을 제시하였다. 주요 내용은 지속가능한 발전, 국제 협력, 선진국과 개발도상국 간 협력, 환경영향평가, 오염자 부담 원칙 등이다. 리우선언의 세부 행동계획인 의제 21(Agenda 21)과 산림원칙 성명을 채택해 기후변화협약, 생물다양성협약, 사막화방지협약 등 UN 3대 환경협약의 기초를 마련하였다.

지속가능성 가치의 구현은 사회적, 환경적, 경제적 지속가능성이 균형을 이루어야 참발전 상태에 근접하게 된다. 사회적 가치를 중시하는 지속가능한 도시의 핵심적 구성요소로는 인권, 안전, 건강복지, 노동, 상생협력, 일자리, 공동체, 성평등, 다문화사회, 생물다양성, 건강한 먹거리 등이다.

친환경 생태도시는 환경의 보호와 지속가능한 발전을 추구하는 도시다. 생태도시의 유사 개념이 진보도시, 포용도시, 행복도시, 지속가능도시 등이다. 생태도시의 특징은 자연과의 조화, 자원 순환, 적정 밀도, 복합 기능 등이다. 생태도시의 목표는 재생에너지 사용 확대, 폐기물 저감 및 재활용, 녹지 면적의 확보와 생태 네트워크 구축, 쾌적한 생활환경 제공 등이다. 이러한 목표에 근접한 저탄소 녹색도시 사례는 스웨덴 함마르뷔, 아랍에미리트 마스다르, 캐나다 닥사이드 그린, 덴마크 티스테드, 영국 베드제드 등이다. 더욱이 미국 시애틀은 시민들의 지속가능성 요구에 부응하기 위해 1991년 '지속가능 시애틀'이라는 비영리기관을 설립해 지속가능성 지표를 개발해 다양한 프로젝트에 적용하였다. 이 지표는 1996년 UN 커뮤니티 분야 최고 우수지표로 인정을 받으면서 국내외적으로 폭넓게 활용되고 있다.

환경오염에 대항하려고 생태도시를 추구한 사례는 프라이부르크를 비롯해 기타큐슈나 세이톡이 대표적이다. 포항과 유사한 철강도시인 기타큐슈는 일본 최초로 에코타운을 조성해 친환경 비전을 제시했다. 에코타운의 주요 전략은 산업 폐기물의 완전한 재활용, 제로 에미션(zero emission) 목표 추구, 에너지 절약 및 자원순환 실현, 환경 부하를 낮추는 부가가치 산업 육성, 저탄소 사회 구축 등이다. 또한 2050년까지 이산화탄소 배출량을 2005년 대비 50% 감축한다는 목표를 달성하기 위해 공장 폐열의 재활용, 태양광 발전 도입, 내구성이 높은 주택 건설, 저탄소 200년 마을건설 계획, 환경기술 혁신 및 국제협력 등을 추진했다. 나아가 국제적 연대와 협력을 촉진하는 전략으로 아시아 저탄소화 센터 설립 계획, 환경 관련 기술과 산업의 세계적 선도, 국제 환경협력 강화, 민관협력 체계 등을 추진했다.

독일은 시민사회나 주민자치 전반에서 친환경 마인드가 확산된 상태다. 프라이부르크가 흑림을 지켜낸 일이 대표적이다. 연방정부도 2011년 동일본 대지진에 자극받아 온실가스 배출을 줄이고 원전도 폐지한다는 목표를 설정했다. 하지만 자본의 논리에 친숙한 한국은 원전과 기후변화에 둔감한 상태다. 성장에 과도하게 몰입하면 인류의 생존과 안전을 담보하기 어려워진다.

터키 세이톡은 태양광과 풍력 에너지를 활용해 에너지 자립을 이룩했다. 이를 통해 화석 연료에 대한 의존도를 줄이고 환경보호에 기여했다. 세이톡은 전통공예를 보존하고 활성화하기 위해 지역 공예가들을 지원하며, 공예품 시장을 정기적으로 개최하여 지역경제를 활성화하고 있다.

생태도시 서천은 산업도시 시절의 추억을 간직한 곳이다. 금강을 사이에 두고 이웃한 군산과 함께 산업단지를 육성했다. 하지만 갯벌을 매립해 산업단지를 확충하는 대안을 포기하는 대신에 갯벌 보전과 생태산업 전환을 선택했다. 2014년 장항역 인근에 유치한 국립생태원은 바람길(2,500m)과 산들길(1,650m)로 유명하다. 특히 바람길에는 미국 자연주의 철학자 헨리 데이비드 소로우(1817~1862)의 오두막집을 재현한 '소로우의 집'과 수생식물원, 사구식물원 등이 있다.

소로우와 법정은 동서양을 대표하는 친자연 무소유의 상징적 존재다. 〈월든〉을 저술한 소로우는 무엇이 삶의 본질이며 어디에 가치를 두어야 하는지를 자연 속에서 찾으려 했다. 그가 2년 반 동안 호숫가에 살며 관찰한 자연과 문명의 대비는 현대인에게 교훈적이다. 법정(1932~2010)은 〈무소유〉를 비롯한 수필집으로 현대인에게 진정한 사유의 기쁨과 마음의 안식을 제공했다. 세상에서 무소유를 실천한 상징적 장소인 서울 성북구 길상사에는 법정의 추모당을 찾는 발길이 이어지고 있다.

천안에서 시작하는 장항선은 서천과 군산을 경유해 익산까지 연장되었다. 과거 장항선의 종착역이었던 구 장항역은 지역문화 전시관 용도의 '장항 도시탐험역'으로 변신했다. 인근 '6080맛나로' 음식단지에서는 연탄불 박대구이 냄새가 관광객들의 입맛을 자극한다. 금강 하구에 위치한 조류생태전시관은 철새 탐방지로 전국적인 인지도를 확보한 상태다. 나아가 한산을 대표하는 지역특산물인 모시와 세곡주도 지역브랜드 향상에 기여하였다.

생태도시를 구현하는 수단으로는 황사를 예방하는 인공조림과 유사한 방식으로 공해 저감을 위한 차단벽인 '도시숲'이 필요하다. 지역소멸 극복수단으로 시멘트와 화력발전소가 위치한 동해시와 삼척시는 미세먼지로 시달리고 있다.[13] 원전유치를 시도하다 실패한 지금 차선의 보루가 유발한 오염에 골머리를 앓고 있는 것이다. 산림청 소관의 〈도시숲 등의 조성 및 관리에 관한 법률〉은 도시숲을 조성하는 목적이 국민의 보건·휴양 증진 및 정서 함양에 기여하고, 미세먼지 저감, 폭염 완화 등으로 생활환경을 개선하며, 탄소흡수기능을 유지·증진하는 등 국민 삶의 질 향상에 이바지하는 것이다. 지방자치단체장의 분발과 중앙정부의 지원도 요구된다.

2) 스마트도시는 4차 산업혁명의 테스트베드

스마트도시란 도시경쟁력 증진과 삶의 질 향상을 위해 건설과 정보통신기술을 융·복합한 인프라로 다양한 서비스를 제공하는 미래지향적 도시다. 사물인터넷과 인공지능을 앞세운 4차 산업혁명 추세하에서 인간을 위한 현실과 가상의 융합을 추구한다. 스마트시티는 시민을 위한 현실 도시와 가상 도시의 융합인 것이다. 스마트도시 서비스는 행정·교통·복지·환경·방재 등 도시의 기능별 정보를 수집한 후에 그 정보를 연계해 제공한다.

스마트도시의 유용성은 자동화를 통한 비용절감, 센서를 활용한 관리효율성 제고, 광통신 기반의 연결성 향상, 실시간 안내로 교통정체 해소, 스마트 빌딩을

---

13) 최영순. (2025). 공해 저감을 위한 차단벽 '도시숲'을 조성하자. 강원도민일보. 2025.03.14.

활용한 방범과 교류 등이다.[14] 실제로 도시 시설물 공간정보의 디지털 데이터화는 스마트시티 추진의 첩경이다. 19세기 중반 콜레라가 창궐한 런던에서 의사 존 스노우는 콜레라 환자지도를 작성하는 방식으로 특정한 물 펌프가 수인성 감염병의 진원지라는 점을 알아내 확산을 막았다.

우리보다 앞서 친환경 마인드와 에너지 전환을 추진한 유럽에서는 태양광과 풍력 발전량의 합이 석탄화력 발전량을 앞섰다. 미국에서는 테슬라의 주가가 급등해 시가 총액이 포드와 GM을 합한 것보다 커졌다. 바이러스나 미세먼지가 유발하는 호흡기 질환은 실내외 모두에서 시민들의 건강을 위협해 왔다. 대도시 빌딩의 강제공조시스템은 건물 내외부를 차단한 다음에 화석연료를 태워서 냉난방을 조절한다. 이러한 위기상황을 극복하려면 에코스마트시티에 대한 관심이 필요하다. 신재생에너지와 패시브 주택(Passive house)에 관한 시민적 열망이 친환경이라는 새로운 흐름을 형성해 왔다. 스마트 도시는 원스톱 서비스, 자동화, 쾌적한 주거환경 등이 가능한 U-Eco City(Ubiquitous-Ecology City)를 구현할 것이다.

도요타 우븐시티(Woven City)는 시즈오카현 후지산 기슭에서 미래형 스마트 도시로 건설중이다. 이 도시는 자율주행, 로봇, 인공지능(AI), 스마트홈 등 최첨단 기술을 통합적으로 실험해 미래 도시생활의 혁신을 탐구한다는 구상이다. 미래 기술을 테스트하고 개발할 수 있는 리빙 랩(Living Lab) 역할을 통해 실제 도시의 생활개선을 목표로 한다. 연구원, 도요타 직원, 고령자 등 다양한 배경을 가진 약 2,000명의 사람이 초기에 거주할 예정이다.

사우디아라비아가 북서부 홍해 인근에서 건설하는 미래형 신도시인 네옴시티(NEOM)는 스마트시티, 친환경 모빌리티, 신재생에너지 등에서 수많은 가능성과 새로운 사업기회를 창출할 것이다. 네옴시티는 약 26,500㎢로 500억 달러를 투입해 2039년까지 완공할 예정이다. 네옴시티는 100% 재생가능한 에너지를 사용하는 도시로 설계된다. 자율주행차와 드론을 주요 교통수단으로 채택한다. AI, IoT, 5G 등의 기술을 적용해 스마트한 도시환경을 구현한다. '더 라인'이라는 혁

---

14) 조재성. (2020). 앞의 책. p.281.

신적 도시계획은 직선 형태로 길게 늘어선 두 개의 고층 건물로 170km에 걸쳐 수십 개의 지구를 연결한다.

싱가포르는 공공 교통, 에너지 관리, 환경 모니터링 등 다양한 분야에서 첨단기술을 활용해 왔다. 스톡홀름은 교통안전도시를 표방하면서 교통사고로 인한 사망자와 중상자를 제로로 만드는 Vision Zero 정책을 추진하였다. 정책수단인 속도제한구역 설정 및 안전한 횡단보도 디자인, 자전거 전용도로 및 친환경 대중교통 확충, 데이터 기반 사고분석 및 사고위험구역 개선 등을 활용해 사망자 수를 대폭 줄였다.

뉴욕시는 범죄 데이터를 분석해 실시간 대응체계를 구축한 CompStat 프로그램을 운영하고 있다. 경찰의 순찰활동 강화, CCTV 및 도시조명 시스템 개선, 지역 커뮤니티와 협력한 예방활동으로 범죄율 감소와 지역신뢰 회복에 기여하였다. 서울시도 셉티드 기반의 스마트 가로등, 여성 안심귀가 서비스, 전통시장 IoT 화재 감지기, 재난대응을 위한 서울안전앱 등을 활용해 범죄율과 사고율을 감소시켰다.

국내에서도 ICT 기술을 활용한 스마트도시 구현사례는 교통, 방범, 복지 등 다양하다. 이를 관통하는 스마트시티 우수사례의 성공비결은 다음과 같다. 우선 각 분야를 대표하는 기업들과 스타트업, 정부, 시민들이 모두 힘을 합해 상생해야 한다. 또한 ICT 신기술도 좋지만 시민이 행복함을 느끼고 편안함을 느끼는 솔루션을 추구해야 한다. 더불어 플랫폼 구축이 시작되면 미래를 위한 데이터를 축적해야 시너지를 낼 수 있다.

6. 건강도시와 평생학습도시

1) 건강도시는 시민행복의 안전핀

건강도시는 도시의 거주환경을 개선하는 방식으로 주민의 건강과 행복을 증진하는 도시다. 건강도시의 기원은 20세기 후반 공중보건의 새로운 접근을 모색하면서 시작되었다. 1980년대 중반 캐나다 오타와와 토론토에서 개최한 건강증진학술대회에서 건강도시의 개념화가 촉진되었다. 오타와헌장은 건강을 단순히 질병예방 차원이 아닌 삶의 질 향상을 위한 종합적 접근으로 정의했다.

WHO 유럽사무소는 1987년 건강도시 프로젝트를 시작하면서 도시정책과 계획에 건강의 증진방안을 다각도로 강구하였다. 핀란드 쿠오피오는 건강도시의 구현수단으로 공기 질 개선, 녹지 확대, 물 관리 시스템을 개선 등을 추구했다. 지역 주민의 심리적 건강을 위한 문화예술 프로그램도 추진했다. 무주군을 비롯해 우리나라 자치단체도 건강도시의 가능성에 주목해 왔다.

토론토는 도시 내 건강격차를 줄이기 위해 저소득층 지원 강화, 공공의료 접근성 확대 등과 같은 정책수단을 중시한다. 대중교통 개선, 자전거 인프라 확대, 공공장소 흡연제한 등도 건강증진에 기여하였다.

싱가포르는 건강한 생활계획을 마련해 시민들이 주거지 400m 이내에서 운동시설이나 건강프로그램을 이용할 수 있도록 서비스를 제공했다. 보건소 및 병원 연계 시스템 구축으로 건강관리를 체계화하는 한편 건강한 식생활 캠페인 및 흡연율 감소정책을 추진하였다.

일상에서 건강을 증진하는 좋은 습관이 플로깅이다. 산보하며 쓰레기를 줍는 일석이조 건강돌보기다. 강서구 주민자치회는 시니어 회원들을 중심으로 담배꽁초 줍기 캠페인을 전개하여 호평을 받기도 했다. 이에 자극받은 나는 애완견과 산책하다 다른 개들이 남긴 배설물도 치우는 애견인의 미덕을 실천하고 있다. 애견인을 대하는 시민들의 따가운 시선도 완화하고 건강도시 구현에 일조한다는 성취감도 느끼는 유용한 습관이다.

제프 스펙(2015)이 잘나가는 도시의 첩경으로 제안한 보행도시(Walkable City)는 부와 건강, 지속가능성에 대한 해답이다. 도시에서 보행자는 탄광 속에 갇힌 연약한 카나리아와 같은 존재다. 사람들이 도시에서 걷도록 만들기 위해서는 추상적인 이론과 탁상행정이 아니라 실제 사례를 중심으로 인센티브를 설계해야 한다. 우리는 대기오염과 교통사고를 피해 편하게 걸을 수 있는지를 알려주는 '워커빌리티' 척도가 그 도시의 흥망을 좌우하는 시대를 살고 있다. 실제로 워커빌리티 점수를 매기는 사이트는 도시를 5개 카테고리로 분류하는데, 점수에 따라 부동산값이 정해지는 경향이 있다. 워커빌리티 100점을 받은 도시는 뉴욕이 대표적이다. 반면에 수도 없이 많은 교외지역이 10점 이하를 받는다.

교외에 있는 집은 사회적으로 고립될 가능성이 높다. 질 좋은 공공서비스를 편리한 교통망으로 연결해 그들이 공동체로 접근하도록 해야 한다. 대중교통 이용자는 자동차 운전자보다 질병관리국에서 권고하는 일일 활동량 30분을 달성할 가능성이 3배나 높다고 한다. 운동하기 위해 움직이기보다 자신의 생활방식을 변화시켜 일상에서 꾸준히 걸어야 한다. 운전하는 대신 걸어서 상점에 가는 습관도 유용하다.

걷기를 촉진하는 단계별 원칙으로는 차를 두고 다녀라, 용도를 섞어라, 주차할 권리를 쟁취하라, 대중교통 시스템을 작동시켜라, 보행자를 보호하라, 자전거를 환대하라, 공간을 만들라, 나무를 심어라 등이다. 한편 워커빌리티를 위한 성과평가 기준은 유용성, 안전성, 편안함, 흥미로움이라는 4가지 요소다. 먼저 유용성은 일상적으로 이용하는 장소들을 가까운 거리에 위치시키는 것으로, 걷기의 생활화를 의미한다. 안전성은 보행자가 자동차로부터 안전한 거리를 디자인하는 것을 의미한다. 편안함은 건물과 거리풍경을 통해 도시의 가로를 '내 집의 일부' 같이 만드는 것이다. 사람들이 모이지 않는 공터에는 이러한 편안함이 없다. 흥미로움은 친숙하면서도 특색 있는 건물이 들어서 사람 냄새나는 거리가 형성됨을 의미한다.[15)]

스페인 산티아고 순례길이 한국인들의 관심을 끌고 있다. 제주도 올레길에서 시작한 걷기 열풍이 후쿠오카와 네팔을 경유해 스페인으로 옮겨간 느낌이다. 산티아고는 예수님의 열두 제자 중 한 명인 '성 야고보'를 이르는 스페인식 이름이다. 그의 시신이 발견된 자리에 성당과 도시가 세워지면서 산티아고는 예루살렘, 로마와 더불어 세계 3대 성지가 되었다. 산티아고로 향하는 순례길은 여러 개지만 프랑스 생장피에드포르에서 출발하는 800km 여정의 '프랑스 길'이 유명하다.

---

15) 제프 스펙 저, 박혜인 역. (2015). 걸어다닐 수 있는 도시: 부와 건강, 지속 가능성에 대한 해답. 마티. p.13.

비아 프란치제나는 영국 캔터베리 성당에서 시작해 프랑스, 스위스, 알프스 산맥을 거쳐 이탈리아 로마에서 마무리되는 총 1,800㎞에 달하는 순례길이다. 많이 알려지지 않은 만큼 순례자도 적지만 시골의사 박경철과 장애인 화가 석창우의 도전기가 알려지면서 입소문을 타기 시작했다. 이탈리아 구간으로 역동적인 중세의 축제 '팔리오'가 열리는 시에나와 삶의 풍요와 환희가 넘치는 토스카나가 인기구간이다.

국내에서는 서울특별시가 걷는 도시 프로젝트의 일환으로 도로를 재설계하고 보행로를 확장하였다. 대기오염을 저감하는 녹지공간 확충이나 주민 건강격차 해소 및 지역사회 중심의 건강프로그램도 운영하였다. 수원시도 건강도시 프로젝트를 추진하면서 2009년 WHO 서태평양 건강도시연맹에 가입하였다. 건강걷기 코스 운영, 비만예방 캠페인 등 건강중심 공공정책과 프로그램을 개발하였다. 원주시는 WHO 국제 건강도시 가입한 이래 전 연령대 시민을 위한 건강증진 프로그램도 운영하고 있다. 도시 곳곳에 공공 운동시설 설치 및 건강 산책로를 조성하였다.

대전은 최근 노잼도시 타이틀을 획득했다. 성심당 빵집의 브랜드화나 0시축제를 제외하고는 별다른 볼거리와 즐길거리가 없다는 불만을 반영한다. 이에 시청은 친환경 건강도시에 주력하고 있다. 건강도시 대전을 표방하면서 3대 하천 등 건강걷기 6개 코스를 선정하였다. 시민선호도 조사결과 유등천 산책로, 도심공원 걷기코스, 대청로하스 해피로드, 유성온천 족욕체험길, 대전천 걷기 코스, 뿌리공원 둘레길 등이 선정되었다.

팬데믹 이후에 급부상한 건강도시를 성공리에 추진하려면 정부, 민간, 시민단체 등 다양한 이해관계자 간의 협치가 절실하다. 지속가능성을 확보하기 위해서는 단기적 효과보다는 장기적 건강효과를 고려한 계획이 필요하다. 나아가 지역건강 데이터를 활용해 정책을 형성－집행－평가하는 체계도 확립해야 한다.

2) 평생학습도시 시즌 2가 필요하다

평생학습도시는 개인과 지역사회의 삶의 질을 향상시키려고 평생교육을 체계적으로 서비스하는 도시다. 유네스코가 우수사례로 선정한 일본의 가케가와시와 야시오시, 핀란드의 에소푸, 맥시코의 맥시코시티, 호주의 멜톤시 등은 특화서비스를 발굴해 제공했다.

일본의 가케가와시는 지자체 장이 선도한 세계 최초의 평생학습도시다. 신무라 준이치는 1977년 43세라는 젊은 나이로 인구 6만 명의 가케가와 시장에 당선된 직후부터 평생학습운동을 앞세워 마을정비를 추진했다. 도쿄와 나고야 사이에 위치한 가케가와는 시즈오카현에서도 외진 작은 도시다. 신무라 시장은 지역소도시 부흥전략으로 모금운동을 활용해 1988년 신칸센 가케가와역을 개통하는 한편 낙후된 도시 인프라를 정비해 전국적으로 가치가 있는 도시를 만들었다. 신무라 시장은 은퇴 이후 자신을 칭송하는 목소리에도 불구하고 '내가 생각하는 평생학습이 제대로 실현되었는지 기준이 없어서 제대로 평가할 수 없다'는 이야기를 해왔다. 이에 신무라를 옹호하는 인사들이 평생학습운동의 성과를 평가한 책을 출간하였다.[16] 가케가와시의 평생학습은 20개 지역평생학습센터를 통해 이루어졌다. 지역평생학습센터는 초등학교에 위치하며 지역주민들의 자치활동으로 평생학습센터를 운영하였다.

일본의 야시오시는 배달강좌라는 형태로 평생학습도시 사업을 추진하였다. 배달강좌란 학습자가 있는 곳으로 공무원이 찾아가서 평생교육 서비스를 제공하는 아웃리치형 평생교육 프로그램이다. 배달강좌로 가르치는 과목은 주로 시민이 요청하는 시정 서비스에 관한 내용이다. 시청의 공무원이 시정과 관련된 주민들의 궁금증을 해소하는 방식이다.

핀란드 에소푸는 헬싱키의 위성도시다. 메트로폴리탄에 위치한 관계로 경제수준이 높고 교육인프라도 풍부하다. 에소푸의 평생학습도시 사업은 주민의 요구를 반영한 지역개발정책과 연관되어 있다. 전 생애에 걸친 평생학습의 기회를 제공하고 있을 뿐만 아니라 협력적 거버넌스 방식으로 사업을 추진하였다.

멕시코의 멕시코시티는 평생학습의 전략으로 지역사회의 인적, 물적, 재정, 시설 등 포괄적 자원을 활용하는 전략을 채택하였다. 멕시코시티는 거대 도시라

16) 나카야마 히로유키 저, 김진숙 역. (2024). 신무라 준이치의 일본 가케가와 시정 28년. 공동체.

공동체 의식의 복원이 필요해 평생학습에서도 사회적 자본형성을 강조했다. 기초교육이 부족한 이들에게 문해교육을 제공하는 일에도 유의하였다.

호주 멜튼시의 경우에는 인구가 증가하고 경제적인 발전이 이루어지자 도시 발전 전략의 일환으로 평생학습도시 사업을 시 주도로 추진하였다. 도시에서는 지역공동체학습위원회라는 전담조직을 설치해 사업을 체계적으로 추진해 왔다. 학습도시 사업의 주요 전략은 참여, 연대, 혁신, 고용, 기술 등이다. 시는 평생학습 활성화를 위하여 학습의 목록 설정, 평생학습축제 개최, 이웃집과 지역사회센터 평생학습의 활성화, 지역사회의 학교교육의 활성화와 활용, 성인교육의 활성화와 직업교육을 위한 대학과 기술대학의 자원을 적극적으로 활용하고 있다.

각국의 평생학습도시의 추진형태는 상이하다. 평생학습도시의 추진전략은 물론 파트너, 리더십. 학습내용과 성과 등이 다르다. 상이한 사례가 주는 시사점은 평생학습도시의 정답은 없다는 것이며 해당 도시의 제도, 여건, 구성원, 리더십, 활용가능 자원, 선결과제 등이 무엇인가에 따라 평생학습도시 사업의 추진형태와 내용이 달라진다. 결국 평생학습도시 사업은 해당 도시의 과제와 자원 및 리더십에 의해 가장 적합한 형태로 추진하는 것이 바람직하다.

우리나라는 2001년 교육부가 대전 유성구, 경기 광명시, 전북 진안군을 평생학습도시로 선정하면서 시작되었다. 평생교육은 기초문해교육, 학력보완교육, 직업능력교육, 문화예술교육, 인문교양교육, 시민참여교육 등 6대 영역을 강화했다. 국가평생교육진흥원과 시도 평생교육진흥원 설치를 완료했고 읍면동 평생학습센터도 늘고 있다. 이런 성과는 자치단체장의 관심, 평생교육사의 헌신, 주민의 호응에 기인한다.

수원시는 평생학습도시를 구현하는 정책수단인 평생학습관 운영, 마을학교 지원, 학습형 일자리 연계, 누구나 접근가능한 근거리 배움터 지정 등을 활용해 지역 주민의 소속감과 역량을 강화하여 공동체 문화를 촉진하였다.

시흥시 평생학습도시 사업은 평생학습 마을만들기에 주력했다. 마을의 인적·물적·재정적 자원을 입체적으로 활용하여 마을만들기를 추진한 것이다.

한국의 평생학습도시 사업은 각 지자체마다 고유한 특징을 지닌다. 지자체에 따라 "사업의 주체가 누구인가, 사업의 추진에 있어서 중심공간이 무엇인가, 사업에 참여하는 주체 간의 협력은 어떻게 이루어지는가, 사업의 확산은 어떻게 이루어지고 있는가, 사업의 주된 내용은 무엇인가, 사업추진의 순서는 어떠한가" 등을 통해 사업의 내용을 구분하고 분석할 수 있다.

출범 25년을 맞이한 평생학습도시는 재도약이 필요하다. 평생학습도시가 증가하면서 희소가치가 하락했고 창의도시, 스마트도시, 문화도시, 여성친화도시 등 특화도시 브랜드 경쟁도 치열해졌다. 서비스 품질과 직결된 평생교육사의 정규직화도 지연되고 있다. 교육부나 시도의 지원도 정체된 상태다. 따라서 평생학습도시 선정과 지원 및 지속 가능성을 망라한 통합관리 체계를 확립해야 한다.

교육부는 평생학습도시의 긴장도를 유지하기 위해 2020년에 3년 주기의 재지정평가를 도입했다. 평생학습도시가 지역성장과 시민행복 성과를 창출하려면 정부 간 협력 체제가 필요하다는 점에도 착안했다. 이에 2023년 평생교육법 제11조를 개정해 유관부처와 시도에 대한 시행계획 성과관리를 도입했다.

교육부가 수립하는 평생교육진흥기본계획은 5년 주기다. 지금은 2023년 시작된 제5차 기본계획을 시행하는 중이다. 2028년 시작될 제6차 기본계획의 준비는 이해관계자들의 요구를 제대로 반영해야 한다. 기본계획의 완성도가 높아야 부처나 시도의 시행계획도 충실해진다.

교육부의 정책변화에 부처나 시도는 회의적이다. 교육부의 지원과 연계가 부족했기 때문이다. 교육부가 하향식 규율로 시행계획 평가를 밀어붙이면 자율성 훼손도 우려된다. 서울시 관계자는 본청의 서울런 4050 사업과 서울시50플러스재단의 중장년 재교육을 비롯한 사업을 교육부 기본계획이 포괄하지 못하고 있다고 논평했다. 반면에 직업재교육 수요가 부족한 비수도권 시도의 평생교육 직제와 기능은 빈약한 실정이다.

평생학습도시는 시즌 2를 시작해야 한다. 평생교육은 학교 교육을 보완해 지역경제와 공동체를 강화해야 한다. 평생교육의 핵심적 성과는 고용창출과 자원봉사다. 취미활동과 교양교육에 주력하는 소모적 사업이라는 인식을 없애야 한다. 정부 간 협업은 물론 시민사회·기업과의 협치로 견고한 거버넌스를 확립해야 한다.

핀란드 헬싱키의 평생교육은 창의성, 일자리, 파급효과를 중시한다. 무상교육 체제에서 대학 진학보다 조기 취업을 해 지역공동체에서 행복감을 느낀다. 재교육이 필요하면 평생교육을 활용한다. 북유럽의 척박한 산골 공동체 전통과 인접 사회주의 국가를 의식한 서비스 경쟁도 영향을 미쳤다. 전문적인 종과 포괄적인 횡을 겸비한 'T자'형 융합인재를 양성하는 혁신적 교육은 모든 대학이 일류라는 보편성을 추구한다. 평생교육의 궁극적 목표인 고용 창출과 경제성장을 실증한 곳이다.

일선 시군구는 읍면동과 리·통에서 활동하는 주민자치회가 공동체를 강화한다는 점에 착안해야 한다. 평생교육과 주민자치의 협업은 생활 문제의 지향, 일상의 행복 강화, 자원봉사와 학습동아리 활성화, 학습 서비스 공급의 다변화를 촉진할 것이다.

7. 행정도시와 역사도시

1) 행정도시는 도시혁신의 선구자

행정도시는 중앙정부의 수도나 광역자치단체 거점도시에서 행정활동 중심으로 발전한 도시다. 이 도시는 정부 기관, 공공 서비스, 정책결정 과정 등이 중요한 역할을 수행하는 곳이다. 대표성과 형평성을 중시하는 행정도시는 보통 정치적, 경제적 중심지와는 다소 차별화된 성격을 지니는 경우가 많다.

고대국가의 중심지인 신전도시도 고도와 수부도시로 이어졌다. 중국 역대 왕조의 수도인 정저우와 안양, 시안과 뤄양, 카이펑과 항저우, 난징과 베이징 등이 대표적이다. 중국 북서부 황허 유역의 황토고원 지대에 위치한 안양은 초기 행정도시의 원형으로 장강의 수운이 본격화되기 이전에 각광을 받았다. 하·상·주에서 시작해 수나라 수도 뤄양과 진·한에서 시작해 당나라 수도인 시안 사이는 고속철도로 4시간 거리인 500㎞이다. 평야지대인 이곳은 엄청난 생산력을 토대로 고대 왕조의 중심지로 부상했다. 하지만 기후변화, 전란피해, 지력상실, 강남개발 등으로 인해 송대 이후 변방으로 전락했다. 또한 강남 경제의 중심지이자 국민정부의 수도(1928~1949)인 난징(南京)과 북방 군사의 요지이자 중화인민공화국의 수도인 베이징(北京)도 대비적 의미를 지닌다. 한국의 경주, 일본의 교토, 미국의 필라델피아, 튀르키예의 앙카라, 파키스탄의 이슬라마바드 등도 유사한 부침을 거쳤다.

유럽에서는 황제나 제후의 근거지인 궁전과 성곽을 중심으로 행정도시가 발전했다. 지방행정도시의 경우는 지역의 사제들이 종교시설에서 행정기능을 수행하기도 했다. 청년시절 모차르트가 근무했던 곳도 도시의 종교와 행정을 총괄하는 대주교의 궁전이었다. 일본도 황거와 제후가 지배한 현을 중심으로 행정도시가 경제사회발전을 선도했다.

현대적인 행정도시의 전형은 중앙행정기관과 그 소속기관들이 위치해 행정기능을 수행하는 자족적인 복합도시를 의미한다. 세종특별자치시는 한국을 대표하는 행정중심복합도시로, 수도권 과밀화를 해소하고 국토 균형발전을 목표로 건설되었다. 2012년 출범 이후 정부 부처와 공공기관들이 이전했으며, 현재 약 50만 명의 자족도시로 성장하는 중이다. 해외 유사사례로는 미국 워싱턴DC, 호주 캔버라, 브라질 브라질리아 등으로 수도권 과밀화를 해결하고 국가 효율성을 높이기 위해 계획되었다.[17)]

행정도시는 핵심 기능에 부가해 교육, 의료, 교통, 사회복지 등 주민의 삶의 질과 직결된 공공 서비스를 제공하는 기능을 수행한다. 이러한 특성으로 행정의 효율성을 높이고 서비스의 만족도를 증진하는 행정혁신을 선도하기도 한다. 나아가 행정도시는 중앙정부와 지방정부의 협력과 조정을 통해 공공정책이 효과적으로 시행되는 환경을 제공하는 사명을 완수해야 한다.

원조 행정도시라는 특수성을 앞세워 안양 본도심과 분리된 과천은 1982년부터 주요 경제부처와 문화체육시설들이 들어서면서 고속성장을 구가했다. 자연지리적으로 유사한 의정부시가 수도권 북부에 위치한 군사도시라는 위협에

17) https://www.perplexity.ai/search/haengjeongdosi-mM9R877zR56QeYUBR1xXbw

함몰된 반면에 과천시는 강남에 인접한 행정신도시라는 기회를 활용해 친환경 명품도시로 도약했다. 이에 자극받아 청단위 정부부처를 대전으로 이전하기도 했다.

하지만 과천에 자리했던 경제부처가 세종특별자치시로 이전하면서 위기를 경험하기도 했다. 경제부처를 대신해 산하단체가 이주해 왔지만 지역경제가 침체되었다. 과천시는 아파트 재건축 주기의 집중과 경마 레저세 배분을 둘러싼 논란으로 가중된 재정위기를 경험했다. 전성기의 과천시는 양호한 재정능력을 앞세워 전국 최고 수준의 공공서비스와 전국 최저 수준의 공공요금을 자랑했던 곳이다. 하지만 당시에는 가장 고통스럽다는 부자의 긴축을 한동안 감내해야 했다.

2) 역사도시가 간직한 창조 유전자

20만 년 전 동아프리카 사바나에서 출현한 현생 인류는 수렵채집 생활을 하다가 1만 2천 년에 농경을 시작했다. 농경사회의 잉여재산을 지키는 방어수단으로 성곽도시를 건설했다. 메소포타미아에서 시작된 고대문명은 도시공동체의 원형이다. 튀르키예에서 발견된 기원전 10,000년 신석기 도시유적인 괴베클리 테페는 종교적 목적으로 몰려든 사람들이 근친결혼 회피나 정보교류 촉진에 기여했다. 인류 최초의 도시로 평가되는 괴베클리 테페는 바빌론과 아시리아, 그리스와 로마는 물론 이상적 도시인 중세 성곽도시의 구조나 생활에도 영향을 미쳤다.

이라크 남부의 건조지대 메소포타미아 유적에는 가장 오래된 도시 예리두를 비롯해 에레크, 라가쉬, 우르, 바빌론, 다마스커스 등이 위치한다. 다마스커스는 현대 도시로 변신한 상태이며, 아브라함의 고향 우르는 생가를 복원해 전시하고 있다. 사막이 산재한 이집트는 나일강 하류에서 헬리오폴리스(카이로), 멤피스, 알렉산드리아 등의 도시가 번성했다. 나일강 중상류에 위치한 테베(룩소르)와 아부심벨(아스완)에는 수많은 신전 유적이 산재해 있다.[18]

이집트를 대표하는 고대도시 룩소르는 오랫동안 고대왕국의 수도였기 때문에 신전이 밀집해 있다. 나일강 중류의 룩소르는 바다와 육로로 접근이 용이한

---

18) 권용우 외. (2016). 도시의 이해. 박영사.

나일강 하류보다 메소포타미아에서 기원한 외적을 격퇴하기에 유리했다. 룩소르 신전지대는 카르나크 신전, 룩소르 신전, 왕가의 계곡 등으로 구성된다. 아문신은 창세신화 주역으로 카르나크 신전에서 모신다. 건조지대의 강물이 도시의 원동력이다. 밀림에도 강물이 넘쳐나지만 전염병과 해충으로 도시가 만들어지기 어렵다. 사해는 담수가 부족해 제한적이다. 바다의 어패류는 식량을 제공하지만 사해는 머드 미용제품 정도가 가치가 있을 정도로 척박하다.

나일강 상류의 아스완과 룩소르도 신전도시의 전형이다. 아스완을 대표하는 아부심벨이 고대 왕조의 대표적 신전이다. 룩소르의 신전 유적은 알렉산드로스 대왕 시절을 거쳐 프톨레마이오스 왕조 시절에는 위세를 유지했다. 하지만 로마제국이 기독교를 국교로 정하며 급속도로 쇠퇴했고, 18세기에는 모래언덕에 묻혀 방치되다 프랑스 교수에 의해 발굴되었다.

이스라엘(예루살렘과 예리코)과 그리스·로마는 메소포타미아와 이집트문명의 후광을 누렸다. 아브라함 일가의 가나안 진출이나 나일강 하구에서 접근이 용이한 에게해 섬에서 문명이 발전하였기 때문이다. 예루살렘은 다신교보다 유일신의 성지로 알려져 있다. 메소포타미아와 이집트를 연결하는 중간지대에 위치한 예루살렘은 이주민인 유대 민족의 중심지였다. 이스라엘의 전성기에 소수파로 전락한 원주민들은 7세기 이슬람교가 등장하면서 주도세력으로 부상했다. 이후 예루살렘은 유대교와 기독교는 물론 이슬람교의 성지로 거듭났다.

그리스의 도시국가인 폴리스는 아테네와 스파르타를 중심으로 도시연합을 형성해 중앙집권국가 페르시아의 침입을 격퇴했다. 알렉산더는 동방원정을 통해 헬레니즘이라는 동서양 교류를 촉진하였다. 나아가 로마는 대제국을 건설했을 뿐만 아니라 갈리아와 브리튼 원정을 통해 서유럽의 발전을 자극했다. 중세는 중앙집권의 견지에서 문명의 침체기로 평가되지만 준자율적인 도시국가가 르네상스와 지리상의 발견을 선도하는 계기로 작용했다.

루터의 종교개혁으로 신교와 구교도시가 대립한 30년전쟁은 스웨덴과 프랑스, 스페인과 오스트리아가 편들기에 나서며 국제전으로 비화되었다. 도시에 종교의 자유를 허용한 1648년 베스트팔렌 강화조약은 도시 간 갈등완화 기제로 부상한 민족국가에 주목했다. 이후 기독교 세계는 국가라는 울타리에 안주하며 민족과 국민의 정체성을 강화시켰다. 전쟁의 공포가 완화되자 무역거래나 해외여행도 활성화되었다. 정도의 차이는 있지만 인접한 그리스정교회나 이슬람 문화권도 서유럽의 상황 전개와 유사했다.

18세기 영국은 산업화와 민주화의 시너지를 창출해 근대화를 이룩했지만 여타 국가로의 광범위한 확산은 제한되었다. 19～20세기에 관료제와 상비군을 앞세워 부상한 민족국가는 문명충돌과 이념대립을 촉발했다. 국가폭력의 최근 사례는 히틀러와 스탈린 및 프랑코가 대표적이다. 이들은 권력과 이념 및 민족에 몰두하며 엘리트주의와 인종주의를 표출했다. 20세기 중반 아시아, 아프리카, 중남미 신생독립국가에서도 아류들의 불장난이 이어졌다. 21세기에는 강한 국가가 약화되자 자치분권을 앞세워 도시의 자율성과 창의성을 제고하였다.

히말라야에서 발원해 파키스탄과 인도의 접경을 따라서 동남쪽으로 흐르는 인더스강 유역에는 중류인 모헨조다르와 상류인 하라파 유적이 유명하다. 인더스강과 마찬가지로 히말라야에서 발원해 남서쪽으로 흐르는 갠지스강 유역은 고온다습한 몬순 기후의 영향으로 문명의 발전이 제한되었다. 종교의 박물관으로 평가되는 인도에는 히말라야와 갠지스강을 비롯해 자연을 숭배하는 다신교 전통이 남아 있다. 바라나시의 경우 인도 북부 갠지스강 연안도시로 힌두교 제일의 성지다. 인더스 문명을 선도한 모헨조다르 유적지에도 도시생활과 종교생활의 흔적이 남아 있다. 인도반도의 북부에는 아직도 불교와 이슬람의 영향력이 상당하다. 인도와 연결된 미얀마에는 이와라디 강변에 만달레이와 바간 같은 불교 신전도시가 번성했다. 하지만 인도 중남부 빈민지대는 힌두교 전통이 강력하다. 힌두교와 이슬람의 점이지대인 펀잡지역의 도시 암리사르는 시크교 신전도시다.

중국은 국가의 정체성 유지에 유리한 유교를 신봉했다. 중국 북부에 비해 권위주의 전통이 약한 남부에서는 자유로운 경제활동을 앞세워 도교가 부상했다. 춘추전국시대에 부상한 제자백가는 중국을 대표하는 사상이자 종교다. 독자적인 문명과 사상이 약했던 유목과 변방지대는 비단길을 통해 전래된 불교의 영향력이 강한 편이다. 중화의 관점에서 오랑캐로 치부된 동이와 남만의 계승자 한국과 베트남도 예외가 아니다.

일본의 경우 샤머니즘의 전통을 계승한 신도가 부상했다. 중앙집권적 근대화를 추구한 메이지유신 이후에는 천왕의 신격화가 이루어졌다. 식민지를 건설한 서울의 남산에 조선신궁을 건설하기도 했다. 일본 북방에 위치한 알류산 열도를 경유해 아메리카로 진출한 원주민들도 밴쿠버 해안이나 캐나디안 로키를 비롯해 바이칼을 연상시키는 신성하고 청정한 장소에서 샤먼의식을 진행한다.

원시종교의 기원은 샤머니즘이다. 치료와 예측에서 두각을 보인 샤머니즘은 간절한 기원과 통계적 분석을 요체로 한다. 바이칼 호수나 해안가 섬에서 치성을 드린다. 고요한 사막이나 초원에서 천체를 관측하며 주기성을 체득한다. 상나라와 부여에서는 거북등이나 소발굽으로 점을 쳐서 국가의 중대사를 결정했다. 메소포타미아나 이집트에서는 예지력을 발휘하거나 절대권력을 창출한 이들의 석상을 축조해 신으로 추앙했다. 일본의 신사는 쇼군이나 전범처럼 권위주의적인 인물의 신격화를 시도하기도 했다.

요즘도 여론조사와 점술을 겸비한 도사의 조언을 국정에 활용하는 이들도 있다. 집회에서 태극기와 성조기를 흔들고 정치선동가의 연설을 영어로 통역하는 촌극을 연출한다. 쓰레기 섬이라는 조롱에도 불구하고 미국의 주로 편입되기를 열망한 미국령 푸에로토리코 시민권자들의 일방통행식 미국사랑을 보는 듯하다. 푸에르토리코는 미국의 다른 속령이나 워싱턴 D.C.와 마찬가지로 미국의 상원의석을 배정받지 못한 상태다.

한국에서 기독교가 친미성향을 표출한 계기는 한반도 서북지역 평안도 사람들의 기독교 사랑과 관련이 깊다. 기독교의 요람인 평양신학교는 1901년 미국인 선교사 마포삼열(Samuel Austin Moffett)이 설립한 장로교 신학교다. 1911년 수학한 몽양 여운형과 1930년대 신사참배에 반대한 주기철 목사가 졸업했다. 하지만 해방 이후 분단과 전쟁을 거치며 북한에서 토지개혁과 종교탄압을 단행하자 남한과 미국으로의 이주를 선택했다. 서북청년회를 비롯해 일부 극우세력은 반공과 단정을 표방한 정권의 호위무사를 자처하며 4.3의 비극에 일조했다. 참고로 일제에 의해 폐지당한 평양신학교는 해방 이후 총신대로 부활해 기독교 확산의 전통을 잇고 있다.

유일신 종교인 기독교는 건조지대에서 출현한 조르아스터교나 유대교를 차용해 출현했다. 공생애를 시작하기 이전에 예수는 모세와 마찬가지로 아라비아 반도의 사막에서 고난을 체험하며 교리를 확립했다. 사막을 횡단하는 상단의 일원이던 무함마드도 카디자의 후원을 받아 사막에서 명상했다. 기독교의 세계화를 선도한 바울도 사막으로 들어간 예수의 행로를 따라갔다. 종교의 전시장으로 표현되는 인도는 석가모니를 비롯해 사막과 고원에서 고행을 감수한 수도자들이 넘쳐나는 곳이다.

기원전 3,000년에 세워진 시리아 다마스쿠스는 중동 지역의 역사도시이자 신전도시다. 헬레니즘, 로마, 비잔틴, 이슬람 문화를 꽃피웠던 문명의 흔적이 남아 있다. 이슬람을 신봉하는 아랍인이 거주하면서 교역도시로 발전했다. 중세시대에 공예산업의 중심지로 부상했다. 특히 검과 레이스 제작으로 유명하다. 도시 곳곳에는 다양한 역사유산이 자리하는데 8세기 무렵 우마이야 칼리프의 수도 시절 아시리아(Assyrian) 성소에 세워진 우마이야 모스크가 유명하다. 더불어 아라비안 반도 남쪽에 위치한 예멘의 수도 사나(Sana'a)는 이슬람 신학의 중심지로 알려진 곳이다. 나아가 이라크 바그다드와 바스라, 요르단의 암만과 페트라도 중동을 대표하는 역사도시의 풍모를 지닌 곳이다.

중동과 북아프리카에 집중된 이슬람 도시들은 타원형 공간구조를 취하고 있다. 중심부에 위치한 모스크는 예배는 물론 교육과 복지 기능도 수행한다. 따라서 모스크 인근에는 수크라는 시장도 들어서 있다. 북아프리카 지역의 경우 카스바라는 성채를 중심으로 구도시인 메디나, 식민지 도시, 탈식민지 도시, 미래 도시가 타원형을 그리며 중층구조를 형성한다.[19)]

이슬람교는 7세기 초 아라비아의 예언자 무함마드가 완성시킨 종교로 기독교, 불교와 함께 세계 3대 종교다. 전지전능한 알라의 가르침이 대천사 가브리엘을 통하여 무함마드에게 계시되었으며, 유대계의 여러 종교를 완성시킨 유일신

19) 한국도시지리학회. (2020). 도시지리학개론. 법문사. p.176.

종교로 자처한다. 알라는 다신교 시대부터 메카에서 최고신으로 숭배되었지만 무함마드가 유일신으로 재정립한 것이다. 이후 이슬람교는 성지인 메디나와 예루살렘을 비롯해 중동 전역으로 확산했다. 알라의 계시를 모은 경전 코란은 650년경 제3대 칼리프인 오스만이 집대성했다. 무슬림들이 코란을 독송하며 감격의 눈물을 흘릴 정도로 강력한 영향력을 미치고 있다.

역사도시 코르도바는 711년부터 1492년까지 북아프리카의 이슬람 세력이 이베리아반도를 지배하던 시기에 지금보다 많은 50만 인구가 거주하는 수도였다. 이슬람 왕조는 사우디나 UAE 사례처럼 부족이나 도시연합체 형식을 취했기 때문에 세비야나 그라나다에도 왕궁이 자리했다. 이러한 역사유산과 유물로 인해 코르도바는 1984년 유네스코 세계유산으로 지정되었다.

8. 농림도시와 축산양식도시

1) 농림도시의 신성장동력 창출기

농림도시는 농산촌에 형성된 인구밀집지대다. 도시적 생활양식의 확산에도 불구하고 농업과 임업이 핵심적 역할을 수행하는 곳이다. 농림기술이 발전하면서 관련 인프라나 전문 교육연구기관도 늘어나고 있다. 현대의 농림도시는 1차산업을 토대로 제조와 서비스를 결합한 6차산업과 도시농업도 추구한다. 농림도시는 지속가능한 농림업과 편리한 도시생활의 결합이 목표다. 농림도시 우수사례는 완주군 로컬푸드 활성화나 세종시 스마트팜 단지를 비롯해 싱가포르의 수직농장 스카이그린과 덴마크 자원순환형 생태도시 칼룬보르그 등이다.

앞서 제시한 포터의 다이아몬드 모델을 농업의 경쟁력에 대입하면 다음과 같다. 첫째, 농업의 경쟁력을 좌우하는 인프라 요소인 농지 정비나 관개(灌漑) 고도화 수준이다. 둘째, 과일의 당도나 고기의 등급처럼 상대적으로 세련된(sophisticated) 시장의 구축 여부다. 반면에 쌀이나 감자는 원산지 정도를 고려하지만 가격 차이는 크지 않은 편이다. 프랑스가 농업 선진국인 것은 프랑스 소비자의 미식 성향에 기인한다. 셋째, 산업 내 경쟁을 촉진하는 제도가 얼마나 효과적으로 작동하는지의 여부다. 소규모 자영농을 일방적으로 보호하는 전통적 방식에 부가해 한국농어촌공사가 농지를 매수해 위탁하는 농지은행 방식이나 대규모 기업농의 육성도 필요하다. 넷째, 해당 농업과 관련된 종자 산업이나 식품 제조업의 존재 여부다. 농업강국 네덜란드의 비결은 자국 종자 산업과 항만 물류업의 경쟁력과 연관이 있다.[20)]

실제로 유럽의 농림도시는 6차산업이 창출하는 부가가치에 주목해 왔다. 튤립축제는 네덜란드 남부 리세지역 큐켄호프(Keukenhof) 정원에서 봄철에 열린다. 매년 700만 개가 넘는 구근을 심는 이 정원은 튤립, 수선화, 히아신스 등의 향연을 선사한다. 유럽 전역의 화훼업자들이 신품종을 선보이는 전시회를 마련하려고 1949년 설립했다. 축제는 매년 새로운 테마를 추가하고 꽃 디스플레이의 변화를 추구해 왔다. 암스테르담 스키폴공항에서 가까워 관광객 유치에도 성공했다.

슬로시티의 원조인 오르비에토(Orvieto)는 이탈리아 전통음식과 고품질 와인을 결합해 지역활성화를 유도했다. 지역 농부들과 협력해 유기농을 장려하고 전통요리 프로그램도 운영한다. 중세의 건축물과 역사적 유적지를 오버투어리즘의 위협에서 구출해 관광객들이 제대로 역사와 문화를 체험하는 기회를 제공했다.

익산과 군산은 전라도의 맛을 선도하는 도시다. 익산시 왕궁면에 위치한 유적은 마한시대 도읍지 설과 백제 무왕의 천도설이 대립하는 곳이다. 이러한 역사문화 전통에 착안해 익산시는 보석세공단지와 국가식품산업클러스터를 조성했다. 군산은 지역경제를 지탱하던 제조업이 퇴조하자 도시재생의 가치에 주목했다. 군산은 목포와 더불어 일제강점기 농산물 수출항구로 번성한 곳이라 근대 건축유산을 배경삼아 빵집과 짬뽕을 브랜딩했다.

미국의 농림도시는 광활한 농업지대에서 농장주나 농림기업이 주도했다. 카길은 개인 소유의 다국적기업으로 1865년 미니에폴리스에서 설립되었다. 초기에는 농산물 위탁판매를 담당했다. 1954~70년대까지 미국의 식량원조 프로그램을 위탁받아 수행하면서 급성장했다. 최근에는 농약분야의 세계적 기업으로 성장했

20) 문정훈. (2025). 세련된 구매자. 중앙일보. 2025.03.20.

다. 브라질 아마존에서 콩을 재배하다 열대우림을 파괴해 비난을 받기도 했다.

농식품 브랜드가 성공하려면 글로컬 전략이 필요하다. 세계적 명성과 더불어 현지인의 선호에도 부응해야 한다. 다국적 식품기업 네슬레는 8,000개의 지역 맞춤형 판매전략을 구사했다. 필리핀의 시리얼, 말레이시아의 초콜릿과 제과, 인도네시아의 인스턴트 커피 등 지역특화형 생산전략도 채택했다. 영국의 다국적 소비재 유통회사인 유니레버도 네슬레와 유사한 전략으로 성공했다.[21)]

농림도시는 도시농업의 전진기지 역할도 수행한다. 도시농업은 여가나 체험 중심의 농업이지만 유리온실과 수직농장으로 잠재력을 과시했다. 주택활용형, 근린생활권형, 농장·공원형, 학교교육형 등으로 유형화된 도시농업의 우수사례는 영국의 분할임대농지 얼랏먼트, 독일의 작은정원 클라인 가르텐, 러시아 주말농장 다차, 쿠바 아바나의 유기농업, 인천 이(e)음 텃밭조성 등이다.

농림도시를 진흥하는 정책도 강화해야 한다. 산림청은 생태환경의 보존과 활용을 촉진하려고 경관이 우수한 산에 휴양림 시설을 조성해 왔다. 또한 산불 진압에 유리한 임도 건설에도 유의하고 있다. 정원도시를 법제화해 순천이나 울산과 같은 우수사례 출현을 독려하였다.

한국수목원정원관리원은 정원작가들이 도심의 녹지공간에 소규모 정원을 조성하도록 지원한다. 한국농수산식품유통공사는 지역 농산물 소비를 확대하려고 지역먹거리 지수를 발표한다. 지수는 먹거리 거버넌스 활성화, 건강한 먹거리 공급체계 구축, 도농협력형 소비기반 확대, 먹거리 가치확산, 지속가능성 제고 등으로 지자체의 성과를 측정한다.

경상북도의 지역혁신중심 대학지원체계(RISE)를 총괄하는 위원회는 지역대학 특성화 강화, 지역 현안 해결, 지산학연 협력 생태계 등을 대상으로 공모를 진행해 101건을 선정했다. 경북 창업밸리도시 조성, 경북정주형 실무인재 양성 아카데미 등 세부 사업은 농림도시 강화에 기여할 것이다.

---

21) 이희연. (2019). 경제지리학. 법문사. p.461.

2) 축산양식도시가 1차산업을 구원할 것인가

축산양식도시는 1차산업에 기반한 농림도시와 마찬가지로 축산과 양식에 특화한 곳이다. 우선 축산도시는 단지화된 축산업의 중심지다. 지역경제 활성화와 지속가능한 축산발전을 목표로 다양한 인프라를 갖추고 있다. 자동화된 대형 축사는 제조업 공장을 방불케 한다. 전통적인 축산업의 경계를 넘어 환경과 기술 및 지역경제와의 융합도 추구하고 있다. 정읍시의 가축산업 중심지, 상주시의 스마트 축산 클러스터, 홍천군의 청정 축산지역, 축산 연구의 메카 네덜란드 바겐링겐, 낙농업 중심지 뉴질랜드 해밀턴, 친환경 축산모델인 덴마크 아르후스 등이 대표적이다.

규모의 경제 효과를 창출하는 축산도시로 비상하려면 친환경 정책 지향(냄새 및 분뇨 처리, 탄소 배출 저감), 스마트 기술 활용(IoT, AI 등을 통한 효율적 관리), 브랜드 가치 강화(지역 축산물의 고급화 및 마케팅 전략), 지역 주민과의 협력(주민 수용성 확보 및 소득 증대), 연구와 기술개발 촉진(지속가능한 축산 모델 연구와 적용) 등이 필요하다.

전북 임실군은 치즈를 지역 브랜드로 설정해 농촌관광을 활성화했다. 치즈와 관련된 체험과 교육을 제공하는 치즈마을은 농어촌의 경제적 활성화와 함께 관광객들의 방문을 촉진하는 성공적 모델로 부상했다. 또한 농촌재생을 위해 빈집 리모델링과 마을경관 정비사업을 함께 추진해 주민의 삶의 질을 향상시켰다.

이러한 성과를 창출한 이면에는 임실치즈과학연구소의 헌신이 일조했다. 정부의 지원으로 조성된 연구소는 시제품 생산을 위한 파일로트 플랜트 역할을 수행했다. 유사사례인 하동녹차연구소도 생산공장을 운영하고 있다. 생산공장은 연구소 소속이지만 별개의 사업자 법인으로 지역활성화를 유도해 왔다. 하동녹차의 생산공장도 공동브랜드를 사용하는 녹차제조 공장과 다름없다. 요즘은 해외시장 개척을 위한 공동 마케팅에도 주력하고 있다.

전통적인 항구는 어업의 중심지다. 1960~1970년대 연근해와 원양어업은 바다에서 잡은 수산물로 달러를 벌거나 국민에게 풍부한 영양소를 공급했다. 바다에서 얻은 단백질로 영양소를 보충한 남해안 지역은 유목민의 양은 물론 갈릴리 호수와 지중해 해산물로 영양소를 섭취한 유대인과 마찬가지로 인재 배출의 보고였다. 요즘도 한국인들의 해산물 사랑은 여전하다. 유엔 식량농업기구(FAO)에 따르면 한국인 1인의 연간 수산물 소비량은 54.66kg으로 일본을 제치고 몰디브나 아이슬란드에 육박할 정도다.[22]

1971년 당시 원양어업 수출액은 5,510만 달러로 총수출액의 5.2%를 차지했다. 파독 근로자나 중동 산업 역군처럼 수산업 종사자는 한국경제 도약의 주력이다. 하지만 잡는 어업이 한계를 보이면서 양식의 산업화가 촉진되고 있다. 세계무역기구(WTO)는 2022년 제12차 각료회의에서 불법어업 및 과잉어획 상태인 어종을 잡는 선박과 운영자에게 수산보조금 지급을 금지하는 협정을 채택했다. 뉴노멀로 등장한 지속가능성에 입각해 자유무역의 한계를 보완하려는 시도다.[23] 따라서 우리 정부도 지속가능한 연근해어업의 재정립 방안을 준비해야 한다. 중장기적으로 공유지의 비극을 초래하는 싹쓸이 어로를 탈피해 양식의 가능성에 주목해야 한다.

국토와 농지가 좁지만 반도 지형이라 삼면이 바다와 접한 한국은 양식의 가능성을 적극 모색해 왔다. 김과 고등어를 비롯한 수산물 양식은 유망 수출산업으로 간주되고 있다. 검은 반도체로 불리는 김은 혈당 조절, 항암 효과 등을 인정받으며 10억 달러 수출 시대에 진입했다. 욕지도 고등어 양식장은 제주도 활어시장까지 진출한 상태다. 우리나라 남해안처럼 섬들이 밀집한 베트남 하롱베이 양식장에서는 고급 어종인 다근바리를 양식한다. 기후변화 시대를 맞이해 빈번한 가뭄과 홍수로 식량난에 직면한 북한도 최근 양식을 국가전략산업으로 지정했다.

해양수산부는 침체된 어촌에 활력을 불어넣기 위해 어촌과 연안을 아우르는 '바다생활권'을 중심으로 경제와 생활의 거점을 조성하고, 수산양식업과 해양레저를 연계하는 구상을 마련했다. 어촌이 수산물 생산에만 그치지 않고 가공과 유

22) 김영목. (2025). 수출·식량자원 기여한 韓 수산업, 향후 과제는. 한국경제. 2025.03.31.
23) 김정도. (2025). 어업 투명성 확보해야 지속 가능한 어업도 가능하다. 경향신문. 2025.03.31.

통은 물론 관광과 문화도 진흥한다는 것이다. 이를 위해 '민간'과 '청년'을 전략적으로 활용했다. 먼저 기업과 협력해 수산미식페스타 등 어촌에 특화한 새로운 관광모델을 개발하고 상품화를 추구했다. 또한 어촌특화상품과 체험프로그램도 상품화해 도시민을 유치했다.[24)]

전남 완도군은 2020년 5월 중소벤처기업부가 개최한 지역특화발전특구위원회에서 기존의 2개 특구(전복산업 특구, 해조류건강·바이오 특구)를 하나의 특구로 통합해 완도 해조류·전복산업 특구로 재편했다. 완도 해조류·전복산업 특구는 완도읍 외 11개 읍면에 총 면적 4,432만㎡로, 수출물류센터 조성과 전복 패각 자원화 사업 등을 통해 브랜드 가치의 상승과 더불어 고품질 제품화에 따른 매출과 고용창출 등 지역경제 활성화에 기여하였다.

완도군 고금도는 산지와 농지가 풍부해 섬이라기보다 육지처럼 느껴진다. 이곳은 원균의 패전으로 고군산군도까지 밀려난 조선 수군의 통제영이 명량해전에 승리하며 옮겨온 곳이다. 고금도와 조약도 사이에는 완도군 최초로 연도교가 설치되었다. 조약도는 약산에서 약초먹인 흑염소로 유명한 곳이다. 전복 양식장과 풍족한 어장 덕분에 잘사는 어촌으로 부상한 이곳 포구의 물양장은 잘 정돈된 마리나 항만을 연상시킨다. 항일독립운동의 성지로 알려진 소안도에서는 완도 특산물인 물김과 전복 부침개의 풍미를 체험할 수 있다.

지역개발을 촉진하려고 설립된 완도개발공사는 얼마 지나지 않아 청산되었다. 하지만 지역개발에 대한 완도군의 열정적인 시도는 진행형이다. 이러한 헌신이 있었기에 청산도를 무대로 영화 〈서편제〉나 드라마 〈봄의왈츠〉를 유치하고 2007년 아시아 최초로 슬로시티 인증이라는 가시적 성과를 창출할 수 있었다. 구들장논과 돌담장 및 유채꽃과 어우러진 청산도의 풍광은 많은 이들의 사랑을 받고 있다.

24) 동아일보. 2024.12.05.

1) 슬로시티의 비상을 선도하는 사람들

슬로시티(Cittaslow)는 1999년 이탈리아 관광지 오르비에토에서 국제운동으로 시작되었다. 이후 세계 각지의 도시와 마을이 슬로시티 네트워크에 가입했다. 슬로시티의 우수사례는 지역의 특색을 살리고 지속가능성을 강조한다는 공통점이 있다. 공해 없는 자연 속에서 전통문화를 잘 보존하고 자유로운 느림의 삶을 추구한다는 것이다.

이탈리아 로마 북서쪽 약 100㎞ 지점의 산악도시 오르비에토는 슬로시티 운동을 선도한 곳이다. 이곳은 도시 전체가 성벽으로 둘러싸여 있고 지하도시로 명명된 관광명소가 위치한다. 하지만 관광객이 급증하면서 화산재가 굳은 응회암 지반에 균열이 생기고 패스트 문화 유입으로 전통문화가 위협을 받으면서 슬로시티 운동을 시작하였다.[25] 주요한 실천 내용으로는 차량제한구역 운영으로 도시 내 통행량 감소, 전통음식과 수공예품을 보호하는 전통시장 활성화, 관광객들에게 지역 특산물 체험 프로그램 제공 등이다.

오버투어리즘이 유발한 고통에 시달리는 유럽 도시나 지역은 베니스, 암스테르담, 바르셀로나, 두브로니크, 레이캬비크 등이다. 리스본과 포르투도 비슷한 문제에 직면했다. 이로 인해 해당 도시의 주거와 교통 및 환경이 과부하에 직면한 상태다.

슬로시티는 단순히 느리게 사는 것을 넘어 지역적 가치를 존중하고 환경을 보존하며 지속가능한 공동체의 구현에 주목해 왔다. 특히 폴란드 레스코(Lesko)나 호주 코완바라브란(Coonabarabran)은 마을공동체를 강화해 활력을 유도한 사례다.

국내에서 슬로시티의 비상을 선도한 지역은 단양과 영월이다. 단양의 활성화는 군청과 주민들이 헌신한 결과다. 수도권을 위해 조절되던 댐수위가 단양수

---

25) 한국도시지리학회. (2020). 앞의 책. p.605.

중보 건설로 안정되자 유람선과 마리나 사업도 가능하게 되었다. 열악한 지방재정에도 단양군청이 투자한 만천하스카이워크나 다누리아쿠아리움은 고수동굴이나 단양 8경으로 대표되는 자연경관과 시너지를 창출하였다.

체류형 관광을 담보하는 자연휴양림도 각광을 받고 있다. 소백산자연휴양림은 자연경관에 너와집, 십승지, 북카페, 승마장 등과 같은 테마를 구비했다. 청정한 휴양단지 어디서나 소백산을 병풍 삼아 영춘면 벌판과 남한강 물길을 조망할 수 있다. 더불어 지역 명소인 구인사와 온달관광지가 지척인 점도 매력적이다.

단양보다 먼저 지역특화발전을 추구한 영월은 이미 국제슬로시티로 지정된 상태다. 영월 발전을 위한 관민의 헌신은 김삿갓계곡, 한반도면, 단종제, 박물관 고을, 별마로천문대 등과 같은 네이밍이나 시설 유치에서 잘 드러난다.

소백산맥 능선을 경계로 단양은 물론 영주, 봉화, 정선, 평창 등과 접한 영월은 오지의 길목이자 광산업의 보고였다. 1980년대 이후 석탄산업 합리화에 따른 지역경제의 타격을 만회하기 위해 지역공동체가 결속했던 것이다. 영월군에 산재한 역사문화와 자연지리를 인문학적 상상력을 통해 재창조한 열정이 당시의 성공 비결이다. 지방소멸을 막기 위한 대안인 일본의 지방창생과 마찬가지로 영월의 분투는 우리나라 자치분권의 개막을 알리는 청신호였다.

하지만 인구 4만명이 무너진 영월군의 침체는 미래를 향한 열정까지 약화시키고 있다는 점에서 안타깝다. 영월군시설관리공단 직원들의 노력에도 불구하고 관광수지가 계속 악화되고 있을 뿐만 아니라 기존 시설의 보수나 신규 사업의 발굴도 부진하다. 영월이 슬로시티를 제대로 구현하기 위해서는 화려한 조연이 필요하다. 우선 인프라 투자를 촉진하기 위해 인접 자치단체들과 협업하거나 중앙의 지원을 유도해야 한다. 또한 동강시스타의 경우처럼 새로운 민간 투자자를 유인해 고갈된 활력을 보충해야 한다.

이에 충북 단양군과 강원도 영월군은 2017년 5월 지역개발 연계사업 추진 협약을 체결한 이래 다양한 상생방안을 추진했다. 김삿갓과 온달이라는 역사적 인물을 공유한 테마 길에 캠핑장을 조성해 스토리 있는 체류형 관광지 조성을 추구했다. 하나의 자연이 품은 단양과 영월 한줄기 한자락이라는 비전도 설정했다. 단양 소백산자락길과 영월군 외씨버선 길을 연결했다. 두 지역의 스탬프 투어나 농산물판매장의 연계도 추진하였다.

보은에서 시작해 청주와 충주 단양에 이르는 지역은 고구려나 신라의 산성 유적이 산재한 곳이다. 물론 백제의 전성기에는 충북 지역의 방어선을 넘어 아자개와 견훤 부자가 활동한 공간인 상주와 문경까지 백제의 영향력이 확산되었다. 일례로 충주에서 번성한 고구려의 기상과 문화는 전통 무술인 택견과 충주고구려비 및 중앙탑이 대표적이다. 충북 북부에 남겨진 북방계 억양과 사투리도 지역의 정체성을 대변한다. 이에 충주시는 고구려 역사문화의 계승자를 표방하면서 매년 가을 고구려 '동맹' 축제를 개최한다.

슬로시티의 성패를 제대로 가늠하고 미래를 개척하려면 그 본질과 목표를 재확인할 필요가 있다. 유럽의 지역마을에서 시작했던 슬로시티 운동의 슬로건은 지역생태문화의 지속가능성이다. 다시말해 소위 오버투어리즘에 대한 반발이었다. 반면 국내의 지역 도시가 지향했던 슬로시티의 개념은 냉정하게 말해 토속의 지역색채를 입힌 관광 상품과 프로그램 개발이었고 이를 통한 관광활성화의 성격이 강했다. 슬로시티의 기획이 성공하려면 지역의 경제, 문화, 생태환경이 지속가능성을 유지할 수 있는 한도를 감안해 여분의 자원을 사용하는 범위 내에서 관광산업을 추진해야 한다. 관광개발이 우선이 아니라 그것의 억제가 본래 슬로시티의 취지였다는 사실을 간과하지 말아야 한다. 이런 점에서 국내에서 초기 슬로시티를 선도한 정책이나 세력의 자기반성도 선행되어야 한다.

2) 휴양관광도시는 산업도시를 대체할 것인가

휴양관광도시는 주로 휴양과 관광 서비스를 제공하며 지역경제가 성장하고 도시의 정체성이 확립된 곳이다. 휴양관광도시는 관광객들에게 매력적인 명소, 문화, 자연 경관, 역사적 유적 등을 제공한다. 세계적으로 유명한 휴양관광도시는 파리, 로마, 뉴욕, 라스베가스, 도쿄, 방콕 등이며, 한국에는 서울, 부산, 제주도 등이 대표적이다. 최근에는 저렴한 가격에 장기체류하는 휴양지가 각광받고 있다. 농어촌에서 원격근무하는 도시이주민도 늘고 있다.

선진국을 중심으로 근로시간이 줄면서 여가시간이 늘고 있다. 우리나라가 주 4일제를 준비하는 상황에서 이러한 추세는 지속될 것이다. 반도체 산업을 중심으로 주 52시간 예외를 허용하자는 논의는 안식월 도입을 촉진할 것이다. 중국도 4대 명절에 10일에 육박하는 장기휴가를 부여하고 있다. 치열한 경쟁으로 제조업의 경쟁력이 한계를 보이는 상황에서 휴양관광이나 여가레저로 서비스업의 활로를 개척해야 한다. 휴양지나 전원에서 한달살이 방식으로 워케이션을 즐기는 트렌드도 부상한 상태다.

학계에서는 고동우 교수가 여가학의 체계화를 시도하였다. 그는 여가생활이야 말로 삶의 핵심이고 디지털 사회의 경쟁력을 촉진하는 기제라고 역설한다. 더욱이 행복한 휴식을 위해서는 개인의 역량과 경제적 요건, 사회적 요건을 고려해야 하는데 이것이 여가학의 핵심 주제다. 나아가 개인적 수준의 행복과 재미추구 행동에 대한 체계적인 탐구도 필요할 것이다.

여가경험의 심리적 본질을 탐구한 고동우는 현대인의 희망하는 여가의 보편적인 형태를 여행으로 규정한다. 여행은 복합여가활동이기 때문에 인간의 자유로운 욕구를 실현하는 계기이자 인간의 심리적 본질을 반영하는 행위의 장이다. 또한 모든 여가경험을 이완추구(즉, 휴식)의 에너지와 각성추구(즉, 긴장과 흥분)의 에너지가 분출하는 과정으로 묘사했다. 여기에는 즐거운 여행이나 관광도 예외가 아니다. 따라서 휴양관광도시의 등장과 개발은 엄밀하게 말해 문화적 수요의 결과물이다. 다른 한편으로 소비자에게 휴식과 즐거운 긴장의 기회를 제공하고 판매하기 위한 기획의 산물이다.[26]

휴양관광도시를 대표하는 명소와 문화는 유명한 랜드마크, 박물관, 미술관, 역사적 유적 등이 대표적이다. 자연경관으로는 제주도의 한라산, 스위스 인터라켄의 알프스 산맥 등이 유명하다. 제주도에는 한라산을 비롯해 성산일출봉, 협재해수욕장 등이 명소다. 관광객들은 이러한 도시들을 통해 새로운 문화를 체험하고, 휴식과 즐거움을 누리는 과정에서 지역경제의 활성화를 유도한다. 사람들이 선호하는 관광지는 고품격 주거나 근무공간으로 각광받기 때문에 지중해 휴양지

---

26) 고동우. (2020). 여가학의 이해(제2판). 세림출판.

니스처럼 과학기술도시의 적지로 부상하기도 한다.

라스베가스가 위치한 네바다 주는 19세기 후반 광산개발(Gold Rush)로 도시가 형성되었지만 대공황을 계기로 카지노를 육성했다. 네바다 남부를 대표하는 라스베가스는 물론 캘리포니아 주와 인접한 네바다 북부에는 리노, 버지니아시티, 카슨시티 등이 부상했다. 요즘은 네바다 북부도시들은 법인세가 없다는 강점을 앞세워 테슬라의 전기자동차나 대기업의 물류센터를 유치하고 있다.

라스베가스는 1950년대 초반 도시화에 성공하였지만 도박과 매춘의 도시로 각인되기 시작했다. 이에 1980년대 이후 재도약 추구와 이미지 개선이라는 두 마리 토끼를 잡기 위해 대규모 복합리조트 투자를 유도했다. 싱가포르와 마카오도 라스베가스를 벤치마킹해 MICE 산업 육성이라는 복합리조트 유치효과를 추구했다. 아버지 리콴유를 대신해 싱가포르의 재도약을 선도한 리셴룽은 도박의 도시에서 복합리조트의 메카로 재탄생한 라스베가스 사례에 주목할 것을 역설하면서 마리나베이와 센토사에 복합리조트를 유치했다.

스페인 루고(Lugo)는 로마 시대의 성벽을 보존해 역사관광을 활성화한 사례다. 성벽 주변에는 전통 시장과 지역 음식점들이 자리 잡고 있어 관광객들에게 지역 문화를 체험할 수 있는 기회를 제공한다. 루고는 도심지에 자전거와 보행자 중심의 교통 시스템을 구축해 환경친화적 도시의 특징도 지니고 있다.

휴양관광도시는 아름다운 자연경관, 해변, 산, 호수, 온천 등 다양한 자연자원을 중심으로 관광객을 유치한다. 리조트, 호텔, 펜션 등 숙박시설이 잘 갖춰져 있어 관광객들이 편안한 휴식을 취할 수 있다. 휴양도시에서는 스포츠, 산책, 자전거 타기, 스키, 골프 등 다양한 레저 활동을 제공하는 방식으로 방문객들에게 즐거운 경험을 선사한다. 전통적인 문화유산, 공연, 축제, 미술관, 박물관 등 다양한 문화적 활동도 관광객들을 끌어들이는 요소다. 요가, 명상, 스파, 마사지와 같은 웰니스 프로그램은 방문객들의 몸과 마음을 재충전시키는 기제다.

한방약초의 본향이자 허준이 수련한 산청군은 지리산이 터전이다. 한방엑스포 이후 약화된 항노화 관광지 동의보감촌의 활성화 방안을 모색하고 있다. 동의보감촌 상부에 위치한 왕산에 케이블카를 설치하면 지리산과 황매산을 동시에 조망할 수 있다는 장점이 있다. 하지만 지역활성화의 수단으로 케이블카를 설치하려는 자치단체가 늘어나면서 경쟁력이 떨어지는 케이블카가 적자에 직면한 일에 유의해야 한다.

산청군은 관광객을 유치하기 위해 각종 문화축제나 엑스포를 중시해 왔다. 기산국악제전, 남명선비문화축제, 산청메뚜기 잡기 대회, 산청한방약초 축제, 지리산 산청곶감축제, 지리산 평화제, 산청황매산 철쭉제, 생초국제조각공원 꽃잔디 축제 등이 대표적이다. 이중에서도 특히 교육적 가치가 높은 축제가 남명선비문화축제다. 조선시대 실천유학의 대가인 남명 조식(1501~72)의 삶과 정신을 기리는 것으로 이와 같은 선비문화체험을 통해 정신문화를 계승하자는 취지다. 남명은 관직에 나아가지 않고 재야에서 스스로를 갈고 닦은 선비였다. 남명은 벼슬을 고사한 '단성소'를 통해 탐관오리를 비판하고 임금의 무지를 꾸짖기도 했다. 그의 실천의지는 임진왜란 당시 곽재우와 정인홍과 같은 제자들이 의병장이 되는 토대였다.

남해군은 환경친화적 녹색성장의 선구적 사례로 평가된다. 남해군에서 녹색성장이 태동한 시점은 1995년 민선 자치시대의 개막으로 거슬러 올라간다. 무공해 관광휴양산업을 육성하기 위해 스포츠파크 조성을 추진하였고, 이에 필요한 잔디품종개발이 스포츠 경관산업 구상으로 이어진 것이다. 또한 경관을 훼손하고 악취를 유발하는 환경기초시설의 단지화 구상이 자원순환의 강화로 이어지게 되었다. 나아가 잔디품종개량을 위해 시작한 독일과의 교류가 테마형 문화마을 구상과 결부되면서 독일 동포 귀향마을로 나타났다.

남해군 녹생성장 사례를 통해 우리는 네 가지 정도의 토론문제를 제기해 볼 수 있다. 첫째, 형용모순의 문제다. '녹색성장'이라는 다소 모호한 문제에 대해서 우리는 어떻게 접근해야 하는가?, '창의·실용' 등과 같은 정책적 문제에 대해서 명확한 개념정의가 전제되지 않으면 정책의 추진방향을 잃게 되는 문제가 발생할 수 있을 것이다. 둘째, 일관성 있는 정책추진의 문제다. 지자체가 추진하는 정책적 방향이 옳다면 관료들은 일관되게 정책을 추진하는 것이 바람직하며 일관된 정책이 이루어지지 못할 경우에 발생할 수 있는 문제점을 고민해야 할 것이다. 셋째, 갈등관리의 성공사례와 조건에 대해서 토론해 볼 필요가 있다. 특히 남해군 사례를 여타 시군이나 국가적 차원으로 확대해서 적용할 수 있을지 토론해 볼 필요가 있다. 마지막으로 정책단계별로 각 사례들이 성공할 수 있는 포인트는 어디였고 무엇이 결정적인 성공의 요인이었는지 각자의 의견을 제시하고 토론해 볼 수 있다.

제2장

북미의 특화도시: 미국과 캐나다

1. 미국을 대표하는 특화도시의 경쟁력

1) 세계도시 뉴욕의 탄생과 질주

1609년 네덜란드인 헨리 허드슨은 맨해튼 인근 수로를 탐사한 직후에 네덜란드 서인도회사의 식민지인 뉴암스테르담을 건설했다. 1664년 영국은 영란전쟁이 발발하자 이곳을 점령해 뉴욕으로 개칭했다. 18세기 이후 상업 중심지로 부상한 뉴욕에는 유럽 이민자들이 대거 이주했다. 1825년 이리운하(Erie Canal)에 이어 철도까지 부설되면서 뉴욕은 비상했다. 제1차 세계대전을 전후해 세계의 공장으로 도약한 뉴욕은 20세기 중반 런던을 능가하는 세계도시로 각인되었다.

뉴욕은 월스트리트에 위치한 뉴욕증권거래소(NYSE)를 앞세워 세계금융의 중심지로 등극했다. 금융규제 완화, 국제투자 유치, 기술혁신을 통해 글로벌 경쟁력을 유지한 일이 주효했다. 실리콘 앨리(Silicon Alley)로 불리는 기술 스타트업을 육성해 구글, 페이스북 등 대형 IT 기업을 유치하고 스타트업 생태계를 구축했다. 브로드웨이, 타임스퀘어, 센트럴파크 등 세계적 명소를 활용해 연간 수천만 명의 관광객을 유치한다. 뉴욕은 컬럼비아대학, 뉴욕대 등을 통해 인재를 양성하는 한편 산업과 연구를 결합한 프로젝트를 지원하였다. 최근 뉴욕시는 코넬대학교, 테크니온 등과 협력해 맨해튼 루즈벨트섬에 첨단기술연구소를 설립해 미래지향적 기술혁신을 선도하고 있다.

지역개발 사업은 상인들이 주도하는 경우가 많다. 도시번영의 최대 수혜집단이기 때문이다. 철도가 없던 시절에 뉴욕에서 중서부 지역으로 상권을 넓히기 위해서는 이리운하가 필요했다. 1830년대에 허드슨강과 이리호가 연결되고 화물운송이 본격화되면서 뉴욕은 라이벌 상권인 보스턴이나 필라델피아를 압도했다. 철도가 개통되면서 도시정부는 철도채권을 발행하는 방식으로 노선을 유치했다. 반면에 교통망에 대한 학습효과가 미약했던 한국의 역사도시 전주와 청주는 역사 배치나 고속도로 건설에 반대하는 잘못된 선택으로 한동안 고전했다.

뉴욕은 대도시답게 시민행복을 책임지는 대중교통과 공원도 충분한 곳이다. 지하철과 철도를 중심으로 효율적인 대중교통 시스템을 구축했다. 뉴욕 도심에는 생태환경을 담보하는 다양한 공원들이 위치한다. 뉴욕의 개발자들은 당초 센트럴 파크 자리에 치열한 삶의 현장을 구상했다. 하지만 하워드나 오스만에 필적하는 도시조경의 선구자인 옴스테드의 신념인 '경관이 사람들의 심성에 좋은 영향을 끼친다'는 견해를 수용해 1873년 가로 850m 세로 약 4km인 센트럴파크를 개장했다. 이후 공공기관인 센트럴파크보존협회가 지역 사회와 협력해 공원을 관리하고 있다. 1만 개에 달하는 공원 의자에 기부금을 유치했고 자원봉사를 활용한 관리방식도 창의적이다.

뉴욕은 문화예술 경쟁력을 지닌 고품격 도시다. 메트로폴리탄 미술관, 현대미술관, 구겐하임 미술관 등은 뉴욕의 상징적 공간이다. 브로드웨이 연극과 뮤지컬, 뉴욕필하모닉 오케스트라, 메트로폴리탄 오페라 등의 공연도 압도적이다. 뉴욕은 디지털 아트와 미디어 아트 분야에서도 앞서가는 도시다. 카네기재단과 록펠러재단의 후원도 예술발전에 기여했다. 뉴욕은 다양한 민족과 문화가 공존한 곳이다. 차이나타운, 리틀이탈리아, 할렘과 같은 지역은 각자의 고유한 문화를 표현하는 방식으로 뉴욕의 정체성을 강화시켰다. 다문화 포용정책으로 이민자들에게 기회를 제공하며, 도시의 다양성을 경쟁력의 원천으로 활용하였다.

19세기 중반 잭슨대통령(1829~1837)은 귀족주의 시대에서 엽관주의 시대로의 전환을 주도했다. 그는 평민의 대통령으로 불리며 급진적 변화를 주도했다. 잭슨은 민주당을 창립한 인물로 주로 농업, 노동자 계층의 지지를 받았다. 그는 부유한 엘리트와 금융자본과의 결탁을 강하게 비판하는 방식으로 대중의 이익을 대변했다. 하지만 서부개척으로 원주민의 희생을 가중시킨 점은 비난을 받고 있다. 정당정치의 한계이자 엽관주의의 부작용인 정실주의를 확산시킨 책임에서도 자유롭지 못하다.

머신 폴리틱스(Machine Politics)는 정당이나 정치조직이 특정 지역이나 계층의 전폭적 지지를 앞세워 권력을 획득하고 비민주적 방법으로 권력을 행사한다. 19세기 말에서 20세기 초까지 뉴욕시에서 활동한 탐매니 홀은 아일랜드계 이민자의 지지를 기반으로 패거리 정치와 정실주의의 폐해를 표출했다. 탐매니 홀은 정치적 보상과 공직 분배를 통해 충성심을 유지하는 방식으로 권력을 강화했다.

이민자에게 일자리, 사회적 지원, 법적 보호 등을 제공하는 반대급부로 정치적 지지를 확보했다.

20세기 초 뉴욕은 미국 전역에서 확산된 진보주의 운동의 중심지였다. 도시 개혁가들은 시정혁신을 통해 공공교육 강화, 공공보건 확대, 이민자 지원 강화 등을 추진했다. 탐사 저널리스트들은 탐매니 홀과 같이 부패한 정치조직의 비리를 폭로했다. 링컨 스테펀스의 저서 〈도시의 수치〉는 뉴욕시의 부패 문제를 고발해 여론을 환기했다. 이러한 시정개혁 운동의 기풍은 19세기 말 미국에서 태동한 실적주의 기반의 현대 행정학의 이론적 토대를 강화하는 계기로 작용했다.

세스 로우는 20세기 초 뉴욕시장으로 재직하며 탐매니 홀에 대항했다. 로우는 공공서비스 개선, 도시행정의 효율성 제고, 경찰과 공무원의 부패척결 등을 추진했다. 특히 지하철, 위생, 하수도, 주택 등에서 성과를 창출했다. 피오렐로 라과디아도 1934년 99대 뉴욕시장으로 당선된 이후 1945년까지 지속적인 시정혁신과 뉴딜기반 복지정책으로 탐매니 홀의 영향력을 약화시켰다. 공공서비스의 투명성을 강화하고 부패행위를 처벌함으로써 머신 폴리틱스를 해체한 것이다.

케네디와 더불어 뉴욕의 대표 공항에 이름이 들어간 라과디아 시장은 대공황 시기에 마피아와의 전쟁에서 소기의 성과를 창출했다. 그는 높은 인기에 힘입어 민주당과 공화당 모두로부터 대통령 후보 영입 제안을 받았으나 “정치는 시민의 평범하고 안온한 삶을 지키는 것에 주력해야 한다”는 말을 남기고 초야로 향했다.

1994년 뉴욕시장에 취임한 검사출신 루돌프 줄리아니도 악명이 높았던 범죄율에 도전했다. 범죄예방 환경설계 방식인 셉티드(Crime Prevention Through Environmental Design: CPTED)를 차용해 지하철의 낙서를 지웠다. 이후 뉴욕의 범죄율은 80%나 급감했다. ‘깨진 유리창 이론’은 일상에서 작은 범죄가 발생했을 때 처벌하지 않으면 더 큰 범죄로 이어진다는 논거다. 셉티드 설계를 통해 사람들은 심리적인 안정감을 가지게 되고 잠재적 범죄자들은 범죄억제 심리를 발현했다. 9.11 테러 당시에는 신속하고 체계적인 위기 대응으로 찬사를 받기도 했다. 뉴욕시는 연방정부, 주정부, 비영리단체 등과 협력해 복구 작업을 진행했다.

데이터와 기술을 활용해 교통, 보건, 재난, 소방 등의 문제를 해결하는 스마트시티 솔루션의 활용도 선진적이다.

2002년부터 2013년까지 재임한 마이클 블룸버그 시장은 기업가이자 정치인으로 실용적인 접근법과 데이터 기반의 정책을 통해 뉴욕을 변화시켰다. 경제성장을 촉진한 허드슨 야드 재개발은 물론 헬스케어, 미디어, 스타트업 등을 통해 지역경제를 촉진했다. 시민편의를 위해 대중교통을 개선하고 자전거 도로 및 자전거 대여 시스템(Citi Bike)도 도입했다. 시민건강을 증진하려고 금연과 환경정책도 강화했다. 글로벌 위상 강화를 위해 문화의 중심지를 표방하는 한편 국제적인 비즈니스 기회와 투자유치에 주력했다. 뉴욕시 소방국이 2015년 백년 만에 화재로 인한 사망률 0%를 달성한 이유는 핀테크와 마찬가지로 규제와 기술을 혼합한 레크테크(regtech)를 채택한 덕분이다. 그 결과 규제비용을 줄이면서도 규제성과를 높일 수 있었다.[1] 하지만 경찰이 의심되는 인물을 강제적으로 조사하는 Stop-and-Frisk는 범죄예방 효과에도 불구하고 많은 비판을 받았다.

20세기 중반 뉴욕의 도시개발을 둘러싼 논쟁이 치열했다. 칼럼니스트 제인 제이콥스(Jane Jacobs, 1916~2006)와 도시계획가 로버트 모지스(Robert Moses, 1888~1981)는 20세기 도시계획의 대립적 아이콘이다. 제이콥스는 도시를 살아 숨쉬는 유기체로 보고, 지역 커뮤니티와 사람 중심의 설계를 중시했다. 반면에 모지스는 도로, 고속도로, 대교 등 대규모 인프라를 통해 도시를 현대화하고 효율적으로 만드는 목표를 중시했다.

제이콥스는 〈미국 대도시의 죽음과 삶, 1961〉을 통해 도시계획 패러다임의 변화를 이끌었다. 현대 도시계획에서 혼합 용도나 커뮤니티 보호의 중요성을 강조했다. 그녀는 뉴욕 그리니치빌리지 슬럼 철거와 월가 고속도로 건설을 막기 위해 지역 주민들과 함께 모지스가 지휘하는 도시계획 당국에 저항했다. 이러한 노력은 미국의 생태도시는 물론 코펜하겐과 같은 북유럽 행복도시의 보행자 우선 도시계획에 영향을 미쳤다.

마스터 빌더라는 별칭답게 모지스는 월가의 금융단지와 워싱턴 스퀘어 공원

---

1) 조선일보. 2023.08.11.

을 관통하는 고속도로 건설을 의도했지만 제이콥스와의 갈등으로 무산되었다. 그는 뉴욕의 인프라를 건설한 불도저 계획가라는 긍정적 평가와 더불어 뉴욕의 삶의 질을 저하시킨 장본인이라는 평가를 받고 있다. 그는 자동차 위주인 뉴욕의 삭막한 풍광을 개조하려고 조경과 식재를 중시한 파크웨이(Parkway) 개념을 중시했다. 뉴욕 및 롱아일랜드 공원위원회 의장이라는 권한을 활용해 양호한 주거지역을 허물고 외곽을 연결하는 교량과 고속도로를 건설했다. 1927년 건설한 브롱스 리버 파크웨이나 롱아일랜드의 존스 비치 및 대규모 임대아파트가 대표적인 성과다.[2] 1974년 언론인 로버트 카로가 출간한 그의 전기 〈파워 브로커, 1974〉는 개발의 이면에 도사린 부조리를 생생하게 폭로한 것으로 유명하다.

최근 뉴욕의 친환경 도시계획을 대표하는 더 하이라인과 배터리 파크 시티는 파워 브로커에 대한 경계를 반영한 시도다. 더 하이라인은 도로 위로 30ft 높이에 있는 오래된 철로를 재생한 공원으로 강과 도시 경관을 즐길 수 있는 명소로 부상했다. 철도차량기지 주변에서는 허드슨 야드 개발로 달라진 스카이라인을 확인할 수 있다. 배터리 파크 시티는 허드슨강을 따라 들어선 고층 아파트 단지이다. 주중에는 월가 샐러리맨으로 붐비지만 주말에는 주민과 관광객이 멀티타워인 브룩필드 플레이스 쇼핑센터와 강변공원 자전거 도로로 모여든다.

뉴욕시는 맨해튼, 브루클린, 퀸즈, 브롱크스, 스태튼 아일랜드 등 5개의 자치구(Boroughs)로 이루어져 있다. 맨해튼은 뉴욕의 상업, 금융, 문화의 중심지로 인구밀도가 가장 높은 지역이다. 가로구조는 그리드 형태 도로망인 격자구조로 가로 애비뉴(avenues)와 세로 스트리트(streets)가 교차하는 방식으로 이루어졌다.

미국의 전통적인 정부 간 관계는 연방정부와 주정부 간의 독립성을 요체로 한다. 반면에 주정부와 지방정부의 관계는 종속적이라 주정부가 위임(delegation) 또는 이양(devolution)한 범위 내에서 지방정부의 권한행사가 가능하다. 하지만 남북전쟁과 대공황을 거치며 늘어난 복지수용에 대응하면서 연방정부의 권한이 강화되었다. 하지만 주와 지방정부에 대한 연방정부의 통제는 명령보다 설득을 우선한다. 주와 지방정부는 자구 노력의 일환으로 주지사나 시장의 리더십에 기

2) 조선일보. 2023.08.11.

초한 혁신역량을 배양하였다.

미국 지방정부의 보편적 형태는 우리의 광역단체와 유사한 카운티와 더불어 기초단체와 유사한 시 또는 타운이 존재한다. 카운티는 주정부에서 정한 행정 서비스 제공, 법원, 교도소 운영, 학교 관리, 교통 시스템, 건강, 복지, 경찰, 소방 등을 담당한다. 시(타운)는 교통, 경찰, 소방, 여가, 문화, 도시계획, 도로 정비 등을 담당한다. 시장은 우리처럼 직선하거나 의회에서 간선하는 방식이 혼재되어 있다. 최근에는 직선 시장보다 간선 관리자를 중시하는 경향이 부각되고 있다.

산업화와 도시화를 선도한 미국의 대도시에는 인접한 소도시가 팽창해 광역도시권을 형성해 왔다. 미국의 대도시는 실제로 서너 개의 도시가 혼재되어 있다. 미국의 메트로폴리스는 2천만 명의 뉴욕－뉴어크－저지시를 비롯해 1천 3백만 명의 로스앤젤레스－롱비치－애너하임, 950만의 시카고－네이퍼빌－엘진 등이다.

이와 유사한 트윈시티의 구현사례는 뉴욕·뉴저지 항만청의 통합운영이 대표적이다. 또한 미니에폴리스와 세인트폴도 20세기 초까지 46만 명의 인구를 지닌 두 개의 도시였다. 하지만 인구가 증가하면서 미시시피강에 접한 하나의 도시권으로 통합되었다. 인구 120만 명을 넘기며 미국의 다른 대도시들과 마찬가지로 교외화(sprawl) 현상이 발생했다. 이에 두 도시는 주간고속도로와 하수처리시설의 중복투자를 예방하려고 대도시권계획위원회를 출범시켰다. 도시개발세금을 공정하게 징수하려고 조세공유도 시도했다. 2000년대 초반 국제공항과 쇼핑몰을 연결하는 경전철 개통을 시작으로 다양한 신규 노선을 공동으로 추진하였다.

2) 시애틀과 포틀랜드가 친환경 기업도시로 전환한 이유

1853년 미국에 편입된 시애틀과 인근 지역은 조지 워싱턴의 이름을 차용해 워싱턴 준주로 정했다. 1889년 초대 대통령 취임 100주년을 기념해 정식 주로 승격했다. 시애틀 소재 워싱턴주립대학 캠퍼스에 워싱턴의 동상이 설치된 연유다. 워싱턴주 최대도시 시애틀은 원주민 추장의 이름을 따서 작명했다. 도시화

시애틀과 포틀랜드 인근의 행정구역

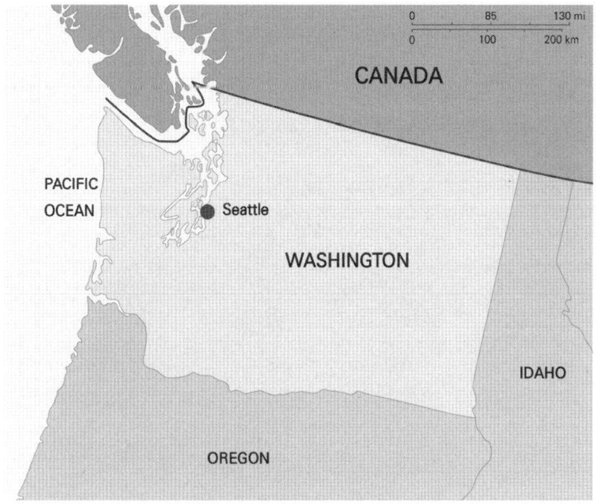

초기에는 풍부한 삼림이 성장을 견인했다. 시애틀 주변은 로키에서 발원한 강물로 수력발전도 활발한 곳이다.

미국 북서부는 19세기 후반에 철도와 항만으로 번성했다. 시애틀, 타코마, 포틀랜드 등은 목재, 조선, 철강, 항공산업의 중심지로 부상했다. 이 지역은 풍부한 삼림, 수력, 광물자원을 보유해 제조업 발전에 유리한 곳이다. 수많은 이민자와 내륙의 주민이 유입되면서 도시화가 촉진되었다. 1890년대 골드러시로 시작된 시애틀 항구는 지금은 아시아 무역의 전초기지로 전환했다.

서부의 변두리로 치부되던 시애틀은 관문공항의 경쟁력을 앞세워 아마존, 보잉, 스타벅스 등을 품은 기업도시로 성장했다. 시애틀은 샌프란시스코, 로스엔젤레스, 샌디에이고, 포틀랜드 등과 태평양 연안의 패권을 다투고 있다.

20세기 중반에는 1916년 설립된 보잉사가 시애틀 경제를 부양했다. 세계 각지의 공장에서 부품을 조달해 항공기를 조립하고 출고하기 위해 자체 비행장도 지니고 있고, 방문객을 대상으로 공장견학 서비스를 제공한다. 제2차 세계대전과 냉전으로 군수품과 선박수요도 급증했다. 하지만 20세기 후반 제조업 생산기지가 해외로 이전하면서 침체하기 시작했다. 북서부 규제당국의 강력한 환경보호 정책은 일부 산업의 부담으로 작용하기 시작했다.

북미에 포진한 나라와 도시

이에 자치단체와 지역산업이 공조해 제조업과 농림업 중심에서 정보통신기술과 서비스산업으로 전환을 모색했다. 시애틀은 1970~90년대 마이크로소프트와 아마존처럼 기술력을 지닌 테크기업에 힘입어 정보기술산업의 허브로 진화했다. 창조기업 아마존은 도서 유통에서 시작해 전자상거래와 클라우드 컴퓨팅을 선도하는 글로벌 리더로 부상했다. 요즘은 바이오테크놀로지와 생명과학 분야 기업의 비중도 늘어나는 추세다.

서울과 인천처럼 메트로폴리탄을 형성하는 시애틀과 타코마는 시애틀-타코마국제공항(SEA)을 활용해 세계를 연결하였다. 전략적 중요성을 반영해 미국의 군사기지도 배치되어 있다. 워싱턴의 주도는 시애틀이 아니라 퍼젯만 안쪽의 중소도시 올림피아다. 시애틀 광역권의 인구는 약 400만 명에 달한다. 이는 미국에서 15번째로 큰 규모이고 산업발전에 따라 인구가 증가하는 추세다.

시애틀은 동아시아 지역과의 교류가 활발한 곳이다. 미국은 중국에서 공산품을 들여오는 대신에 농산물을 수출한다. 미국과 중국의 국토 면적은 유사하지만 인구는 3배 이상 중국이 많은 연유다. 미국은 광활한 평원과 기계화 농업을 활용해 농축산 경쟁력을 증진해 왔다. 카길과 같은 농산물 유통 다국적 기업이 탄생한 연유다. 다른 한편으로 도시농업이나 외곽 농장에서 생산한 농산물은 로컬과의 상생이나 지속가능성 확보 차원에서 파머스 마켓이나 팜투테이블(Farm-to-table) 레스토랑에서 소비된다.

파이크 플레이스 마켓은 파머스 마켓 이상의 파급효과를 창출한 세계적 명소다. 해안 경관이 수려한 워터 프론트에 위치한 공공시장은 114년의 역사를 자랑한다. 수공예품을 파는 상점과 꽃을 파는 가게가 많다. 생선가게는 요란한 호객행위로 유명하다. 전통시장의 활성화 우수사례인 공공시장은 환경변화와 내부 역량에 부응해 로컬 푸드와 로컬 공예품에 특화했다. 가장 지역다운 것이 가장 세계적인 것이라는 모토에 부응하는 역동적 마케팅믹스 전략도 구사했다. 마케팅믹스란 제품(product), 유통경로(place), 판매가격(price), 판매촉진(promotion) 등 4P 요소를 결합한 마케팅 전략이다.

시애틀지역 파머스 마켓은 비영리단체인 협회에 소속해 활동한다. 각종 유기농 채소와 과일, 꽃과 꿀, 먹거리와 의류, 예술품과 장신구가 주력 상품이다. 거리 음악가들도 있고, 다국적 음식을 판매하며 아시아 전통문화를 알리기도 한다. 아침 6시에 일찍 호텔을 나서면 개장을 준비하는 파이크 플레이스 마켓을 둘러보고 빵집에 들려 커피와 간단한 식사를 하기에 적합하다. 이후에 항구의 페리 터미널을 경유해 경전철 역이 있는 스타디움 지대로 걸어가면 고층빌딩의 파노라마와 출근길 활력을 접할 수 있다.

시애틀은 항공과 정보기술, 음악과 커피문화를 결합해 도시경쟁력을 제고했다. 스타벅스 마니아들의 성지인 스타벅스 1호점도 위치한다. 시애틀은 아름다운 산과 바다로 둘러싸여 있어 쾌적한 환경에서 근무하기를 원하는 여피[3]스타일 고학력자에게 이상적이다. 도심에서 보이는 설산 레이니어는 도시의 상징적 배경이며, 퍼젯만이 연출한 청정한 해안에서 액티비티를 즐길 수 있다. 이러한 낭만적

---

3) 여피(yuppie)는 영 어번 프로페셔널스(young urban professionals)의 약자로서, 특히 뉴욕을 중심으로 한 도시 근교의 25~45세의 젊은 지식인과 사무직 노동자를 가리킨다.

분위기는 시애틀이 음악과 미술 및 영화에서 탁월한 성과를 창출한 원동력이다.

시애틀은 앵커기업 유치에 힘입어 도시가 더욱 빠르게 성장하며 활기찬 분위기를 자아낸다. 도심에는 새장처럼 생긴 시애틀 중앙도서관을 비롯해 이색적 건물이 포진해 있다. 친환경 건물의 상징인 LEED 인증[4)]을 받은 불리트센터는 에너지 자립과 물 재사용 시스템을 갖추고 있다. 최근 아마존 다운타운 캠퍼스에 개장한 온실인 스피어스(Spheres)는 3개의 유리 돔이 서로 연결되어 있다.

1962년 시애틀 엑스포는 당시 미국이 열망한 우주개척에 초점을 부여하였다. 냉전시대의 맞수 소련은 1957년 세계 최초로 인공위성 발사해 미국에 스푸트닉 쇼크를 촉발했다. 1961년 유리 가가린은 인류 최초로 우주비행에 성공했다. 이에 미국은 아폴로 프로젝트를 가동해 1969년 닐 암스트롱과 버즈 올드린을 달에 착륙시켜 자존심을 회복했다. 시애틀 엑스포의 상징탑인 스페이스 니들은 비행접시 모양으로 탁월한 전망대 역할을 수행하고 있다.

1993년 톰 행크스와 맥 라이언이 출연한 영화 〈시애틀의 잠 못 이루는 밤〉은 로케이션 마케팅의 성공사례다. 시내 중심에 포진한 전시켄벤션센터를 활용해 글로벌 비즈니스 허브 육성, 호수와 공원을 활용한 자연친화적 도시이미지 구축, 문화적 다양성을 추구하는 예술가와 크리에이터 도시 표방, 대중교통과 재생에너지를 중시하는 친환경 도시 구현, 로컬브랜드를 육성한 푸드투어리즘 활성화, 1976년에 킹돔을 건설해 프로구단인 시애틀 매리너스와 시애틀 시혹스 창단, 대규모 음악 페스티벌 개최이나 국제회의 유치 등이 대표적이다.

엑스포 같은 메가 이벤트에 부가해 시애틀이 개최하는 다양한 축제도 주목할 만하다. 매년 노동절 주말에 열리는 음악축제 범버슈트(Bumbershoot), 여름에 열리는 해상축제인 시애틀 씨페어(Seattle Seafair), 북미의 대표 영화제인 시애틀국제영화제, 다운타운 퍼레이드 행사, 메모리얼 데이 주말에 열리는 민속예술축제 등이 유명하다. 시애틀은 베트남, 일본 등 아시아를 비롯해 다양한 국가의 음식

---

4) LEED는 미국녹색건축위원회(U.S. Green Building Counccil: USGBC)가 주관하는 친환경 건축물 인증제도다. 10가지 가까운 까다로운 평가항목을 채점해서 받은 점수에 따라서 인증, 실버, 골드, 플래티넘 등급을 부여하고 있다. 플래티넘 인증을 받으면 그야말로 세계 최고 친환경 건축물이라고 자랑할 만하다.

을 접하는 미식 여행지로 알려진 상태다.

시애틀은 기업과 관광객을 유치하려고 도시에 문화예술로 대표되는 감성을 장착했다. 수제 맥주 브루어리, 아이리쉬 스타일 펍, 다운타운의 야간 포장마차, 다인종 푸트 레스토랑, 특산물인 해산물 식당, 다목적 북카페 등이 대표적이다. 커피문화를 접하고 싶다면 파이크 플레이스 마켓 인근의 스타벅스 1호점이나 캐피톨 힐의 세계 최대 스타벅스 매장을 찾아도 좋다. 스타벅스의 '스타벅'은 하먼 멜빌의 소설 모비딕에 등장하는 일등 항해사 '스타벅'에서, 로고는 그리스 신화에 나오는 '세이렌'에서 따왔다고 한다. 바닷가를 터전 삼아 일하는 사람들의 안식처로 스타벅스가 탄생한 것이다.

시애틀은 도시행정의 혁신도 선도해 왔다. 다양한 도시개발과 혁신정책을 통해 지속가능한 발전과 시민의 삶의 질을 개선해 왔다. 스마트 기술을 활용한 도시의 효율성 제고, 공공 데이터의 개방을 통한 투명성 제고, 온라인 플랫폼을 활용한 시민참여 촉진, 기후변화에 부응하는 지속가능성 정책기조, 경찰활동의 신뢰성 제고, 공공주택 프로그램 확대 등이 대표적이다.

시민친화도시 시애틀의 강점은 공원과 호수가 많다는 점이다. 스카이라인 야경으로 유명한 케리공원과 아름다운 호수가 있는 그린공원이 대표적이다. 그린공원은 인근 주민들이 달리기와 물놀이를 즐기도록 산책길과 수변데크가 구비되어 있다. 저녁에는 이브닝 크루즈 옵션을 골라 탑승하면 멋진 노을과 야경을 즐길 수 있다.

태평양 북서부 지역에는 캐스케이드산맥을 따라서 시애틀은 물론 포틀랜드와 밴쿠버가 포진해 있다. 레이니어산(4,394m), 후드산(3,429m), 베이커산(3,276m)은 각기 세 도시에 근접한 설산이자 랜드마크다. 따라서 세 도시가 결합된 메가리전을 케스케디아(Cascadia)로 지칭한다. 고도 평균 2,000m의 캐스케이드산맥에는 빙하와 화산 및 호수가 연출한 수려한 경관이 유명하다. 시애틀에서 캘거리로 향하는 비행기는 캐스케이드와 캐나디안로키 모두를 감상하기에 적합한 공중회랑이다.

포틀랜드는 1850년대 서부 오리건주 북서쪽 태평양 연안에 형성되었다.

1960년대 이후 제조업의 쇠퇴와 함께 도심공동화와 슬럼화가 진행되었다. 포틀랜드가 산업도시에서 생태도시로 전환을 추구한 계기는 톰 맥콜 오리건 주지사가 1966년 환경재생 공약을 내걸고 당선되면서부터다. 이후 포틀랜드와 유진을 비롯해 오리건주 도시들이 친환경 정책의제를 표방했다.

동아시아의 산업추격으로 경쟁력을 상실한 제철과 조선 등 제조업을 대신해 오리건의 미래지향적 발전전략으로 지속가능성에 주목한 것이다. 샌프란시스코와 시애틀은 물론 미국 전역에서 찾아오는 생태관광객의 부가가치 창출효과와 첨단산업 종사자의 주거선호에도 유의했다. 세상에서 가장 놀기 좋고 살고 싶은 도시를 건설해야 인재유치가 촉진된다는 발상이다.

포틀랜드시는 자율적인 도시공화국을 표방해 왔다. 포틀랜드는 1명의 시장과 4명의 커미셔너(Commissioner)가 행정과 입법을 함께 관장한다. 도시정부 조직엔 지역을 관할하는 디스트릭트(district) 외에도, 보건 · 안전 · 복지 · 경찰 · 세무 등 기능별 디스트릭트가 있다. 지역주민들과의 협력조직인 50개의 어소시에이션(association)도 작동중이다. 어소시에이션은 큰 정부조직이 접근하기 어려운 지역 다양성 사업을 수행한다. 일례로 도심공동화에 대응하려고 도시의 용도를 정하는 계획적 '조닝'을 철저히 준수했다.[5)]

시청의 준독립 기구인 포틀랜드개발청은 1958년 시민투표로 설립되었다. 도시재생 프로젝트는 15년 내외로 오랜 시간이 소요되기 때문에 4년마다 선거를 치르는 정무직의 목소리에 휘둘리지 말아야 한다는 인식을 반영했다. 유능한 간부나 전문 직원의 충원도 사업의 성패를 좌우하는 핵심 변수다. 저영향개발(LID)을 표방하면서 경제성까지 확보한 도시개발 우수사례가 2001년 완공한 경전철이다. 재생 에너지나 자전거 제조를 비롯해 신규 사업으로 이주민들에게 일자리를 제공하였다. 2010년에는 도시마케팅을 전담하는 조직이 신설되자 관련 기능을 이관했다.[6)]

포틀랜드 시장 골드 슈미츠는 1976년 재선에 성공하자 중앙정부가 지원한

5) 이일영. (2020). 전환도시의 고뇌. 경향신문. 2020.01.22.

6) 야마자키 미츠히로 저, 손예리 역. (2017). 포틀랜드, 내 삶을 바꾸는 도시혁명. 아젠다.

고속도로 예산을 전용해 경전철과 자전거도로를 건설하는 도시계획안을 추진했다. 도시개발에 환경원칙을 강화하려고 도심지의 16%를 공원으로 지정했다. 이를 계기로 포틀랜드는 친환경 생태도시의 명성을 확보하였다. 진보적 도시 샌프란시스코에서 유입된 히피문화와 대항발전 기조에 힘입어 포틀랜드는 시애틀과 마찬가지로 농산물 직거래 시장, 유기농 식품 판매점, 수공예품 시장, 음악축제 등을 활성화시켰다.

포틀랜드는 북유럽 이민자들이 건설한 백인주류 도시다. 이곳의 청정하고 광활한 자연은 북유럽과 닮아 있다. 자연친화도시를 표방해 나이키와 아디다스 같은 세계적 아웃도어 기업을 유치했다. 시민들이 많아 다니는 루터 교회는 개방적이고 자유로운 분위기를 허용한다. 게이와 보헤미안에게도 관용적이고 포용적인 도시로 알려진 것이다. 이러한 조건들은 리처드 플로리다가 지목한 창조도시의 요건과 일치한다는 점에서 예술가나 청년의 이주도 늘었다.

자동차 의존한 디트로이트와 달리 포틀랜드는 근린생활시설을 15분 내외 근거리에 배치하는 압축도시를 구현했다. 미국의 대도시에서는 출퇴근과 장보기에 상당히 많은 시간을 투자해야 하지만 포틀랜드는 도심에서 모든 것을 해결할 수 있다. 1970년대 중반 이후에 꾸준히 추진한 그린시티 성과를 인정받아 일본의 스마트도시 건설에 노하우를 수출했다. 지속가능한 사람중심의 도시 포틀랜드는 압축적이고 친환경적이며 포용적이기 때문에 창의적인 인재들이 모여들어 성장하는 도시로 각광받고 있다.

인텔을 비롯한 대기업을 유치하면서 인구가 60만 명으로 급증하고 부동산 개발이 촉진되었다. 포틀랜드는 그동안 지속가능한 도시발전의 모범사례였지만 집값 상승과 노숙자 증가와 같은 대도시의 부작용에 직면하고 있다. 도시성장과 주민행복을 조화시키는 새로운 도시계획으로 중장기 발전역량을 강화해야 한다.

3) 알래스카의 주민공동체와 마을자치

북미의 알래스카는 남미의 파타고니아와 유사한 대자연의 보고다. 하지만 초강력 지진과 송유관 사고의 위험은 물론 기후변화가 촉발한 홍수와 기온변화가 심각하다. 우리에게 알래스카는 지리적 근접성과 항공의 경유지로 친숙한 곳이다. 알뉴트 원주민과의 동질성과 한인 커뮤니티의 존재감이 우리의 방문을 독려해 왔다.

캘거리에서 출발해 환승지 밴쿠버를 이륙한 항공기는 캐나다 서부해안을 따라 북상했다. 알래스카 상공에 진입하자 웅장한 설산의 모습이 창문 너머로 보인다. 얼마 지나지 않아 하강을 시작한 항공기 아래로는 광활한 툰두라 지대가 모습을 드러냈다. 벌판 곳곳에 산재한 호수들은 빙하가 녹아 형성된 알래스카 담수의 원천이다. 앵커리지에 착륙하니 흐린 날씨로 주변의 풍광과 산세를 가늠하기 어려웠다. 8월 중순의 쌀쌀한 바람은 열대야가 계속되는 한국과 달리 춥고 스산한 분위기를 연출했다.

알래스카 여정은 동행한 아주대 기후변화 연구팀의 헌신으로 쾌적했다. 자연에서 스트레스를 해소하고 지식도 충전했다. 앵커리지 연어 포인트의 낚시체험, 고상돈의 메킨리로 알려진 6,194m 디날리산의 위용, 툰두라 보호구역에서 연어를 대신해 베리에 몰두하는 갈색곰, 발데즈 해상에서 목격한 빙하의 유빙과 고래의 유영, 산길과 평원에 포진한 수려한 전망대 등이 압도적이다.

메킨리산 등정의 전초기지인 탈키트나는 철도와 등산을 테마로 마을박물관도 운영한다. 지역특산물인 연어 햄버거, 수제 맥주, 원주민 공예품 등도 인기 품목이다. 우리 일행은 메킨리산 빙하위에 착륙하는 경비행기 투어에 참석하기 위해 마을을 방문했다. 첫날은 기상악화로 비행일정이 취소되어 K2 비행장 옆 공동묘지에 영면한 고상돈의 무덤을 참배하고 지역 공동체가 운영하는 마을박물관을 관람하는 것으로 만족했다. 다음 방문에서는 기상이 호전되어 고봉이 둘러싼 빙하위에서 호젓한 산보를 즐길 수 있었다.

알래스카는 핀란드와 마찬가지로 호수가 많다. 노르웨이처럼 빙하의 활동도 활발하다. 북극권이 시작되는 고위도에 위치한 아이슬란드도 고봉과 설산이라는 특성을 공유한다. 호수에 물이 가득한 것처럼 작은 협곡과 큰 강도 수량이 엄청나다. 지구 전체 담수의 약 70%를 차지하는 빙하에서 발원한 강이 인도와 중국의 대지를 적시는 것과 유사한 이치다. 하지만 빙하는 매년 3월 22일을 '세계 물의 날'로 지정한 유엔의 관심에도 불구하고 위기의 징후를 해소하지 못하고 있다. 기후변화로 빙하가 녹으면서 해수면 상승과 이상기후를 초래한 것이다. 우리나라도 최근에 가뭄과 홍수가 빈발하고 있어 안정적인 물 공급 역량을 강화해야 한다.

외부와의 교류가 활발하지 못한 공동체는 문화와 건강 모두에서 정체되기 마련이다. 간빙기 이후 해수면이 상승하면서 대륙 간 통로 기능을 상실한 원주민들은 남태평양 거주민처럼 문명의 발전이 지체되었다. 물론 사냥이나 어로에 의존하는 수렵채집사회의 특징인 나눔 공동체는 유지되고 있다.

6,000m급 북미 최고봉이 위치한 디날리산 일대는 국립공원과 툰드라 야생보호구역 및 주립공원으로 지정된 상태다. 산봉우리 사이로 광활하게 형성된 툰두라 벌판은 야생 동식물의 보고다. 보호구역 안으로 깊숙이 진입하려면 공원 웹사이트에서 투어를 예약한 다음에 디날리 버스 주차장에서 셔틀버스에 탑승하면 된다. 버스투어는 보통 25마일 구간을 왕복하는 데 4시간 정도가 소요된다. 물론 중간에 버스에서 내려 다양한 패스 하이킹에 나서는 사람들도 많다.

국립공원 당국이 운영하는 버스를 타고 비포장도로를 서행하다 보면 이곳의 빅5에 해당하는 곰, 무스, 산양, 늑대, 여우를 만나게 된다. 툰두라 보호구역에서 운영하는 버스 투어는 아프리카의 빅5를 만나는 사파리 투어에 필적할 만큼 흥미롭다. 다만 야생의 보존과 관람객 안전을 위한 당국의 규제로 근거리 대면은 제한적이다.

알래스카 고원지대에는 숲에서 초원, 초원에서 돌산으로 바뀌는 초목경계선이 위치한다. 추운 날씨와 척박한 토양으로 인해 가문비나무와 자작나무가 주종을 이루지만 이마저도 수십 년을 넘기지 못하고 고사목이 되는 경우가 많다.

필자는 버스에서 10여 m 떨어진 곳에서 겨울 동면기를 앞두고 갈색곰 세 마리가 초목으로 주린 배를 채우는 장면을 목격했다. 곰이 연어를 충분히 먹지 못해서 겨울 나기가 힘들어지고 있다. 저지대 해안가에서 모기 퇴치제 스프레이가 필요한 반면에 고지대 하이킹은 곰 퇴치용 스프레이를 준비해야 한다. 나는 버스 회차 지점에서 보호구역 관리 직원이 설치한 망원경으로 먼산에서 고고한 자태를 뽐내는 산양도 관찰했다.

알래스카 내륙에 위치한 디날리 국립공원과 보호구역은 광활한 자연과 야생의 경이를 느끼기에 적합한 곳이다. 우리의 설악산과 지리산처럼 산봉우리의 파노라마가 연출되는 거대한 산군으로 이루어져 있다. 눈이 쌓이는 9월부터는 개썰매나 스노모빌로 접근해야 한다. 8월에는 블루베리를 수확하는 체험도 가능하다.

발데즈 항구는 캘리포니아에서 북상한 스페인 세력이 개척한 항구다. 러시아 사냥군들은 모피를 얻기 위해 알류산열도를 따라 알래스카를 개척했다. 뒤이어 캐나다 북서부를 개척한 영국인들은 러시아의 남하를 견제하였다. 크림반도에서 영국의 위세에 밀린 러시아는 형세의 불리함을 깨닫고 알래스카를 미국에 매각했다. 소유권은 미국으로 넘어갔지만 지금도 알래스카에는 정교회를 믿는 러시아의 후예들이 거주하고 있다. 보트나 경비행기를 활용한 사냥은 알래스카의 주민들의 직업이자 레저다. 발데즈 해상에서는 고래가 수면에서 일자로 잠자다 선박과 충돌하는 사고도 자주 발생한다.

하지만 이번에 내가 감당한 시간과 비용은 중남미 이민자를 차단하는 텍사스 장벽처럼 느껴졌다. 시애틀을 경유한 귀국길에 15시간이 걸렸지만 직항은 절반이면 충분하다. 강달러와 신냉전이 비용을 인상시켰다. 엔저로 홋카이도에 여행객이 몰리자 성수기에 운행하던 전세기가 사라졌다. 우크라이나 전쟁의 여파로 러시아 상공을 통과하던 여객기들은 냉전의 유산인 알류산열도를 따라서 운항중이다.

나는 자동차 번호판에 기재된 주의 별칭인 '미국의 최전방'을 절감했다. 페어뱅크스 인근 아일슨 공군기지에 도열한 스텔스 전투기와 해상 초계기의 위용도 목격했다. 러시아에 근접한 알류산의 공군기지는 쿠바미사일위기와 대한항공 수난사를 연상시킨다. 양측의 긴장이 고조되면 고래싸움에 새우등 터지듯 돌발사태가 발생할 것이다.

그렇다면 신냉전 메가트랜드를 막아낼 우리의 사명과 전략은 무엇인가? 우선 국제사회와 공조해 우크라이나 전쟁의 종결에 힘을 보태야 한다. 동유럽의 분쟁이 북한의 러시아 무기지원을 비롯해 동아시아의 긴장을 고조시켰기 때문이다.

유럽행과 마찬가지로 전쟁으로 조정한 항공노선도 정상화시켜야 한다. 앵커리지 공항에서 목격한 대한항공 화물기처럼 새로운 수요도 늘려야 한다. 직항을 부활시켜 사업기회와 환승수요도 자극해야 한다. 동절기에는 허스키 개썰매로 툰두라 보호구역에 진입하거나 캐나다 옐로나이프에 필적하는 알래스카 페어뱅크스의 오로라 관측도 알려야 한다. 우리가 한국형 리조트를 건설해 체류비용을 줄이면 패키지 관광도 늘어날 것이다.

중장기적으로 북극항로 시대의 개막을 대비해 베링해 개발을 선도해야 한다. 갈등당사자인 미·러나 쿠릴열도 영토분쟁에 휘말린 일본보다 우리가 유리한 입장이다. 한국의 자본과 북한의 인력을 결합해 사할린과 캄차카를 밴쿠버와 알래스카처럼 만들어야 한다. 새로운 거점이 마련되면 캄차카와 알류산을 경유하는 쿠루즈 노선도 개설될 것이다. 홋카이도를 능가하는 캄차카가 대체재로 부상하면 넘사벽 알래스카 장벽도 무너질 것이다.

2. 미국의 권역별 도시경쟁력 비교

1) 미국동부의 첨단산업과 역사유산 경쟁력

미국 동부는 백인 신교도들이 신앙의 자유를 찾아 건설한 기회의 땅이다. 1620년 메이플라워호에서 시작해 뉴욕 앨리스섬 이민국이 폐쇄된 1954년까지 유럽발 백인 이민자들이 대거 입국했다. 노예선을 타고 남부 농장지대로 팔린 아프리카계나 서부의 항구나 공항을 이용한 후발주자 아시아계 이민자들과 구별된다. 물론 이민자들은 인종과 문화의 용광로 미국에서 새로운 정체성을 확립했다는 공통점을 지닌다. 이들의 역량에 힘입어 대학도시 보스턴과 무역도시 뉴욕이 부상했다.

스위스와 유사한 직접민주주의 방식의 주민자치 기제인 타운미팅 전통을 계승한 미국의 뉴잉글랜드 지역은 17세기에 영국의 신교도가 개척한 초기 식민지 주들이다. 매사추세츠, 로드아일랜드, 코네티컷, 뉴햄프셔, 버몬트 등 6개 주의 마을에서는 직접 민주주의 형태의 주민회의를 운영한다. 1620년 메이플라워호를 타고 플리머스 항구에 입항한 개척자들은 버지니아에 건설된 제임스타운과 마찬가지로 뉴잉글랜드 지역에 주민자치를 확립했다. 모든 지방자치단체가 대의제 기반의 기관대립형 지방자치 방식을 채택하고 있는 한국의 획일적 행정전통과는 구별된다.[7)]

중남미는 이베리아의 영향으로 구교가 지배적이지만 북미는 영국과 서유럽의 영향으로 신교가 지배적이다. 뉴잉글랜드 지역에서는 영국식 주민자치인 타운미팅이 남아 있다. 물론 북미에도 아일랜드나 남유럽 이민자들은 가톨릭을 믿는다. 하지만 미국 대통령들이 참여하는 공식적 종교행사는 신교 교회에서 이루어진다. 역대 미국 대통령 45명을 종교별로 나누면, 가장 많은 11명이 성공회이고 장로교·감리교·침례교 등이 많다.[8)]

미국 성공회는 신자 150만 명 정도로 교세가 약화되었다. 하지만 대통령 취임 기도회는 전통에 따라 성공회 국립 대성당에서 열린다. 트럼프는 2기를 시작하는 취임기도회에서 성공회 주교가 성소수자와 이민자에 대한 포용을 요청하자 좌파적 언사라고 매도했다. 반면에 장로교 중심의 한국 기독교는 보수 편향성을 표출해 왔다. 상대적으로 진보적인 북유럽 계통의 감리교는 미국서부에 많이 정착한 것으로 알려져 있다.

신대륙인 미국 도시가 급성장한 비결은 19세기에 아일랜드와 이탈리아를 비롯해 유럽 각국의 이민으로 노동력을 확보했기 때문이다. 북동부 제조업 도시들은 19세기부터 20세기 중반까지 미국 경제를 견인했다. 석탄, 철광석 등 풍부한 천연자원과 강을 이용한 교통 및 안정적 전력망이 제조업 발전의 토대였다. 19세기 후반 산업혁명을 시작해 20세기 초반 미국을 세계의 공장으로 도약시킨 제조업 도시는 피츠버그의 철강과 로체스터의 광학을 비롯해 버펄로, 클리블랜드 등이 유명하다. 볼티모어의 경우 공장 노동자로 취업한 흑인 주거지대가 폭넓게 형성되어 있다.

---

7) 김영기. (2014). 뉴잉글랜드 타운 정부론. 대영문화사. p.60.

8) 조선일보. 2025.01.25.

19세기 미국 동부의 제조업 도시 뉴욕과 보스턴에는 아이리쉬와 마피아의 흔적이 남아 있다. 후발주자인 차이나타운과 코리아타운도 유사사례다. 20세기에 세계대전으로 유럽이 혼란해지자 인재유입(Brain Gain)도 본격화되었다. 독일에서 태어난 물리학자 아인슈타인 박사는 1933년에 미국으로 건너가 뉴저지에 안착했다. 1973년 모스크바에서 태어난 세르게이 브린은 6살에 미국으로 건너갔고 만물의 신(神)인 구글을 창업했다. 1980년대를 전후해 중국계와 인도계 유학생도 실리콘밸리의 도약에 일조했다. 엔비디아의 젠슨 황과 구글의 순다르 피차이 최고경영자(CEO)가 대표적인 인물이다.

1970년대 이후 미국 동부에서 생산비용이 저렴한 동아시아나 선벨트로 떠나는 기업이 늘었다. 1950년대 180만 명에 달했던 디트로이트의 인구는 자동차 산업이 쇠퇴하면서 68만 명으로 줄었다. 지방자치단체의 세수와 투자가 감소한 반면에 범죄율은 치솟았다. 테네시주 스탠턴시는 포드자동차의 전기차 제조시설을 유치했다. 테슬라는 2021년 본사를 캘리포니아주에서 텍사스주로 이전하고, 오스틴 인근에 새 기가팩토리를 완공했다. 스탠턴과 오스틴 모두 기업에 파격적인 세제 혜택을 주고, 일자리 창출에 대한 지역 주민들의 열망이 높은 편이다. 디트로이트에 비해 노동조합의 영향력이 상대적으로 작아 생산비용을 낮출 수 있는 유연성과 경쟁력을 갖췄다. 삼성전자의 반도체 공장은 텍사스주 오스틴에, 현대차의 전기차 공장은 조지아주와 앨라바마주에 들어섰다.

미국을 대표하는 산업도시 뉴욕의 성공적 변신은 동부의 부활을 이끌고 있다. 피츠버그는 철강산업 중심지에서 의료 및 기술산업 중심지로 전환했다. 인구가 급락한 디트로이트는 도시재생 프로젝트를 통해 활력을 보충하였다. 고급 인적자원을 소유한 보스턴은 첨단산업 클러스터를 육성했다. 보스턴 바이오 클러스터는 매사추세츠공대(MIT)와 하버드대 같은 지역 소재 명문대를 중심으로 연구소와 병원, 글로벌 제약·바이오기업, 벤처기업, 스타트업 육성 기관뿐 아니라 벤처캐피털, 법률·회계 등 지원 기업이 밀집해 있다. 이곳에서 성장한 제약사 모더나는 클러스터가 축적한 데이터 분석을 토대로 10년이 걸릴 메신저 리보핵산(mRNA) 기술 기반 코로나19 백신 개발을 1년 만에 해내며 세계적 인지도를 확보했다.

에드워드 글레이저 교수는 〈도시의 승리〉라는 책에서 교육, 기술, 아이디어, 인재, 기업가정신과 같은 인적자본을 끌어들이고 이들이 협업하게 하는 힘이 도시와 국가의 번영은 물론 인간의 행복을 좌우한다고 보았다. 인도 벵갈루루와 미국의 실리콘밸리처럼 도시의 인접성·친밀성·혼잡성은 인재와 기술, 아이디어와 같은 인적자원을 한곳에 끌어들임으로써 도시를 혁신의 중심지로 만들었다. 반면에 과잉규제나 보존정책은 도시개발을 막고 무분별한 교외화 현상을 심화시킬 수 있다. 인도의 허브 뭄바이는 토지이용을 규제함으로써 과도하게 높은 주택가격, 스프롤 현상, 슬럼가, 부패 등의 문제를 일으켰다. 반면에 중국 상하이는 뭄바이보다 경제성장 열기가 뜨겁지만 유연한 주택공급정책으로 지금도 해외기업이 몰리고 있다.

미국 대도시에서 목격되는 스프롤(Sprawl)은 도시 외곽이 무계획적이고 확산되는 현상이다. 스프롤의 치명적 문제점은 저밀도 개발로 인해 토지사용의 비효율성을 초래한다는 점이다. 주택지나 상업 지역이 넓은 면적을 점유하면서 수도, 전기, 도로 등 인프라의 비효율과 에너지 과소비를 초래한다. 생태계는 물론 농지와 녹지도 잠식한다. 면적이 넓은 미국과 캐나다와 달리 유럽이나 아시아에서는 스프롤이 심각한 위협이다.

뉴욕은 미국에서 독보적인 대중교통 친화도시이자 압축도시의 구현사례다. 하지만 20세기 중반 제조업체가 값싼 노동력을 찾아 해외로 이전하면서 일자리가 줄었다. 1950년대부터 중산층 백인들이 교외로 이주하며 도심지가 쇠퇴하였다. 도심지에서는 실업과 빈곤이 심화되었고, 흑인과 히스패닉 커뮤니티가 인종차별과 열악한 주거환경에 직면했다. 하지만 지속적인 도시혁신 노력으로 경쟁력을 회복하였다.

2) 미국남부의 낙후지대 부흥전략

미국은 1800년 독립운동의 중심지 역할을 수행한 필라델피아 임시수도에서 워싱턴 DC로 천도했다. 독일, 스위스, 캐나다 등 지역 간 균형을 중시하는 연방국가의 수도처럼 남부와 북부의 경계선에 독립행정구역을 설정한 것이다. 화합의 상징인 연방의 수도와 접한 버지니아부터 남부가 시작된다. 서편에 위치한 애팔래치아 산맥을 넘으면 중부가 펼쳐진다. 서부나 대양주의 주는 뒤늦게 연방에 가입했다.

1776년 독립을 전후해 미국이 설정한 최우선 발전목표는 북미의 동부 연안에 편중된 13개의 오리지널 식민지를 넘어서는 일이었다. 1803년 프랑스로부터 남부 루이지애나와 중부 미시시피강을 매입하고 19세기 중반에는 스페인이 개척한 플로리다와 텍사스까지 편입시켰다. 남북전쟁 이후 산업화가 촉진되고 철로가 확장되자 미국은 자본주의와 민주주의가 상승작용한 근대화 효과를 누렸다.

미국 남부는 민권운동이 확산된 1960년대에도 유색인종에 대한 차별이 남아 있었다. 영화 〈바람과 함께 사라지다〉의 스토리처럼 노예를 활용한 플랜테이션 농업을 고수하려고 남북전쟁까지 불사했다. 이러한 선택으로 남부는 오랫동안 저발전의 악순환에 시달렸다.

인종차별을 다룬 영화 〈그린북〉도 1960년대 초를 배경으로 한다. 당시 미국은 스푸트니크와 가가린의 우주탐사에 자극받아 소련과의 체제경쟁을 강화하는 한편 가난과의 전쟁에도 착수했다. 하지만 킹 목사의 연설로 유명한 워싱턴 행진(1963), 백인 전용석에 대항한 미시시피 자유여름(1964), 참정권 운동을 촉진한 셀마행진(1965) 등에도 철옹성은 견고했다.

뉴욕시 북쪽 브롱스에 거주하며 클럽의 해결사로 살아온 근육질의 참전용사 발레롱가와 카네기홀에 거주하며 교양이 넘치는 셜리 박사는 피부색과 행동이 정반대다. 하지만 유색인종을 위한 남부여행 정보지 그린북을 활용해 남부 투어를 진행하면서 공감대를 형성한다.

피아노 트리오의 공연은 켄터키, 노스캐롤라이나, 테네시, 아칸소, 앨라바마 등으로 이어졌다. 남부로 향하는 길목에 위치한 동부 켄터키는 말과 닭을 활용한 프랜차이즈의 성공사례다. 켄터키 더비와 KFC라는 향토브랜드처럼 경북 영천이 경마의 적지로 판명되면 별빛촌 상표의 인지도가 향상될 것이다. 미국을 대표하는 위스키는 버번이다. 옥수수를 주재료로 증류해 그을린 오크통으로 숙성한 버번의 원조도 켄터키다. 미국 독립전쟁 당시 프랑스의 지원에 대한 감사표시로 1870년경 부르봉의 어원을 차용해 작명했다고 한다.

노스캐롤라이나 주도 랄리 공연을 주선한 지역 토호는 환영 만찬에서 흑인 가정부가 추천했다는 치킨을 메인 요리로 제공해 셜리를 당혹케 한다. 이곳은 남북전쟁의 격전지답게 시내 양복점은 유색인종의 피팅 룸 사용을 거부하고 셜리의 동성애 현장을 경찰이 구타하며 단속할 정도로 억압적이다.

당시만 해도 노스캐롤라이나는 인재가 유출되는 전형적 낙후지대였다. 하지만 1980년대 이후 리서치트라이앵글파크라는 혁신클러스터가 부상하면서 경쟁력이 급상승했다. 산업구조 고도화의 성패는 우수한 인재가 좌우한다. 미국의 고등교육은 주립대학과 커뮤니티 칼리지가 분담해 왔다. 여기에 명문사립 듀크가 인근 대학과 연합해 리서치트라이앵글파크를 선도했다. 이는 지방정부–기업–대학의 공조를 요구하는 글로컬대학30 정책의 원형이다.

보수적 농장벨트의 중심지 애틀랜타는 대구처럼 방직산업으로 성장했다. 인종차별이 극심했던 이곳의 관문공항은 지금도 유색인종이 드물다. 영화 〈드라이빙 미스 데이지〉의 고집센 할머니가 조지아 주도인 메이컨 출신 흑인 운전기사와 공감하고 킹 목사의 연설에 귀를 기울일 무렵에 변화가 시작되었다. 1996년 올림픽을 전후해 개발 특수도 누렸다. LA와 뉴욕에서 이주한 한인들이 코리아타운을 건설하고 현대기아차도 조지아와 앨라바마를 선택했다. 하지만 뉴욕으로 옮겨간 CNN 사례는 치열해지는 글로컬 경쟁의 단면이다.

1870년부터 100년 동안 미국 제조업의 부흥을 선도한 동북부 러스트벨트의 침체는 20세기 중반 이후 플로리다, 텍사스, 애리조나, 캘리포니아 등 선벨트(Sun Belt)의 부상을 촉진하는 계기로 작용했다. 1960년대 이후 북동부 제조업체들은 높은 세금과 고비용 구조를 탈피하기 위해 선벨트 지역으로 이전했다. 선벨트 지역의 따뜻한 기후와 저렴한 생활비도 은퇴자나 소상공인들의 인기를 끌었다. 더불어 선벨트 지역에는 중요한 군사기지가 많아 연방정부의 지원을 유치해 지역의 활성화를 도모하였다.

미국 500대 기업의 본사는 주로 북동부의 러스트 벨트와 중서부 대도시에 위치했지만 점차 외곽이나 남부 선벨트 지역으로 이주하였다. 텍사스주에 있는 댈러스-알링턴-포트워스는 뉴욕 남부나 북부권과 마찬가지로 연담도시의 구현사례다. 애틀랜타와 더불어 미국 남부권 도시의 고속성장을 대표하는 사례라 할 수 있다.

자본 세계화에 친숙한 미국의 산업지도는 남북전쟁을 전후해 정립되었다. 남부의 농업과 동부의 공업에 부가해 후발주자인 서부의 서비스업이 삼각 축을 형성하였다. 하지만 오랫동안 지속된 지역 간의 분할구도는 플로리다를 비롯해 조지아, 텍사스 등 남부지역이 비상하면서 변화를 보이고 있다. 즉, 동부와 서부에 집중된 고부가가치 산업기반이 남부로 이동한 것이다. 동부의 자동차 산업기반이 남부로 이동했을 뿐만 아니라 서부의 전유물이었던 서비스업도 남부에서 강화되고 있다.

선벨트의 대표 도시는 애리조나(피닉스), 텍사스(댈러스, 오스틴, 휴스턴), 플로리다(마이애미, 올랜도), 캘리포니아(샌디에이고, 샌프란시스코) 등이다. 텍사스와 애리조나는 실리콘밸리의 후광효과로 정보통신기술 산업의 중심지로 발전했다. 오스틴도 실리콘밸리에 필적하는 테크 중심지로 부상하였다. 댈러스와 휴스턴은 에너지 산업, 금융, 무역의 중심지로 자리매김하면서 경제발전을 이끌었다. 하지만 텍사스 도시에는 과거 카우보이 시대의 유산인 로데오 축제가 문화유산으로 생명력을 유지하고 있다.

19세기 초반까지 텍사스는 멕시코 영토였다. 하지만 일교차가 심하고 코만치의 위협으로 멕시코 본토의 이주민들은 적었다. 미국계 이주민들이 늘어나면서 1835년 텍사스 독립전쟁을 시작했고 1836년 텍사스 공화국까지 발족시켰다. 이후 알라모와 골리아드 전투에서 텍사스 반란군은 멕시코 정부군에 진압당했다. 하지만 산타 안나 멕시코 대통령의 강경진압이 미국과 유럽을 반발을 초래했다. 수세에 몰렸던 텍사스 반란군은 지도자 휴스턴과 오스틴의 리더십과 미국의 후원으로 1836년 독립에 성공했다. 이후 노예허용 문제에 발목이 잡혀 미국 편입이 지연되다가 1845년 28번째 주가 되었다. 이후 스페인과 멕시코가 개척한 캘리포니아도 미국의 수중으로 넘어갔다.

텍사스 스타일의 정수는 공화국 깃발이 나부끼고 멕시코 음악을 즐기면서 바비큐를 체험하는 것이다. 미국 4위 도시로 부상한 휴스턴은 밀도가 낮아 황량한 느낌이지만 목축, 항만, 석유, 우주, 의료를 앞세워 도약했다. 멕시코와 인접한 샌안토니오의 명소 리버워크는 청계천이 벤치마킹할 정도로 수변도시 브랜드로 유명하다. 알라모를 비롯해 멕시코에 항전한 개척민들의 요새를 순회하는 미션 트레일도 관광객을 모으고 있다. 댈러스는 세제와 규제 수단으로 한인들의 이주와 투자를 유치하고 예술과 건축까지 장착해 고속성장을 달성하였다. 주도 오스틴은 행정과 교육 및 예술에 특화한 안정적 발전을 추구해 왔다.

플로리다는 캐리비안해 섬나라는 물론 중남미 이민자들의 진출이 활발한 곳이다. 반도의 남부에 위치한 휴양도시 마이애미와 키웨스트는 물론 놀이동산과 은퇴자의 천국인 올랜도와 사라고사는 지리적 고립을 기후 마케팅으로 극복한 지역개발 사례다. 반면에 무리한 관광 투자로 파산한 홋카이도 유바리는 반면교사 대상이다. 한적한 북부의 주도 탈라하시에 행정과 교육을 배치한 균형발전 정책도 교훈을 제공한다.

뉴올리언스는 미시시피강과 5대호를 경유해 퀘벡까지 이어진 프랑스의 식민지 거점이었다. 증기선이 다니던 루트는 멤피스의 블루스, 내슈빌의 컨트리, 클리블랜드의 로큰놀 등 대중음악의 성지로 부상했다. 항만으로 번성했던 뉴올리언스는 항공시대를 맞이해 퇴조했다. 게다가 카트리나 이후에는 재난도시로 각인되며 도심지와 놀이동산의 슬럼화가 촉진되었다. 이에 화려한 유흥과 이색적 건물로 유명한 프렌치 쿼터를 배경으로 문화와 축제를 기획하는 도시재창조에 부심하고 있다.

초강대국 미국도 글로컬이 촉발한 위협에 유의하고 있다. 일자리를 늘리기 위해 자국 해외공장의 리쇼어링과 수입국가의 기업유치를 병행한다. 연방정부는 미국에서 생산된 부품을 사용하고 현지에서 조립해야만 보조금 혜택을 부여하기 시작했다. 주정부도 전략적 육성산업을 활용한 특화발전에 매진하고 있다. 카운티나 도시정부도 환경과 역량을 고려한 중장기 발전목표를 적극적으로 관리하고 있다.

3) 미국중부의 지역정체성과 특화발전전략

미국중부는 최고의 농업경쟁력을 확보한 곳이다. 광활한 옥수수밭과 카우보이가 중부의 상징이다. 영화 〈파 앤드 어웨이〉에 나오는 오클라호마 땅따먹기 경주처럼 19세기 중반 이민자를 투입한 개척으로 경제적 성과를 창출했다. 하지만 20세기 바다를 활용한 무역의 혜택과 멀어지면서 쇠퇴하였다. 다만 오대호와 운하를 활용해 제조업과 서비스업을 육성한 일리노이주 시카고와 미시간주 디트로이트가 대도시 권역이다.

미국중부의 대표 도시는 시카고다. 오대호와 미국동부를 연결하는 교통허브를 앞세워 도시화가 촉진되었다. 1848년 개통한 일리노이 미시간 운하와 철도망 확장은 시카고를 물류의 중심지로 만들었다. 중서부 개척이 촉진되면서 곡물거래와 육류가공업이 번성했다. 1893년 세계박람회는 신흥도시 시카고를 현대적인 제조업 도시로 변화시켰다. 파크와 버제스가 주도한 동심원이론도 시카코의 현실을 토대로 탄생했다.

시카고강 역류사업(Chicago River Reversal Project)은 19세기 말부터 20세기 초까지 이루어진 대규모 토목공사로 시카고강의 흐름을 미시간호에서 미시시피강 방향으로 역류시키는 것이었다. 이 프로젝트는 도시화와 공업화가 촉발한 위생문제와 물 부족 문제를 해결하기 위해 고안되었다. 당시 세계 최대 규모의 인공운하 프로젝트로 토목공학의 새로운 가능성을 보여주었다. 하지만 오염된 하수의 영향권인 미시시피강 중하류에 위치한 도시의 반발을 초래하기도 했다.

20세기 초반 시카고의 주력산업인 철강과 기계는 지역경제를 견인했다. 유럽과 미국남부의 이민자들이 유입되면서 도시문화도 풍부해졌다. 프랑스 식민지 시절에 군항으로 번성한 뉴올리안즈의 재즈음악도 루이암스트롱을 따라 시카고로 북상했다. 당시 쇠락하는 도시의 전형인 뉴올리안즈는 인구감소에도 불구하고 막대한 인프라 예산을 투입했지만 도심지 공원에서 배회하는 저소득층 인력개발에는 둔감했다. 마찬가지로 전성기가 지난 20세기 후반의 시카고도 인력개발이나 두뇌유입에 미진하다는 평가를 받고 있다.

시카고 로건 스퀘어(Logan Square) 지역은 세계적으로 유명한 문화허브로 부상했다. 이 지역은 밀워키 애비뉴를 따라 활기찬 비즈니스 지구와 로건 블러바드 국립역사지구를 포함하고 있다. 이곳에서는 도시개발과 커뮤니티 활성화를 위해 다양한 혁신프로젝트를 추진했다. 우선 밀워키 애비뉴 재설계 프로젝트는 교통체계를 개선해 보행자와 자전거 이용자를 보호하고 공공녹지를 확대했다. 또한 로건 스퀘어 오픈 스페이스 플랜은 지역의 공원 등 공공공간의 양과 질을 향상시키는 청사진을 제시했다. 더불어 공정한 교통 지향 개발(ETOD)의 실행계획은 대중교통 접근성이 높은 지역의 주거와 상업개발이 기존 주민들을 배제하지 않도록 노력하였다.

뉴욕과 LA를 비롯한 경쟁도시들이 금융, 기술, 문화 등 신성장동력을 창출했지만 시카고는 산업쇠퇴 이후 재도약의 계기를 마련하는 일에 애로를 경험했다. 물론 시카고는 여전히 미국에서 중요한 문화와 경제적 허브로 남아 있다. 하지만 과거의 영광을 완전히 회복하려면 구조적 재편과 지속적인 투자가 필요하다. 미래의 영광을 쟁취하려면 빈부격차와 인종갈등을 해결하고 스타트업과 기술혁신으로 기회를 모색해야 한다.

미국 제조업은 헨리 포드의 컨베이어 벨트 시스템에 힘입어 대량생산체제를 구축했다. 하지만 제조업 도시에서 서비스업 도시로 전환이 시작된 과도기인 1970~80년대 극심한 침체를 경험했다. 디트로이트를 비롯해 러스트벨트(Rust Belt) 지역은 운송비용이 하락하고 노동비용이 저렴한 동아시아에 밀리면서 자동차, 철강, 조선, 전자 등 제조업 기반이 약화되었다. 제조업 붕괴로 버려진 공장과 주택이 늘어나면서 환경오염과 범죄증가의 악순환을 경험했다.

디트로이트가 19세기 초에 시도한 우즈워드(Woodward) 도시계획은 대형화재로 도시가 파괴된 이후에 시작되었다. 주요한 특징은 파리와 워싱턴 D.C.를 차용한 방사형 도로 시스템, 공공 광장과 교차로, 격자형 시스템의 가미, 미관과 기능성을 동시에 고려한 유럽식 설계 등을 추구했다. 우즈워드의 계획은 혁신적이었지만 현실적 제약으로 인해 완벽히 실현되지는 못했다. 산업화로 도시가 팽창하면서 방사형 구조보다 격자형 구조가 주를 이루게 되었다.

테네시주와 위스콘신주는 옥수수와 보리라는 지역의 농산물을 활용해 주류산업이 발전한 곳이다. 테네시주 린치버그는 켄터키 버번과 유사하게 제조되는 위스키의 브랜드인 잭 다니엘 증류소로 유명하다. 스코틀랜드와 마찬가지로 린치버그의 깨끗한 물이 위스키의 맛을 배가시켰다고 한다. 이곳에서는 증류소 투어를 통해 잭 다니엘의 역사와 제조 과정을 직접 체험할 수 있다. 위스콘신주 밀워키는 맥주의 도시로 유명하다. 밀원키 브루어스라는 프로야구단을 운영할 정도다. 특히 밀러(Miller)는 밀워키의 상징적인 맥주 브랜드로 부상한 상태다. 밀워키에는 수제맥주 페스티벌이나 브루어리 투어와 같은 행사들이 매년 열리고 있다.

스코틀랜드산 위스키는 보리나 호밀로 만들고 멕시코의 테킬라는 푸른 용설란이 주재료다. 켄터키의 높은 기온으로 인해 아무리 고급 버번도 숙성 연수가 10년을 넘기기 어렵다는 점에 착안해 고위도 지역의 스카치 위스키는 저온숙성 방식을 활용한다는 고품질 마케팅을 구사했다. 칵테일처럼 폭탄주와 하이볼이 유행하는 한일에서는 위스키 숙성연한이 중요 변수는 아니다. 와인을 증류한 꼬냑은 물론 저렴한 가격대의 증류주인 보드카나 진도 고알콜 주류다. 동양에서는 중국의 고량주와 한일의 소주가 증류주를 대표한다.

사우스다코다주 래피드시티는 시민의 아이디어를 채택해 도심 곳곳에 미국 대통령 동상을 설치했다. 20세기 초 블랙힐스 러시모어산 화강암 절벽에 조지 워싱턴, 토마스 재퍼슨, 아브라함 링컨, 시어도어 루스벨트 등 대통령 4명의 얼굴을 조각해 300만 명이 찾는 명소를 창출한 일을 배후도시가 강화한 것이다. 또한 인근의 연계관광지인 커스터주립공원도 야생들소 바이슨 몰이를 테마로 관광객을 끌어 모으고 있다.

중부에서 서부로 향하는 길목에도 몰몬교의 성지 솔트레이크시티를 비롯해 다양한 명소들이 위치한다. 콜로라도 덴버는 로키의 영향으로 고원도시로 알려진 곳이다. 마일시티의 높은 고도에 적응하려면 한동안 코피 정도는 감수해야 한다. 오클라호마에서 시작하는 66번 국도는 한적한 낭만도로로 알려진 곳이다. 시카고에서 시작해 뉴올리언스까지 중부를 종단하는 미시시피 강변에는 로큰롤 음악의 성지 멤피스와 컨트리 뮤직이 융성한 내슈빌을 비롯해 유명한 음악도시가 포진해 있다.

4) 미국서부의 혁신도시 경쟁력 비교

기업과 대학은 물론 도시의 경쟁력은 국가경쟁력을 좌우하는 핵심적 요소다. 미국 서부를 대표하는 도시들도 개척시대 이후 혁신적인 재창조로 비상했다. 미국을 대표하는 테크기업인 마이크로소프트, 애플, 엔비디아, 아마존, 페이스북, 테슬라, 구글 등도 서부에 포진해 있다. 세계 30위권 대학에 포함된 스탠퍼드(3), 칼텍(6), UC버클리(8), UCLA(21), 워싱턴대(26) 등도 서부가 구비한 역동성의 원천이다.

미국서부의 개척을 선도한 도시 샌프란시스코는 1776년 미국 독립을 전후해 형성되기 시작하였다. 1849년 캘리포니아 골드러시(Gold Rush)로 미국서부에서 가장 큰 도시로 부상했다. 1906년 샌프란시스코 지진과 화재로 도시의 4분의 3이 파괴되고 3,000명이 희생되었다. 하지만 신속한 재건 노력의 결과 1915년 파나마·태평양 국제박람회를 성공리에 개최했다.

샌프란시스코는 서부를 대표하는 금융의 중심지라는 도시경쟁력에 힘입어 1929년 대공황에도 은행들이 파산하지 않았다. 대공황의 절정기에 베이브리지와 금문교의 건설에 착수해 각기 1936년과 1937년에 완공했다. 제2차 세계대전에는 태평양 전장에 배치되는 군인을 수송하는 거점 항구로 부상했다. 하지만 전쟁이 끝나자 히피스타일 자유주의 운동의 중심지로 각인되면서 도심이 쇠퇴하였다. 에이즈와 마약이 도시의 이미지를 훼손한 것이다.

지난 30년 이상 민주당이 장기집권하면서 샌프란시스코 시의회의 정책이 편향적이라는 비판도 있다. 인권을 이유로 경찰을 약화시키고, 도시재개발을 제한해 부동산 가격을 폭등시켰다는 주장이다. 도시재개발보다 도시재생을 선호하는 진보성향의 비영리단체에 예산을 몰아주었다는 문제제기도 있다. 이에 보수적인 아시아계 주민과 테크기업 종사자를 중심으로 같은 민주당이라도 극좌파를 회피하거나 주민투표로 공직자를 몰아내려는 시도가 포착되었다.

20세기 중반 이후 급성장한 IT 기업의 수도 실리콘밸리를 포함해 샌프란시스코 베이 에어리어 광역권은 860만 명으로 미국 5위의 경제권으로 부상했다. 이러한 도시성장의 동인은 편리한 교통과 탁월한 경관 및 온화한 기후가 크게 작용했다. 도심지 쇠퇴에 대응해 내부의 재개발 노력과 병행하여 외곽인 나파밸리 인근에 민간주도로 신도시를 건설하려는 움직임도 이루어지고 있다.

캘리포니아의 소도시 콜마는 죽은 사람들을 위한 무덤, 기념비, 묘비 등이 밀집한 곳이다. 콜마는 죽은 사람과 산 사람의 비율이 1,000 대 1이다. 샌프란시스코에 서남쪽으로 16㎞ 정도 떨어진 이 지역은 녹색 구릉지와 깔끔하게 손질된 울타리가 있는 전통적 공원처럼 보이지만 진정한 망자의 도시다. 이 마을에는 150만 명이 넘는 고인의 유해가 봉안되어 있다. 반면 살아 있는 주민들 숫자는 2,000명 수준이다.

다양성의 도시 로스엔젤레스는 미국 남서부를 대표한다. 18세기 후반 스페인과 멕시코가 건설한 도시를 1848년 미국 정부가 매입해 1850년 미국의 13번째 주로 재편했다. 작은 촌락이던 LA는 초창기에 항구도시로 부상했고, 1848년 시에라네바다 산맥에서 금광이 발견되면서 골드러시로 번성했다. 분지 지형이라 1940년대부터 자동차 배기가스가 유발한 스모그에 시달렸다. 1960년대 후반 이민법이 개정되면서 한국인 이민이 늘어났다. 1,800만에 달하는 그레이트 로스엔젤레스(Great Los Angeles) 광역권은 오늘날 뉴욕 광역권에 필적하는 메가시티다.

샌디에이고는 현대적인 도시의 느낌과 더불어 자연의 아름다움이 어우러진 아웃도어 도시다. 지역경제의 동력은 4만 5천 명이 운집한 샌디에이고 주립대, 정보통신 대기업인 퀄컴, 해군관련 군사기지다. 하지만 캘리포니아의 경쟁도시에 비해 인지도가 낮기 때문에 도시마케팅에 주력해 왔다. 홍보의 테마는 '모두의 놀이터'다. 스포츠 광은 야구와 서핑, 골프, 럭비를 즐길 수 있고, 휴식이 우선인 사람은 해변에서 요가와 명상, 걷기 등이 가능하다. US미드웨이 뮤지엄에는 해군관련 전시를 접할 수 있다. 코커 관광청장은 관광산업 회복정책으로 일자리 200만 개를 창출하는 리더십을 발휘해 호평을 받았다.[9]

피닉스는 고원 휴양지라는 강점을 앞세워 애리조나주립대학을 육성했다. 애

9) 동아일보. 2024.03.26.

리조나주립대학 마이클 크로우 총장은 우버기사 맞춤형 사이버 강의 등의 혁신으로 8만 명 규모의 대학을 창출했다. 혁신도시 기반 주립대학 육성사례다. 애리조나 주도 피닉스는 동부나 남부 및 유럽에서 여행자들에게 서부일주의 시작점으로 인식되고 있다.

서부개척의 정점은 라스베가스 건설이다. 사막과 협곡에 도시를 건설하는 구상은 벅시 같은 창조적 개척자들이 주도했다. 라스베가스는 그랜드캐년과 데스밸리로 대표되는 풍부한 관광자원과 후버댐과 도심공항이라는 인프라를 활용해 고도성장을 구가했다. 대공황 직후인 1931년에 경제활성화 수단으로 후버댐 건설과 카지노 허가가 이루어지며 엔터테인먼트 도시로 진화했다.

라스베가스는 1950년대 초반 도시활성화에 성공했지만 도박과 매춘의 도시로 각인되었다. 이에 1980년대 이후 재도약 추구와 이미지 개선이라는 두 마리 토끼를 잡기 위해 대규모 복합리조트 투자를 결정했다. 한국의 경쟁상대인 싱가포르와 마카오도 라스베가스를 벤치마킹해 MICE 산업 육성을 추진해 왔다. 아버지 리콴유를 대신해 싱가포르의 재도약을 선도한 리센룽은 도박의 도시에서 복합리조트의 메카로 재탄생한 라스베가스의 성공에 주목할 것을 역설하면서 마리나베이와 센토사에 복합리조트를 유치했다.

고품격 휴양도시 세도나의 호텔은 시설과 서비스 모두 수준급이다. 고지대 주거지를 둘러싼 붉은 사암의 매혹적 자태는 사람들에게 안식과 영감을 주기에 충분하다. 미국 전역에서 사시사철 관광객들이 찾아오고 있을 뿐만 아니라 명상 수련자들은 장기 체류를 마다하지 않고 있다. 세도나는 한때 세계 100대 화가의 절반이 거주할 정도로 예술적인 영감을 자극하는 곳으로 알려져 있다.

3. 캐나다 매력도시 캘거리와 밴쿠버의 저력

캘거리는 대초원과 로키산맥 사이에 위치한 일천 미터 고원도시다. 미국의 마일도시 콜로라도나 한국의 고원도시 태백과 유사한 지리적 특성을 지니고 있다. 건조지대지만 10월부터 4월까지 눈이 내리고 겨울철은 평균 영하 20도 정도다. 캘거리는 토론토나 밴쿠버와 더불어 캐나다에서 가장 크고 부유한 도시로 알려진 곳이다. 하지만 성장에 치중하는 영미스타일 도시의 일반적 한계를 반영하듯 이웃집 사람에 대한 신뢰도가 가장 낮아 불행한 도시그룹에 속한다는 도시공동체 관점의 비판적 조사결과도 존재한다.[10]

캐나다는 영국의 지배를 받아오다 1867년 캐나다 자치령으로 출범했다. 1931년 웨스트민스터 헌장의 적용을 받아 대영제국 내 자치령이 되어 본국과 분리되었고, 1951년 국가 명칭을 캐나다 자치령에서 캐나다로 변경하였다. 통치제도는 내각제를 채택하고 있으며 보수당과 자유당이 번갈아가며 국정을 운영하고 있다. 이처럼 150여 년의 짧은 역사와 인구 4,000만 명의 작은 인구 및 광활한 영토의 일부에만 조성된 약한 인프라에도 불구하고 G7 국가로 성장했다. 창의적 도시와 성숙한 시민이 캐나다의 도약을 창출한 원동력인 것이다.[11]

미국 서부와 마찬가지로 19세기 말 금광개발 붐을 타고 개척이 이루어졌으며 철도가 발전의 촉매제 역할을 수행했다. 요즘은 목축업과 농업 및 광공업이 주력 산업이다. 캐나디안 로키의 관문이라 관광과 휴양도시의 역할도 수행해 왔다. 한국인은 물론 중국인들이 동경하는 전인교육의 적지이기 때문에 가족단위 교육이민이 활발한 편이다.

캘거리는 캐나디안 로키(Canadian Rockies)의 추운 겨울에 대응하기 위해 빌딩과 빌딩의 2층을 연결하는 스카이웨이 시스템을 도입했다. 이후 고가보도에 면한 소매공간이 가로 레벨보다 각광받는 현상이 발생했다. 도시당국은 개발업자에게 고가보도의 제곱피트마다 지역지구제가 허용하는 건폐 면적보다 우대조치를 시행하였다. 겨울이 길고 눈이 많은 미니에폴리스도 5마일에 달하는 스카이웨이 제도를 운영해 도심 외곽의 대형 몰에 필적하는 도심 상권의 경쟁력 강화에 기여하였다.[12] 반면에 쿠알라룸프르는 더위와 비에 대응하기 위해 도심지 쌍둥

---

10) 찰스 몽고메리 저, 윤태경 역. (2014). 우리는 도시에서 행복한가. 미디어윌.

11) 박종국. (2024). 캐나다와 우리나라의 차이. 경북일보. 2024.09.09.

12) 존 레비 저, 서충원·변창흠 역. (2013). 앞의 책.

이 빌딩 인근에 스카이웨이를 설치해 운영하고 있다.

반면에 1955년 미주리주 세인트루이스시는 프루잇-이고(Pruitt-Igos) 프로젝트에 따라 대규모 노동자 주택단지를 완성했다. 총 2,870가구를 수용하는 단지는 백인 단지와 흑인 단지로 구분했다. 9.11테러로 무너진 국제무역센터 빌딩을 설계한 미루노 야마사키는 단지를 설계하면서 파리의 현대 도시계획을 선도한 르코르뷔지에의 공중가로 아이디어에 착안해 지붕이 있는 공중가로를 설치했다. 하지만 1972년에 흑인단지 슬럼화와 관리 소홀로 일부 동을 철거하면서 근대 건축의 실패를 상징하는 사례로 전락했다.13)

캐나다 앨버타주와 항공사 웨스트젯 대표단이 2024년 6월 방한해 기자간담회를 열었다. 앨버타주는 로키산맥을 품은 밴프, 재스퍼 국립공원이 있으며 수위 도시 캘거리와 주도 에드먼턴이 대표 도시다. 로키 산행의 성수기인 5월부터 10월까지 인천~캘거리 직항을 운항하며, 캘거리에서 80여 개 목적지로 가는 스톱오버 프로모션도 진행한다. 이러한 마케팅을 통해 앨버타주는 관광수입 증대를 추구한 것이다.

항공사가 제공하는 24시간 이내 레이오버나 24시간 이상 체류하는 스톱오버 프로모션을 구매하면 항공료 절감은 물론 저가 호텔과 입장권을 예약할 수 있다. 싱가포르항공을 이용해 발리로 가거나 에티하드항공이나 카타르항공 편으로 유럽이나 아프리카 자유여행을 떠나면서 수일 동안 아랍권 도시의 매력을 느끼는 일과 유사한 방식이다.

보우강을 따라 형성된 도심과 근린지구는 캘거리가 잘 정비된 계획도시의 전형임을 시사한다. 근린지구는 일상생활과 관계되는 공간단위다. 전통적으로 1천 명 내외 학생이 다니는 1개의 초등학교가 필요한 주민 5천 명 내외 인구규모를 갖는 지역을 계획단위로 삼는다. 여기에는 주거, 학교, 편의점, 약국, 문방구 등과 같은 판매시설, 놀이터, 소공원 등이 포함된다. 주택 거주자들은 크리스마스 장식에 공을 들일 정도로 여유로운 삶을 추구한다. 경주마를 키우는 목장에서 카우보이 문화를 체험하거나 단풍나무로 구운 바비큐 식당의 풍미를 느껴도 유

13) 조재성. (2020). 현대도시계획론. 한울 아카데미. p.181.

용하다.

캘거리는 자전거와 도보전용 다리를 활용해 주택가에서 다운타운으로 출퇴근이 가능한 매력도시다. 상수도용 원수를 보관하는 호수 주변을 청정 유원지로 활용하고 있다. 우리의 팔당호와 달리 보트 놀이도 가능하다. 호수 인근 공원의 연못에서는 어린이 낚시교육용 연못도 운영한다. 강에는 보를 설치해 수량을 확보하는 한편 레저용 급류타기나 소규모 수로를 운영하고 있다.

이민자들의 민족적 특성을 허용하는 캐나다에서는 미국과 달리 도심에서 터번을 쓰고 일하는 사람들을 종종 목격할 수 있다. 캐나다의 모자이크 문화와 미국의 용광로 문화 간에 존재하는 차이를 입증하는 사례다. 인도 증시에 상장한 현대자동차도 머리에 터번을 쓰는 시크교도의 특성을 감안해 인도에서 생산하는 경차의 천장을 높혀 호평을 받았다.

캘거리 외곽부터 캐나디안 로키가 시작된다. 캐나디안 로키는 세계적으로 유명한 자연 관광지로 웅장한 산맥, 빙하, 호수, 그리고 풍부한 야생 동물로 이루어진 독특한 매력을 지니고 있다. 루이스 호수로 유명한 밴프는 캐나다 최초의 국립공원이자 유네스코 세계유산이다. 재스퍼는 밴프에 비해 한적하고 자연 그대로의 모습을 간직한 곳이다. 말린 호수, 애서배스카 빙하, 콜럼비아 아이스필드 등을 무대로 래프팅, 카약, 캠핑 등의 체험이 가능하다. 별 관측이 용이난 다크 스카이 보호구역은 오로라 관측까지 가능하다. 제철 오로라는 북위 60도대의 옐로나이프가 적지이지만 북극광이 활성화되는 겨울에 북위 50도인 캐나디안로키에도 출현한다.

스탬피드 축제는 캘거리에서 열리는 로데오 축제로 지역의 자부심이 충천한다. 축제의 핵심 이벤트는 말타기, 소몰이, 황소 타기와 같은 서부 스타일의 스포츠다. 축제의 시작은 화려한 퍼레이드로 시작되며 콘서트, 카니발, 전시회 등이 열린다. 매년 약 백만 명 이상의 관광객이 스탬피드 축제에 방문할 정도로 인기가 있다.

밴쿠버 광역권은 캐나다 브리티시컬럼비아주 서남부로 270만 명이 거주한다. 이 지역은 아시아계를 비롯해 다양한 인종과 문화가 혼합된 곳이다. 여유롭고 포용적인 모자이크 문화는 미국의 용광로 문화와 구별되는 특징이다. 밴쿠버시는 높은 삶의 질과 아름다운 자연으로 인해 이민지로 각광을 받아 왔다. 백야가 펼쳐지는 북유럽 도시와 마찬가지로 여름에는 활력이 분출한다. 고위도 지역이지만 어둠이 지배하는 겨울에도 난류 덕분에 온화하다. 건조한 평원지대와 달리 강수량도 풍부해 공원과 산지의 초목이 풍성하다.

로키산맥과 태평양 사이에 위치한 항구도시 밴쿠버는 강과 도심의 하모니가 장관이다. 바다와 섬을 바라보는 다운타운 빌딩가의 전망도 매력적이다. 도심에서 멀지 않은 곳에 바다와 자연이 어우러진 경관의 명소가 위치한다. 원주민들이 신성시하는 청정하고 신성한 장소다. 휘슬러 방향으로 들어가면 빙하가 조각한 해안절벽을 접할 수 있다. 도전적인 개척민의 도시답게 번지점프가 인기를 끌고 있다.

살기 좋은 도시의 전형답게 도심의 가로수와 숲도 인상적이다. 도심 인근의 캐필라노 숲은 오래된 침엽수가 군락을 형성한다. 숲속의 힐링을 즐기러 찾아온 사람들을 위해 나무와 나무를 연결하는 구름다리를 조성해 공중산책 체험을 제공한다. 목재가 풍부한 지역답게 친환경 목조건축도 활성화된 상태다. 밴쿠버를 대표하는 목조빌딩인 브록커먼스톨우드하우스는 18층이다. 이 건물은 목재와 콘크리트 복합구조를 채택해 안정성을 높였고 건축과정에서 탄소배출도 줄였다. 북유럽이나 영국에서도 목조건축을 활용한 초등학교나 빌딩이 인기를 끌고 있다. 우리나라에서도 자작나무 내장재가 인기를 끌고 있다.

1992년 리우선언이 주창한 지속가능한 개발은 지구의 환경용량 내에서 개발을 추진하는 방식이다. 밴쿠버시도 지속가능한 근린생활권 확대에 주력했다. 환경친화적 주거단지의 평가기준인 교통, 에너지, 물, 식생, 쓰레기 처리, 커뮤니티, 토지이용, 토양안전 등에 유의했다.[14] 참고로 근린주구론은 미국의 클래런스 페리가 주창한 이론으로 초등학교, 상점, 소공원, 레저시설 등에 기반해 주거지를 설계하는 방식이다. 이는 영국 에버니저 하워드의 전원도시론과 더불어 현대

14) 김경배. (2004). 지속가능한 근린주구 계획: SEFC 프로젝트 사례 연구. 서울도시연구. 5(1): 43–70.

도시계획에 큰 영향을 미쳤다.

그린웨이는 자연과 도시를 연결하자는 옴스테드의 제안에 힘입어 보스턴의 공원과 녹지길 조성에 처음으로 적용되었다. 1970년대 이후 지속가능한 도시개발 운동이 확산되면서 급속히 확산되었다. 밴쿠버도 1995년 도심과 공원을 연결하는 통합적 그린웨이 시스템을 구축하는 한편 근교에 공원을 조성해 광역적 네트워크를 형성했다. 주거지에서 도보로 25분 또는 자전거로 10분을 넘지 않은 거리에 녹지를 배치하는 친환경 도시의 건설을 추구한 것이다. 밴쿠버 그린웨이는 수변공간을 중심으로 형성되었다. 단순한 연결기능을 떠나 파크웨이, 수변공간 등 도시공원과 문화역사적 요소를 결합했다. 밴쿠버 그린웨이는 시티 그린웨이와 근린 그린웨이가 협업하는 방식이다. 시티 그린웨이는 전 도시적인 녹지 네트워크지만 근린 그린웨이는 커뮤니티 요소인 소공원 역할을 수행한다.[15)]

20세기 초반 등장한 파크웨이와 그린웨이는 모두 자연 환경과의 조화를 강조한 공간이다. 파크웨이는 주로 도로와 녹지가 결합된 형태로, 차량과 보행자가 공유할 수 있는 길을 의미한다. 교통로이지만 자연경관을 즐길 수 있는 특성을 지니고 있다. 반면에 그린웨이는 주로 보행자나 자전거 이용자를 위한 녹지공간을 지칭한다. 도심 외곽이나 도로변을 따라 자연환경을 유지하거나 복원한 길을 의미한다.

15) 이해서 · 장영호 · 김주연. (2020). 사례분석을 통한 시흥시 그린웨이 네트워크 활성화 방안 연구. 한국공간디자인학회논문집. 15(5).

제3장

유럽의 특화도시: 시장과 공동체 및 엘리트 주도

1. 시장의 자율과 활력으로 도약한 도시들

1) 세계도시 런던의 부상과 공과

런던은 영국의 수도이자 20세기 세계도시의 선두주자였다. 런던은 로마시대부터 템즈강을 활용한 상업과 교역의 중심지로 부상했다. 5세기경 로마 제국이 물러난 이후 한동안 쇠퇴했지만 앵글로색슨족에 의해 재도약이 시도되었다. 9세기와 10세기에는 바이킹의 공격을 받았지만 알프레드 대왕이 이를 방어했다. 중세 시기 런던은 정치, 경제, 상업의 중심지로 성장하며 금융가 시티 오브 런던이 형성되었다. 이는 오늘날 런던 금융가 시티의 기원이 되었다.

런던은 엘리자베스 1세 시절에 국제무역의 중심지로 부상했다. 1665년의 런던대흑사병과 1666년의 런던대화재는 도시의 변화를 촉진했다. 이를 계기로 중세도시 런던을 개조하려는 도시계획이 촉진되었다. 도시계획을 주도한 크리스토

유럽에 포진한 나라들

퍼 렌경은 건물 간 간격을 넓히고 소방도로를 개설하는 방식으로 문제해결에 부응했다. 당시 도시재건에 적극 참여한 시민들은 화재가 시작한 지점에 런던대화재 기념비를 건설했다. 당시 재건한 세인트폴대성당은 요즘도 런던의 랜드마크다. 도보전용 다리인 밀레니엄 브리지에서 바라본 세인트폴대성당의 품격과 화력발전소를 도시재생한 테이트 모던의 창의성도 인상적이다. 이 밖에도 런던은 타워브리지를 비롯한 템즈강의 다리들이 명소로 부상했다.

18~19세기 산업혁명의 여파로 도시화가 촉진되었다. 이민자와 노동자들이 도시로 몰려들며 세계 최대의 도시로 성장했다. 19세기 중반 런던 지하철과 철도망이 확장되면서 현대적 도시로 도약했다. 19세기 후반 빅토리아 시대에 영국이 세계 최대의 제국으로 부상하자 런던의 위세도 치솟았다. 20세기에 세계대전을 거치며 런던은 큰 피해를 입었다. 전후 복구와 현대화 노력으로 런던은 글로벌 금융의 허브이자 문화예술과 교육의 중심지로 부상했다.

런던의 도시구조는 전통적 중심지와 현대적 신도시가 혼재된 모습이다. 런던은 여러 개의 구로 구성된 도시로, 각 구는 독립적인 행정권을 지니고 있다. 런던의 중심부는 금융가 시티를 비롯해 쇼핑과 극장이 밀집한 웨스트엔드(West End)와 관공서가 위치한 웨스트민스터(Westminster)가 중핵이다. 최근에는 세계적 테크도시로 도약하기 위해 첨단기술이나 문화예술 역량을 배양하고 있다.

외곽지역은 녹지와 교외 주거지로 이루어져 있다. 남부의 상업 중심지 크로이던(Croydon), 템즈강변 고급 주택가 리치먼드 어폰 템스(Richmond upon Thames), 공원이 위치한 교외 주거지 브롬리(Bromley)와 해로우(Harrow) 등이 대표적이다. 런던의 핵심 인프라는 지하철과 공원이다. 지하철은 11개의 노선이 운영되고 있으며, 공원은 하이드파크와 리젠트파크가 유명하다. 런던의 지하철은 1863년 세계 최초로 개통되었다. 튜브라는 애칭으로 불리는 런던 지하철은 지금도 2층버스와 더불어 대중교통을 책임지고 있다. 기차나 선박의 대중화는 여행수요도 견인했다. 19세기 중반에는 철도 단체여행과 나일강 크루즈가 등장했다.

영국의 신도시 건설은 20세기 초반 도시계획가인 하워드의 전원도시 구상에 기인한다. 철도 교통이 촉진되면서 런던 외곽에 레치워스나 웰윈 같은 전원도시가 건설되었다. 전원도시는 녹지 공간, 계층 혼합, 자족 신도시, 교통 연결 등을 추구했다. 인구는 5만 내외를 목표로 설정했지만 밀턴킨스시처럼 규모가 커진 곳들도 많다. 단순한 베드타운 기능을 탈피해 일과 주거의 결합도 중시했다. 다만 순환도로 외곽에 산업지역을 배치해 주거지역에 미치는 영향을 최소화했다.[1) 하워드는 1902년 〈미래의 전원도시〉를 발간한 이후 런던 외곽에 전원도시 건설을 주도했다. 이러한 선례가 20세기 미국의 교외화 현상을 자극하였고, 용도지구제를 앞세워 이상적 도시건설을 추구했다.

런던에 100㎞ 정도 떨어진 신도시 밀턴킨스시는 제2차 세계대전 이후에 건설되었다. 중심업무지구는 기차역 인근에 집중시켰다. 도시에는 작은 마을로 구성된 주거지로의 접근성을 제고하려고 자동차용 순환도로를 두 겹으로 배치했으며, 보행로와 자전거길을 같이 부설했다.

런던은 세계적인 문화예술도시로 손색이 없다. 광대한 식민지라는 다문화적 환경과 연결성이 뛰어난 글로벌 접근성이 장점이다. 런던의 웨스트엔드는 브로드웨이와 함께 세계 최고의 연극과 뮤지컬 극장가다. 로열 오페라 하우스를 비롯한 콘서트와 오페라 기반도 우수하다.

미술관과 박물관으로는 테이트 모던, 내셔널 갤러리, 브리티시 뮤지엄 등 세계적인 예술과 문화유산을 보유한 기관이 많다. 예술축제인 런던 페스티벌, 프리즈 아트 페어 등이 글로벌 아티스트와 관객을 끌고 있다. 영화나 음악은 물론 런던 패션위크는 뉴욕, 파리, 밀라노와 함께 세계 4대 패션위크로 꼽힌다.

런던은 로열아카데미, 런던예술대학 등 세계적 예술학교가 위치한 인재양성의 산실이다. 런던의 예술과 문화를 진흥하려는 정부의 재정지원과 민간후원도 활발한 편이다. 나아가 런던의 문화예술은 관광산업 진흥의 핵심적 요소로 기능해 왔다.

영국의 수도 런던은 해가지지 않은 제국의 수도였다. 근대화에 힘입어 런던은 소방방재와 공중위생을 선도한 도시다. 시티오브런던으로 대표되는 런던 금융가는 중세 이래 런던의 활력을 창출해 왔다. 18세기 말 나폴레옹 군대를 피해

1) 존 레비 저, 서충원·변창흠 역. (2013). 앞의 책. p.431.

암스테르담의 유대인 금융업자들이 유입되면서 전성기를 구가하였다. 현재 런던에는 480개의 해외 은행이 있으며 세계 500대 기업의 75%가 런던에 사무실을 운영한다. 런던 중에서도 시티는 세계경제의 현재와 미래를 결정하는 곳이다.

1986년 영국은 금융시장의 환경변화에 대응하지 못하며 경쟁력을 상실하였다. 증권매매 위탁수수료가 높았고 경쟁국가의 금융기관에 비해 영업력과 자본력도 취약했다. 이에 정부는 1986년 금융서비스법을 제정해 은행업과 증권업의 분리제도 폐지, 거래세 인하 등을 비롯해 혁신적인 빅뱅 프로그램을 도입했다. 이는 영국의 은행과 증권사들이 보험, 연기금, 투자신탁 등 다양한 자회사를 거느리고 대형 금융그룹으로 성장하는 계기로 작용했다. 2000년에는 금융서비스 및 시장법이 추가로 제정되면서 영국의 금융개혁이 강화되었다.[2] 이러한 변화가 금융산업의 무대를 새로 구축하는 도크랜드(Dockland) 재개발의 촉매재로 작용하였다.

런던은 로테르담이나 목포와 유사한 오래된 항구도시다. 하지만 지리상의 발견에서 시작해 19세기 말 빅토리아 시대까지 전성기를 구가하던 템즈강 하구 항만지대 도크랜드는 20세기 중반 이후 선박의 대형화에 따라 항구의 기능을 상실하면서 심각한 침체를 경험했다. 또한 런던 도심지는 우리나라와 마찬가지로 상대적으로 부유한 템즈강 북쪽과 달리 이민자와 노동자 밀집지역인 템즈강 남쪽 간의 발전격차가 사회문제로 비화되었다.

이에 대처 정부는 1976년 런던 도크랜드 재개발 계획을 수립하고 1981~2000년까지 정부가 출자한 도크랜드개발공사 주도로 국내외 민간투자를 유치해 개발사업을 추진하였다. 도크랜드 재개발이 완료되자 중심부에 해당하는 카나리워프(Canary Wharf) 지역은 50층 규모 금융센터 빌딩을 비롯해 업무시설과 위락시설이 입주하였다. 인근에는 런던시티공항이 건설됐고 대규모 주거단지도 조성되었다. 영국에서 대규모 도시개발에 소요되는 재원은 국가, 지방자치단체, 기금, 민간재원 등 다양한 주체로부터 조달되지만 점차 민간의 비중이 커지는 추세를 보이고 있다. 또한 전담조직은 시대와 필요에 따라 유연하게 변화해 왔지만 관민

2) 이희연. (2019). 경제지리학. 법문사. p.163.

합동인 제3섹터(Public-Private Partnership) 방식이 일반적이다.[3)]

신우파 정책을 표방한 대처가 주도한 재개발사업이자 도시재생의 대명사인 런던도크랜드는 지금은 인접한 런던 금융가 시티의 기능을 분담하는 대규모 상업지구로 변화했다. 단지 그곳에 위치한 역사박물관이 이곳이 오래된 항구라는 사실을 일깨워 주는 정보센터이자 도시재생의 상징이다.

기차 교통의 중심지인 킹스크로스역과 세인트판크라스역 주변도 도심재개발의 적지로 부상했다. 외곽을 연결하는 지하철 노선인 엘리자베스 라인이 개설되면서 도심 외곽의 재개발 수요도 자극했다. 물론 런던 도심의 템즈강 남쪽에는 원주민 공동체 보존을 중시하는 신좌파 스타일 도시재생도 활발하다. 이러한 도시재생의 대표적 명소가 화력발전소를 재생한 테이트 모던박물관, 유럽 최고층 빌딩인 샤드, 대규모 관람차인 런던아이, 템즈강 남북을 연결한 보행교인 밀레니엄 브리지 등이다.

효율성과 이윤을 중시하는 도시재개발은 서울시의 고밀도 개발이나 뉴타운 건설처럼 임대료와 주거비 상승으로 원주민들이 밀려나는 젠트리피케이션 문제를 유발한다. 이에 런던시는 약자를 보호하는 사회적 가치를 표방하면서 해당 지역의 공동체도 보존하는 도시재생에 주목했던 것이다. 이를 반영하는 대표적 사례가 템스강 남쪽 사우스뱅크에 위치한 옥소타워다. 도시재생의 주체인 CSCB가 사우스뱅크 항구의 도시재생을 주도하면서 작은 가게와 공원 및 임대주택이 어우러진 곳으로 부활했다.[4)] 이처럼 런던은 코인스트리트와 킹스크로스역을 비롯해 도시재생 거버넌스 모델을 학습하는 보고다.

중앙집권적인 영국은 직할 통치구역인 잉글랜드는 물론 스코틀랜드와 북아일랜드 및 웨일즈의 자치권도 제한적이다. 1997년 토니 블레어 노동당 정부가 출범한 직후인 1998년 스코틀랜드, 북아일랜드, 웨일즈 자치정부가 출범하고 2000년 런던시장 직선제가 부활했다. 이후 런던시장들은 차별적인 리더십을 발

3) 김태현. (2015). 서울형 도시재생전략계획 수립을 위한 해외(영국) 사례조사. 서울연구원 출장보고서.

4) 경향신문. 2015.03.02.

런던 템즈강 남쪽의 도시재생 명소들

출처: 김태현. (2015). 서울형 도시재생전략계획 수립을 위한 해외 사례조사. 서울연구원.

휘하는 방식으로 다양한 도시문제를 해결하였다.

노동당 출신인 케네스 리빙스톤(2000~2008)은 초대 직선시장으로 사회적 평등, 다양성 존중, 사회적 포용성을 강조했다. 시민과의 소통을 중시하며, 대중의 목소리를 정책에 반영하였다. 주요 성과로는 먼저 교통혼잡세를 도입하여 런던 시내의 교통 정체를 해소하고, 대중교통 투자를 확대하였다. 런던의 환경 문제에 중점을 두었으며, 대기 질 개선도 추구했다. 런던의 다양한 민족과 문화를 존중하는 정책을 추진하며, 소수자 권리보호와 성평등도 강화시켰다.

보리스 존슨(2008~2016)은 보수당 소속으로 시장중심적이고 실용적인 접근을 채택하였다. 시장 경력을 앞세워 총리로 진출한 그의 리더십은 경제성장과 효율성을 강조하며, 런던의 발전을 위해 정부와 민간부문 간 협력을 강화시켰다. 공공 이미지와 브랜드 런던의 구축에서도 소기의 성과를 달성했다. 자전거 대여 시스템과 2012 런던 올림픽의 유치와 개최도 주요한 성과다.

사디크 칸은 노동당 소속으로 2016년에 시장에 당선되었고, 2021년에는 재선에 성공했다. 파키스탄계 이민자의 아들로 사회적 통합과 경제적 평등을 중시해 왔다. 초저배출 구역(Ultra Low Emission Zone: ULEZ)을 도입해 대기오염을 완화시켰다. 런던의 높은 집값을 해결하려고 가격 규제와 무주택자 지원을 병행하였고, 청소년 범죄와 폭력 범죄를 줄이기 위해 다양한 프로그램도 도입하였다. 무슬림 시장으로 다문화적 접근과 사회적 평등도 중시한다. 나아가 런던을 글로벌하고 지속가능한 도시로 이끌기 위한 비전도 지지를 받고 있다.

잉글랜드 지역의 대도시인 맨체스터, 리버풀, 브리스톨 등의 자율권도 강화되었다. 메가시티의 일종인 맨체스터 광역권(Greater Manchester)은 2017년부터 메트로폴리탄 시장을 선출해 교통, 주택, 경제 개발과 관련된 권한을 부여했다.

2) 문화주도 지역재생을 선도한 뉴캐슬과 리버풀

지역재생은 쇠퇴한 지역을 개선해 자연과 인간이 조화된 도시를 창출하려는 것이다. 이러한 지역재생 운동의 선구적 사례가 잉글랜드 북동부와 북서부가 선도한 문화재생 프로젝트다. 문화재생으로 도시경쟁력을 증진하려면 비전과 미션의 명확한 제시, 문화와 역사의 존중, 지속적인 마케팅 활동, 투자유치와 인프라 개선, 종합적인 관리와 평가 등이 필요하다. 도시가 자신만의 독특한 가치와 매력을 알리는 방식으로 도시브랜드를 확립하는 일도 중요하다. 파리의 공중정원인 프롬나드 플랑테를 비롯해 탄광촌이나 섬에 예술을 장착한 독일의 도르트문트나 일본의 나오시마 프로젝트도 우수사례다.[5)]

영국은 잉글랜드에 부가해 1536년에 웨일즈, 1707년에 스코틀랜드, 1801년에 북아일랜드를 흡수해 출범한 입헌군주국이다. 정치발전을 선도한 명예혁명(1689)과 경제발전을 선도한 산업혁명(1750)을 앞세워 근대화에 성공했다. 스페인, 포르투갈, 네덜란드에 이어 해상 무역과 식민지 경영을 주도했다. 20세기 양차에 걸친 세계대전을 거치며 미국에게 세계의 공장과 패권국가 지위를 넘겼다. 잉글랜드는 북동잉글랜드, 북서잉글랜드, 요크셔와 험버, 웨스트미들랜즈, 이스트미들랜즈, 동잉글랜드, 런던, 남동잉글랜드, 남서잉글랜드 등 9개의 지역으로 구분된다. 각 지역은 비도시 지역을 관장하는 카운티(County)와 도시 지역에서 카운티와 디스트릭트를 통합한 자치단체(Local Authority)가 설치되어 있다. 하지만 도농복합지역이나 메트로폴리탄 카운티에서는 카운티와 디스트릭트(District)가 행정업무를 분담

---

5) 홍경한. (2024). 도시재생과 공공미술. 경향신문. 2024.12.26.

해 처리한다. 최하위 계층인 약 10,000개의 패리시(Parish)는 주로 농촌지역에서 주민자치 방식으로 공원관리, 지역행사 등 서비스를 제공한다. 260만 명이 거주하는 북동잉글랜드는 19세기에 산업혁명으로 융성했지만 20세기에는 투자부진, 자본이탈, 공장폐쇄, 폐광 등으로 심각한 쇠퇴를 경험했다. 20세기 중반 케인지안 복지국가 시절에 노동당이 주도해 지역예산을 늘렸지만 자본가들이 떠나갔다. 하지만 20세기 후반들어 문화예술 중심의 지역재생으로 활기를 되찾고 있다. 지역개발의 실험장 역할을 수행한 북동잉글랜드에는 노섬벌랜드, 타인앤드웨어, 더럼, 클리블랜드라는 4개 카운티와 뉴캐슬어폰타인(Newcastle upon Tyne), 더럼, 선덜랜드, 미들즈브러 등의 도시가 위치한다.

뉴캐슬어폰타인은 북동잉글랜드의 상업과 문화 중심지다. 타인강 위의 타인브리지와 공연장인 세이지 게이츠헤드(Sage Gateshead)라는 랜드마크가 유명하다. 더럼은 대학도시이자 세계문화유산 더럼대성당과 더럼성이 있는 역사도시다. 선덜랜드는 조선업과 유리산업이 번성한 해안도시였지만 요즘은 해양관광도시로 변신했다. 미들즈브러는 산업혁명의 중심지로 철강과 화학산업이 발달했지만 최근에는 문화예술도시로 변신했다. 지역 전체적으로는 조선업과 탄광업이 발달했던 역사적 배경이 있으며, 노동계급 문화가 강하게 남아 있다. 이 지역은 전통과 현대가 어우러진 곳으로 여행, 학문, 자연 등을 즐기기에 적합한 곳이다.

중앙집권적인 영국이지만 주민자치와 직결된 기초자치단체의 자율성은 폭넓게 허용하는 편이다. 하지만 우리의 광역자치단체에 해당하는 잉글랜드 9개 지역의 자치권은 미약하다. 중앙정부의 특별지방행정기관들이 교통, 지역개발 등을 중심으로 광역자치단체 기능을 수행한다. 이마저도 주민과 시민단체가 주도하는 지방자치에 회의적인 보수당 정부가 집권하면 약화되는 경우가 많았다. 지역개발기관(Regional Development Agencies: RDA)을 대신해 지역협의체(Local Enterprise Partnerships: LEP)를 설치한 일이 대표적이다. 1999년 노동당이 설치한 RDA를 대체하려고 보수당은 2010년 LEP를 설치하였다. 유럽 대륙을 모방한 사회민주주의적 계급타협 방식인 RDA의 한계를 직시한 것이다. RDA는 정부 주도의 공공기관으로 지역경제의 직접적인 개발과 지원을 담당했으나, LEP는 민간과 공공부문이 협력하는 파트너십으로 시장친화적인 지역경제성장을 도모하려고 의도하였다.

블레어 노동당 정부는 지역개발의 부진원인으로 전략의 약화와 통합성 결여에 주목했다. 따라서 중앙·지방정부 간 관계를 강화해 중앙의 정책결정에 지방의 시각을 반영하는 것이 중요하다고 보았다. RDA는 카운티나 도시가 담당하기에 크지만 중앙정부가 개입하기는 부적합한 지역문제의 해결에 주력하였다. 항공우주와 생명과학에 주력한 북서잉글랜드 RDA, 첨단기술산업과 농업혁신을 결합한 서식스 RDA, 해외투자유치를 중시한 웨일스 RDA 등이 창출한 교훈은 산업클러스터 개발, 인프라와 재개발 프로젝트, 지속가능한 발전 등이다. 반면에 2010년 집권한 캐머런 보수당 정부는 정부의 예산투입보다 민간의 자본유치를 효과적 방식으로 보았다. 항공산업에 주력한 더비셔와 노팅엄셔 LEP, 테크 스타트업과 창업에 주력한 런던 LEP, 디지털 기술과 문화 산업에 주력한 그레이터 맨채스터 LEP 등이 대표적이다. 이들의 핵심성공요소는 민간-공공 협력, 산업혁신 촉진, 일자리 창출 등이다. 참고로 이러한 정책기조는 2010년 이후 지속된 보수당 정부에서 일관성을 유지하였다.

게이츠헤드는 몰락한 탄광촌에서 예술의 도시로 변신한 사례다. 정부의 광산 폐쇄정책으로 실업률이 높아지고 도시가 황폐화되자 시의회는 문화주도 도시재생의 수단으로 도시를 알릴 랜드마크를 세우게 된다. 작가 곰리는 고심 끝에 마을의 역사를 반영함과 동시에 미래를 바라보는 의미를 담은 북방의 천사를 구상하였다. 공공미술의 순기능을 대변하는 사례로 부상한 것이다. 참고로 게이츠헤드는 탄광마을에서 태어나 발레리노를 꿈꾸는 남자아이의 이야기를 담은 영화 〈빌리 엘리어트〉의 배경이기도 하다.

이곳의 도시재생 사업을 주도한 준정부기관은 뉴캐슬게이츠헤드이니셔티브(Newcastle Gateshead Initiative: NGI)다. NGI 세라 그린 대표는 도시에 화려한 건물들이 생겨난다고 해서 저절로 사람이 몰려들고, 새로운 일자리가 생겨나고, 지역경제가 살아나진 않는다고 강조했다. 도시의 시설에 어떤 콘텐츠를 채울지가 중요하다. 예술을 통한 도시재생 사업에서 가장 중요한 일은 숨겨진 보석을 찾는

게이츠헤드에 설치된 앤터니 곰리의 대표작 북방의 천사

일이다. 완전히 새로운 무언가를 창조하는 것이 아니라 그 도시만이 지닌 문화적 자산을 발굴하고, 이를 새롭게 보여주는 과정이 필요하다고 보았다.[6]

잉글랜드 북서부 리버풀은 19세기 대영제국의 관문항구로 번성했다. 하지만 항공시대의 개막과 산업구조의 변화로 1960년대 이후에 침체했다. 주력산업인 조선업과 항만업이 쇠퇴하며 88만 명 인구는 절반인 44만 명으로 감소했다. 그러나 1960년대 초 결성된 비틀즈를 단서로 성공적인 도시재생을 추진해 지금은 활기찬 문화와 경제 중심지로 거듭났다.

1980년 머지사이드개발공사가 도시재생 작업을 시작했다. 1981년 리버풀국제정원축제를 개최한 일이 도약의 신호탄으로 작용했다. 1990년대에 지역사회 주도로 쇠락한 앨버트 도크를 재생했다. 상업과 주거 및 레저 시설을 통합한 복합개발로 일자리를 창출하고 지역경제를 활성화한 것이다. 테이트리버풀미술관과 같은 문화시설을 개관해 관광객 유치에 일조했다. 2000년대 이후 대규모 투자와 국제화 성과로 인지도가 개선되었다. 2004년 유네스코세계유산과 2008년 유럽문화수도에 선정되면서 10억 파운드를 투자해 상업지구를 개발한 리버풀원 프로젝트도 착수했다.

6) 한국경제. 2024.02.27.

리버풀의 도시재생은 문화와 경제의 조화를 통해 쇠퇴한 도시가 어떻게 회복될 수 있는지를 보여주는 대표적 사례다. 유사사례인 싱가포르도 수변공간을 재생해 시민과 관광객들에게 다양한 체험의 기회를 제공했다. 클라키(Clarke Quay) 구역의 경우 예전엔 물류창고가 밀집한 곳이었지만 인근의 보트키(Boat Quay)와 연결해 역사·문화 자원에 경관 요소를 가미하는 방식으로 지역혁신 효과를 창출했다.

리버풀은 풍부한 역사와 문화적 자원에 착안해 관광산업을 활성화시켰다. 도시의 박물관, 갤러리, 축제, 축구단 등을 통해 연간 600만 명에 달하는 문화 관광객을 유치해 지역경제를 활성화한 것이다. 도시의 독특한 정체성을 강조하면서 글로벌 관광지로 부상했다. 더불어 뉴캐슬대학을 비롯한 연구기관과의 협력을 통해 혁신적인 연구개발 역량도 강화했다.

1980년대 이후 본격화된 영국 도시의 문화주도 재생정책은 신자유주의적 경쟁도시 전략에 기반한 관계로 분야별 고용격차, 문화예술의 상업화, 젠트리피케이션 심화 등의 문제점을 유발했다. 또한 행위자들이 표출한 네트워크 형태와 성격이 문화도시의 내용과 특성을 규정했다. 이해관계자들이 증가할수록 문화적용 범위가 확대되었고, 문화예술이 경제사회 문제를 해결하는 수단으로 활용되었다.

리버풀은 지역 주민의 참여를 통해 포용적 성장을 도모하는 정책을 추진했다. 직업훈련 프로그램, 주택재개발 프로젝트, 커뮤니티센터 건립 등을 통해 사회적 통합도 강화했다. 기후변화 대응과 지속가능한 도시개발을 통해 도시이미지를 고양시킨 일도 모범적이다. 하지만 2021년 유네스코세계유산 등재가 철회되는 등 보존과 개발 간의 갈등도 경험했다. 따라서 지역사회의 역할과 지속가능한 발전에 주목하는 재도약을 강구해야 한다.

3) 해외자본 유치로 고도성장한 더블린의 초상

한때 고도성장의 대명사인 켈트의 타이거(the Celtic tiger)로까지 불리던 아일랜드가 2014년 구제금융에서 '조기졸업'하며 경제주권의 회복을 선언했다. 1840

년대 후반 100만 명의 아사자를 낳은 감자대기근의 탈출에 비견될 만큼 켈트 민족에게 구제금융 프로그램은 가혹했다.

하지만 사회협약과 신자유주의로 압축되는 아일랜드판 '87년 체제'는 아직도 진행 중이다. 오히려 구제금융이라는 혹독한 시련을 경험하며 더욱 강해진 친기업, 친자본적 정책드라이브를 보면 아일랜드의 국가적 자신감마저 느껴진다. 하지만 더 정확한 느낌은 '위태로운' 자신감이다.

세계화의 위협에 굴하지 않는 아일랜드의 자신감은 정부-시장-시민사회가 협력하고 소통하는 방식으로 도출한 사회협약(거버넌스) 체제에 대한 확고한 믿음에 기인하는 것으로 보인다. 그러나 사회협약은 경제부활의 필요조건이지 충분조건은 아니다. 경제정책의 성패는 '성장의 떡고물이 서민경제에 떨어지는지(trickle down)' 여부에 달려 있기 때문이다.

경제부활을 꿈꾸는 지금, 아일랜드의 자신감이 한편으로 위태롭게 보이는 것도 역설적으로 바로 이 점 때문이다. 거시경제 지표의 긍정적 징후에도 불구하고 대부분의 아일랜드인은 경기회복의 징후를 체감하지 못하고 있다. 미국계 하이테크 다국적기업에 기초한 수출경제와 대다수 서민들이 기대는 내수경제의 구조적 격차가 심하다. 서민들은 구글 데이터 센터 유치로 인상된 전기요금 압박에 시달리고 있다. 더불어 지역단위 사회협약을 토대로 지역특화 발전을 꾀하고 있지만 더블린 지역과 타 지역의 격차 또한 여전하다.

최근 회복세로 전환된 실업률도 희망을 잃고 이민을 선택한 고학력 청년실업자들의 대열을 목격한 상태에서 쉽게 수긍하기 어렵다. 그들이 '협력'과 '경쟁'이라는 상충적 원리를 조절하며 공존의 지혜를 구현할 수 있었던 것은 사회협약 속에 '서민사회'가 내재되어 있다는 켈트인들의 확신 때문이다.

아일랜드식 사회협약은 '양보의 대가'를 담보해주는 정부에 대한 신뢰가 그 전제다. 지금 우리에게 필요한 것은 국가경제와 서민경제가 동반성장할 수 있다는 기회와 희망 그리고 지속가능성에 대한 믿음을 주는 정부다. 이를 위해 우선 무조건적인 규제 완화가 아닌 규제의 적정화(rightsizing)에 대한 인식을 정립해야 한다. 수출과 내수, 대기업과 중소기업, 수도권과 지방, 장년과 청년 간에 존재하는 기회의 구조적 격차를 줄여가는 것은 바로 서민경제의 가능성을 살리는 길이다. 더불어 실적에 급급해 '보여주기식' 투자유치 구상으로 서민경제의 '환상심기' 정책을 남발하는 유혹도 이겨내야 한다.

또한 불확실한 경제상황에 따른 서민경제의 피해를 예방하고 서민경제 성장의 지속가능성을 담보하는 새로운 '경로(path)'를 설정하는 일에 정부의 역할과 역량을 집중해야 한다. 한국적 발전의 맥락에서 정부와 관료 능력은 우리가 가진 역사적 유산이다. 정부와 관료들이 '서민사회'에 깊게 자리하고 있다고 국민들이 신뢰할 때 공존의 사회관계를 담는 발전모델의 신기원을 이룩할 수 있을 것이다.

일본의 식민통치가 우리에게 치유하기 어려운 상처를 남긴 것처럼 영국의 식민통치가 초래한 아일랜드의 비극도 아직 진행중이다. 800년의 식민통치를 경험하면서 아일랜드는 모국어인 게일어가 화석화되고 켈트족의 자긍심을 훼손당했다. 특히 영국의 산업화가 심화된 19세기 이후 식량수탈과 상품판매를 위한 정치경제적 침투가 강화되었다.

우리가 호남평야의 쌀을 일본에 보내고 만주산 잡곡에 의존했던 것처럼 아일랜드도 척박한 농토에서 생산한 밀을 영국으로 반출하는 대신에 감자로 연명했다. 영국계 신교도가 지주계급의 위상을 확보하자 박힌 돌 아이리시 구교도들은 소작으로 전락했다. 나아가 경성제국대학을 연상시키는 트리니티대학은 독립 이전은 물론 독립 이후에도 한동안 구교도의 입학을 불허해 국민적 분노를 사기도 했다.

식민통치가 조장한 모순과 갈등의 와중에 19세기 중반 감자대기근이 닥치자 신대륙을 향한 아이리시들의 대탈주가 시작되었다. 지금도 더블린 시내를 관통해 흐르는 리피강 하류에는 그때의 참사를 기리는 조형물과 이민선이 전시되어 있다. 반면에 강하류 재개발 지역에는 구글을 비롯해 1980~90년대 아일랜드의 고도성장을 견인한 IT 다국적기업들이 포진해 묘한 대비를 이루고 있다.

톰 크루즈와 니콜 키드먼이 출연해 1992년 개봉한 〈파앤어웨이〉에는 당시 흑인 못지않게 천대받던 아이리시들의 열망이 담겨 있다. 19세기 중반 감자대기근에 시달리던 그들은 무일푼으로 목숨을 부지하기 위해 북미행 이민선에 몸을 실어야 했다. 나는 풀과 돌이 반반일 정도로 척박한 모허 절벽 인근 마을에서 당시 소작농들의 어려운 생활상을 회고할 기회가 있었다.

1892년 금전만능주의가 판치던 도금시대 미국에 도착한 주인공 아이리시 조셉은 보스턴시 의원과 후원수혜관계를 형성하면서 경제적으로 안정을 찾게 되지만 애인 섀넌까지 넘보는 보스에게 대항하다 파문당하면서 고립무원의 처지로 전락한다. 영화는 보스턴을 떠나 방황하던 조셉이 당시 일자리의 원천인 철도부설 노동자로 근무하다 당초 이민의 목표였던 1893년 오클라호마 토지선점경주에 참여해 섀넌과 재회하는 해피엔딩으로 막을 내린다. 아마도 영화가 실제라면 이후 농장경영으로 성공한 아이리시 부부의 자손들은 20세기 초반 동부로 진출해 부패구조 타파와 정부역할 강화를 추구한 진보주의 개혁운동에 동참했을 것이다. 나아가 이러한 열망이 아일랜드계 대통령인 케네디나 바이든을 배출하는 원동력으로 작용했을지도 모른다.

한편 아이리시가 떠난 아일랜드에는 영국과 인접한 북아일랜드 지역을 중심으로 신교도들의 투자와 이민이 급증하였다. 19세기 말 산업혁명의 총아인 방직기와 증기선은 주도인 벨파스트시의 성장을 견인한 동시에 분단의 불씨를 잉태하였다. 참고로 벨파스트에서 1912년 건조된 초대형 증기선 타이타닉은 최초 항해에서 빙산과 충돌하며 대서양으로 사라졌지만 당시의 도크와 공정은 박물관으로 부활해 관광객을 맞이하고 있다.

20세기 초 제1차 세계대전이 종결되고 아이리시와 친숙한 윌슨이 민족자결주의를 천명하자 세계 각지에서 식민지 독립을 추구하였다. 당시 3.1운동이나 5.4운동은 좌절되었지만 아일랜드는 북아일랜드를 영국에 남기는 조건으로 미완의 독립을 성취하였다. 하지만 독립을 위해 선택한 분단은 이후 피의 복수전을 초래하게 된다. 제2차 세계대전 이후 북아일랜드에서 구교도에 대한 차별이 계속되자 독립운동과 테러행위가 1970년대 이후 급속히 확산되었던 것이다.

하지만 중국의 티베트나 신장위구르와 마찬가지로 북아일랜드 주민의 다수가 신교도로 재편된 상태에서 독립운동은 호응을 얻기가 어려웠다. 이에 구교도 급진파는 IRA을 결성해 무장투쟁을 전개하였다. 여기에 보수당 대처 정부가 강경 대응하자 코만도를 자처한 신교도 과격파의 보복암살이 자행되었고, 보비 샌즈를 비롯해 구교도 수감자들은 영화 〈헝거〉를 통해 알려졌듯이 정치범 대우를 요구하며 단식투쟁을 하다 아사했다. 1990년대 중반 휴전이후 벨파스트에선 총소리가 사라졌지만 밤이면 신교도와 구교도 거주지 간의 이동을 차단하는 장벽이 작동하고 있다. 또한 적대적 벽화와 오래된 앙금이 여전히 충돌하는 상태에서 아일랜드의 불안은 계속될 것이다.

2. 공동체의 협력과 공존을 우선한 도시들

1) 독일의 균형발전을 촉진한 기능별 특화도시

독일은 연방정부와 16개의 주 정부가 협력적 정부 간 관계를 유지하고 있다. 독일의 주들은 상당한 수준의 행정 자치권을 누리며, 자체적으로 법률을 제정하거나 교육, 문화, 치안 등 다양한 분야를 규제하고 세금을 징수할 수 있는 권한을 가지고 있다. 1356년 신성로마제국의 카를 4세가 제국회의에서 공표한 핵심 법률인 황금문서(Goldene Bulle)는 황제의 선거제와 선제후 특권에 관한 내용이다. 독일권 7개 도시의 선제후가 황제 선출권을 행사하도록 허용한 것이다.

독일은 주나 도시별로 기능분담이 철저하다. 일례로 학문과 문화적 기능은 뮌헨이 담당하고, 공업도시의 역할은 라이프찌히나 슈투트가르트가 담당한다. 국제교류의 중심지는 베를린과 프랑크푸르트가 수행하며, 항구도시는 함부르크와 브레멘이 수행하는 등 지역적 특성을 반영하는 특화도시의 기능적 분산을 통해 국토의 균형발전을 추구하였다.

지방분권이 제도화된 연방국가 독일에서 영미나 아시아에서 자주 목격되는 세계도시처럼 천만 대도시를 찾기는 어렵다. 하지만 베를린, 함부르크, 뮌헨, 쾰른이 4대 도시로 인지도가 높은 편이다. 수도인 베를린과 더불어 북쪽에 위치한 항구도시 함부르크는 독일의 약점인 해상교류의 관문 역할을 수행해 왔다. 독일 중부 라인강변에 위치한 쾰른이 내륙 수로를 활용해 네덜란드 로테르담 항구를

함부르크 하펜시티 사업부지

활용하는 방식에 비견된다. 더불어 독일 남부의 대도시 뮌헨은 유럽 내륙의 문화 중심이자 육상 교류거점으로 알려진 곳이다.

북쪽의 베네치아라고 불리는 함부르크는 물의 도시로 알려진 곳이지만 강에 인접한 주택의 화장실에서 배출한 오물이 강으로 유입되었다. 19세기 말 함부르크는 런던과 마찬가지로 콜레라의 아성으로 전락했고 1890년 사망자가 2백 명에 달했다. 사람들은 공포에 사로잡혔고, 두려움 때문에 도시를 떠난 사람들이 콜레라를 30개 도시로 전파시켰다. 이후 세계대전의 피해까지 가중되면서 안전에 대한 시민의 관심이 높은 편이다.

함부르크는 유럽의 여타 항구도시와 마찬가지로 제조업을 넘어서는 도시재생에 유의해 왔다. 2000년에 시작해 2030년 완공할 장기 프로젝트인 하펜시티(HafenCity)가 대표적이다. 국내에는 한강르네상스 사업을 추진했던 오세훈 서울시장이 방문해 알려진 곳이다. 우리나라의 유사사례로는 낙동강 하구 삼각지에 조성중인 부산에코델타시티를 들 수 있다. 바다와 인접한 국가하천 주변 부지를 체계적이고 계획적인 개발을 통해 미래지향적 친수도시를 조성하고 있다. 여기에 정부의 포트비즈니스밸리계획과 부산시의 국제산업물류도시계획을 반영해 복합물류·산업중심 거점을 조성하면 도시경쟁력은 물론 국가경쟁력 제고로 이어질 것이다. 나아가 인천이나 목포에게도 유용한 학습사례다.

이 프로젝트는 옛 항구 지역을 현대적이고 지속가능한 복합도시로 전환하는 것을 목표로 한다. 하펜시티는 주거, 상업, 문화, 관광, 교육 시설 등을 포함하여 함부르크의 새로운 중심지로 자리를 잡았다. 하펜시티 항만재생의 주요 특징은 복합용도 개발, 다국적 기업 본사 및 스타트업 허브 유치, 친환경 기술의 활용, 창고를 보존해 현대적 건축과 융합, 엘브필하모니 콘서트홀과 같은 랜드마크를 활용한 관광객 유치, 지역 주민들의 접근성 강화 등이다.

환경수도로 알려진 프라이부르크는 독일 남서부에 위치한 인구 22만 명의 중소도시로 지속가능하고 환경친화적인 도시재생의 선구적 사례다. 116m 첨탑을 가진 대성당과 도심의 인공수로 베히레를 앞세워 관광객을 모으고 있다. 20세기 중반 검은숲으로 불리는 슈발츠발트 산악지대가 산성비로 파괴되자 환경에 대한 관심이 증대하였다. 이에 독일 정부는 1980년대부터 배출가스를 규제하고 대기오염을 줄이기 위한 정책을 시행하였다. 유럽연합도 배출권 거래제와 같은 정책을 통해 대기오염 방지운동에 동참하였다.

검은숲 지역은 농업과 관광업이 중요한 산업이다. 목재로 제작하는 뻐꾸기 시계가 지역특산품으로 알려진 곳이다. 하지만 산성비로 인한 생태계 파괴가 농작물의 생산성을 저하시켰고, 관광객의 감소로 이어졌다. 더불어 독일 내 원자력 발전의 확산을 주장하는 목소리가 커지면서 시민들의 위기감을 가중시켰다. 이에 프라이부르크를 비롯해 검은숲 지역의 도시들은 환경단체나 주민들과 협력해 숲 복원과 보존 활동을 시작했다.

프라이부르크는 자동차 의존도를 줄이고 환경을 보호하기 위해 트램 네트워크와 자전거 도로를 확충했다. 자가용 이용자는 도심 외곽의 주차장에 차를 세우고 대중교통을 이용하도록 유도했다. 또한 태양광, 풍력, 지열 등 재생에너지의 사용도 적극 장려하였다. 독일 정부가 2000년 〈재생에너지법〉을 제정해 전력 사업자에게 재생에너지의 매수를 의무화시킨 조치도 확산에 기여하였다. 주택과 건물에 에너지 효율적인 설계를 적용하면서 슈타트베르크와 같은 생태주거단지가 출현했다. 나아가 구시가지와 새로운 개발지역을 연결하는 방식으로 과거와 현재를 조화롭게 결합한 도시재생을 추진하였다. 이처럼 프라이부르크의 도시재생은 단순한 물리적 변화를 넘어 지역사회와 경제의 균형발전을 이룩한 우수사례다.

독일 바이에른주의 주도인 뮌헨은 13세기부터 바이에른 공국의 수도로 성장했다. 16세기와 17세기에는 상업과 예술 및 학문에서 번창했다. 18세기에는 황제 선출권을 행사하는 바이에른 선제후국으로 부상하며 정치적 영향력을 강화하였다. 19세기 중반 산업혁명이 시작되면서 기계, 섬유, 제약 등 다양한 산업이 발전했다. 특히 자동차 산업에서는 BMW와 같은 글로벌 브랜드가 등장했다. 1920년대 초 뮌헨은 나치당의 중심지로 자리매김하기도 했다.

바이에른주정부와 뮌헨시는 생명공학과 디지털을 비롯해 첨단기술 분야에서 긴밀한 협력 관계를 유지하고 있다. 바이에른주정부는 생명공학 및 제약 산업의 발전을 위한 정책을 수립하고 뮌헨시는 이를 집행하는 역할을 담당한다. 특히 양자는 바바리안혁신전략을 통해 지역경제의 경쟁력을 높이고, 생명공학 및 첨단기술 분야에서 글로벌 리더로 부상하는 전략을 추진하고 있다.

뮌헨은 독일의 바이오제약 산업의 중심지로 1997년 'BioM'이라는 뮌헨 생명공학 클러스터를 구축했다. 클러스터에는 뮌헨공대, 루트비히 막시밀리안 대학, 막스 플랑크 연구소(Max Planck Institutes)는 물론 글로벌 생명공학 연구소와 다수의 제약업체들이 참여했다. 중소기업이나 스타트업의 활동도 활발한 편이다. 특히 항체 개발, 유전자 치료, 디지털 헬스케어 분야가 주목받고 있다. 바이에른 주정부와 독일 연방정부는 생명공학 분야를 전략적으로 육성하기 위해 자금지원, 규제완화 등을 제공하였다.[7)]

첨단기업의 유치는 기술적 전문성과 함께 기업의 생리에 정통한 감수성이 필요한 전문영역이다. 이에 우리나라 특·광역시나 특례시는 전문임기제 공무원을 채용해 왔다. 경기도는 정부 영사관이나 대기업 지사처럼 코트라나 무역업체 출신 전문 인력을 채용해 뉴욕이나 LA 같은 대도시에 상주시켜 성과를 내기도 했다. 중소규모 자치단체들은 투자유치 전략으로 서울사무소를 운영하기도 한다. 민선 8기 고양시는 바이오·정밀의료 클러스터 구축을 목표로 국가첨단전략특화단지 공모사업에 지원하는 한편 담당 인력의 정예화도 추구하였다.

---

7) 안지호·이소창. (2023). 고양특례시 기업유치 혁신방안. 고양시정연구원.

현대 독일의 발전경로는 19세기 말 정부가 주도한 신중상주의(국가주의)에서 시작해 20세기 중반 시민사회를 중시한 사회민주주의(합의주의)라는 안정기를 거쳐 20세기 말 시장을 표방한 신자유주의(시장주의)에 다가서기 시작했다. 최근에는 2008년 발생한 미국발 경제위기에 직면해 복지국가 또는 사회협약 전통이라는 안전핀에 대한 재활용 빈도를 조절하고 있다.

따라서 정부–시장–시민사회가 혼합되고 순환하는 독일식 발전모델의 특성을 직시할 때 어느 한 측면에 대한 과도한 몰입은 위험하다. 일례로 전 세계적인 서비스 빅뱅에도 불구하고 독일은 강소기업이 주도하는 제조업의 경쟁력을 토대로 경제활성화를 유도하였다. 따라서 독일에 대한 학습은 역사의 흐름이라는 총체적 인식을 전제한 상태에서 세부 내용별 벤치마킹을 시도해야 한다.

최근 독일이 유럽연합, 통일독일, 독일연방의 주도자로서 발휘한 대내외 리더십에 대한 벤치마킹은 동북아 공동체, 남북통일, 지방분권 등을 포괄하는 다층거버넌스(multi–level governance)의 구현은 물론 정부·정당 간 협력(비례대표제), 정부·기업 간 협력(골디락스), 정부·시민사회 간 협력(보편적 복지) 등과 같은 분야별 협력체제를 촉진할 것이라는 기대를 증폭시키고 있다.

하지만 독일식 모델을 구성하는 다양한 변수들은 상황에 따라 고도의 양면성을 지니고 있다. 통일을 전후해 독일은 안정된 국가(stable state)에서 정체된 국가(static state)로의 전환이라는 시련을 경험한 바 있다. 또한 세계화라는 다목적 경기장이 출현하면서 위기에 내몰린 독일이 블록화라는 전용경기장이 생기며 지역맹주의 위용을 과시한 일에도 주목해야 한다.

결국 그동안 독일이 연출한 반전의 드라마는 우리에게 매력적으로 다가왔음을 부인하기 어렵다. 하지만 그동안 우리 정부와 시장 및 시민사회는 독일드라마에 대한 자기주도 편식을 지속하는 과정에서 균형 잡힌 인식을 결여해 왔다. 따라서 우리나라도 '시장주의'에 대한 과도한 환상 속에서 국민들을 '냉정하게' 이끌려고 하지 말고 '합의주의' 속에 내재된 '따뜻함'도 배워야 한다.

2) 이탈리아의 권역별 도시재창조 전략

이탈리아는 476년 서로마 멸망 이후 1870년 근대적 통일 이전까지 오랫동안 분열된 나라답게 지역 간 차이가 심하다. 베트남처럼 기다란 반도 지형이나 남부와 북부지역 간 경제력 격차도 촉매제로 작용했다. 다만 문화적 요소인 가톨릭과 오페라, 에스프레소와 피자, 축구와 F1 등은 통합의 상징이다. 이탈리아 남부는 이베리아와 마찬가지로 외침에 시달리며 요새도시로 진화했다. 풍광이 아름다운 나폴리와 시칠리아를 앞세워 관광에 투자했지만 남유럽 경제위기로 직격탄을 맞았다. 삼부카 마을의 1유로 하우스처럼 남부의 시골은 한국처럼 지방소멸이 진행중이다. 반면 반도의 북부는 합스부르크의 통치를 받으며 근대화 역량을 배양했다. 대도시들은 유벤투스나 AC밀란을 앞세운 스포츠 마케팅도 활발하다.

전후 이탈리아는 제조업 기반이 공고한 북부 대도시를 앞세워 도약했다. 밀라노의 패션과 토리노의 자동차가 대표적이다. 베네치아와 피렌체는 오버투어리즘에 시달릴 정도로 관광산업이 활성화된 곳이다. 나아가 이탈리아 전역은 로마의 유산과 예술의 감동이 혼합된 꿈의 여행지로 알려져 있다. 산업화 이전 마차시대에 그랜드 투어에 동참한 괴테의 이탈리아 기행문이 대표적이다.

밀라노 도심은 도시개발의 열기로 넘쳐난다. 역사적 유산인 스포르체스코성에는 중세의 시민봉기와 경세가 다빈치의 흔적이 남아 있다. 밀라노의 상업지역인 포르타 누오바는 도시재생 프로젝트를 통해 현대적인 비즈니스 허브로 탈바꿈했다. 친환경적인 건축설계를 대표하는 보스코 베르티칼레는 건물 외벽에 나무와 식물을 심어 도심 속 녹지공간을 제공했다. 미술관으로 변신한 파리의 오르세역처럼 밀라노역의 반원형 외관과 도심을 누비는 트램도 인상적이다. 1980년대 이후 제조업이 약화되자 밀라노는 패션과 관광에 주목했다. 섬유산업의 쇠퇴를 만회하기 위해 대구가 밀라노를 차용했을 정도로 정체성이 분명하다.

오버투어리즘으로 시민불만이 고조된 베네치아지만 석호와 갯벌이 합작한 100여 개의 섬들은 여전히 매력적이다. 본섬에 인접한 무라노섬은 전 유럽을 매혹시킨 유리공예의 흔적도 남아 있다. 베로나는 굴곡진 강변과 사이프러스 나무가 근대의 건축물과 절묘하게 어우러진 곳이다. 이곳은 글래디에이터의 무대였던 원형극장을 오페라 축제의 무대로 재활용하고 줄리엣의 집을 스토리텔링해 명소로 만들 정도로 창의적이다.

제노바는 베네치아의 라이벌 항구도시다. 원나라에서 베네치아로 돌아온 마르코 폴로는 제노바의 포로가 되면서 〈동방견문록〉을 출간했다. 통일운동과 올림픽으로 알려진 토리노는 1982년 옥상에 테스트 트랙을 갖춘 피아트 공장이 문을 닫자 호텔과 컨벤션으로 재창조했다. 국내에서는 연초제조창을 문화제조창으로 재생한 청주시가 유사한 사례다.

이탈리아 북부의 재창조는 제조업 위기론이 부상한 우리나라 산업도시가 학습해야 한다. 반면교사 대상인 이탈리아 남부에도 창의적인 도시재생 사례들이 다수 존재한다. 결국 우리 지역과 도시도 제조업과 서비스업이 혼합된 탄탄한 산업구조를 창출해야 글로컬이 초래한 위기를 극복하고 재도약 기회를 포착할 수 있을 것이다.

선진국 도시의 산업구조는 전통적인 제조업에서 역동적인 창조산업으로 전환하고 있다. 창조산업은 창의성과 지식 및 문화를 기반으로 가치를 창출하는 산업이다. 창조산업의 주요한 유형은 문화예술 산업, 디자인 산업, 디지털 콘텐츠 산업, 광고 및 마케팅 산업, 출판 산업, 패션 산업, 미디어 및 방송 산업 등이다. 나아가 창조산업의 전략적 활용은 대량생산체제에서 유연생산체제로의 생산양식 전환을 촉진하는 방식으로 침체된 제조업 도시의 부활을 선도해 왔다.

이탈리아의 경제지도는 번성한 북부 산업지대와 침체한 남부 농업지대로 구분된다. 북부는 밀라노나 토리노처럼 대기업이 포진한 도시가 많지만 남부는 소기업과 자영농 중심이다. 북부를 대표하는 대도시인 밀라노의 금융과 패션 및 자동차 부품, 토리노의 자동차와 항공우주 및 첨단 제조업, 제노바의 해운과 조선 및 에너지 등은 남부와 확실히 구별된다. 이러한 격차구조의 대안으로 등장한 것이 중부와 북동부 도시에서 번성한 중소기업 네트워크와 협동조합 운동이다. 번성한 제1의 지역과 침체한 제2의 지역과 구분해 제3의 이탈리아로 지칭한다.

제3의 이탈리아 지역은 유연생산체제와 산업클러스터에 기반해 고품질 제품을 생산하는 것으로 유명하다. 볼로냐의 식품가공과 기계 및 포장산업, 피렌체의 패션과 가죽제품 및 장인기술, 모데나의 스포츠카와 식품 등이 대표적이다. 이처럼 제3의 이탈리아에 내재된 산업경제적 특징은 분산형 산업구조, 기업연합체와 지자체의 협력네트워크, 유연한 노동시장, 전통적 기술과 장인정신, 네트워크 경제 등이다.

볼로냐, 모데나, 파르마 등이 포함된 에밀리아-로마냐주는 네트워크 경제의 유용성을 구현한 곳이다. 제3의 이탈리아 산업지구는 경직되고 수직적인 산업조직을 탈피해 소기업들의 긴밀한 네트워크로 급변하는 산업환경에 신축적으로 대응했다. 5명 내외의 기능인 중심으로 성장한 소기업들은 수직적 분화와 집적 및 외주화를 통해 거래비용을 낮추고 불확실성도 축소했다. 협업으로 상품을 기획하고 전문적인 마케팅을 통해 세계 시장에서 경쟁력을 확보하였다.[8] 거대 자본의 횡포에 대항해 온 이탈리아 특유의 가족기업 전통을 현대적으로 재구성한 것이다.

볼로냐 경제의 주역은 약 8,000개에 달하는 협동조합이다. 낙농 협동조합이 세운 자회사 그라나놀로는 이탈리아 우유 시장의 지배적 행위자다. 대다수의 인구가 협동조합에 고용되어 있고 지역총생산의 절반을 책임지고 있다. 2008년 금융위기나 2019년 코로나로 경제가 흔들릴 때마다 협동조합은 자체적으로 기금을 조성해 도시에 활력을 충전하였다.

중세에 건설된 권력과 부의 상징인 탑이 랜드마크인 볼로냐는 최근에 도시재생과 지속가능개발의 선구적 사례로 부상했다. 특히 공동체 중심의 접근방식과 역사적 건축물의 보존 및 스마트시티 기술이 주목받고 있다. 볼로냐시는 2014년부터 공유도시 개념을 도입해 시민과 행정 간 협력으로 공공공간을 관리하고 개선하는 모델도 확립했다. 화물 기차역을 재생한 복합문화공간 개발사례도 인상적이다. 중세에 건설한 아케이드를 보존해 유네스코 세계문화유산으로 등재된 일도 모범적이다.

영화 〈냉정과 열정 사이〉는 중부를 대표하는 도시 피렌체를 이해하는 첩경

8) 이두현·류주현. (2024). 미래를 준비한 세계의 도시들. 지식과 감성. p.63.

이다. 영화에 등장하는 피렌체의 전경은 중세의 흔적을 공유하는 경주나 교토의 분위기와 유사하다. 노을빛 풍광이 예술가들의 영감을 자극하고 도심지 한복판에 우뚝 솟은 두오모는 이정표 역할을 담당한다. 도시 외곽에는 지역을 대표하는 먹거리인 스테이크 하우스를 비롯해 농촌관광을 선도하는 부티크호텔과 지역에 특화한 예술축제가 방문객을 유혹한다.

피렌체는 1966년 아르노강 대홍수로 문화유산이 훼손되자 복원공방과 관광산업에 의존하는 과거형 도시로 각인되었다. 관광객들은 피렌체를 방문해 브루넬레스키가 설계한 두오모 쿠폴라를 비롯해 베키오 다리와 산마르코 수도원, 그림과 조각이 가득한 우피치 미술관과 다비드상이 전시된 아카데미아 미술관, 중앙시장과 미켈란젤로 언덕 등을 누비며 메디치가 후원한 천재들의 작품을 감상한다.

피렌체의 실용적인 도시발전전략은 마키아벨리의 리더십을 연상시킨다. 니콜로 마키아벨리는 레오나르도 다빈치와 함께 창의적인 르네상스인의 전형으로 알려져 있다. 1494년에 메디치 가문이 몰락할 무렵 공직에 입신하여 피렌체의 공화국 고위관료를 역임했다. 1512년 스페인의 침공으로 피렌체 공화정이 무너지고 메디치 가문이 지배권을 회복하자 공직에서 추방되었고 저술활동에 주력했다. 그는 1513년 메디치 군주에 바치는 〈군주론〉을 저술했다. 이 책에서 그는 책략에 능한 군주와 더불어 강한 군대와 풍부한 재정이 결부되어야 국가나 도시의 번영이 가능하다고 보았다.

그리스는 강에서 번성한 이집트와 메소포타미아 문명을 바다로 확장해 도약했다. 이베리아는 잔잔한 에게해를 넘어 사나운 대서양에 도전해 지리상의 발견을 선도했다. 그리스 민주정의 전성기를 선도한 페리클레스는 시칠리아의 사라쿠사를 비롯해 이탈리아 남부를 식민지로 삼았다. 반면에 로마는 그리스의 도약은 물론 분열을 학습해 서양의 고대와 중세를 풍미했다.

로마의 부흥은 환경상의 기회요인인 기후와 교통의 극대화에 기인한다. 석유나 원자력과 같이 강한 불이 존재하지 않았던 시절 온화한 기후는 의식주를 해결하는 첩경이었다. 육상과 항공 교통이 부실한 상태에서 해운은 국가경쟁력의 원동력이다. 로마는 국가형성 초기에 불을 관장하는 베스트 신전을 설치했고 발칸과 그리스를 연결하는 아피아 가도를 건설했다.

이탈리아 여행기를 집필한 괴테는 주요 도시에서 특유의 감탄사를 연발했다. 독일에서 마차를 타고 시작한 그의 그랜드 투어도 반도를 종단하는 도로망 아피아가도 덕분에 남단 시칠리아까지 이어졌다. 그는 시칠리아와 반도를 연결하는 메시아 항구 인근에 위치한 그리스 원형극장 타오르미나 유적에 들려 에트나 화산과 지중해 해안과 어우러진 유적의 아름다운 모습을 여행기에 남겼다. 마찬가지로 인근 마을 사보카는 마피아 소재의 미국 영화 〈대부〉 로케이션 장소로 유명해졌다.

아벤티노 언덕과 더불어 기원전 753년 로마 건국 신화에 등장하는 팔라티노 언덕은 가장 강력한 권력의 무대였다. 팔라티노 언덕에 근거지를 확립한 로물루스가 쌍둥이 동생 레무스를 제압하고 패권을 장악했다는 것이다.

건국 직후 로마는 거버넌스의 안정과 직결된 공화정을 채택하며 도약했다. 남부 이탈리아의 그리스 식민도시를 정복했다. 카르타고와 마케도니아를 병합하며 반도의 한계를 탈피했다. 카이사르를 비롯해 권력의 사유화를 추구한 군인통치가 부상하며 공화정이 몰락한 일은 아쉽지만 옥타비아누스는 원로원과 협치해 제정을 안정시켰다.

독재정치보다 시민행복을 우선한 로마는 안정적으로 발전했다. 기독교를 공인한 313년 밀라노 칙령도 시민통합에 기여했다. 하지만 로마가 동서로 분할되고 476년 서로마가 멸망하자 중세라는 침체에 직면하였다.

9세기 이탈리아 남부는 아랍의 지배를 받았고, 10세기 이탈리아 북부는 독일 왕 오토 1세가 세운 신성로마제국의 지배를 받았다. 11세기 이후 외세의 영향이 약화되고 교황권이 강화되자 중북부에서 도시국가가 부상했다. 14세기 아비뇽 유수를 계기로 도시국가는 교황을 배출할 정도였다. 백년전쟁, 페스트, 종교개혁 등도 신에 대한 의문을 가중시켰다. 하지만 남부는 도시국가 형성이 지연되면서 마피아에 의존하는 폐쇄적 사회로 변질되었다.

고대 그리스와 로마의 가로나 건축은 서구 도시의 원형이다. 서로마 제국

당시에 인류 최초의 100만 도시로 도약했다. 중세 이후 르네상스라는 부활의 시대를 거치며 재도약이 이루어졌고 바로크와 로코코가 유적의 완성도를 증진했다. 당시에 바티칸을 대표하는 종교 건축물들이 재건되었고 1650년 바로크 양식으로 지어진 성 이냐시오 성당(Church of St. Ignatius of Loyola)의 원근법 천장화도 감동적이다.

십자군 전쟁을 거치며 상업의 중심지로 부상한 피렌체는 축적한 부로 예술가를 후원해 16세기 르네상스를 선도했다. 해상무역을 주도한 베네치아와 제노아의 성공은 동서 항구도시 간의 라이벌 구도를 정립시켰다.

하지만 1453년 동로마 제국의 멸망 이후 강화된 오스만의 동진은 동서교역로인 발칸과 지중해에 대한 영향력 상실을 의미했다. 해양 개척을 선도한 이베리아와 네덜란드는 물론 민족국가를 토대로 영국과 프랑스가 강해지면서 이탈리아 도시국가는 17세기부터 동네북으로 전락했다. 18~19세기를 풍미한 강대국 합스부르크와 프랑스 군대를 막기는 역부족이었다.

19세기 초 프랑스혁명의 영향으로 이탈리아도 통일을 추구했다. 1861년 비또리오 에마누엘레 2세에 의해 이탈리아 왕국 성립된 이후 까부르의 행정역량과 가리발디의 헌신에 힘입어 1870년 반도를 통합했다. 이후 로마를 수도로 정하고 남북부 격차해소와 식민지 경영에 주력했지만 제2차 세계대전의 패배라는 시련에도 직면했다.

이탈리아는 역사적으로 독일과 오스트리아의 영향이 강했기에 무솔리니 파시스트 정부가 출현했다. 하지만 1946년 공화국이 수립되고 중도우파가 득세하면서 중북부 제3의 이탈리아 지역을 중심으로 유연생산체제와 협동조합운동의 신화를 이룩했다. 남유럽 경제위기라는 시련을 경험했지만 서방 선진 7개국(G7)의 지위는 유지하고 있다.

무더운 로마에서 사람이 몰리는 장소는 분수와 젤라또 가게다. 한낮의 무더위를 피해 오후 늦게 경관의 명소나 골목길 탐방에 나서야 유리하다. 통일기념관 안쪽 테라스 카페나 스페인 계단 넘어 핀초 언덕이 입소문을 타기 시작했다.

영화 〈로마의 휴일〉로 알려진 '진실의 입'이 위치한 코스메틴 성당은 발렌타인데이의 기원이다. 금혼령을 어기고 결혼미사를 주관하다 처형당한 성 발렌티누스의 유골을 모시고 있다. 시티투어의 출발지로 각인된 콜로세움 인근의 빈콜리 성당은 초대 교황으로 추존된 베드로의 수난을 상징하는 쇠사슬을 전시하고 있다.

로마에 도착한 관광객들은 시내 투어를 마치고 남부나 북부로 떠난다. 반도의 중심지 로마는 지역 간 통합의 균형추를 담당해 왔다. 한국 패키지는 당일투어로 나폴쏘를 다녀와 피렌체와 피사가 포진한 구릉지대 토스카나로 떠난다. 하지만 자유여행으로 나폴리와 바스를 경유해 시칠리아에 도전해도 유용하다. 여기에 지중해 크루즈의 핵심인 몰타를 추가하면 금상첨화다.

3) 스위스의 연방제와 자치분권이 도시발전의 원동력

인구 880만의 강소국 스위스는 16세기부터 중립국 노선을 견지해 왔다.[9] 인접국가인 오스트리아가 20세기 중반 스위스 모델을 채택해 그 가치를 입증하기도 했다. 압도적인 스위스 국가경쟁력의 비결은 로슈, 노바티스, 네슬레, ABB 등과 같은 혁신적 기업과 더불어 로잔, 취리히, 제네바, 베른 등의 창의적 도시에 기인한다.

스위스는 작은 나라지만 다양성이 분출하는 나라다. 연방제, 직접민주주의, 자치분권 등에 힘입어 도시나 마을 단위의 주민자치가 활성화되어 있다. 스위스의 지방자치는 연방정부, 주(canton), 지방자치단체(communities 또는 municipalities)로 구성된 3단계 구조로 이루어져 있다. 스위스에 위치한 2,100여 개의 지방자치단체는 교육, 치안과 소방, 교통과 인프라 관리, 세금부과와 예산집행, 사회복지와 문화예술 등의 역할을 수행한다. 일선 주민자치 기제인 코뮌은 프랑스와 마찬가지로 수십 명 단위의 작은 마을에서 수십 만 단위의 취리히, 제네바, 바젤 등 대도시까지 다양한 규모를 자랑한다.

스위스는 직접민주주의를 실현하기 위해 주민투표와 국민발안을 적극적으로 활용한다. 주민자치에서도 주민총회가 주도적 역할을 수행한다. 작은 자치단

9) 이광훈. (2023). 스위스 모델: 권력공유 · 지방자치 · 리더십 삼중주. 문우사.

체에서는 주민들이 직접 모여 예산, 세금, 지역개발 등의 주요 결정을 내린다. 이러한 주민자치의 효과로는 정책의 수용성과 책임감 증대, 소통에 기반한 지역 문제 해결, 지역의 자율성과 다양성 존중 등이다.

물론 소규모 자치단체에서는 전문 인력과 자원이 부족해 정책의 전문성 확보에 애로를 경험하기도 한다. 주민참여가 저조할 경우에는 정책결정이 왜곡될 가능성도 있다. 하지만 이러한 우려에도 불구하고 스위스의 주민자치는 투명성과 효과성을 인정받고 있다.

서유럽의 중간지대에 위치한 스위스는 다양한 언어와 문화가 공존하는 중립지대다. 산지로 이루어진 지리적 특성도 고유한 문화와 전통의 유지에 기여하였다. 더불어 고도의 자율성에 기반한 특화도시들이 분출한 곳이다.

대도시 취리히는 세계에서 가장 살기 좋은 도시로 꼽히는 곳이다. 쾌적한 주거환경과 안정적 사업여건으로 글로벌 기업을 유치했다. 주력산업인 금융, IT, 기술 스타트업 등이 도시의 활력을 제공해 왔다. 스위스 은행의 안정성과 공신력을 앞세워 세계적인 금융 허브로 도약했다. ETH 취리히와 같은 명문대학을 중심으로 IT와 기술 스타트업도 활발한 편이다. 취리히 중심의 반 호프 거리와 아기자기한 니더도르프 거리는 쇼핑이 강점이다. 취리히 호수나 리마트 강변에 펼쳐진 풍광이 아름다운 곳이다.

베른은 스위스의 행정수도로 정부기관이 밀집한 곳이다. 유네스코 세계문화유산으로 지정된 구시가지의 풍광이 압도적이다. 도심을 휘감아 흐르는 강물은 삶의 여유를 즐기는 시민들로 넘쳐난다. 베른의 도시발전전략은 역사적 자원과 관광을 결합한 지속가능발전이다.

레만호반의 몽트뢰는 스위스 남부의 휴양도시다. 여름에는 몽트뢰 재즈축제가 열린다. 중세에 지어진 시옹성과 프레디 머큐리 동상이 지역의 랜드마크다. 인근에 위치한 인터라켄과 연계관광을 즐기기에 적합한 곳이다. 융프라우 관문도시 인터라켄은 깨끗한 호수와 잘 단장된 마을이 인상적이다.

국제기구가 밀집한 외교의 중심지 제네바는 우리에게 〈공동경비구역〉이라는 영화의 모티브를 제공한 곳으로 알려졌다. 고급시계 산업과 화장품 산업이 발전한 곳이다. 제네바는 불어권 도시라 프랑스와의 교류가 특화산업 발전에 영향을 미쳤다. 프랑스 중소도시나 샤모니 몽블랑을 찾는 관광객들도 제네바 공항을 경유하는 경우가 많다.

스포츠 외교와 혁신기술의 도시로 알려진 로잔도 제네바와 유사하다. 프랑스를 대표하는 패션의 거장 샤넬은 전후 부역 시비에 휘말리자 중립국 도시 로잔에 은둔했다. 샤넬의 공백기 동안에 파리 패션계는 디올의 '뉴룩'과 코르셋의 부활처럼 불편하지만 화려하고 여성적인 패션으로 회귀하려는 복고 트렌드를 표출했다. 이에 분노한 샤넬은 1954년 71세에 파리 패션계 복귀를 선언했다. 샤넬은 여성의 실루엣을 해방시킨 위대한 혁신가라는 호평 속에서 1957년 패션계의 오스카상인 니먼 마커스상을 수상했다.

바젤은 독일은 물론 프랑스와 가까운 지리적 이점을 살려 생명과학 및 제약산업을 육성했다. 노바티스(Novartis), 로슈(Roche) 등 글로벌 제약회사의 본사가 위치한 바젤은 유럽 내 주요 생명공학 연구 및 개발 허브로 부상했다.

스위스 중부의 루체른은 휴양도시다. 호수 주변에는 세계적인 부호들의 별장이 밀집해 있다. 들꽃이 가득한 리기산과 눈으로 뒤덮인 티틀리스산은 알프스 산군을 조망하기에 적합하다. 도심 외곽에서 생산한 친환경 농축산물을 활용한 유기농 레스토랑도 인기다.

스위스 여행은 매력적이지만 비용이 많이 든다. 다만 저렴한 교통패스나 무료 박물관이 가뭄속의 단비다. 독일, 프랑스, 이탈리아 도시와 근접한 지역에서는 쇼핑이나 숙박을 위해 국경을 넘나드는 여행자들도 자주 목격된다.

문화수도 바젤에 위치한 시립미술관은 수련과 연못이 테마인 모네의 명작을 비롯해 다양한 작품을 전시하고 있다. 스위스에는 취리히를 비롯해 박물관을 중시하는 도시가 많다. 세나라 대교 인근에 위치한 독일도시 바일 암 라인은 쇼핑의 천국이다. 라인센터에서는 스위스의 절반 비용으로 장보기가 가능하기 때문에 트램을 쇼핑 용도로 활용한다. 프랑스 유낭그는 라인강변의 깨끗한 숙소에서 인근 바젤의 절반 비용으로 숙박이 가능하다.

4) 에코스마트시티를 선도한 암스테르담

암스테르담은 지속가능한 에코스마트시티의 전형이다. 생태도시를 구현하려고 2050년까지 자원을 재사용하는 순환경제원칙을 준수한다는 목표를 설정했다. 구체적 실행전략으로 2030년까지 이산화탄소 배출량을 55%, 2050년까지 95% 감축을 목표로 설정했다. 스마트시티 플랫폼은 에너지, 모빌리티 등 6개 부문에서 시민과 이해관계자가 협력하여 도시문제를 해결책을 제시한다.

친환경 도시계획을 활용해 자전거 중심도시와 생태 주거단지도 구현했다. 도심지에는 자전거 도로와 주차장을 구비해 시민들이 자전거를 주요 교통수단으로 사용하고 있다. 에콜로니아(Ecolonia)는 자연과 사람이 조화를 이루는 생태적 주거단지다. 암스텔 파크와 보스 암스테르담 같은 자연보호구역은 도심 속에서 자연과 교감할 수 있는 공간을 제공한다.

암스테르담은 2020년 코로나19 팬데믹 이후 경제회복 전략으로 케이트 레이워스(Kate Raworth)가 제안한 도넛경제 모델을 채택하였다. 도넛경제란 GDP 중심의 경제성장 패러다임을 탈피해 내부경제인 사회적 공정성과 외부경제인 환경적 지속가능성의 강화를 추구하는 모델이다. 주요한 실행전략으로는 건축 폐기물 최소화, 탄소중립 추구, 사회적 불평등 해소, 지역 생산품 이용, 기업의 친환경 정책 유도 등이다. 도넛도시의 유사사례로는 코펜하겐, 브뤼셀, 서울 노원구, 충남 보령시 등이 있다.

네덜란드는 1588년 오늘날 벨기에 지역을 포함한 연방공화국으로 출범했다. 이후 해외진출을 선도한 암스테르담의 상인들은 동남아시아와 향신료 무역을 주도했다. 1600년 영국 동인도회사 출범에 자극받아 1602년 연합 동인도회사(Vereenigde Oostindische Compagnie: VOC)를 설립해 아시아와 아프리카에 여러 개의 식민지를 건설했고, 북미 대륙에도 진출해 지금의 뉴욕인 뉴암스테르담을 건설하기도 했다. 나아가 일본에서 도자기를 수입하고 서양의 신학문을 전파했다. 이처럼 활발한 교역 활동이 자본주의를 촉진한 제도적 장치인 보험, 운송, 증권 등의 발전으로 나타났다.

네덜란드는 유럽에서 인구밀도가 가장 높은 나라이자 해수면이 가장 낮은 나라다. 암스테르담은 원래 해수면 아래에 있었지만 사람들이 댐을 쌓고 풍차를 돌려 세계도시 건설이라는 위업을 달성한 것이다. 이러한 전통을 앞세워 암스테르담은 용감한 평민들이 주도한 관용과 창의의 도시로 부상했다. 암스테르담은 1999년부터 강력하게 창의도시 프로젝트를 진행하고 있을 뿐만 아니라 마리화나, 동성결혼, 안락사, 홍등가, 렘브란트, 스피노자 등과 같은 키워드가 상징하듯이 신과 권력의 속박을 극복한 시민들의 자유의지가 충만한 도시다.[10)]

대부분의 서유럽 국가들과 마찬가지로 네덜란드도 생태환경의 가치를 중시하는 지속가능발전에 대한 관심이 큰 편이다. 환경의 부담을 줄이기 위해 도시재개발 방식보다 도시재생 방식을 중시해 왔다. 1973년부터 시작된 유럽 환경정책 프로그램도 분위기 형성과 마인드 확산에 기여하였다. 네덜란드 도시들은 최근 토목의 선구자에서 스마트 시티로 방향을 전환하였다. 저지대 국가인 네덜란드는 해수의 범람을 예방하기 위해 대규모 간척공사를 성공리에 추진했다. 간척을 위한 방조제와 마찬가지로 항구를 위한 방파제도 현대 토목기술의 총아다.

북유럽의 베네치아라 불리는 암스테르담에는 총 100㎞의 운하가 90개의 섬을 만들고, 그 섬들은 1,500여 개의 크고 작은 다리로 연결된다. 시내에서 가장 번화한 담락 거리와 담 광장을 중심으로 조금만 걷다 보면 크고 작은 운하가 나온다. 암스테르담 국립미술관은 〈야간순찰〉을 비롯해 렘브란트의 대표작들이 전시되어 있다. 암스테르담에서 남서쪽으로 35㎞ 떨어진 리세에 있는 튤립정원에서 열리는 쾨켄호프 튤립축제는 세계에서 가장 크고 유명한 튤립축제다. 네덜란드 도시들은 환경이나 생태에 관한 관심이 높은 편이다.

각기 폐쇄된 조선소와 발전소 부지인 암스테르담 NDSM(Nederlandsche Dok en Scheepsbouw Maatschappij)과 베스터가스파브릭(Westergasfabriek)의 경우가 도시재생의 대표적 사례다. 우선 중앙역에서 페리로 연결되는 건너편 10만평의 북항 지역은 과거 조선업이 호황을 누렸지만 우리나라를 비롯해 동아시아 각국이 조선업을 주도하면서 1984년 파산한 지역이다. 이후 조선소 부지는 다양한 분야

10) 백승종. (2019). 관용의 도시 네덜란드 암스테르담. 신동아 2019년 9월호.

암스테르담의 친환경 운하와 자전거

의 예술가들이 활동하는 복합문화예술 및 상업의 중심지로 변모한 상태다. 녹슬어가는 조선소를 점거해 창의적으로 재생한 예술가들의 투혼과 협업이 관광의 명소로 급부상한 비결이다. 일례로 조선소 크레인과 노후 선박을 개조한 호텔이 이곳의 랜드마크 역할을 수행하고 있다. 또한 발전소를 재생한 배스터가스파브릭(Westergasfabriek) 문화공원은 1992년 천연가스 도입으로 수지가 악화된 발전소가 문을 닫자 시는 주민투표를 거쳐 녹지와 문화를 결합한 공원으로 탈바꿈시켰다. 이후 심각한 오염을 유발하던 발전소 시설은 극장, 카페, 행사장 등 복합문화공간이자 도심형 공원의 역할을 성공리에 수행하고 있다.

서유럽을 대표하는 에코스마트시티로 부상한 암스테르담은 시민들의 참여열기가 곳곳에 배어 있다. "상향식의 '풀뿌리 생태계'가 암스테르담의 도시혁신을 이끄는 힘"이다. 일례로 우리나라 지방자치단체에서도 시행중인 주민참여예산제와 유사한 시민투표 방식으로 다양한 스마트시티 사업이 결정되고 추진된다. 일례로 스마트 파킹 시스템은 길가에 차량이 10분 이상 주차돼 있으면 IoT가 장착된 태양광 센서가 이를 인식해 해당 차량에 경고한 뒤 주차관리원에게 알려준다.

암스테르담의 도시공간은 항구를 중심으로 방사형으로 발전해 왔다. 특히 암스테르담 항구는 경제발전의 핵심적 요소로 도시의 중심으로 자리해 왔다. 더불어 도시화에 따른 주택난과 업무공간의 수요증가는 항구 인근들의 도시재개발

암스테르담 이스턴 도크랜드 도시계획안

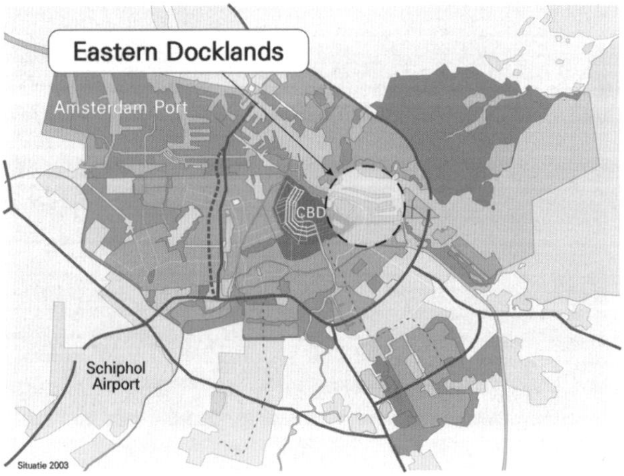

출처: 국토연구원 도시재생연구센터 내부자료.

구상으로 나타났다. 암스테르담의 남서쪽 지역은 스키폴공항에서 발생하는 비행 소음으로 시가지로의 활용이 어려운 상황이었으며, 북측지역은 그린벨트로 지정되어 있어서 개발에 한계가 있었다. 따라서 상대적으로 개발여건이 좋은 남동 측 방향으로 시가지 확산을 추구하였으며, 기존 도심과 가까이 있는 이스턴 하버(Eastern Harbour)지구를 집중적으로 재편하는 계기로 작용하였다.

암스테르담의 이스턴 하버 지구는 19세기부터 항구 주변에 주택이 들어서면서 항구와 배후산업단지의 역할을 상실하기 시작하였다. 이에 항만 지역을 새로운 도시공간으로 재편하기 위해 1974년 도시계획의 범위에 이스턴 하버 지역을 포함시켰다. 이 계획안에 따라 이스턴 하버 지역은 이스턴 도크랜드(Eastern Docklands), 에이뷔르흐(IJburg), 오스터르도크(Oosterdok)의 세 지역으로 구분해 개발을 진행하였다. 주요 개발 성과로는 우선 이스턴 도크랜드는 노후된 항구 및 공업지역을 친환경적이고 인간중심적인 주거단지로 재생하였다. 또한 에이뷔르흐는 매립지를 활용하는 방식으로 주거지역을 확보하였다. 그리고 오스터르도크는 노후된 항만 지역을 도심인접형 수변문화레저도시로 재생하였다.

특히 이스턴 도크랜드는 도시에 인접한 노후항만을 시민들의 주거공간으로 전환했다는 점에서 우리나라의 구도심 재생에 많은 시사점을 준다. 노후 항만의 재생은 수변공간과 접하기 때문에 건축물과 같은 경관요소의 디자인이 성패를 좌우하는 결정적 변수다. 이에 시 당국은 창조적 건축가들에게 다양하고 창의적인 디자인을 하도록 허용하는 한편 전체 도시설계 측면에서는 통일된 경관을 확립하기 위해 몇몇 랜드마크를 제외하고 4~8층의 중층으로 건축물 높이를 제한하였다. 더불어 차량과 보행자를 철저히 분리하던 방식에서 자전거를 포함한 보차혼용(步車混用) 방식으로 전환하였다.

5) 핀란드 도시의 혁신역량을 충전한 과학과 교육

핀란드는 혁신적이고 지속가능한 도시를 많이 보유한 나라다. 1990년대에 금융위기를 경험한 핀란드는 임업목재국가에서 첨단산업국가로 전환을 추구했다. 울루 사이언스파크를 비롯해 정보통신 클러스터를 적극 육성한 결과 고도성장의 대열에 동참했다. 울루는 핀란드의 수도 헬싱키에서 북쪽으로 5백㎞ 떨어진 인구 12만 명의 작은 도시다. 지방의 작은 도시인 울루가 국가의 성장엔진이 된 것은 울루대학과 국가기술연구센터(VTT), 그리고 노키아의 영향이 절대적이었다. 요즘은 5G와 ICT 기술의 중심지로 부상했다. 전 세계 ICT 기업과의 협력을 통해 스마트 홈, 스마트 헬스케어 등의 혁신을 추구했다. 에너지 효율적인 건물과 스마트 센서를 기반으로 한 스마트도시 기술도 앞서가는 곳이다.

라흐티는 탄소중립 도시를 표방하면서 유럽의 녹색수도로 부상했다. 시정의 역점과제로 순환경제나 대중교통을 중시한다. 시민들이 환경 데이터를 공유하고 도시정책 결정에 참여하는 플랫폼도 활용하고 있다.

수오미란 별칭처럼 핀란드는 빙하가 조성한 19만 개 '호수의 나라'다. 대자연의 정기와 불굴의 열망을 간직한 호수의 이미지는 민족음악가 시벨리우스의 장중한 교향시 '핀란디아'와도 일맥상통한다. 거장의 모국답게 핀란드는 550만 명의 작은 인구에도 불구하고 합창단과 오케스트라 및 공연장이 넘치는 곳이다. 우리나라와 달리 예술과 교육의 혼합이 핀란드 창의성이 비결이자 압도적 국가경쟁력의 비결이다.

핀란드만에 위치한 수려한 공원과 유원지 섬은 시민들의 친환경 마인드를 배양하는 교육장 역할을 담당해 왔다. 북유럽 전반에서 목격되는 높은 수준의 공공성은 사회복지는 물론 교육문화, 도시설계, 대중교통 등에 투영되어 있다. 더불어 바위산에 건축한 개방형 암석교회나 다목적 공연장 핀란디아홀은 특유의 실용성을 대변하는 사례다. 북유럽 국적 항공사 중에서 유일하게 한국편 직항을 운영하는 핀에어는 세계와의 교류를 촉진하는 주역이다.

핀란드는 강대국 스웨덴과 러시아 사이에 끼어 고초를 당한 나라다. 스칸디나비아 반도를 근거지 삼아 유럽의 강과 바다를 누빈 바이킹의 후예 핀란드는 국민국가 형성이 지연되면서 1155년 스웨덴의 식민통치를 받게 되었다. 이후 핀란드는 660년간 스웨덴 왕국에 편입되었다. 종교개혁 직후인 1593년 스웨덴과 마찬가지로 루터교를 국교로 채택했다. 1648년 30년전쟁을 종식시킨 베스트팔렌 조약으로 노르딕 신교 공동체가 형성되자 제도혁신과 도시발전이 촉진되었다.

발틱의 딸로 불리는 헬싱키는 러시아가 1809년 핀란드를 점령한 이후에 스웨덴에 가까운 곳에 위치한 수도 투르쿠를 러시아에 가까운 곳으로 옮기면서 수도가 되었다. 1809년 스웨덴을 대신해 핀란드를 빼앗은 러시아는 108년간 지배했다.

핀란드는 아일랜드나 한국과 마찬가지로 강대국의 침탈과 식민통치를 경험한 나라다. 하지만 불리한 외부환경에도 내부역량을 강화해 유럽을 대표하는 강소국으로 부상했다. 1917년 제정 러시아가 붕괴하면서 독립한 핀란드는 770년의 식민통치에도 불구하고 고유한 언어와 문화를 지켜낸 저력의 아이콘이다.

은근과 끈기 및 불굴의 의지로 요약되는 핀란드 정신이 시수(sisu)[11]다. 살인적 추위와 자원이 부족한 척박한 땅에서 질병과 대기근으로 고통을 당했다, 300여 년 전에는 3년 동안 계속된 한파(1697~1699)로 인구의 30%가 굶어 죽는 참사를 겪기도 했다. 식량이 떨어지면 소나무 속껍질과 곳간 밑바닥에 남은 곡식을

11) 시수(핀란드어: Sisu)는 핀란드의 문화적 개념이다. 극기심, 용기, 회복탄력성, 강인함 등의 의미가 혼재하는 개념으로, 외국어로 정확히 대응하는 표현은 존재하지 않는 것으로 여겨진다. 핀란드인들은 이 시수를 자신들의 국민적 기질로 여긴다.

섞어 페튤에이파라는 빵을 만들어 먹었다. 현대에도 전쟁의 참화와 이념의 대립으로 고통을 당했지만 사회적 대타협을 앞세워 고도성장의 대열에 동참했다.

냉전시절 핀란드는 서방과 소련을 연결하는 중개무역을 담당했다. 이에 핀란드는 소련이 붕괴한 이후에 심각한 경기침체를 경험했다. 1990년대 구소련 붕괴로 중개무역이 침체하자 종교계, 기업, 자치단체장 등이 참여한 범국가적 싱크탱크인 헬싱키클럽을 중심으로 새로운 발전전략을 모색했다. 사회민주주의에 신자유주의를 접맥한 '유연안정성' 정책으로 위기를 넘긴 핀란드는 노키아와 앵그리버드를 앞세워 정보통신과 디자인 강국으로 비상했다.

헬싱키시 집행부도 경제, 문화, 환경, 국제화 등 다양한 이해관계자들과의 네트워크를 강화하는 방식으로 도시의 지속가능성을 확보하였다. 헬싱키는 창의적인 공교육에 부가해 평생교육 서비스를 활용해 고품질 인력을 양성해 왔다. 인구는 작지만 학습친화 인력이 지역발전을 촉진하고 시민행복을 유지한 것이다. 연령대에 따라 자기가 필요한 공부를 알아서 학습하는 문화가 정착된 상태다. 교육의 자발성에 기반해 지역활성화 정책의 파급효과인 고용창출과 경제성장이 입증된 곳이다.

헬싱키는 스웨덴이 통치하던 16세기 중반부터 무역도시로 성장한 곳이다. 3면이 항구인 도시답게 신도시 건설도 항만 확충 방식을 취했다. 최근 개발된 북동부 항만 칼라사타마는 스마트시티 리빙랩이다. 친환경 공유도시를 목표로 솔루션을 개발하고 테스트하는 플랫폼 역할을 수행하였다. 헬싱키의 생태신도시인 에코 비키는 제로에너지 기술을 적용한 주거단지와 생태공원이 위치한 곳이다. 도시농업 확대나 자전거 활용도 탄소배출 억제에 기여해 왔다.

20세기 중반 핀란드가 구축한 지식경제의 중심에는 다국적 통신기업인 노키아 네트워크가 일조했다. 지역의 대학을 연계해 연구개발을 촉진하고 스타트업 생태계를 구축한 헬싱키 과학회랑은 미국의 리서치트라이앵글파크의 성과를 연상시킨다. 쇠락한 도자기 공장지대인 아라비안란타를 재생해 명품 주거지도 조성했다.

도시디자인이 수려한 헬싱키는 첨단의 스마트시티 이미지를 지니고 있다.

헬싱키는 스마트 기술로 도시관리의 효율성과 시민행복을 증진했다. 특히 데이터 기반 도시관리 시스템을 구축해 교통, 에너지, 환경 등 다양한 분야의 혁신을 촉진했다. 실시간 교통 데이터를 활용해 교통체증을 줄이고, 스마트 그리드로 에너지 소비도 절감했다.

헬싱키는 공공 데이터를 개방해 시민과 기업이 자유롭게 활용할 수 있게 허용한다. 이를 통해 다양한 디지털 서비스와 애플리케이션이 개발되었고 도시문제의 해결에도 기여하였다. 디지털 플랫폼을 활용해 시민참여를 활성화한 일도 모범적이다.

밤이 긴 1월에는 빛의 축제를 개최하고 낮이 긴 8월에는 다양한 장르의 음악공연을 비롯해 예술, 디자인, 문화 프로그램을 제공하는 플로우 페스티벌도 개최한다. 관용성이 높은 사회적 풍토에도 불구하고 이민 장벽으로 순혈주의가 유지된 일은 제한적이다.

작은 나라가 경쟁력을 높이고 산업을 키우려면 빠른 추격자 모형의 한계를 극복하는 창조적 도전이 필수적이다. 노키아는 2008년 아이폰 등장이라는 외부적 요인과 더불어 관료주의와 자만이라는 내부적 요인이 결합해 무너지고 말았다. 하지만 2010년 헬싱키 알토대학에서 창업한 게임 스타트업 슈퍼셀이 노키아 영광의 계보를 잇고 있다.

핀란드 헬싱키의 평생교육은 창의성, 일자리, 파급효과를 중시한다. 무상교육 체제하에서 대학진학보다 조기에 취업해 지역공동체에서 행복감을 느낀다. 사교육 지출과 대학 서열 및 임금 격차도 발생하지 않는다.[12] 재교육이 필요하면 평생교육 서비스를 활용한다. 북유럽의 척박한 산골 공동체 전통과 러시아의 사회주의 정책이 영향도 끼쳤다. 전문적인 종과 포괄적인 횡을 겸비한 T자형 융합인재를 양성하는 혁신적 교육은 모든 대학이 일류라는 보편성을 추구한다. 평생교육의 목표인 고용창출과 경제성장을 입증한 곳이다.

낡은 것을 혁파하는 모험지향성은 촘촘한 사회안전망 덕분에 가능했다. 미

---

12) 강충경. (2018). 핀란드에서 찾은 우리의 미래: 핀란드는 어떻게 세계 행복지수 1위, 국가 경쟁력 1위 국가가 되었나?. 맥스.

래가 불안한 우리 청년들은 공무원 취업에 매달려 왔다. 성장과 복지를 연계한 선순환 경쟁력 모형이 필요한 대목이다. 우리도 사회통합을 촉진하는 노사정 대타협으로 혁신국가의 토양을 조성해야 한다. 핀란드는 40% 여성 쿼터제를 유지하는 방식으로 여성고용율 우수국가와 양성평등 선진국가를 이룩했다. 나아가 환경과 에너지를 결합한 글린텍 혁신클러스터 사례처럼 세계 최고의 친환경 마인드를 확립했다.[13]

스타트업의 산실인 헬싱키 알토대학은 1871년 개교한 헬싱키 예술디자인대학에 헬싱키공과대학과 헬싱키경제대학이 통합한 대학이다. 혁신확산이론에 따르면 혁신자와 얼리어답터는 소수파지만 캐즘을 돌파하면 주류시장에 진출한다. MP3 플레이어는 카세트테이프와 CD라는 협곡을 극복한 사례다. 또한 급진적 진보나 극우적 쿠데타 세력이 저변을 확대한 집권전략과도 닮은꼴이다.

새로운 변화를 유도하는 진보가 약한 나라는 쇠퇴하기 마련이다. 고도성장기를 거치며 진보가 멸종한 일본은 심각한 경기침체를 경험해 왔다. 반면에 북유럽은 진보의 가치를 경제적 활력충전에 접맥한 성공사례다. 장벽으로 수성하는 미국의 보수화 추세도 우려할 대목이다. 우리나라도 비상계엄 수습과정에서 극우라는 꼬리가 몸통을 흔드는 형국이 조성된 일에 유의해야 한다.

6) 노르웨이 중핵도시는 메가시티의 축소판이다

초원길을 호령한 흉노나 몽골처럼 물길을 지배한 바이킹도 침략과 무역의 선도자다. 바이킹은 척박한 영토의 한계를 보완하는 수단으로 비옥한 영토를 갈망했다는 점에서 북방의 유목민족과 유사하다. 더불어 그들이 종교나 관습의 굴레를 극복하는 개방과 개혁노선을 견지한 점도 고무적이다.

바이킹의 적자 노르웨이가 어업과 해양 분야에서 높은 경쟁력을 유지한 일도 오래된 전통과 무관하지 않다. 북유럽과 근접한 네덜란드나 영국이 바다의 왕자로 부상한 이면에도 바이킹과의 빈번한 접촉이 촉매제로 작용했다. 스웨덴과 덴마크를 무대로 바이킹의 전성기를 선도한 라그나 로스브로크라는 역사 속의

13) 강충경. (2018). 앞의 책.

인물을 발굴해 시리즈로 제작한 〈바이킹스(Vikings)〉를 흥행시키기도 했다. 21세기를 맞이해 노르딕 5국에서는 휘게, 라곰, 이케아, 앵그리버드 등과 같은 생활방식이 스칸디나비안 스타일이 각광받고 있다.

노르웨이의 대표 도시는 수도이자 인구 100만 명의 수위도시 오슬로를 비롯해 베르겐, 스타방에르, 트론하임, 크리스티안산 등이다. 베르겐과 트론하임은 과거 왕국의 수도가 자리했던 역사도시이자 관광도시다.

트론하임은 요즘 기술과 교육의 중심지로 부상한 상태다. 대학과 연구소가 밀집해 국제학회도 자주 개최된다. 인구 25만 명의 작은 도시지만 교통이 편리하다. 중부에 위치한 고위도 지역이라 아이슬란드행 항공노선이 개설되어 있다. 전통적인 건축물과 현대적인 건축이 잘 조화된 도시로 재즈 페스티벌과 전통 뷔페가 유명하다.

스타방에르는 노르웨이 서남부에 위치한 도시로 석유산업의 중심지다. 20세기 중반부터 석유개발이 도시경제의 핵심적 부문으로 자리해 왔다. 피요르 절벽 위에 돌출한 프레이케스톨렌(Preikestolen, 설교자 바위)은 세계적인 관광명소다. 국제영화제를 비롯해 다양한 문화행사도 열리고 있다. 자연과 도시 생활이 조화를 이루는 곳으로 하이킹, 수상 스포츠, 낚시 등의 액티비티를 제공한다.

최남단 항구도시 크리스티안산은 아름다운 자연경관과 활기찬 산업항구로 크루즈 선박의 중요한 기항지다. 음악, 연극, 영화 등 예술 관련 축제와 행사가 많이 개최되는 곳으로 알려져 있다. 동물원을 비롯한 놀이공원도 유명하다.

강대국의 틈바구니 속에서 국가생존을 위한 치열한 줄타기를 계속해 온 중북부 유럽 강소국의 분투는 교훈적이다. 노르웨이를 비롯해 스위스, 오스트리아, 네덜란드, 덴마크, 스웨덴 등은 영세중립과 균형외교를 표방하면서 자국에 부과된 시대의 소명에 부응해 왔다. 국가 존립의 위기마다 빛난 그들의 저력은 양차대전 이후 사반세기 동안 지속된 경제호황을 종식시킨 석유위기의 충격은 물론 2008년 미국발 금융위기의 파고도 예외가 아니었다. 나아가 각종 국제기구나 대학의 국가경쟁력 순위발표에서 확고한 상위그룹에 자리해 왔다. 그렇다면 한국이 추구하는 메가시티를 연상시키는 그들의 성공신화에서 우리가 배워야 할 전략은 무엇인가?

첫째, 중립성과 투명성을 겸비한 정부에 대한 높은 신뢰다. 현대 정부의 성패와 직결된 국민의 신뢰는 인접한 유럽 국가는 물론 영미나 동아시아에 비해 압도적 우위를 자랑한다. 이때 중립성이란 정부가 계급적 이해관계를 초월해 균형 잡힌 촉진자 역할을 수행한다는 의미다. 또한 투명성이란 정부가 부정부패에서 자유롭다는 의미다. 나아가 중립성과 투명성에 기반을 둔 정부의 적극적 역할은 국민행복과 실용주의 정책기조를 강화시키고 있다.

둘째, 사회를 구성하는 핵심 변수들의 대표성을 중시하는 방식으로 격차 구조를 완화시켰다. 여기에는 계층간 분리현상을 치유하는 보편적 복지를 비롯해 지역대표성을 고려하는 연방제와 지방분권, 정치경제적 측면에서 소수자를 제도적으로 배려하는 비례대표제와 약자 우대조치 등을 들 수 있다. 나아가 이러한 박애적 기풍은 공적개발원조의 활성화나 인종차별주의와의 단절로 이어지고 있다.

셋째, 사회적 시장경제를 표방하면서 성장과 분배, 개발과 보존 등의 조화를 추구하였다. 특히 경제위기에 직면할 때마다 노사정 대타협을 유도하는 방식으로 유연성과 안정성을 결합한 '유연안정성(flexicurity)' 정책기조를 채택했다. 일례로 네덜란드와 덴마크는 근로와 복지를 연계한 유럽 각국의 개혁을 촉발시킨 선구적 사례로 평가되고 있다.

넷째, 창조경제를 표방하면서 주변 강대국들과 차별화된 틈새 산업을 적극적으로 육성했다. 이를 반영하는 대표적인 사례로는 덴마크의 완구, 스웨덴의 가구, 스위스의 시계, 네덜란드의 물류 등을 들 수 있다. 더불어 바이킹이나 폴더스타일 개척정신은 외국인 투자유치나 해외시장 개척에서 성과를 창출하는 기반으로 작용하고 있다.

다섯째, 공멸을 회피하는 타협문화의 확산이나 거버넌스의 제도화를 추구해왔다. 여기에는 공유지의 비극을 회피한 스위스의 공동목초지 관리규약이나 덴마크에서 일상화된 협동조합이나 자원봉사 활동이 포함된다. 특히 공공과 민간이라는 치열한 대립구도를 완화시키는 제3부문의 존재감은 거버넌스의 구현과 직결된 사례다.

물론 중북부 유럽 강소국의 경험은 문화나 규모의 차이를 고려할 때 한국적 맥락에서 직접적 적용에 무리가 있다. 하지만 이들의 경험은 한국적 발전모델을 재정립하는 지난한 여정에서 유용한 단서를 제공할 수 있을 것이다. 따라서 우리의 정부와 시장 및 시민사회가 보다 많은 숙의와 토론을 진행하기를 기대해 본다.

3. 엘리트의 천재성과 개인기로 부상한 도시들

1) 파리를 개조하고 창조한 사람들

파리는 협소한 면적과 224만 명 인구에도 세계도시의 위상을 유지하고 있다. 1851년 런던 엑스포와 1896년 아테네 올림픽 직후에 양대 메가이벤트를 유치하며 도약했다. 1900년 엑스포를 대비해 건설한 그랑팔레와 오르세역은 박물관과 미술관으로 변신했다. 100년 만에 다시 개최한 올림픽은 파리의 성취와 프랑스의 도약을 촉진하려고 에펠탑과 센강을 경기장으로 활용했다. 이러한 도시마케팅 전략은 국제행사에 주력하는 부산과 경주가 차용할 부분이다.

마르세유나 리옹을 압도하는 수위도시 파리에는 자치구인 아롱디스망 20개가 있다. 광역 데파르트망과 기초 코뮌의 지위도 동시에 지닌다. 코뮌은 마을을 지칭하는 행정구역이지만 자치권을 중시하는 프랑스에서는 대도시 전역도 포괄한다. 메가시티와 유사한 일드프랑스 레지옹의 관할구역이기도 하다. 일본의 현과 비슷한 규모인 100여 개의 데파르트망은 선거구 단위와 특별지방행정기관 역할도 수행한다. 대구·경북 통합과 경기도 분할에 참고할 만하다.

백년전쟁과 팬데믹을 인쇄술과 건축술로 만회한 파리는 마녀사냥이 난무한 암흑시대와 단절했다. 루이14세는 베르사이유의 향연으로 귀족을 포섭했지만 위그노 탄압과 농민 배제로 국력을 훼손했다. 사치향락과 정실주의가 만연한 루이15세의 국정은 대혁명을 유발했다. 혁명의 산물인 급진적 공화정과 나폴레옹의 군정도 정책실패를 양산했다. 입헌 군주제와 계급타협 공화정은 7월혁명과 2월혁명의 성과다. 하지만 국민이 선출한 대통령이 친위 쿠데타로 황제가 되어 보불

전쟁에서 참패하자 시민들은 파리코뮌으로 응수했다.

하비의 표현을 빌리자면 19세기 중반 파리는 모더니티의 수도이자 자본이 만든 메트로폴리스였다. 현대 파리를 설계한 오스만의 도시계획이 논쟁의 소재인 것처럼 당시의 계급갈등에도 양면성이 내재되어 있다. 1848년 선출된 권력자 대통령에서 시작해 1851년 친위쿠데타를 일으켜 황제로 등극한 나폴레옹 3세는 그의 숙부만큼이나 도전적이고 무모한 야심가였다. 황제는 파리대개조의 적임자로 오스만남작을 선택했다. 1853~69년에 오스만이 시정을 주도하면서 파리는 로마와 유사한 대리석 도시로 변모했다.

19세기 파리는 급속한 도시화를 경험했다. 1801년 약 55만 명에서 1851년 약 100만 명으로 인구가 2배로 증가하였다. 지저분한 파리의 도시환경이 촉발한 콜레라는 1832년 파리에서 1만 8천 명의 목숨을 앗아갔다. 황제가 주목한 파리대개조의 목표는 전염병과 폭동의 근절이었기 때문에 위생과 교통 시설에 주력했다. 중세의 유산인 미로형 도시에 대로를 도입했다. 20m 고도제한을 도입했기 때문에 망사르드 지붕이 있는 5층 건물이 출현했다. 쾌적한 환경을 조성하려고 광장과 공원 및 기념물도 도시 곳곳에 배치했다. 무엇보다 파리를 위생과 빛의 도시로 변화시킨 하수관과 가스관 부설도 상징적 성과다. 공공시설인 기차역, 병원, 극장, 경찰서, 학교, 다리, 시장 등의 확충은 부수적 성과였다. 하지만 개발에 방해가 되는 빈민과 유적은 철저히 무시했다. 도시대개조 사업의 추진과정에서 젠트리피게이션의 부작용이 발생했다. 간선도로에 진을 치던 바리케이드 시위가 위력을 상실하면서 황제를 탄핵한 파리콤뮨 시위대도 조기에 진압되고 말았다.

르코르뷔지에는 20세기 중반 파리를 무대로 활동하며 기능성을 중시한 아파트를 비롯해 근대건축과 도시계획에서 선구적 역할을 담당했다. 자동차시대에 부응하는 도시재개발을 촉진하는 근대건축의 5가지 원칙으로 필로티 구조, 자유로운 평면, 개방적인 수평 창, 자유로운 입면, 옥상을 활용한 정원과 레저 시설 등을 제시하였다. 이를 반영한 구현사례로는 근대건축의 원칙을 구현한 빌라 사보아, 노출 콘크리트를 사용한 롱샹 성당, 욕실과 주방을 구비한 공동주택인 유니테 다비타시옹 등이다.

그는 1922년 청사진을 제시한 빛나는 도시 프로젝트에서 기능주의적 도시 구조, 주상복합 형태의 고층건물, 녹지공간과 스포츠시설 중시, 도로망 개선과 효율적인 교통시스템, 인간의 신체에 적합한 층고를 확보한 모듈러 디자인 등을 제안하였다. 그는 1946년 뉴저지 프린스턴대를 방문해 건축과 수학의 융합을 명분삼아 아인슈타인의 지지를 확보하고 유니테 다비타시옹 공사현장을 방문한 피카소의 지지도 확보해 프랑스 인접 도시는 물론 독일로 아파가 확산되는 계기를 마련하였다. 숲과 호수를 비롯한 기반시설이 구비된 사람중심의 도시를 표방한 빛나는 도시 프로젝트는 유토피아적이라는 비판에도 불구하고 브라질 행정수도 브라질리아 건설은 물론 콜롬비아 보고타나 인도 찬디가르의 도시계획에도 영향을 미쳤다. 제2차 세계대전의 참상에 대한 반성을 추구한 1950년대의 진보적이고 복지친화적인 사회분위기도 그의 이상 실현을 촉진하는 환경적 배경으로 작용했다.

파리는 에펠탑, 개선문, 콩코르드가 위치한 하드웨어 도시에서 패션, 요리, 공연을 즐기는 소프트웨어 도시로 전환하는 중이다. 골목에서 체험하는 카페의 여유와 바게트의 풍미가 파리지앵의 일상이다. 사르트르나 모네가 즐겨 찾던 카페나 터미널에서 영감을 받아도 좋다. 다크투어로 카타콤이나 파시묘지를 방문해 죽음을 성찰하는 일정도 추천한다.

2000년 역사도시 파리가 축적한 소재와 스토리를 느껴야 한다. 기원전 52년 파리를 정복한 로마가 건설한 원형경기장과 목욕탕 흔적이 남아 있다. 서로마를 계승한 프랑크왕국은 노트르담 성당을 신축했다. 근대 왕정은 화려한 궁전과 고품격 살롱문화를 남겼다. 〈레미제라블〉의 빅토르 위고는 판테온에 안장돼 있다. 파리코뮌 최후의 항쟁을 기념해 국민통합의 상징 사크레쾨르 성당을 신축한 몽마르트 언덕에서는 예술이 만개했다. 국립과 민간극장이 공조한 공연문화는 문화융성을 자극했다. 시민행복과 직결된 공공서비스 접근성을 보장하려고 보행로를 확대한 15분 도시의 현장도 걸어보아야 한다.

프랑스는 대통령과 총리, 상원과 하원, 일반법원과 행정재판소 등 권력의 분할과 융합이 보편적이다. 네트워크 조직에 기반한 시청의 창의성은 19세기에 방사형 도시계획과 위생적 상하수도를 구현했다. 신도시 라데팡스는 문화예술도시에 부가해 경제산업도시를 구현한다는 의지의 표현이다. 프랑스는 지역과 산업의 균형발전을 포기하지 않고 있다.

반면 비싼 물가와 무질서한 지하철 및 센강의 오염은 파리의 환상을 깬다. 톨레랑스의 성지에서 저소득층과 이민자를 차별하고 적나라한 표현 기풍은 이슬람을 자극해 문명 충돌을 유발했다. 강북에 위치한 자치구의 슬럼화는 파리의 안전을 위협하기 시작했다. 주거비 상승은 서민을 외곽으로 밀어내는 주범이다. 베네치아처럼 오버투어리즘 대책도 시급한 정책목표다.

올림픽 개최로 세계의 시선은 다시 파리로 향하고 있다. 체력이 국력이던 그리스에서 전사들은 스포츠로 기량을 연마했다. 영화 〈300〉이 묘사한 것처럼 엘리트 체육이 양성한 정예병은 페르시아의 대군을 압도했다. 의료대란이라는 고래싸움에 내몰린 우리는 생활체육으로 건강을 유지하거나 경기관람으로 스트레스를 해소하는 지혜를 발휘해야 한다.

파리를 방문하면 빛의 도시로 알려진 화려한 외관에 압도되지 말아야 한다. 사실 빛의 도시가 태동한 배경도 낭만적 고려보다 불안한 치안문제를 해결하려는 시도였다. 파리는 정치적 혼란의 와중에도 문명을 선도했다. 볼테르와 루소의 계몽주의는 과학적 사유와 비판적 성찰을 중시했다. 억압적 사회구조에 저항한 68운동은 대학의 서열을 약화시켰다.

파리 근교 소도시를 비롯해 풍광이 수려한 프랑스 도시는 명화를 소재로 한 장소마케팅 전략을 구사해 왔다. 도시화 초기에 도심지 경계 밖의 가난한 예술가들의 주거지였던 몽마르트르 언덕을 비롯해 파리 외곽에는 다양한 예술가들의 흔적이 남아 있다. 갈레트빵 제분소 역할을 수행한 풍차 방앗간의 변천사가 르누아르 무도회 그림에 담겨 있다. 센강변 뱃놀이와 오찬 모습을 담은 그림의 장소도 많은 이들이 찾고 있다.

고호가 묻힌 오베르쉬즈위아즈는 오래된 성당과 광활한 농지가 그림의 소재였다. 밀레는 1849년 파리에 만연한 전염병을 피해 외곽인 퐁텐블로 숲 인근 바르비종에 내려와 석양이 물든 벌판을 소재로 '씨뿌리는 사람'과 '만종' 및 '이삭줍는 사람들'이라는 대표작을 남겼다. 밀레의 영향을 받아 자연의 신비한 감정을 묘사한 코르, 도비니, 쿠브베 등은 바르비종파로 지칭되었다.

모네는 파리 출신이지만 노르망디 전원에서 생활하며 빛의 찰나를 포착했다. 1871년 프로이센-프랑스전쟁이 끝나자 영국에서 귀국한 그는 지베르니에 정착해 토지를 사고 연못을 포함한 대형 정원을 조성했다. 모네는 이곳에서 '수련' 등을 그리며 여생을 보냈다.

예술가의 천국인 프로방스에도 많은 화가들이 활동했다. 이곳은 해안과 계곡이 웅장하고 다양한 보라와 노랑을 비롯한 작물의 색도 다양하다. 폴 세잔은 고향 액상프로방스에서 '셍트 빅투아르 산'이라는 작품을 남겼다. 고흐는 몽마르트에서 활동하다 프로방스 지방의 삼각주 지대인 아를로 내려와 이글거리는 태양의 꽃인 '해바라기'와 '별이 빛나는 밤'과 같은 친자연적인 작품을 남겼다.

사회문제에 관심이 많았던 테오드로 제리코는 1816년 발생한 아프리카 식민지로 향하던 여객선 메두사호가 모리타니아 해안에서 침몰하자 비극적 사건의 전말을 그림으로 그렸다. 계급차별이 촉발한 참사를 '메두사 호의 뗏목'으로 발표하자 사회적 논란이 일었다. 들라크루아가 1930년에 발표한 '민중을 이끄는 자유의 여신'은 문학작품 '레미제라블'과 더불어 프랑스 7월혁명을 묘사한 작품이다.

프랑스를 대표하는 화가들의 그림은 주로 파리의 루브르박물관이나 오르세미술관에 소장되 있지만 작품의 무대인 파리 근교의 소도시를 찾는 방문객들도 늘고 있다. 물론 이탈리아 출신 다빈치의 작품인 모나리자는 루브르 최고의 인기 작품이지만 초상화라는 특수성으로 인해 장소마케팅은 제한적이다. 반면에 미켈란젤로가 로마 예배당에 그린 천지창조와 최후의 심판은 바티칸의 주요 수입원으로 기능하고 있다.

2) 문화예술도시를 선도한 빈과 잘츠부르크

제국의 수도 빈은 19세기 전반 파리와 마찬가지로 19세기 후반에 인구가 폭증했다. 집이 부족해 농촌에서 이주한 사람들은 지하 하수구에서 살았을 정도였다. 19세기 초까지 나폴레옹을 압도한 빈이지만 19세기 중반을 거치며 독일과 영국에 추격을 허용했다. 오스트리아헝거리제국의 마지막 황제 프란츠 요제프 1세가 19세기 말 동유럽 세력과 연합해 돌파구를 모색했지만 발칸문제로 러시아와 대립하다 세르비아 민족주의를 자극해 제1차 세계대전의 빌미를 제공했다.

서로마와 동로마의 완충지대인 발칸반도는 서로마가 붕괴한 5세기 이후에 슬라브족이 남하해 세력권을 형성했다. 1453년 동로마가 무너진 이후에는 오스만투르크가 통치권을 행사했다. 이후 보스니아 지역을 중심으로 이슬람 개종자가 늘어났다. 크로아티아 지역의 가톨릭 세력권에 부가해 세르비아의 정교회와 보스니아의 이슬람이 혼합되면서 발칸에는 종교분쟁의 씨앗이 뿌려졌다. 실제로 전후 유고연방을 이끌던 티토가 1980년 사망하고 동유럽이 1989년 붕괴하자 밀로셰비치가 사주한 크로아티아내전(1991~95), 보스니아내전(1992~95), 코소보내전(1998~99)이 발생했다. 2000년 세르비아 민중봉기로 실각한 발칸의 도살자는 전범재판소로 넘겨졌지만 재판중 돌연사와 추종세력 반대로 확실한 단죄는 미진했다.

빈의 중핵은 역사적 건축물이 산재한 시내 중심(Innenstadt)이다. 중심에는 슈테판 대성당과 호프부르크 왕궁이라는 랜드마크가 포진해 있다. 링 거리(Ringstraße)는 빈의 원형 도로망으로 성벽의 흔적을 따라 조성된 도로가 도심을 둘러싸고 있다. 링 인근에는 시청사, 박물관, 극장, 대학 등이 위치한 문화의 중심지다. 링은 우리의 한양도성처럼 도심의 내부와 외부를 구분한다. 링 외곽에는 그린벨트(Gürtel)가 도시의 확장을 방지하고 자연과의 균형을 맞추는 역할을 수행한다. 링에서 좀 떨어진 곳에도 여름별궁과 중앙묘지를 비롯해 명소가 산재해 있다.

빈은 고급 아파트와 사회주택이 혼합된 도시구조를 지니고 있다. 20세기 초부터 급격한 도시화에 대응해 저소득층을 위한 공공주택 건설을 추진했다. 사회주택과 생태환경은 베를린과 마찬가지로 빈을 대표하는 특징이다. 북유럽과 동유럽에서 사회복지가 강한 이유는 인접 국가인 소련의 공산주의를 의식한 결과다. 보수적인 이승만 정부가 진보적인 토지개혁을 단행한 일도 북한을 토지 무상분배에 자극받은 결과다. 빈의 대중교통 시스템은 지하철(U-Bahn), 버스, 트램 등이 연결되어 있다. 특히 트램 네트워크는 비엔나의 많은 지역을 연결하고, 링거리 주변의 관광명소를 연결하는 수단이다.

합스부르크의 무대인 빈은 화려한 궁정의 필수재인 음악과 예술이 번성한 도시다. 빈은 모차르트와 베토벤은 물론 독일이나 체코 출신 음악가를 포용한 음악도시다. 프랑스 왕실과 경쟁관계인 합스부르크 왕조의 화려한 궁전 공사에 참여한 건축가와 화가들이 활동했던 예술의 도시다. 쉰브룬 궁전은 1695년 오스만투르크의 빈 침공을 물리친 기념으로 짓기 시작해 마리아 테레지아 치세에 완성되었다. 프랑스 루이 14세의 베르사이유 궁전보다 규모는 작지만 아름다움에서는 뒤지지 않는다는 평가를 받는 곳이다. 여름별궁으로도 불리는 벨베데레 궁전의 클림트 전시장과 국립 오페라극장은 예술의 향기가 묻어나는 곳이다.

19세기 말 제국의 말년에 빈은 음악보다 미술이 번성했다. 구스타프 클림트를 필두로 건축가 요제프 호프만과 디자이너 콜로만 모저가 합세해 새로운 예술인 모더니즘을 추구했다. 이들을 자극한 원류는 파리의 아방가르드 예술이었다. 지금도 빈을 찾는 관광객들은 모차르트와 베토벤 시대를 연상시키는 고전 음악회와 클림트의 그림이 전시된 벨베데레 궁전을 즐겨 찾는다. 그림에 금박을 사용해 독특한 분위기를 내는 클림트의 작품 〈키스〉와 〈유디트 Ⅰ〉는 물론 그의 제자인 에곤 실레의 걸작 〈죽음과 소녀〉나 〈포옹〉도 인기가 식지 않고 있다.

도시경관이 아름다운 부다페스트와 빈은 철도시대 이전부터 다뉴브강을 활용해 지역 간 교류가 활발하던 곳이다. 비포 트릴로지 영화의 1편 격인 〈비포 선라이즈〉의 시작도 부다페스트에서 빈을 경유해 파리로 향하는 기차가 배경이다. 객차에서 각자 읽던 책을 소재로 대화를 시작한 청춘 남녀는 상대에게 호감을 느끼자 이별 대신 빈에서 내려 야간 데이트를 감행한다. 역에서 나와 트램을 타고 예술의 도시를 둘러보다가 다리 아래로 유람선과 지하철이 어우러진 경관의 명소와 레코드점 음악감상실도 들른다. 강에서 변사체로 발견된 이들의 안식처로 조성한 무명씨들의 묘지도 인상적이다. 빈에 어둠이 내리자 놀이공원 야경, 쇠라의 그림전시 포스터, 오래된 성당의 성화, 음침한 통기타 클럽이 배경으로 등장한다. 이들의 대화에 등장하는 "목회자 설교 대신 서로를 눈에 담는 퀘이커

독일에서 시작해 동유럽을 관통하는 다뉴브강 인접도시

교 결혼식, 집착을 탈피하려고 긍정적 일에 몰입하기, 5만년 전 백만과 만년 전 2백만 명 및 지금의 60억 인구는 환생의 매칭 애로를 반영, 신은 우리 사이의 나눔과 선행 속에 존재" 등의 대사도 감동적이다. 커플이 도심을 둘러보다 만나는 연극배우, 가톨릭 수사, 손금쟁이, 무희, 시인 등의 단역들도 빈이라는 도시의 본질과 특성을 알려주는 단서다. 심야에 와인을 마시며 공원 잔디밭에서 밤을 보낸 이들은 6개월 뒤의 재회를 약속하고 헤어진다.

빈의 라이벌 파리도 왕정 시대의 화려함이 넘쳐나는 대리석 도시다. 수많은 문학가나 철학자들이 활동한 산책과 사색 및 글쓰기의 명소가 산재한 것이다. 파리 도심을 무대로 펼쳐진 연인의 재결합 스토리 〈비포 선셋〉은 파리의 서점과 카페에서 시작해 지상 10m 높이의 폐철로를 재생한 프롬나드 플랑테 공중정원과 센강변을 따라 산보하며 대화하는 장면이 매력적이다. 유람선과 자동차로 이동하는 장면에서는 노틀담 성당과 주택가 골목길이 운치를 더한다. 오후 반나절 대화만으로 9년간의 간극을 채우기에 충분하다. 지연된 재회의 약속을 넘어 새로운 인연을 창출하는 도전의 스토리가 인상적인 영화다.

1919년 출범한 오스트리아 제1공화국은 극우 반유대주의와 극좌 사회주의가 대립하다 1934년부터 파시즘에 휘말리고 말았다. 1945년 제2차 세계대전에 패배한 이후 10년 동안 전승국의 신탁통치를 받다가 1955년 영세중립국이 되었다. 오스트리아에서는 1918~1938년의 공화국을 제1공화국이라고 부르며 1945년에 수립된 공화국을 제2공화국이라고 부른다.

요즘의 빈은 중립국이자 강소국인 오스트리아의 수도다. 하지만 한때는 전 유럽을 호령한 합스부르크 왕조의 수도이자 대독일주의 통합론을 설파하는 거점 역할도 수행했다. 제1차 세계대전 직전 시기를 탐구해 〈세기말 빈〉을 저술한 칼 쇼르스케는 화가 글림트, 정신분석학자 프로이드, 건축가 오토 바그너, 문학가 슈니츨러, 음악가 쇤베르크 등과 같은 거인들의 족적을 살펴야 빈을 이해한다고 역설했다.

빈과 더불어 오스트리아를 대표하는 도시인 잘츠부르크는 고위성직자가 행정업무를 겸직하던 유럽 절대국가의 전통에 따라 도시의 통치자인 대주교가 거처하던 작은 궁전이 존재했다. 미라벨 궁전은 소년 모자르트가 대주교 앞에서 입사시험 연주를 수행한 곳이자 아름다운 정원은 영화 〈사운드 오브 뮤직〉 도레미송 장면의 로케이션 장소다.

모차르트의 고향이자 유럽의 음악수도인 잘츠부르크를 흐르는 잘자흐 강물은 청량하고 아름답다. 과거 소금 하나로 유럽 최고의 부자가 된 도시지만 요즘은 호수를 연결하는 유람선 투어나 할슈타트 호수마을의 경관을 찾아오는 이들이 많다. 이곳은 BC 2000년부터 조성한 세계 최초의 소금광산으로 유명하며, 철기 문화도 발전했다. 해골과 뼈를 쌓아둔 납골당으로 유명한 분묘 유적에서는 철기 시대의 흔적이 발굴되었다.

유럽은 일본과 마찬가지로 요새화된 성벽도시가 많다. 30년전쟁과 전국시대를 비롯해 크고 작은 전쟁이 빈발했기 때문이다. 고지대 산자락이나 해안가 절벽이 성벽과 어우러져 절경을 연출하기도 한다. 대학도시 하이델베르크나 라인강변 봉우리에 위치한 고성은 물론 대서양과 접한 성벽도시 리스본과 생말로가 대표적이다.

3) 스페인의 권역별 창조도시 비교

19세기 중반 엔리케 세르다는 바르셀로나의 도시혁신을 주도했다. 세르다 계획은 일조권을 확보하는 방식으로 공중보건 향상, 인구과밀 해소, 비위생적인 생활환경 개선 등을 의도했다. 도시설계는 격자형 블록구조를 추구했다. 이 설계는 효율적인 교통흐름과 도시조직화를 촉진했다. 교차로에서 각 블록의 모서리를 45도로 잘라내어 시야와 통풍을 촉진하는 한편 자동차나 마차의 회전도 용이하도록 만들었다.

각 블록 내부에 정원과 녹지를 배치해 주거환경을 쾌적하게 만들었다. 이로 인해 주민들의 건강이 증진되었다. 하수도, 가스, 물 공급 등 도시 인프라를 균등하게 배치했으며, 모든 주민이 동등한 편익을 누릴 수 있도록 설계하였다. 세르다의 이상은 현대 도시계획과 지속가능성 개념에 지대한 영향을 끼쳤다. 시칠리아 팔레르모는 물론 브라질 상파울루도 이와 유사한 도시계획을 구현했다.

스페인 통치의 영향을 받은 중남미 도시들은 동심원과 방사형이 결합된 구조를 취하고 있다. 도시구조상 중심업무지구(CBD), 중심상업축, 중심부 엘리트 주거지대가 중심지 역할을 수행하고 있다. 중심지에서 멀어질수록 주택의 질이 저하된다. 중류층 주거지대는 엘리트 주거지대와 인접한다. 중남미 슬럼가는 바리아다 또는 파벨라로 지칭된다. 농산어촌 이주민들이 주로 주거하는 이곳은 불법주택이 많고 치안이 불안하다. 근교의 산업지대는 시가지와 다소 분리된 장소에 조성되며, 상류층 주거지대와 반대 방향에 위치한다. 도시 내부는 주택 수준의 차이에 따라 동심원 지대가 형성된다.[14)] 볼리비아 수도 라파즈의 경우 산악지대의 특성상 중심에서 멀어지면 출퇴근에 심각한 제한을 받는다. 이에 빈민친화적 성향인 모랄레스 정부는 산동네와 도심을 연결하는 대중교통수단으로 케이블카를 부설했다. 케이블카는 관광객을 위한 전망대 역할도 수행하고 있다.

바르셀로나는 19세기 후반 섬유에서 시작해 금속과 무역으로 도약했다. 20세기 중반 독재자 프랑코 시대 이후에는 제조업과 관광업의 비중이 증가했다. 고

---

14) 한국도시지리학회. (2020). 도시지리학개론. 법문사. p.169.

속도로와 철도망 및 해로에 힘입어 유럽의 교통허브 역할도 수행하였다. 해안가 성벽도시에서 대규모 산업도시로 진화한 바르셀로나는 파리와 달리 도시개조가 아니라 도시확장을 선택하였고 세르다의 창조적 도시계획을 적용했다. 1859년 세르다가 그리드 패턴의 만싸나 블럭을 도입한 것이다. 여기에 가우디의 건축물과 1992년 올림픽은 도시의 품격을 한 단계 증진시키는 계기로 작용했다.

스페인의 발전이 촉진된 결정적 시기는 1492년으로 이베리아반도의 지배권을 확립하고 콜럼버스의 신대륙 진출도 후원했다. 하지만 중앙집권 체제로 전환하면서 중세에 제도화된 자치분권과 평화공존이 퇴조했다. 스페인의 1492년은 중앙집권을 표방한 조선건국 100년 후이자 대륙진출을 표방한 임진왜란 100년 전으로 한국과의 비교도 가능하다.

스페인은 그리스–로마–동로마로 이어진 지중해 패권의 소멸과 프랑스–신성로마–영국이 계승한 대서양 패권이 부흥한 과도기에 활약한 나라다. 유럽의 동단에서는 셀주크투르크와 오스만투르크가 이슬람의 유럽 공략을 주도했지만 유럽의 서단에서는 스페인과 포르투갈이 기독교의 팽창을 추구했다는 점에서 쌍대비교의 지점과 초점에 주목해야 한다.

스페인 제국은 1469년 카스티야의 공주 이사벨과 아라곤의 왕자 페르난도 2세가 결혼하면서 시작되었다. 두 왕국은 각기 마드리드와 바르셀로나라는 상이한 기반을 가지고 있었지만, 결혼동맹을 통해 이슬람 세력에 잠식당했던 이베리아 반도의 남부를 회복하는 레콩키스타를 완수하고 지리상의 발견에 착수하는 전기를 마련했다.

세비야는 레콩키스타의 종결지이자 신대륙 진출의 시발지로 신교가 번성한 암스테르담이나 런던보다 앞선 16세기 중반에 국제무역항으로 도약했다. 이베리아반도의 정중앙에 위치한 마드리드가 사방을 통치한 정치의 중심지라면 세비야는 부산과 상하이처럼 강과 항구를 활용한 무역에 주력했다. 물론 당시에 스페인보다 먼저 신항로 발견을 선도한 나라는 땅끝이라는 지리적 숙명에 충실한 포르투갈이었다.

1492년 콜럼버스의 신대륙 발견으로 스페인은 16세기에 유럽과 아메리카에서 강력한 제국을 건설하였다. 카를 5세는 신성로마제국의 황제이자 스페인 왕국의 왕이었다. 스페인의 전성기는 절대국가가 부상한 중상주의 시대였다. 당시 국가는 산업생산을 활용한 가치창출보다 상업거래에 기반해 차익확보에 주력했다. 따라서 단기적 국부창출은 유리하나 지속적 국가발전은 어려웠다. 신대륙의 귀금속이 유입되며 지배층의 사치풍조가 만연했고 재정파탄의 해결방안으로 제시된 관직매매는 국가능력을 약화시켰다. 환경과 역량도 악화된 상태였다. 자연재해나 펜데믹의 확산이 인구감소와 도시쇠퇴를 촉발했고 종교적 관용이나 계층간 통합과 괴리된 유대인과 무어인 추방은 혁신의지를 증발시켰다.

하지만 1588년 무적함대가 패배하자 쇠퇴하였다. 안정적 수성보다 무리한 확장에 급급한 스페인 왕국의 독단적 발전전략도 국가퇴조의 주범이다. 17세기 중반 신교와 구교 간에 벌어진 30년전쟁의 여파로 친프랑스 카탈루냐, 친이슬람 안달루시아 등 지방세력이 이탈하고 포르투갈도 분리되었다. 18세기 초 왕위계승전쟁으로 네덜란드와 이탈리아에 구축했던 해외 거점도 상실했다.

1808년 나폴레옹의 침공과 1815년 비엔나회의를 계기로 중남미 식민지가 독립했다. 중앙집권체제에서 소외당한 카탈루냐 지역의 바르셀로나는 분리독립을 요구하고 있다. 1898년 미서전쟁으로 쿠바와 필리핀까지 상실하며 제국의 위용이 추락했다. 더욱이 20세기 중반 내전과 독재를 거치며 서유럽의 오점으로 각인되기 시작했다. 심지어 중남미의 혼란과 모순을 스페인식 통치문화의 후진성에서 찾으려는 시도가 이루어지고 있다.

권위주의를 청산한 스페인은 20세기 후반 온화한 기후와 독창적 문화를 앞세워 재도약에 매진했다. 1992년 바르셀로나올림픽은 1988년 서울올림픽처럼 발전전략의 전환을 대표하는 사례다. 하지만 서비스산업에 의존한 스페인의 발전전략은 2008년 미국발 경제위기와 코로나19로 한계를 표출했다. 반면에 한국은 제조업 강국과 K방역을 앞세워 선방했다. 이처럼 경제발전 전략과 성과의 차이에도 불구하고 양국은 대량학살의 비극을 경험한 나라답게 민주주의 확대와 유지에서 공감대를 형성하고 있다.

스페인이 경험한 군사쿠데타의 비극은 식민통치를 경험한 중남미는 물론 인접국가 포르투갈도 예외가 아니다. 1974년 4월 25일 포르투갈 군인들은 무혈 쿠데타를 일으켜 40년 독재를 무너뜨렸다. 군이 주도한 혁명이지만 총성은 들리지 않았다. 대신 이들의 총에는 모두 카네이션이 꽂혀 있었다. 이처럼 독특한 포르투갈 민주화의 역사적인 장면은 셀레스트 카에이루라는 여성의 사소한 행동에서 만들어졌다. 하지만 카네이션 혁명 이후 집권한 사회당 주도의 정부는 정치경제적 위기를 극복하지 못했다. 1990년대 이르러 사회당과 사회민주당의 양당제가 정착하면서 안정적인 모습을 보이기 시작했다. 혁명직후부터 계속된 해외 식민지 반환과 독립은 1999년과 2002년 마카오와 동티모르를 끝으로 마무리되었다.

4) 문명을 선도한 튀르키예 도시의 영광과 시련

기원전 1만 년을 전후해 간빙기가 시작되며 기온이 상승하자 인류는 동굴생활을 청산하고 농경생활을 시작하였다. 기원전 9000년경에는 튀르키예 남부에 차탈회워크 등과 같은 정착촌이 등장하였다. 이후 하늘과 소통하는 신성한 장소인 거석문화를 구비한 소도시도 곳곳에 출현하였다. 프랑스 서쪽 브르타뉴 지방의 열석, 기원전 2800년경 조성된 영국의 스톤헨지 등이 대표적이다. 한국의 고인돌 군락이나 일본 신사의 조형물도 유사한 유적이다.

신석기 문명의 발상지인 투르키예의 유명관광지 카파도키아 인근에는 동굴이 산재해 있다. 석회암 동굴의 특성상 입구는 좁지만 내부가 광활해 혹한에 직면한 인류의 안전을 보장하기에 최적의 장소였다. 간빙기에 빙하가 녹으면서 홍수가 발생하자 침수에 취약한 동굴지대보다 산정에 조성한 벙커스타일 지하공간이 생존에 유리했다. 기후변화가 산정의 벙커를 위협하자 이동식 생활공간인 노아스타일 방주도 동원했다. 홍수가 휩쓸고 지나간 아라랏산 능선에서 농경을 시작한 인류는 천지창조의 사명을 완수한 것이다. 창세기에 나오는 노아 스토리는 신석기 초기인 기원전 1만 년이나 신학자들이 성경의 역사가 시작되었다고 주장한 기원전 4000년 전 사이에 발생한 것으로 추정된다. 아담과 이브가 아담동산에 추방된 이후에 낳은 아들인 카인과 아벨의 질투와 범죄는 인간들이 형성한 농경과 유목 공동체의 안정을 보장하는 맞춤형 규율을 설정해야 할 필요성을 시사한다.

메소포타미아와 이집트 문명의 신전 유적은 문자를 동반한 고대왕조 시대의 개막을 예고한다. 기원전 3300년경 메소포타미아의 문자창조에서 서기 476년 서로마제국의 멸망까지가 고대다. 기원전 1350년경 투탕카멘왕의 이집트 통치와 기원전 753년 로마의 건국은 고대의 대표적 사건이다.

중세의 시작은 남유럽에서 서유럽으로 패러다임 전환과 더불어 동로마와 이슬람의 부상을 의미했다. 서유럽에서는 게르만족의 대이동 시기에 프랑크 왕국이 등장했다. 962년 신성로마제국이 성립된 이후에는 서유럽의 대륙 세력이 1066년에 영국을 정복하는 한편 십자군을 앞세워 이스탄불과 예루살렘을 공략했다. 하지만 1272년 마지막 십자군 원정 이후에는 황제와 교황, 프랑스와 영국 등 서유럽 내부 권력의 다툼이 치열해졌다.

1453년 동로마제국이 오스만투르크에 멸망하면서 튀르키예와 그리스 및 발칸이 이슬람 세력권에 넘어갔다. 반면에 이베리아반도에서는 스페인의 통일왕조가 그라나다와 세비야를 통치하던 무어인을 북아프리카 모로코와 튀니지로 몰아냈다. 이후 스페인과 포르투갈이 주도한 지리상의 발견과 이탈리아 도시국가 피렌체와 베네치아의 르네상스, 독일과 스위스에서 루터와 캘빈이 선도한 종교개혁 등은 중세에서 근대로의 전환을 의미했다.

튀르키예는 동서양 문명의 교차로다. 그리스 도시 알렉산드리아에서 시작해 동로마 콘스탄티노플을 경유해 오스만투르크 이스탄불로의 개칭된 일이 대표적이다. 전략적 요충지인 해협에 위치한 도시 이스탄불은 지금도 내륙에 위치한 수도 앙카라에 비해 개방적인 분위기가 분출하는 곳이다. 다양한 문화를 접하려 찾아오는 관광객들도 넘쳐난다.

콘스탄티누스 1세는 로마제국의 새로운 수도인 콘스탄티노플의 건설자다. 그는 313년 밀라노 칙령으로 기독교를 공인했다. 성소피아 성당도 건설했다. 물론 이슬람 시절에 아야 소피아로 개칭된 지금의 성당 건물은 화재로 소실된 초기 성당을 6세기 유스티니아누스 황제가 로마 판테온을 차용해 비잔틴 양식으로 재건한 것이다. 이와 유사한 스타일의 돔 성당은 비슷한 시기에 이탈리아 라벤나에도 건설되었다.

5) 러시아의 도약을 견인한 모스크바와 상트페테르부르크

내륙에 위치한 러시아는 서구에 비해 근대화가 지연되었다. 몽골을 비롯해 초원에서 부흥한 유목세력의 빈번한 침입으로 민족국가의 형성이 지연되었다. 프랑스와 마찬가지로 절대왕정이 과대성장해 민중혁명을 촉발했다. 파티와 공연이 넘쳐나는 화려한 궁정문화를 유지하려고 민중을 수탈했기 때문이다. 서유럽 최고의 우파 독재자인 프랑코와 히틀러에 비견되는 좌파 독재자 스탈린과 푸틴의 악명은 러시아의 부담이다.

러시아의 기원은 도시국가인 모스코바 공국이다. 모스크바의 기원은 12세기로 거슬러 올라간다. 13세기 초 바투 칸의 원정 이후 몽골의 속국으로 전락한 이후에도 도약의 전기를 마련하려고 노력하였다. 14세기와 15세기에는 모스크바 대공국의 지배자가 몽골 통치자에게 조공을 바치며 점차 세력을 키웠다. 15세기 후반 이반 3세는 몽골의 간섭을 탈피하면서 러시아의 통합을 추진했다. 이후 모스크바는 제3의 로마라는 별칭을 얻으며 동방 정교회의 중심지로 부상했다.

러시아는 넓은 영토와 다양한 문화 덕분에 도시의 특성도 차별적이다. 상트페테르부르크는 1703년 러시아 표트르 대제가 스웨덴과의 북방전쟁에서 획득한 영토다. 그는 해상강국이던 네덜란드를 학습해 네바강 하구의 습지를 매립해 부동항을 건설했다. 당시 네덜란드의 선진 문물을 학습하기 위해 표트르가 직접 엔지니어로 네덜란드 조선소에 취업한 일화가 유명하다.

상트페테르부르크는 유럽의 선진기술을 차용한 계획도시였다. 궁전을 비롯해 주요 건축물들은 바로크와 신고전주의 양식을 따랐다. 운하는 물론 직선의 도로망과 대규모 광장으로 구성된 도시는 북방의 베니스라는 별칭을 획득했다. 1712년 러시아의 수도로 정해지면서 성장이 촉진되었다. 19세기에는 철강, 조선, 기계 등이 발달하면서 경제중심지로 부상했다.

강대국으로 부상한 러시아의 남하정책이 본격화되자 크림반도와 동아시아에서 영국의 견제가 강화되었다. 러일전쟁과 제1차 세계대전으로 러시아 제정의 모순이 심화되자 1917년 2월과 10월에 러시아 혁명이 발생하였다. 레닌의 볼셰비키가 10월혁명으로 정권을 장악하면서 혁명의 성지 모스크바는 1918년 소비에트연방공화국의 수도가 되었다. 이후 적군과 백군 간의 내전이 종결되며 안정을 찾았다. 1921년 시장경제의 부분적 허용을 골자로 하는 레닌의 신경제정책이 성공하고, 1930년대 스탈린의 중공업육성정책이 경제기적을 창출하면서 소련은 제2차 세계대전 승전국으로 도약하는 역량을 구비하였다.

모스크바는 크렘린 궁전과 붉은 광장이 있는 정치의 중심지다. 냉전시대 미국과 체제경쟁을 주도한 소련의 수도답게 웅장한 고딕 빌딩이 랜드마크 역할을 수행한다. 모스코바의 도시계획이나 상징물은 산하 공화국은 물론 평양이나 울란바트로에도 전파되었다. 요즘은 철도망과 국제공항을 앞세워 유럽과 아시아를 연결하는 교통의 허브 역할도 수행하고 있다. 볼쇼이 극장, 푸시킨 미술관 등 문화예술 기관의 영향력도 상당하다.

소련이 붕괴한 이후 상트페테르부르크는 러시아를 대표하는 관광과 경제의 중심지로 부활했다. 제정 러시아의 수도답게 에르미타주 미술관, 러시아 박물관, 마린스키 극장 등 문화예술 기반도 풍부하다. 풍부한 도시 인프라와 고풍스러운 건축물이 조화롭게 어우러진 도시라 매년 수백만 명의 관광객이 찾고 있다. 다양한 국제행사와 경제포럼이 개최되면서 세계도시의 위상을 확보한 상태다. 다만 푸틴의 강경노선이 대서방 교류의 장애요인이다.

러시아를 대표하는 맞수 도시에는 다양한 유적과 명소가 남아 있다. 러시아 문학의 대가는 도스토예프스키(Fyodor Dostoevsky, 1821~1881)와 톨스토이(Leo Tolstoy, 1828~1910)다. 그들의 작품은 서로 다른 주제와 스타일을 통해 러시아 문학의 황금기를 추동했다. 도스토예프스키는 죄와 벌, 카라마조프가의 형제들, 백치 등의 작품에서 인간 심리의 복잡성, 도덕적 딜레마, 죄와 속죄, 인간 존재의 의미를 탐구했다. 반면에 톨스토이는 전쟁과 평화, 안나 카레니나 등의 작품을 통해 인간 삶의 본질, 평화주의와 기독교적 윤리, 사회적 변화, 사랑과 인간관계 등을 탐구했다.

톨스토이 소설을 영화로 제작한 〈안나 카레니나〉는 1870년대 제정 러시아를 배경삼아 상트페테르부르크와 모스코바를 오가는 사랑 이야기를 다루었다. 노벨문학상을 수상한 러시아 작가 보리스 파스테르나크의 동명 소설을 1965년 영화로 제작한 데이비드 린 감독의 〈닥터 지바고〉는 혁명기 러시아의 실상을 이해하는 교본이다. 혁명의 무대인 대도시 상트페테르부르크와 모스코바는 물론 내전이 벌어진 우랄산맥 품안의 동토 바리키노와 유리아틴을 배경으로 유리와 샤샤의 러브스토리가 전개된다. 혁명으로 황제는 물론 가족까지 몰살당하자 유산계급과 정교회로 대표되는 기득권은 반발했다. 여기에 서유럽 황실도 프랑스 혁명 당시처럼 백군에 동조했다. 하지만 기차로 물자를 수송하고 말을 타고 산야를 누비는 총격전에서 노동자와 농민이 주력인 적군 빨치산 유격대의 기세와 수적 열세를 만회하려고 신학교 소년병까지 동원한 백군이 감당하기는 애당초 무리였다. 이 영화는 내전의 참상에서 꽃피는 사랑이 테마다. 더불어 1812년 나폴레옹의 러시아 침입이 배경인 영화 〈전쟁과 평화〉는 물론 영화 〈해바라기〉에서 제2차 세계대전 당시 소련 전선에서 전사통보를 받은 이탈리아 병사의 아내를 연기한 소피아 로렌이 전투가 벌어진 우크라이나 대평원의 해바라기 밭을 누비며 남편을 찾는 장면도 인상적이다.

러시아는 표트르 대제(1672~1725)와 에카테리나 여제(1729~1796)가 서구를 차용한 근대화를 추진하면서 대제국으로 부상했다. 19세기 초에는 크림반도 진출과 시베리아 개척이라는 성과를 창출했고, 청과 멕시코 접경인 흑룡강 라인과 북미 해안 캘리포니아까지 공략했다. 러시아의 영토확장은 영국이 크림전쟁 사주와 거문도 점거로 러시아를 견제한 이유다. 물론 미국은 영국과 달리 평화적인 매수 방식으로 1867년 알래스카를 확보해 1959년 주로 편입시켰다.

국민의 목숨을 위협하는 참혹한 전쟁을 일으킨 지도자는 민심의 이반에 직면하기 마련이다. 보불전쟁, 한국전쟁, 베트남전쟁, 러일전쟁, 제1차 세계대전 등을 전후한 휴전 압력이 대표적이다. 물론 국민을 세뇌시켜 반발을 회피한 일본 제국주의와 북한 세습주의는 예외적 사례로 평가된다.

1905년 러일전쟁에서 패배한 제정 러시아는 피의 일요일 사건에 직면했다. 니콜라이 2세는 유혈진압으로 왕권을 유지했다. 의회인 두마를 인정하고 기본권을 허용했지만 왕조를 유지하기는 무리였다. 더욱이 황후가 후원한 요승 라스푸틴의 국정농단은 왕조의 토대를 훼손했다. 러시아가 제1차 세계대전에 참전하며 독일과의 장기전이 이어지자 민심이 급속히 이반했다.

결국 1917년 2월혁명으로 로마노프 왕조가 몰락했다. 부르주아 혁명세력과 온건파 사회주의 민셰비키는 왕조가 무너진 이후에도 대독 항쟁을 지속했지만 독일의 알선한 밀봉열차를 타고 레닌이 귀국하며 상황이 급변했다. 급진파 볼셰비키 중심의 소비에트(노동자, 농민, 인민위원회)는 평화, 토지, 빵을 표방하면서 10월혁명을 일으켜 입헌민주당(카데트)이 주도한 임시정부를 무너트렸다. 이후 러시아 내전(1917~1922)이 발생했지만 결국 영미가 우려한 대로 1922년 소련이 출범하고 말았다. 당시 카스피해에서 생산되는 캐비아는 볼셰비키가 내전 비용을 충당한 효자 수출품이다. 이 밖에 근대 러시아의 특산품은 모피, 대게, 보드카 등이다.

20세기 초에 은행을 털어 사회주의 혁명자금을 마련할 정도로 급진적이던 스탈린은 1924년 레닌의 사후 우상화를 주도하며 당의 실권을 장악했다. 이후 소련은 19세기에 개척한 광활한 영토와 풍부한 노동력을 앞세워 고도성장을 이룩했다. 스탈린의 경제기적은 소련이 제2차 세계대전 승리와 냉전체제의 일극으로 부상하는 동인으로 작용했다. 하지만 현실의 사회주의 국가는 70년을 넘기지 못하고 무너졌다.

제4장

아시아 특화도시: 유불선과 이슬람 및 힌두교 지대

1. 유불선 통합 문화권에 포진한 도시들

1) 세계도시 도쿄의 도약과 시련

도쿄는 뉴욕과 런던에 필적하는 세계도시다. 임진왜란 이전에는 늪지대 소도시에 불과했지만 영주인 도쿠가와 이에야스가 1603년 에도막부를 설립하면서 도약했다. 이후 오랫동안 평화시대를 구가하며 연극 가부키, 풍속화 우키요에 등 문화예술도 융성했다. 서기 64년 로마나 1666년 런던 대화재에 필적하는 1657년 메이레키 대화재는 용도지구제, 소방시설, 도로확장 등 도시계획을 강화하는 계기로 작용했다.

1868년 에도막부가 붕괴하자 천황중심의 중앙집권체제가 출현했다. 이후 도쿄는 철도, 전차 등을 장착한 서구식 도시로 변모했다. 역설적이지만 1923년 간토대지진은 현대적 도시계획을 촉진하는 계기가 되었다. 강과 운하를 활용한 교통망 발달은 경제적 중심지로 성장하는 촉매제 역할을 담당했다. 1945년 도쿄대공습의 시련을 극복하기 위해 하네다공항, 신칸센, 고속도로, 지하철 등 인프라를 구축했다. 니혼바시와 긴자는 물론 동심원 도시구조에 자리잡은 마루노우치 재개발지구는 오래된 도쿄역과 고층 빌딩이 연출한 하모니가 매력적이다.

이 책을 탈고하고 도쿄행 비행기에 올랐다. 교정과 출간을 앞두고 현장답사로 사실을 확인하고 추세를 포착하려 노력했다. 여장을 푼 신바시 호텔은 도쿄역 인근이라 공항에서 오기 쉽고 도쿄만 수변공간도 수려하다. 스미다강 산책과 츠키지시장 식도락도 용이해 찾는 이들이 많다. 에도성 해자가 철통방어 기능을 수행하는 황거는 역사와 지리 모두에서 도쿄의 상징이자 중핵이다.

이전에 방문한 황거와 야스쿠니신사의 느낌을 이어가려고 메이지신궁을 찾았다. 이곳은 마천루와 지하철의 도시 도쿄에서 드문 녹색지대이자, 메이지 천황 부부를 기리는 곳이라 인파로 붐빈다. 일본이 확립한 중앙집권적 관료지배체제의 본질을 성찰하기에도 적합한 곳이다.

국가주도 하향식 전략인 폐번치현과 식산흥업은 메이지유신 직후의 행정개혁과 발전전략을 대표한다. 지역활성화와 직결된 특화도시의 육성도 병행했다.

일본 근대화의 상징인 메이지신궁

도쿄 도심에서 열린 타이 페스티벌

도쿄의 위성도시인 가와사키와 요코하마는 산업과 무역에 특화한 곳이다. 중앙집권의 단서를 제공한 전국시대의 리더 오다 노부나가, 도요토미 히데요시, 도쿠가와 이에야스는 각기 일본의 3대 광역권인 나고야, 오사카, 도쿄를 기반으로 삼았다. 18세기 말부터 무사 사무라이와 상인 난학자들은 일본의 근대화를 주도했고, 나가사키 데지마섬을 창구로 제한적 무역을 수행하며 서구의 학문과 기술을 습득했다. 선각자 후쿠자와 유키치는 난학의 산실인 게이오대학을 설립했다. 1854년 페리함대의 함포사격에 놀라 고베를 개항하면서 근대화가 본격화되었다. 네덜란드 편향성을 탈피해 교류창구를 영미는 물론 서유럽 전반으로 확대하였다.

1964년 도쿄올림픽을 대비해 개통한 고속철도 신칸센은 지역발전의 촉진제이자 수도권 집중화라는 양면성을 표출했다. 평생학습도시로 유명한 카케가와시는 신칸센 유치로 활력을 보충했지만 수도권집중과 지방소멸에 역부족을 실감했다.

중앙집권을 완성한 일본 관료제는 조선과 대만에 통치체제를 이식했다. 관료지배의 전도사 이토 히로부미는 1885년 일본의 초대 총리로 연임을 반복하다 1906년 조선 통감으로 부임했다. 러일전쟁으로 확보한 다롄을 거점삼아 만주를 넘보다 동양평화의 수호자에게 암살당했다. 일본군이 두만강을 장악하자 게릴라전의 한계를 절감한 안중근이 하얼빈으로 향한 것이다.[1)]

1) 전쟁이 발발하면 평야와 도시는 탱크를 앞세워 전면전이 벌어진다. 반면에 산악과 오지는 소규모 부대가 기동하는 게릴라전의 무대다. 군대해산으로 입지를 상실한 대한의군과 독립투사들

이후 70년이 지나 한국에서는 관료제를 앞세워 억압적으로 통치한 박정희 정부가 내부자 암살로 무너졌다. 이보다 앞서 미국을 뒷배삼아 종신지배를 꿈꾸던 이승만 정부도 몰락했다. 사실 이승만과 박정희 정부 후반기는 프랑스 공화국 초기에 등장한 두 번의 제정을 연상시킨다. 역사의 교훈을 간과한 윤석열 정부도 탄핵을 자초했다.

미군정의 통치 유전자 개조작업이 실패하면서 '55년체제'라는 정경관 엘리트 연합이 부활했다. 1990년대 중반 고도성장과 장기집권체제에 균열이 시작됐지만 이를 수용하지 못하는 우익의 반발이 격화되었다. 신도가 후원한 보수우위 관료통치가 흔들리자 위기의식이 발동한 것이다.

일본의 권위주의와 영미의 합리주의 행정전통이 결합된 한국의 관료제 신화도 여전하다. 경찰과 군부에 대한 민주적 통제에 주력하던 와중에 인권과 자유를 표방한 검찰과 경제 엘리트가 급부상했다. 철옹성 법조와 쌍벽을 형성한 경제부처 수장들은 국무총리나 은행장에 만족했지만 검찰의 추락을 틈타 최고 권력까지 넘보기 시작했다.

이승만 정부시기에 상대적으로 진보적인 군부는 한동안 경찰에 밀렸지만 군부쿠데타로 주도권을 장악했다. 만주국이 확립한 행정전통인 기획원을 경제 관료가 주도하며 재정경제부의 전성시대가 계속된 것이다. 이제는 기술적 합리성을 우선하는 기획과 예산 부처보다 현장과 봉사마인드를 체득한 보건복지, 과학기술, 문화예술 부처가 국정의 주도권을 행사해야 한다.

도쿄의 정주인구는 1,352만 명이지만 주간에는 1,592만 명으로 증가한다. 1964년 운행을 시작한 신칸센에 힘입어 도쿄도 일원은 지구촌 최대 광역권으로 부상했다. 중장기적으로 일본 인구의 절반이 거주하는 도쿄권, 나고야권, 오사카권에 시속 600km로 달리는 리니어 중앙 신칸센을 건설해 슈퍼메가리전을 구현하는 구상도 추진하고 있다.

은 백두산과 두만강 접경에서 국경을 넘나드는 게릴라전을 감행했다. 1908년 경흥에서 승리한 안중근이 대표적이다. 4.3이 촉발한 여순사건을 계기로 지리산 일대에서 남부군이 게릴라전을 전개하였다. 한편 이토 히로부미는 한국의 친일파 논거와 마찬가지로 영화 〈하얼빈〉에서 철도와 통신을 비롯해 인프라 투자에도 일본에 대항하는 대한의군과 조선민중을 질책했다.

도쿄도 하수도국의 하수처리시스템

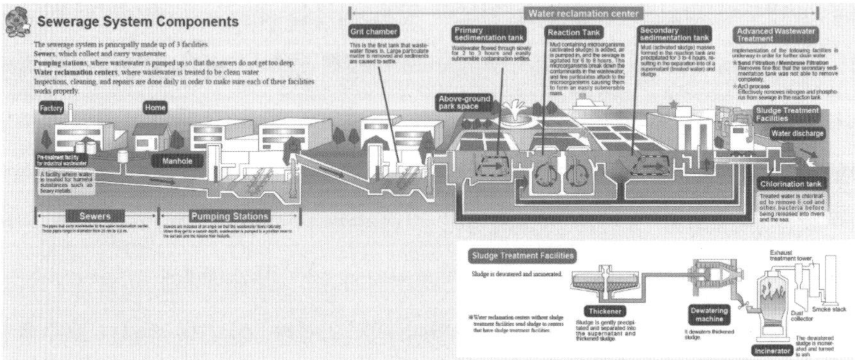

물 순환을 총괄하는 도쿄도 하수도국은 건강하고 문화적인 도시생활과 원활한 도시활동을 뒷받침한다는 비전을 달성하기 위해 직영공기업 방식으로 2,500여 명의 직원이 근무한다. 주요한 경영방침은 고객의 안전을 지키고 안심하고 쾌적한 생활을 유지할 수 있도록 지원하며, 좋은 물 환경과 환경오염이 적은 도시 실현에 기여하고, 최소의 경비로 최선의 서비스를 안정적으로 제공하는 것이다. 핵심 시설인 물재생센터는 20개(구청 13곳, 타마권 7곳)를 운영하고 있다. 도쿄의 물재생센터는 본청 직영 사업소와 물재생시설공단이 각기 2개씩 총 4개 센터에서 하수를 집중적으로 처리하는 서울시와 달리 처리장 규모가 다양하고 분산처리 가능성을 열어두고 있다. 일례로 시바우라 물재생센터의 경우 1931년 운영을 시작했다. 처리된 물은 도쿄만으로 방출되며, 처리된 하수의 일부는 모래여과 방식으로 세척해 센터 내에서 청소, 냉각, 세척, 화장실 등의 용도로 사용한다. 그리고 하수처리 과정에서 생성된 슬러지는 서울과 반대로 압력관을 통해 난부 슬러지 공장으로 펌핑해 통합 처리한다.

타워는 부활의 상징이다. 일본은 패전 이후에 경제부활의 상징으로 1964년 도쿄올림픽에 앞서 1958년 도쿄타워를 건설했다. 철탑을 쌓는 데 약 4,000t의 철강 구조물을 사용하였는데, 7,000t을 사용한 1889년 에펠탑 건설 당시보다 기술혁신에 힘입어 더 높게 만들었다. 19세기 말 근대화의 상징이었던 12층 전망대 빌딩 능운각의 위상을 계승한 도쿄타워는 스카이트리, 모리타워, 시부야 스카이

롯폰기힐스에 위치한 모리타워 전망대

황거를 철벽 방어하는 애도성 해자

등에 도쿄의 랜드마크 역할을 넘긴 상태다. 특히 롯폰기힐스에 위치한 모리타워 전망대는 아오야마 영원(공동묘지), 오다이바(인공섬) 등 시내의 명소를 근거리에서 조망한다는 장점이 있다.

도쿄에 건설된 레인보우 브리지를 비롯해 '선진' 인프라는 일본의 '후진' 정치·행정을 대변하는 경우가 많다. 예컨대 관료와 자민당 의원 및 공기업이 계속 공사를 추진함으로써 지역주민으로부터는 표를 얻고 하청기업에서 정치자금을 받는다. 도로공단은 국토교통성 관료들의 낙하산 인사를 받아준다. 건설을 비롯해 분야별로 특화한 족(族)의원들이 구축한 먹이사슬은 재정적자의 원흉이다.

자민당은 냉전과 혁신 세력에 대한 위기의식을 활용해 안정적으로 1993년까지 38년간 정권을 유지했다. 이 과정에서 자민당과 관료제 간의 긴밀한 연계관계가 형성되었다. 하지만 자치단체에서 시작된 행정혁신의 기풍이 견고한 장벽을 허물어지고 있다. 나가노현 다나카 야스오 지사는 투명한 집무실, 정경유착의 근절, 직접민주주의, 의식개혁 등을 추진했다. 고치현 하시모토 다이지로 지사는 지사실을 24시간 생중계하는 한편 간부들의 판공비를 홈페이지에 공개했다.

서구 사회가 개인특화적 사회조직이 지배적이라면 일본은 조직특화적 공공조직이 압도적이다. 전후 제정된 신헌법은 공무원을 천황의 종에서 국민의 공복으로 전환시켰고, 행정발전을 저해하는 정치적 장애물을 제거하였다. 하지만 일본의 군국주의적 관료문화는 좀처럼 바뀌지 않고 있다. 대학의 행정학 커리큘럼이 법학 위주인 제국주의 시절의 잔재를 청산하지 못한 상태다. 이에 일본 정부는 법학 위주인 공무원 시험과목을 개편했다. 하지만 일본의 잔재가 온존한 한국의 행정공무원과 경찰시험제도는 법학 편향성을 아직도 해소하지 못하고 있다.

도쿄는 1980년대 이후 세계도시로 도약했다. 전자와 금융을 앞세워 미국을 위협하는 세계적 경제중심지로 부상한 것이다. 1990년대 일본은 부동산을 비롯해 자산가치가 급락한 버블 붕괴의 충격으로 '잃어버린 30년'이라는 침체기로 접어들었다. 하지만 2021년 개최한 도쿄올림픽을 계기로 재도약을 모색하였다. 그렇다면 거듭된 재난과 위기에도 불구하고 세계도시 도쿄의 위상을 유지한 비결은 무엇인가? 첫째, 지리적 중심지로 간토평야와 도쿄만의 이점으로 인해 상업과 교통이 발달했다. 둘째, 정치적 중심지로 에도막부와 메이지유신 이후 수도로서의 위상을 유지하였다. 경제적 성장과 문화적 자산을 활용한 시너지를 창출하였다. 셋째, 도시 인프라 투자를 강화해 선진적 도시계획과 최첨단 교통시스템을 구현했다.

2) 일본의 광역연합과 농산어촌 부활전략

추부지방은 2004년부터 그레이트 나고야 이니셔티브(GNI)라는 광역협력사업을 시작했다. 도쿄집중에 대응하고 균형발전을 촉진한다는 구상이다. 나고야시 반경 100㎞, 한 시간 거리에 위치한 아이치현, 기후현, 미에현을 중심으로 단일 경제문화권을 형성하는 시도다. 하지만 88올림픽 유치경쟁에서 서울에 패배하며 대내외 존재감이 약화된 일은 아쉽다. 도요타자동차를 비롯해 항공우주와 기계의 중심지로 부상했지만 해외투자 유치에 미온적이었다.

나고야 광역권을 구현하는 핵심적 수단은 도카이도신칸센과 추부국제공항이다. 2005년 아이치엑스포는 대외 인지도 향상의 계기로 작용했다. 이후 나고야 광역권은 일본 GDP의 약 20%를 차지하는 경제중심지로 성장했다. 나고야대학 중심의 산학연협력을 통해 첨단기술 개발과 인재양성 성과를 창출했다.

아이치현을 대표하는 산업과학도시 나고야시와 도요타시는 한국의 울산이나 창원처럼 노잼도시라는 선입관이 작용해 왔다. 하지만 일본의 3대 도시 나고

나고야성의 상징적 건물인 천수각

도요타산업기술기념관 입구 조형물

야는 수많은 테마를 간직한 도시다. 나고야성과 아츠타신궁은 물론 각종 박물관과 테마파크가 포진해 있다.

오다 노부가나와 가토 기요마사의 근거지답게 나고야성은 난공불락의 요새다. 우리가 신성시한 소도처럼 원목 도리이에 나뭇가지를 걸어둔 아츠타신궁은 2천년 역사를 간직한 곳이다. 역사문화유산은 물론 도요타산업기술기념관, 리니어철도관, 항공박물관, 나고야시과학관 등 산업과학에 특화한 시설의 운영이 부러웠다.

기념관에 진입한 방문객들은 입구에 설치된 원형방직기 앞에서 인증사진을 찍으며 관람을 시작한다. 메이지유신 이후 근대화 국면에서 도요타 창업주는 1911년 방직공장을 지으며 섬유산업에 진출했다. 면화와 대마를 비롯한 섬유 소재를 전시하는 한편 단색과 색동 원단을 제작하는 방직기의 시연까지 이루어진다. 거대한 증기기관이 창출한 무한동력에 힘입어 섬유산업은 가내수공업에서 수백 대 방직기를 돌리는 제조업체로 거듭났다.

20세기 초반의 자동차 제작은 나무로 프레임을 만들고 부품을 제작해 조립하는 방식을 채택하였다. 얼마 지나지 않아 출현한 포드의 컨베이어벨트 시스템으로 대량생산체제를 구현했다. 최근 도요타는 하이브리드 엔진을 앞세워 에너지 절감과 전기차의 불안에 부응했다. 관람의 마지막은 로봇의 바이올린 연주였다. AI시대의 휴머노이드 로봇도 정밀기계의 후원을 배제한 상태에서 성공하기 어렵다. 나는 관람을 마치고 부설 도서관에도 들렀다. 관련 서적과 잡지는 물론 추천도서를 살펴보니 박물관 운영의 선진기법을 탐구하는 일에도 소홀하지 않을 정도 완결성을 유지하고 있었다.

도요타 생산방식의 원류는 20세기 초 도요타 가문이 창업한 방직회사에서 시작되었다. 기계산업은 스팀엔진을 장착한 증기기관차는 물론 방직기와 자동차의 발전을 촉진했다. 이러한 경로는 후발산업화를 통해 기계산업의 강자로 부상한 독일과 일본도 예외가 아니다. 섬유에서 기계마인드를 배양하고 자동차산업에 진출한 도요타는 일본에 진출한 미국 자동차회사를 모방해 1936년 AA이라는 독자모델을 생산했다. 1975년 현대의 포니보다 반세기나 앞선 쾌거였다. 미국의 포드나 GM을 차용해 70년 전인 1925년에 국민차 구상을 수립했기에 오늘날 자동차산업의 강자로 도약한 것이다.

세계를 재패한 도요타의 생산시스템인 무다(Muda)는 낭비를 완전히 제거하는 방식으로 고품질 제품을 적시에 고객에게 공급하도록 설계하였다. 이는 토요타 철학의 구현이자 토요타 기술의 집약체다. 일본만의 독특한 생산방식의 요체인 지도카(Jidoka; 지능형 자동화)와 적시생산(Just-in-Time Operation)이라는 두 가지 원칙에 기반한다. 보다 포괄적 의미로 미국식 대량생산체제와 유럽식 유연생산체제를 결합한 혼합 시스템으로 산업경쟁력을 강화했다.

독일과 일본은 안정적인 조직력을 중시하는 제조업에서 강하지만 창의적인 개인기를 요구하는 정보통신산업에서 약점을 표출하였다. 독일이 20세기 말 통일을 전후해 '정체된 국가'라는 시련에 직면한 일도 컴퓨터 산업의 부진과 무관하지 않다. 반면에 소니의 아성을 극복한 삼성전자는 한국 경제의 도약을 견인했다. 나는 나고야로 이동하기 직전에 1990년대 유행한 한국의 온천호텔 분위기가 풍기는 소도시 호텔에서 모니터처럼 작은 텔레비전과 재떨이 속의 미니 성냥을 발견했다. 일본 특유의 절약 정신이나 전통 보존으로 해석하기는 무리가 있는 장면이다. 일본이 직면한 지방소멸 위기의 현주소를 확인하는 순간인 것이다.

일본 중앙에 위치한 추부지방은 산업과 교통의 중심지다. 완비된 공항과 철도 인프라를 감안한 나고야 광역권의 잠재력도 충분하다. 아직은 공항규모에 비해 이용객이 적어 평일에는 5분이면 출국장을 통과할 정도였다. 다음번 일본 여정도 나고야로 들어와 나고야돔에서 프로야구를 관람하고 교토행 신칸센을 탑승해도 좋겠다는 생각이 들었다. 교토에서 오사카나 고베를 경유해 지방창생 스토리가 풍부한 시코쿠에 들리는 것도 매력적인 여정이다.

오사카－고베－교토로 대표되는 간사이 지방은 도쿄도에 필적하는 일본의 광역연합 구현사례다. 간사이는 야마토 왕국, 나라, 헤이안 등 고대국가의 중심지였다. 8세기 나라는 일본 최초의 수도로 불교를 수용했다. 헤이안 시대(794～1185)에는 교토가 중심지로 부상했다. 가마쿠라막부(1185～1333)와 에도막부(1603～1868)를 거치며 정치적 영향력이 약화되자 오사카 중심으로 경제적 영향력을 강화했다. 교토는 에도막부 시절에도 왕궁이 위치한 곳으로 전통문화와 궁정문화의 중심지로 번성했다.

메이지유신과 고도성장기를 거치며 간사이는 산업도시를 배출했다. 오사카는 일본에서 두 번째로 큰 경제규모를 자랑하는 도시다. 교토는 일본의 전통적인 문화, 관광, 교육 중심지로 명성을 확보했다. 개항장으로 서구문물 유입의 창구였던 고베는 무역과 관광의 중심지로 부상했다.

대도시 오사카는 복잡한 주민서비스와 사회적 요구에 대응하려고 구별로 세분화된 행정체제를 구축해 왔다. 교외는 물론 인근 도시를 연결하는 전철망이 완비된 점도 도시경쟁력의 원동력으로 작용해 왔다.

교토는 전통과 현대가 융합된 도시답게 문화적 전통을 보존하고, 관광을 진흥하려고 주민자치를 적극 활용했다. 일본의 정체성에 기반한 역사 마케팅의 경쟁력은 교토 일원에 산재한 유적을 통해 확인이 가능하다. 일본 노벨상의 산실로 알려진 교토대의 소박한 외관도 '국화와 칼'로 대표되는 그들의 양면성을 대변한다.

고베는 1853년 미국 페리함대의 방문 이후 1854년 일본은 미국과 무역조약을 체결하면서 개항장으로 부상했다. 당시 고베는 일본에서 최초로 개방된 항구 중 하나로, 서양과의 무역을 통해 유럽의 기술과 산업을 받아들이는 창구였다.

개항장 지역은 서양식 건축과 이국적 분위기가 존재한다. 고베 이탈리아 거리나 외국인 주택은 관광지로 유명하다. 산노미야와 하버랜드 같은 유원지나 지역특산물인 고베 비프가 유명하다. 불교국가로 채식 전통이 강했던 일본에서 서양식 도살장을 개설한 곳이 고베라 소고기 철판구이가 알려졌다.

일본은 지방도시의 경쟁력을 강화하기 위해 행정체제 개편을 추진했다. 서구의 메가시티 구상처럼 47개 도·도·부·현을 12대 도·주로 개편하는 구상이다. 이 경우 부·현은 사실상 폐지되고 광역인 도주와 기초인 시·정·촌 체제로 재편된다. 우리나라의 메가시티 구상처럼 일본도 광역행정을 강화하는 대신에 주민자치의 본질은 유지한다는 전략이다.

농산어촌 활성화 운동은 인구감소와 지방소멸이 본격화된 1970년대부터 시작되었다. 일본의 시정촌과 도도부현은 한국의 시군구나 시도에 비해 규모가 작아 통폐합 요구가 강력했다. 광역행정에 유리한 상하수도나 교통시설은 물론 지방소멸 문제에 정면으로 승부했다. 일본 사회학자 마스다 히로야가 제시한 지역소멸위험 지수는 65세 이상 인구대비 20~39세 여성인구 비율로 측정된다. 이 지수가 0.5 미만이면 소멸 위험지역으로, 0.5~1.0인 경우 소멸 주의, 1.0~1.5인 경우 보통. 1.5 이상이면 소멸 저위험지역으로 분류한다.

일본의 지자체는 지방소멸에 대응하려고 일촌일품, 마을만들기, 자연휴양촌을 업그레이드한 여가농원 빌리지, 노인층을 겨냥한 연금생활자 주택단지, 평생교육을 표방한 생애학습도시 등 지역특화를 실천했다. 21세기를 전후해 등장한 지방창생, 지역부흥협력대, 압축도시, 관계인구 등도 유사한 목표를 공유한다. 이러한 정책수단은 지역의 특성에 부응하는 맞춤형 정책을 표방했다. 지역의 부존자원인 기차역, 고택, 지역축제 등을 활용해 지역활성화의 단서를 모색한 것이다. 2010년대 초반 2차 아베내각은 국가발전의 새로운 돌파구로 지방창생을 제안했다. 〈마을·사람·일자리창생법〉을 제정해 지역의 가능성을 발굴했다. 중앙정부와 대기업을 대신해 지방자치의 독창성과 벤처기업의 성공비결에 주목한 것이다. 중소기업진단사라는 기업 컨설턴트의 노하우를 낙후한 지역의 상권을 살리는 지방창생 프로젝트에 적극 활용하는 한편 도시의 인재를 지방에 파견하는 지역부흥협력대도 활용하였다. 특히 일본에 지방소멸의 충격파를 던진 마스다 리포트는 지방창생 정책을 강화하는 계기로 작용했다.

지역활성화는 독창적 아이디어나 변혁적 리더십만으로 역부족이다. 보다 치밀하고 체계적이 접근이 필요하다. 따라서 지역경영을 관민연계로 추진하는 전략을 도입해야 한다. 나아가 사업성공의 노하우인 "지역 매니지먼트 조직에 대한 지원과 우대조치를 강화, 제도 시행의 기반인 다양한 정보 수집·축적·활용을 촉진하는 시스템 만들기, 공공공간의 관리·활용에 관한 제도의 구축과 운용의 개선, 환경과 방재 대응이라는 공공성 목표에 부응하는 자금조달 방법의 구축, 지역 매니지먼트 활동에 관한 평가방법의 검토와 평가시스템 구축, 지역 매니지먼트 활동을 담당하는 새로운 법인의 창설, 지역단위 계획을 활용하는 새로운 계획제도 검토" 등 7가지 제언에도 유의했다.[2)]

일본은 본토의 중핵인 혼슈를 비롯해 남단의 큐슈와 북단의 홋카이도 및 동단 시코쿠까지 4개 지역으로 구분된다. 이 중에서 일본을 대표하는 낙후지대가 시코쿠다. 이러한 연유로 이곳에 위치한 현청과 시정촌은 지역소멸에 대응한 내생적 지역발전 전략을 중시해 왔다. 잘 보존된 자연환경과 지역유산의 매력을 앞세워 관광산업의 활성화도 모색하였다.

후지산 인근의 온천휴양지 가나가와현 하코네정(箱根町; はこねまち)은 관광경쟁력을 강화하려고 도쿄 신주쿠역에서 출발하는 특급열차를 운행한다. 다양한 관광서비스를 패키지로 제공하는 프리패스를 판매해 이용자 편의성도 도모했다. 신주쿠역에서 로망스 특급열차로 하코네유모토역에 도착하면 등산전차, 등산케이블카, 로프웨이, 해적관광선, 등산버스 등을 차례로 탑승하는 방식이 일반적이다. 하지만 나는 숙소를 정하지 못할 정도로 사전 정보가 부족했기에 역 주변의 분위기를 살피다 반대 경로로 탐방을 시작했다.

하코네의 숙박은 온천여관 방식이라 다소 비싸다. 관광의 전초기지이자 편의시설이 밀집한 하코네유모토역 주변 계곡보다 고도가 높은 호수가나 산자락

---

2) 모리기념재단·고바야시 시게노리 저, 이삼수·윤장식·송준환 역. (2023). 지역 매니지먼트 효과와 재원. 미세움.

하코네 호수에서 조망한 후지산

하코네 로프웨이 정상인 오다구나니

숙소가 저렴하다. 나는 등산버스를 타고 산정호수 아스노의 명물인 해적관광선에 탑승해 호반에 설치된 명물 '평화의 도리이'를 지나 로프웨이 종점인 도겐다이항에 도착했다. 해가 저물기 시작해 구글 지도에 표시되는 가장 저렴한 3성급 호텔을 골랐는데 시설이 깨끗하고 작은 온천탕을 구비해 만족스러웠다. 지상의 베란다 공간에 노천탕까지 설치한 상태였다. 해질녘 온천을 즐기다 갑자기 드러난 후지산의 상층부를 목격했다. 고산지대라 구름이 지나가다 순간순간 봉우리가 나타나는 방식이다.

한국보다 50분 정도 빠른 극동의 일출을 보러 나갔다가 흐린 날씨로 실패했다. 하지만 청량한 새벽공기와 청아한 산새소리를 만났다. 행복이 넘치는 산속 라이프의 정수를 체험한 것이다. 지구는 360도이고 자전주기가 하루니까 한 시간은 15도에 해당한다. 서울은 동경 126.97도이고 도쿄는 동경 139.69도라 12.72도 차이가 존재하기 때문에 일출의 시차가 발생한다.

1,044m 오다구나니는 하코네 로프웨이의 상층부 정류장으로 하얀 증기가 피어나고 유황 냄새가 진동하는 곳이다. 입욕제 등으로 유황을 상업적으로 활용하려고 채집용 장비를 곳곳에 설치해 두었다. 호수 반대쪽 소운잔 로프웨이 시점에 내리자 소운잔과 고라 구간에는 스키 활강대 모양의 노면케이블카를 운행하고 있다. 노면케이블카를 부설하지 않은 한국에서는 구분의 실익이 약한 로프웨이와 케이블카의 차이를 체득한 순간이다.

고라에서 하코네유모토역 사이에는 등산전차를 운영한다. 등산전차는 표고 차이를 극복하려고 계곡을 지그재그 스위치백 방식으로 운행한다. 인구밀도가 높은 일본답게 유명 관광지에는 단선 전차를 운영한다. 전차 구간의 간이역에는 조각공원과 온천마을을 비롯해 다양한 테마를 간직한 볼거리와 먹거리가 보인다.

하코네정을 떠나 시즈오카시로 이동했다. 시정촌 통합의 여파로 항구도시 시미즈시는 시즈오카시의 구로 편입되었다. 하지만 대내외 인지도를 확보한 시미즈 펄스 축구단 브랜드는 유지되고 있다. 시미즈 항구를 둘러보면서 도시마케팅의 중요성을 실감했다. 축구단 브랜드를 쇠퇴하는 항구의 복합상가에 차용해 '시미즈 펄스 드림 플라자'로 개칭했다. 자주 모습을 드러내지 않는 후지산이지만 항구를 순회하는 유람선에서 조망한다는 경관마케팅으로 관광객을 유치했다. 오래된 정유공장과 수리조선소가 위치한 항구는 낭만과의 거리가 멀었지만 미국에서 출항한 크루즈선이 정박할 정도로 후지산 마케팅은 성공적이다.

완행열차를 타고 시즈오카시 시미즈항구에서 출발해 가케가와시에 도착했다. 일정이 촉박해 드라마 〈협상의 기술〉에 등장한 시스오카 도심 오뎅거리 아오바요코초를 체험하지 못해 아쉬웠다. 대신 기차로 이동하면서 아베카와역에 조성된 대규모 자전거 보관소나 도심지 곳곳에 위치한 납골묘지를 성찰하며 아쉬움을 달랬다. 불교국가 일본에서 작은 납골탑은 사찰의 부도와 모습이 유사한 일상의 존재다. 이러한 연유로 자연스럽게 마을 안에 들어선 것이다. 한국에서는 유망사업이자 기피시설인 대형 납골당 시설의 양면성에 비추어 신사에 수십 만 혼령을 모시는 일본의 신도 신앙은 독특하다. 우리도 앞으로 자연장을 활성화하는 대신에 위패를 종교시설이나 문중사당에 모시는 방안을 강구해야 한다.

가케가와시는 인구 10만으로 영주나 영천과 비슷한 분위기를 연출하는 곳이다. 도시 인프라와 도심지 건물은 대부분 노후한 상태였다. 지방소멸 추세로 도시재개발을 기대하기 어려운 것이 냉혹한 현실인 것이다. 그나마 일본의 지방 소도시에서 체인 호텔로 온탕을 구비한 도미 인 호텔이나 우익이 운영하는 아파 호텔 정도가 활발한 시설투자를 진행해 왔다.

지역의 상징인 가케가와성을 둘러보고 야끼도리라는 닭구이 전문점에 들렀다. 내가 이 도시를 방문한 목적은 평생학습도시 우수사례를 답사하기 위해서였다. 하지만 도시가 자랑하는 내생적 발전전략의 신화는 이미 지나간 유행가 가사처럼 느껴졌다. 다음날 아침 도심지 산보에서 발견한 소박한 텃밭을 조성한 주최가 재단이라는 사실에서 도시가꾸기 운동의 지속성을 확인하고 안심했다. 지역뉴스는 제주항공이 시즈오카시와 가케가와시 중간에 위치한 후지산시즈오카공항에 취항하는 항공기 편수를 늘린다는 소식을 비중있게 전하고 있다.

가케가와시는 신칸센 유치 이후에도 좀처럼 진전되지 못하는 지역발전에 고심하는 중이다. 가케가와역 구내의 지역특산물 매장은 '지금, 이곳, 이거 밖에 없다'를 고집하는 영업전략을 구사한다. 녹차술, 밤소주, 버터메론빵, 닭고기카레 등이 이곳의 대표 상품이다. 대전역 성심당이나 영주역 특산물 매장과 유사한 마케팅 방식이다. 1971년 가케가와 안데르센이 출시한 가케메로빵은 한정판매가 이루어질 정도로 인기 상품이다.

역사의 지역홍보 포스터는 가케가와시가 우리의 보성이나 제주처럼 녹차밭 농법으로 세계농업유산에 선정된 일을 알리고 있다. 시즈오카현의 특산물인 녹차는 후지산과 어우러지는 경관농업의 소재이자 다양한 식품으로 가공되고 있다. 주점의 벽에는 가케가와 대축제 포스터가 붙어 있다. 일본의 소규모 시정촌은 지역활성화 전략으로 다양한 축제를 활용해 왔다. 가케가와화조원(掛川花鳥園)은 약 100종의 새들과 1,800여 개의 꽃이 어우러진 소규모 테마파크다. 가케가와 상공회의소는 지역의 산업과 소상공인을 지원하는 수단으로 경영혁신 우수사례 전파, 인사·회계관리 교육, 가업승계 컨설팅, 홍보 마케팅 등의 서비스를 제공하고 있다.

시코쿠에 위치한 가가와현 나오시마(直島)는 인구 삼천 명이 사는 작은 섬이지만 1992년부터 문화의 바람이 불면서 매년 수십만 명이 찾아오는 예술섬으로 부상했다. 우리에게는 설치미술 땡땡이 호박과 이우환 미술관으로 알려진 곳이다. 공해에 찌들어서 쇠락하던 섬을 개조하는 프로젝트의 총지휘자는 후쿠다케 소이치로 베네세홀딩스 회장 겸 후쿠다케재단 이사장이다.[3] 그는 안도 다다오라

3) 동아일보. 2016.06.29.

는 당대 최고의 건축가에게 의뢰해 외딴 섬 땅속에 미술관을 지었을 뿐만 아니라 당시로서는 다소 모험적인 베네세하우스라는 숙박시설 투자도 감행했다. 이처럼 도전적인 지역재생 프로젝트가 성공한 주요 원인으로는 지역 고유의 특성 활용, 정부·주민·민간기업의 협력으로 지속가능성 확보, 예술·디자인·IT 등 창의적 아이디어의 활용, 주민주도형 지역재생으로 지역공동체 강화 등이다.

지방창생의 우수사례인 도쿠시마현 카미야마 마을은 빈집을 활용하여 위성 오피스를 유치하는 전략으로 지역경제를 활성화했다. 카미야마 마을의 전통적 특산물은 유자 재배와 임업 중심이었으나, 위성 오피스 유치를 계기로 아티스트, IT 엔지니어, 프로그래머, 온라인 영업 등 청·장년층 크리에이터 인력이 마을에 정착했다. 부산과 전북의 워케이션 센터도 유사사례다. 부산창조혁신센터는 도심지 낙후지역을 재생하려고 워케이션센터를 운영한다. 새로 유입되는 생활인구에 서비스를 제공하는 모델이다. 이러한 사업은 기존의 관리형 도시계획과는 다르게 생활인구가 지역의 다양한 서비스를 제공받도록 조직과 시스템을 재정비해야 한다.

고치현 쓰노 마을은 일자리 창출 우수사례다. 지역특산품 개발과 판매를 통해 지역경제를 활성화하고 주민들의 소득증대에 기여했다. 도쿠시마현 나루토시 국도변 휴게소에 위치한 체험형 먹거리 테마파크 쿠루쿠루나루토, 재활용 성지로 부상한 카미카츠초, 봄밤의 빛 축제로 유명한 오카야마현 구라시키 미관지구 등의 사례는 지방소멸 아이디어의 보고다.[4)]

마을만들기와 지역창생에 주력한 내생적 발전전략은 6차산업과 지역공동체의 활성화로 나타났다. 오랜 경기침체를 거치며 단품형 밥집과 도시락 구매가 대세인 일본의 외식문화는 간소하고 정갈하다. 에키벤을 지역특산물로 홍보하는 관광객 유치전략도 인상적이다.

일본의 소도시 르네상스는 큐슈 사세보가 선도했다. 하우스텐보스의 전신인 '나가사키 오란다(Holland)'는 1983년 7월 나가사키현 사세보시 인근에 개장

4) 고바야시 유우지·가츠히코 나미카타 저, 엄상용 역. (2019). 지역창생과 지역활성화 전략: 미국, 유럽, 일본의 도시창생 프로젝트. 학연문화사.

한 테마파크다. 풍차와 수로 및 건물을 비롯해 유럽을 그대로 옮겨놓은 거리가 매력이다. 이를 통해 군항도시 사세보를 평화산업항만도시로 전환하려고 의도한 것이다.

인접한 나가사키는 히로시마와 더불어 원폭 피해를 당한 곳이다. 나가사키 데지마섬은 에도시대에 네덜란드 문명을 받아들인 특구방식 조차지였다. 서양문화와 기독교의 전파로 박해사건이 발생하기도 했다. 오우라 천주당은 1597년 니시자카 언덕에서 순교한 26명의 성인들을 기념한다.

일본의 중장기 국토공간전략은 대도시권 압축전략, 지방도시 압축전략, 농산어촌지역 압축전략으로 구분된다. 먼저 대도시권 압축전략은 인구의 절반이 거주하는 도쿄권, 나고야권, 오사카권에 중점을 두고 추진되고 있다. 다음으로 지방도시 압축전략은 도시전체 마스터플랜인 입지적정화계획을 수립해 내생적인 발전역량을 강화하도록 유도했다. 농산어촌 압축전략은 5,000개 정도의 작은 거점마을(compact village)을 만들어 공공서비스 공급의 효율성과 완결성을 확보한다는 계획이다.

3) 중국 내륙의 비상을 선도한 도시들

역사시대에 부상한 중국의 고대국가는 하·상·주다. 주나라의 봉건제도가 무너지면서 춘추전국이라는 자치와 연합의 시대가 도래했다. 지역을 대표하는 도시가 출현한 시기다. 고대국가와 도시는 나일강과 마찬가지로 홍수와 조수의 영향에서 자유로운 강의 중상류에서 번성했다. 양쯔강에서는 충칭과 우한을 거점삼아 산업이 발전했다. 반면에 황하 중류는 안양(은허)과 시안은 물론 뤄양, 덩펑, 정저우, 카이펑 등 권력의 중심지가 탄생했다.

하지만 보, 운하, 방파제 등 수리기술이 발전하면서 점차 하류 지역으로 중심지가 이동했다. 난징(南京)과 달리 수로의 활용과 산업의 활력이 미진했던 베이징(北京)은 운하를 건설해 강남의 풍부한 물산 이동을 촉진시켰다. 해안에서 가까운 항저우, 쑤저우, 상하이 등은 개혁개방을 선도한 세계도시로 부상한 상태다. 특히 쑤저우산업단지(Suzhou Industrial Park: SIP)는 기반시설, 물류체계, 채용과 급여, 사회보험 등 싱가포르를 총체적으로 벤치마킹해 1994년 조성한 곳이다. SIP는 투자상담에서 인허가가 끝나기까지 2주밖에 걸리지 않는 신속한 행정절차와 중국의 강력한 투자의지 및 싱가포르 스타일 인프라를 보고 외국기업들이 몰려들었다.

중국은 산업추격 전략으로 바이오와 반도체 클러스터를 육성하고 있다. 바이오제약 클러스터가 위치한 지역들은 고성장, 고기술, 고인재 등 3고(高)를 추구한다. 중국의 3대 클러스터는 베이징 중심으로 톈진, 스자황, 지난 등 환발해(環渤海) 클러스터, 상하이와 쑤저우를 중심으로 난징, 항저우, 우시 등 장삼각(長三角) 클러스터, 선전을 중심으로 중산, 주하이 등을 포함한 웨강오(粤港澳) 클러스터 등이다.[5)]

서울시도 대학, 병원, 연구소 등이 밀집한 홍릉 일대를 '홍릉 바이오·의료 연구개발 클러스터'로 조성하고 있다. 서울에는 세계 최고 수준의 전문병원이 밀집해 있을 뿐만 아니라 생명공학 관련 인재의 질도 우수하다. 세계 최고의 바이오 클러스터는 보스턴과 싱가포르다. 이를 추격하는 서울과 중국의 바이오 혁신은 계속될 것이다.

동아시아 국가들은 19세기 중반 외세의 압력으로 개항했다. 중국은 아편전쟁 이후에 심화된 제국주의 침탈과 단절하기 위해 1949년 중화인민공화국 수립 이후에 사회주의체제의 정책기조인 폐쇄적 수입대체나 제한적 구상무역을 추구했다. 19세기 초 유럽의 아메리카 침탈을 염려한 미국의 먼로주의나 중남미의 독립선포와 유사한 선택이지만 1958년 대약진운동과 1966년 문화대혁명의 실패로 발전성과는 저조했다.

중국은 1979년 덩샤오핑 주도로 개혁·개방을 시작했다. 당시 최초로 지정한 경제특구가 선전, 주하이, 샤먼, 산터우였다. 이 중 선전과 주하이는 홍콩, 마카오와 연계된 곳이다. 상하이나 톈진에 비해 대외적 위상이 미약한 동남해안의 샤먼과 산터우가 선택된 이유는 동남아 화교사회와의 연계효과를 반영한 것이다. 정화 함대가 개척한 해상 실크로드의 거점 도시들과 관계를 강화해 자본을

5) http://www.hitnews.co.kr

유치하고 무역도 촉진한 것이다.

동남아로 진출한 화교의 성지인 항구도시 샤먼에 남아있는 원형공동주택 남정토루는 공동체 생활이 체화된 공동주거 방식이다. 구글을 비롯해 협업이나 직주근접을 선호하는 테크기업들도 안락하고 소통적인 주거공간을 마련하려고 원형의 건물디자인을 선호한다.

2000년대 이후 불균형 발전으로 지역격차가 심화되자 중국은 한국처럼 균형발전 압력에 직면했다. 2004년 노무현 정부가 〈국가균형발전특별법〉을 제정해 세종시와 혁신도시를 건설한 것처럼 중국도 서부대개발과 일대일로(一帶一路·육해상 실크로드)를 추구했다. 1979년 시작된 개혁·개방의 수혜를 입은 동남부 해안가 도시들의 임금수준이 상승하자 정저우의 애플 공장 사례처럼 내륙도시나 베트남을 찾는 국내외 자본이 증가했다.

내륙개발의 근본적 필요성은 중진국 함정으로 묘사되는 극심한 도시와 농촌의 격차와 거대한 교육·보건 불평등이다. 스콧 로젤과 내털리 헬은 〈보이지 않는 중국〉에서 농촌과 도시를 구분한 후커우 제도를 지역격차의 원인으로 지목했다. 해당 지역에 호적이 있는 사람만 공공서비스 이용이 가능한 후커우 제도는 자유로운 거주이전을 제약해 왔다. 더욱이 도시와 농촌 간에 교육과 보건격차를 조장해 중국의 지속적 발전을 위협한다는 것이다. 실제로 중국 내륙에는 영양부족으로 활력을 상실한 아이들이 자주 목격된다.

허난성 성도인 정저우는 중국의 중앙에 위치한 전략적 요충지로 인근 도시인 카이펑(开封), 뤄양(洛阳) 등과 함께 고대국가의 왕도였다. 제사를 비롯해 상나라의 실상을 거북이 배딱지와 짐승의 견갑골에 기록한 갑골문이 대거 출토된 은허가 발견된 안양현도 멀지 않다. 소림사가 위치한 숭산(嵩山)을 찾는 관광객들도 많다. 요즘은 철도와 도로 및 항공 교통이 잘 발달한 교통의 허브로 부상했다. 국적항공사인 대한항공이 정저우에 취항하면서 중국 유학생을 유치하려는 지방대학 홍보단의 방문도 이어지고 있다. 최근에는 교통 인프라 과잉투자로 발생한 지방정부의 부채를 염려할 정도다. 정저우는 주력산업인 전자를 비롯해 기계, 농업 등에 힘입어 고속성장의 대열에 동참하였다. 상하이 푸둥지구를 모델로 개발

허난성에 포진한 대표 도시들

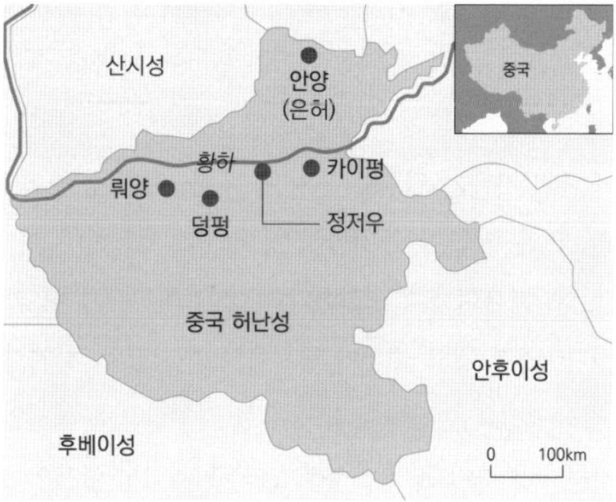

한 정저우 정동신구는 지역의 다양한 개발프로젝트를 대표하는 사례다. 이러한 고속성장세에 힘입어 정저우 광역권은 천만 메가시티로 부상했다.

중화인민공화국 출범 75주년을 전후해 장가계 여행을 다녀왔다. 우한시 톈허국제공항을 나서 고속도로로 접어들자 중국 최고 명절이라는 국경절답게 차량이 붐볐다. 공중파인 CCTV는 영화 〈대결전〉을 비롯해 국공내전과 한국전쟁을 다룬 영화를 방송한다. 비장함이 느껴지는 공익광고에는 양적 발전의 척도인 우주선, 항공모함, 고속철도, 미사일, 고층빌딩 등이 단골로 등장한다.

중국의 과시적 문화와 권위적 행정은 인민의 행복과 외부의 호감을 추락시켰다. 청년세대까지 확산된 물신주의 풍조도 심각하다. 부와 배포의 상징이라는 배불뚝이 미륵불 포대화상에 열광한다. 의식주가 아니라 '식주의' 순서를 추종하는 중국인의 독특한 헤어스타일과 소박한 옷차림새로 국적이 판별될 정도다.

중국은 관광지나 시장통에 국정목표와 주민의무를 게시한다. 과거 우리처럼 억압적 경찰국가나 병영국가의 전형이다. 사람중심과 대중존중을 표방하는 사회주의 핵심 가치는 제대로 구현하지 못하고 있다. 소변사건으로 칭타오 맥주의 브랜드 가치를 훼손했다고 사형에 처하는 폭압적 모습은 천안문과 광주의 민주화 운동 당시에 자행된 반인륜적 참사를 연상시킨다. 마약, 부패, 식품안전, 교통사고 등과 같은 범죄를 엄단한다고 범죄와의 전쟁을 지속한다. 중범죄자들을 잔도 공사에 동원해 사고를 양산한 처사도 문명사회에서 용납되기 어렵다. 외국인을 배척하는 도전적 말투와 과격한 구호도 국격을 저하시키는 주범이다. 제국주의 침탈을 경계해야 하지만 자국의 소수민족 탄압정책도 자성해야 한다.

공항이 협소한 장가계는 직항보다 창사, 우한, 충칭 등을 경유하는 패키지여행이 보편적이다. 많은 시간이 들지만 전용버스로 이동하며 시가지나 농경지를 살피는 재미가 있다. 자유여행에 도전한다면 인근 대도시를 여행하고 고속철도로 이동하면 편리하다. 번역 앱도 중국어 장벽을 완화시켰다. 하지만 아직도 여전한 체제의 장벽이 자유여행의 걸림돌이다. 웅장한 자연만으로 세계인이 열광하는 관광지를 조성하기는 역부족이다. 국가경제 발전과 개인적 물욕이 강한 중국이지만 아편전쟁과 천안문사태라는 아픈 기억으로 전면적인 개방을 주저해 왔다.

중국 내 도시를 연결하는 고속철도망이 완비되면서 장가계 자유여행의 대중화도 가시권이다. 비자 장벽의 완화로 한국인의 관광이 활성화될 것이다. 장가계 도심에 위치한 천문산 곤돌라 시점에는 동남아 도시처럼 호텔과 야시장은 물론 길거리 여행사들이 프로그램을 판매한다. 고속철도역과 공항도 지척이다. 시내관광과 천문산 하이킹으로 하루를 투자한 다음에 천자산 케이블카, 원가계 백봉엘리베이터, 대협곡 유리다리 정도를 하루나 이틀 일정으로 소화해도 충분하다.

장가계는 다낭처럼 한국인이 즐겨 찾는 관광지다. 황산이나 백두산처럼 연변에서 이주한 700여 명의 가이드들이 확실한 영업망을 구축한 곳이기도 하다. 선택과 쇼핑을 강요하는 패키지 관광의 폐해가 남아 있지만 조선족 동포사회의 경제적 성장을 견인한 긍정적 측면도 있다. 십년 만에 다시 찾는 장가계시는 도심과 외곽 모두에서 활력이 넘쳤다. 계림과 더불어 중국 남방 석회암 지대를 대표하는 장가계에는 자연과 어우러진 토가족 문화나 도교의 영향이 강력하다. 천자산에 이어 천문산과 대협곡으로 이어진 시설투자도 과감했다.

우한에서 장가계로 이동하던 중에 형주에도 잠시 들렀다. 형주는 삼국시대 한강 유역과 마찬가지로 중국 삼국시대의 접경지다. 혹자는 천하의 중심으로 평가하기도 한다. 양쯔강 라인에 위치한 중경, 우한, 남경 등과 마찬가지로 형주는 생산과 물류의 거점 역할을 수행하였다.

양쯔강 중하류 평야에 위치한 우한은 난징이나 항저우처럼 수많은 호수를 품은 도시다. 우한은 낙동강변 습지와 고온다습 기후를 앞세워 연근을 재배하는 대구나 창녕의 풍광을 연상시키는 곳이다. 우한과 형주 사이에 적벽대전 무대도 위치한다. 장강이 조성한 호수지대 서쪽 산악지대에는 장자제의 비경이 펼쳐진다. 조금 남서쪽으로 내려가면 석회암 지대의 백미인 구이린과 쿤밍도 만날 수 있다. 북서쪽에 포진한 시안과 베이징은 유목지대를 견제하는 군사도시이자 서역과 교류하는 국제도시였다. 뤄양에서 시작해 난징과 항저우처럼 남부 농상공업 지대에 위치한 고도와는 구별된다. 그리고 청나라와 만주국의 거점이던 선양과 장춘은 북방을 대표하는 도시다.

중국 남방 석회암 지대는 강원도처럼 산과 물이 기묘한 절경을 창출한 곳이다. 특히 계림과 장가계는 산세와 물길이 단양과 충주처럼 아름답다. 충칭시 도심과 샨샤댐 협곡을 관통해 형주 벌판을 만난 장강은 강폭을 넓혀 진정한 수로 역할을 담당한다. 우한시 서쪽에는 적벽대전 전적지도 위치한다. 후난성 성도 창사는 내륙 교통의 중심지로 마오쩌뚱을 비롯해 공산당의 주역을 배출한 혁명의 성지다.

중국의 강남지방은 태국이나 스페인의 여름처럼 40도를 넘는 경우가 허다해 아스팔트가 녹을 정도다. 이에 고속도로 곳곳에 철제 완충지대를 설치해 도로의 팽창에 대비한다. 이러한 철제 단절구간으로 인해 도로주행 중에 소음과 진동이 심한 편이다. 여기에 더해 빵빵대는 경적과 들이대는 추월도 심각하다.

중국 영토는 한국의 백배, 하이난 면적은 제주도의 50배에 달한다. 2개 구와 2개 현으로 구성된 장가계시에는 경남 크기의 면적에 150만 명이 거주한다. 소수민족인 토가족은 산적의 후손으로 묘사될 정도로 고립적 생활을 영위해 왔다. 한고조 유방의 책사인 장량이 초나라가 무너지자 토사구팽을 우려해 장가계로 은거하자 수차례 토벌했지만 실패한 일화가 크게 작용한 해석일 것이다. 실상 토가족 남자들은 성인이 되면 산에서 채집한 약초나 특산물을 팔려고 이수강 물길로 창사에 다녀올 정도로 개방적이다. 유비의 책사였던 서서는 제갈공명을 추천

중국 행정구역 체계도

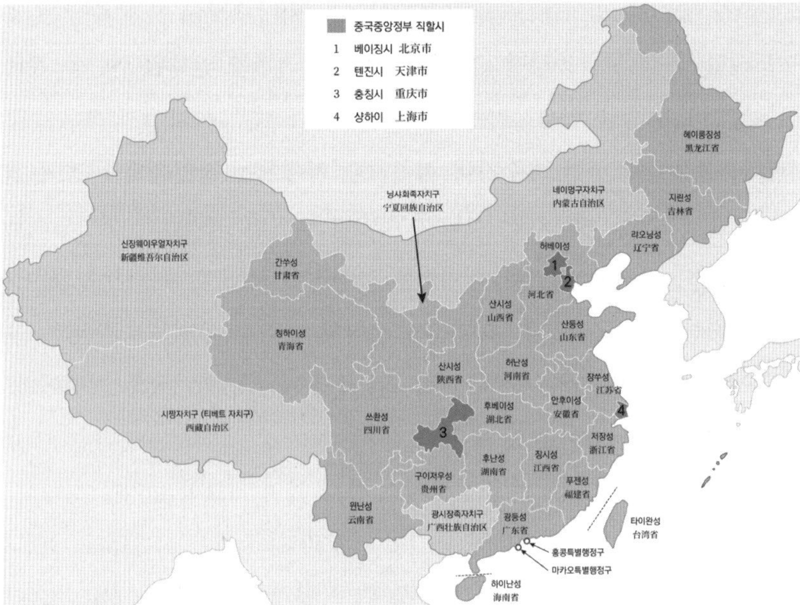

하며 장량에 필적하는 현인으로 평가했다.

우리에게 중국의 성도는 미국의 주도처럼 익숙하지 않은 편이다. 미국의 주도는 지역에서 알려진 수위도시가 아닌 경우가 많다. 닭 모양의 거대한 땅에 포진한 중국의 22개 성도(5개 자치구, 4대 직할시, 2개 특구)는 대도시인 경우가 많지만 우리나라와의 교류가 부족한 곳들이 많다. 상대적으로 규모가 작은 조선족자치주는 지린성에 포함되어 있다. 특히 개혁개방에서 소외된 내륙지방의 지명은 생소하다. 한자 발음과 원어 발음의 차이도 혼란을 가중시키는 요인이다. 오히려 55개에 달하는 소수민족이 익숙할 정도다. 참고로 중국의 행정 구역은 기본적으로는 성급(省級), 시급(市級), 현급(縣級), 향급(鄉級)이라고 하는 4계층으로 이루어져 있다.

양쯔강은 중국 남부 석회암 지대를 흐르며 거대한 협곡과 광활한 호수를 조성했다. 강남지방은 양쯔강에서 배양한 경제력으로 새로운 권력도 창출했다. 후한 말기 위·촉·오 삼국이 태동하던 208년 한나라 승상 조조는 손권과 유비의 세력을 진압하려고 남벌을 감행했다. 조조의 100만 대군에 맞선 10만의 연합군은 중과부적에도 불구하고 도독 주유의 수군과 책사 제갈량의 전술에 힘입어 승리했다.

적벽이 지척인 우한은 시장에서 박쥐와 천상갑을 거래하다 코로나19의 발원지로 지목된 곳이다. 서구의 보수 정치인들은 우한 바이러스라는 낙인찍기를 시도하기도 했다. 북벌 직후에 장강의 거점인 우한 공략에 성공하자 스탈린은 우한을 중국의 모스크바로 칭송했다. 우한의 성취에 고무된 중국 민중과 청년들은 군벌과 열강을 타도하자는 반제운동에 동참했다. 급기야 난징에서 외국인 폭행사건이 발생하자 영국과 미국이 개입하기도 했다.

장자제의 관문으로 알려진 창사는 공산당을 재건한 1934~35년 대장정의 거점도시였다. 인근에 위치한 샹탄과 닝샹은 마오쩌둥, 류샤오치, 펑더화이 등 공산당 혁명가를 배출한 곳이다. 마오쩌둥이 소집한 심야 회의에 시달리다 공산당 수뇌부가 수면제 중독에 빠진 일화가 유명하다. 대약진운동을 비판하다 중국의 후루시초프로 몰려 문화대혁명 시기에 홍위병에 모욕을 당하다 사망한 류샤오치는 수정주의자 덩샤오핑이 집권한 이후에 복권되었다.

요즘 우한은 홍콩과 비슷한 800만 인구의 현대도시로 변모했다. 무인택시 시범도시인 우한은 무인택시를 500대나 운행하고 있다. 양쯔강변 내륙항구에는 컨테이너를 무인으로 탑재되는 시스템도 운영하고 있다. 우한 시내의 전통시장을 방문하니 호수와 농경의 도시답게 돼지고기와 채소류는 물론 민물고기, 뱀, 개구리 등을 판매중이다. 특히 중국산 황소개구리(牛蛙)는 한국산 토종 개구리와 크게 다르지 않은 크기로 양꼬치에 필적하는 꼬치구이 메뉴다. 시장의 규모가 작아서 코로나19로 유명해진 박쥐나 천상갑을 만나기는 어려웠다. 트럼프가 우한바이러스라는 낙인찍기를 시도한 것처럼 중국의 지배계층은 1949년 국가수립 이후에 소수민족을 무시하고 탄압했다. 만주족의 통치에 대한 분풀이 성격도 강했다.

중국의 치욕인 현대사의 시련은 외세의 침탈이 집중된 해안가 항구도시를 중심으로 이루어졌다. 중국 남부 해안가 도시인 선전과 광저우 및 마카오는 19세기 중반 아편전쟁으로 개항한 홍콩의 영향을 받았다. 강남의 경제중심지 상하이에 설치된 서구 열강의 조계는 항저우나 쑤저우를 비롯해 양쯔강 연안 도시에 영향을 미쳤다. 20세기의 개막을 전후해 수도 베이징 인근의 해안도시 텐진은 물론 요동반도 다롄과 산둥반도 칭타오에 진출한 러시아, 일본, 독일 등은 중국 본토의 분할과 조차를 의도했다. 국민당의 북벌이 지지부진하자 일본은 1931년 만주사변을 일으켜 마지막 황제 푸이를 내세운 괴뢰국가인 만주국을 출범시켰다. 부여와 고구려의 고토 동북지방에 위치한 만주국 수도 장춘은 부여의 왕도가 위치한 곳이자 청나라 초기의 수도인 선양과 인접한 곳이다. 신의주가 지척인 압록강 하구 단둥은 두만강 일대에 위치한 연변에 필적하는 곳이다. 두만강 건너 여진족은 요나라를 건국한 말갈족과 마찬가지로 금나라를 건국했지만 몽골에 무너졌다. 이후 고려와 조선에 복속된 여진족은 이성계의 무력기반이자 백정 계급의 기원이 되었다.

나는 얼마 전 장춘으로 입국해 고속철도로 선양과 단둥을 경유해 다롄으로 이동해 귀국하는 여행계획을 수립했다. 여력이 된다면 압록강 철교는 물론 백두산 천지도 둘러볼 생각이다. 다롄에서는 안중군 의사가 순국한 뤼순감옥과 러일전쟁 격전지인 뤼순항도 찾아갈 예정이다. 뤼순감옥은 1902년 러시아가 만주를 점령한 이후 동북 3성의 저항세력을 수용하려고 만들었다. 이후 러일전쟁에서 승리한 일본이 1907년 증축했다. 안중군은 1909년 10월 26일 만주 하얼빈 역에서 동양평화의 파괴자 이토 히로부미를 저격하고 체포되어 이듬해 순국했다.

내치와 외치 모두에서 청나라의 국정실패가 계속되자 쑨원을 비롯한 혁명세력은 공화제 정부 수립을 의도했다. 민족, 민주, 민생주의를 표방한 삼민주의와 서구 열강을 추방하고 토지를 재분배한다는 혁명목표는 좌우를 아우른 중도의 성격이 강했다. 1911년 10월 10일(쌍십절)에 우한에서 시작된 봉기는 양쯔강을 따라서 번졌고 귀국한 쑨원은 임시정부 대총통으로 선출되었다. 하지만 자신의 권력욕보다 인민의 안위를 걱정했던 쑨원은 마지막 황제 푸이를 구슬러 퇴위시킨 위안스카이에게 자리를 양보했다. 여섯 살 푸이를 비롯해 황족에게는 반대급부로 엄청난 양의 연금을 약속했다.

1912년 대총통에 취임한 위안스카이는 철도건설에 주력하면서 국회의원 선거까지 허용했다. 하지만 1913년 2월 선거에서 쑹자오런의 국민당이 위안스카이의 공화당에 압승하자 돌변했다. 선거 직후에 상하이 기차역에서 쑹자오런을 암살했고 의회까지 해산했다. 1914년 일본으로 망명한 쑨원은 중화혁명당을 조직했다. 황제를 꿈꾸던 위안스카이는 군대의 반대로 애를 태우다 1916년 병사했다. 이후 중국은 10년간 무정부 상태의 혼란을 맞이했다. 10여 개의 군벌이 세력을 다투는 시대가 전개된 것이다.

위안스카이가 죽자 쑨원이 귀국해 광둥에 국민당 정부를 수립했다. 그는 남부지방의 다섯 군벌과 연합해 진정한 중화민국을 세우려 했다. 당시 베이징에 있던 명목상의 중앙정부는 북부지방의 군벌연합이 장악한 상태였다. 서구 열강도 베이징의 지도자들만 상대했다. 급기야 1922년 6월 쑨원은 군벌에 의해 광저우에서 쫓겨났다. 위기의 순간에 혁명에 성공한 소련이 구세주로 부상했다. 상하이로 이동한 쑨원의 국민당에 접근한 것이다. 서구의 지원을 유도하는 일에 실패한 쑨원은 소련의 지원 제안을 수용하였다. 중국공산당의 기원은 1898년 변법자강에 실패한 혁명가들이 일본에 망명해 마르크스나 엥겔스의 사회주의 사상을 접하면서 시작되었다. 1911년 신해혁명으로 중화민국이 탄생한 직후부터 공산당을 결성하려는 시도가 포착되기도 했다. 1921년 7월에 중국공산당이 정식으로 출범했다.

소련의 도움으로 쑨원은 광둥에 거점을 마련했다. 중국을 재통일하는 원동력인 무력의 중요성도 절감했다. 소련의 지원으로 1924년 설립한 황포군관학교의 교장은 모스크바에서 군사교육을 받고 돌아온 37살 장제스가 맡았다. 국민당 조직도 공산당과 소련인 고문들의 도움을 받아 재정비했다. 1925년 60살의 쑨원이 베이징에서 병사하고 군벌과의 협상마저 실패하자 무력에 의한 북벌(北伐)을 단행하였다. 북벌은 1926년부터 1928년까지 중국 국민당이 군벌을 무력으로 타도한 작전이다. 초기에 창사와 우한에서 성과를 거두며 점차 북쪽으로 진격했다.

황포군관학교에서 이념을 초월해 단결력을 과시했기에 군벌의 기세를 제압한 것이다. 하지만 쑨원의 사망으로 리더십 공백이 발생하자 상하이 조계 열강의 사주를 받은 장제스가 1927년 쿠데타를 일으켜 수만의 공산당원을 일거에 제거하면서 분열과 위기를 자초했다. 혼란의 와중에 1928년에 군벌의 소굴인 베이징을 점령하고 난징정부를 출범시켰다. 북벌의 파트너에서 제거 대상으로 전락한 공산당은 양쯔강 일대에서 게릴라전을 지속했다. 하지만 국민당의 공세가 가중되자 1934~35년 대장정을 떠났다. 국민당 전투기를 피해 야간에 산 넘고 물 건너는 1만 2천㎞ 고행 끝에 도착한 산시성 옌안이 위치한 티베트 자락과 북만주 고원에서 세력을 재정비했다. 노동자 주도의 소비에트 방식을 탈피해 마오쩌뚱이 제안한 농민주도의 혁명전술이 공산당 부활에 일조했다.

1931년 만주사변에 이어 1937년 중일전쟁이 발발하자 제2차 국공합작(1937~1945)을 추진했다. 중국의 민족적 위기가 양당의 협력을 압박한 것이다. 중일전쟁 당시 항공기와 고문단을 지원한 미국의 역할도 주효했다. 1941년 12월 7일 진주만 공습으로 태평양 전쟁이 발발하자 일본 본토를 공습한 전폭기들이 중국의 비행장으로 향하기도 했다. 일본은 제주도 대정읍에 위치한 알뜨르 비행장을 경유지삼아 중국 본토에 대한 폭격을 시도했다.

공산당은 항일전쟁 기간에 농촌에서 대중적 기반을 강화하였다. 이러한 역량이 후일 국공내전(1946~1949)에서 승기를 잡는 원동력으로 작용했다. 일본의 항복으로 전쟁을 마치자 양 진영은 국공합작에서 국공내전으로 전환했다. 한국전쟁 직전에 냉전의 주도자 소련과 미국이 사주한 이념을 극복하지 못하고 동족상잔의 비극을 연출한 것이다. 천안문 사태라는 민주화 요구를 회피한 권위주의 중국이지만 일대일로를 표방한 시진핑이 국제적 영향력을 증진시켰다. 제2차 세계대전 직후에 소련을 봉쇄한 자본주의 진영이 중국의 고립을 천명했지만 그 진로는 불투명하다.

1949년 7월 중화인민공화국의 출범을 앞두고 새로운 국기를 공모했다. 오성홍기를 제안한 쩡롄쑹은 빨간 배경에 큰 별(당)과 작은 별(인민)을 그렸다. 별의 노란색은 중국 사람의 피부색을 나타낸다. 작은 별 넷은 각각 노동 계급, 농민 계급, 소자산 계급, 민족 자산 계급을 대표한다. 중국과 마찬가지로 한반도를 양분한 정부에도 많은 영향을 끼쳤다. 김일성의 입장에서는 대륙의 후원을 받아 한반도를 적화할 절호의 기회를 맞이한 것이다. 중국에서 실패한 미국은 일본을 병참기지삼아 한반도의 현상유지에 성공했다.

중국공산당은 50여 명으로 출발해 100주년에 9천만 당원을 확보했다. 1949년 10월 1일 중화인민공화국 수립 이후 75년 동안 일당지배를 유지하고 있다. 100년 정당의 비결은 천두슈, 마오쩌둥, 덩샤오핑, 시진핑 등 공산당 최고지도자는 바뀌었지만, 인민이 신뢰하는 당의 작동 방식이 상향식과 합의제를 중시한 일과 무관하지 않다.

경성 권위주의 국가 중국은 연성 민주주의 국가 인도에 비해 양적 경제성장은 준수한 편이다. 그러나 인민의 자유를 억압하는 철권통치가 여전하다. 독일과 일본, 한국과 싱가포르가 걸어온 발전국가의 경로를 세대 수준의 시차를 보이며 답습한 것이다. 성장 중시와 억압 통치, 안보 편향과 인권 경시가 반복적으로 재발하고 있다. 물론 경제와 안보 모두에서 미국에 맞서는 후발 추격자라는 특수성은 인정되지만 실상은 독재국가의 위선에 불과하다.

중국은 아편전쟁 이후 100년 이상 유럽과 일본의 침탈에 시달렸다. 각기 미국과 소련이 후원한 국공내전에서 공산당이 승리하면서 사회주의 체제를 확립했다. 국가성립 직후에 한국전쟁에 참전해 심각한 피해를 감당해야 했지만 미국을 상대로 한반도의 현상유지에 성공했다. 이러한 저력이 오늘날 미국에 맞서는 구도를 형성한 원동력일 것이다.

4) 할양도시 홍콩의 부침과 미래

홍콩은 아편전쟁 직후 1942년 난징조약에 의해 영국에 할양된 도시다. 1860년 제2차 아편전쟁 이후에는 홍콩의 구룡반도와 주변 섬들까지 영국에게 할양되었다. 19세기 말 홍콩은 영국의 무역 중심지로 성장했다. 중국으로의 아편 밀매와 영국을 비롯해 서구 열강의 무역항 역할을 수행했다. 1941년 제2차 세계대전의 와중에 일본이 홍콩을 점령했으나 1945년 일본의 패망으로 영국이 다시 홍콩을 통치하였다.

1949년 중화인민공화국이 수립된 이후에도 홍콩은 영국의 식민지로 중국 본토와의 소통을 담당했다. 1950년대와 1960년대에는 산업화와 제조업의 중심지로 빠르게 성장했다. 특히 상업과 금융 분야에서도 중요한 역할을 수행했다. 당시에 문화산업을 대표하는 액션 영화도 구룡성채를 무대삼아 전성기를 구가했다. 1950~70년대 삼합회의 무대인 구룡성채의 기원은 해적방어용 도심성벽이 슬럼가로 변질된 것이다. 1974년 홍콩에서 반부패 수사가 강화되자 삼합회도 마카오, 호주, 캐나다 등 해외에 새로운 거점을 마련하였다. 2024년에도 홍금보가 등장하는 홍콩영화 〈구룡성채: 무법지대〉가 개봉되어 관심을 끌기도 했다.

1997년 홍콩은 영국의 식민지에서 중국의 특별행정구로 반환되었다. 이후 일국양제 원칙이 적용된 홍콩은 정치적으로는 중국에 속하지만 경제적·행정적 독립성을 유지하고 있다. 홍콩은 반환 이후에도 세계적 금융 중심지 역할을 담당하고 있다. 특히 홍콩 증권거래소는 아시아의 중요한 금융 허브로 자리 잡았다. 2019년에는 반중 시위가 발생하는 등 홍콩 내에서 정치적 갈등과 민주화 요구가 커졌다.

중국은 개혁·개방 직후부터 불균형 발전전략에 해당하는 해안가 경제특구 제도를 성공리에 운영해 왔다. 오늘날 중국몽을 선도하는 세계도시로 성장한 광저우와 상하이가 대표적 사례다. 이러한 자신감에 힘입어 하나의 중국을 완성하는 마지막 퍼즐이자 홍콩과 마카오, 대만을 환수하는 전략으로 일국양제를 채택했다. 한때 순항하던 일국양제는 송환법 반대 시위와 여행비자 규제 그리고 민주진보당의 재집권으로 인해 정책딜레마가 가중된 상태다.

특구제도 시즌 2를 선도한 홍콩은 1997년 중국이 영국에서 환수한 직후만 해도 안정적인 특별행정구를 지향했다. 당초 홍콩은 중국의 주권회복 이후에도 자율적 통치를 허용한다는 '항인치항(港人治港)'과 기존의 제도를 유지한다는 '50년불변(五十年不變)'의 원칙을 약속받았다. 하지만 홍콩은 중국화의 부작용인 부동산 가격 급등, 고급 두뇌 유출, 해외자본 이탈에 시달려 왔다. 급기야 홍콩의 대체재인 선전과 상하이의 추격으로 문화와 금융에 기반한 홍콩의 추락이 본격화될 것이라는 비관론이 송환법 사태의 기저에 위치한다.

포르투갈에 조차된 마카오는 대항해 시절부터 개항장 역할을 했다. 1999년 반환된 마카오엔 역사지구 산정에 포진한 몬테 요새를 비롯해 예수회가 조성한 마카오 박물관, 마테오 리치의 동상, 물결무늬 보도 등이 남아 있다. 하지만 지금의 마카오를 끌어가는 원동력은 카지노 지구의 복합리조트다. 싱가포르와 마찬가지로 윈을 비롯해 라스베이거스를 대표하는 다국적 기업도 유치했다. 하지만 중국의 부패 통제와 비자 규제가 강화되면서 마카오 경제가 심하게 흔들리고 있다.

중국이 추구하는 마지막 특별행정구 대만은 최근 민주진보당 차이잉원의 총통 재선으로 양안의 사이가 벌어졌다. 대만은 청일전쟁 직후인 1895년 일본에 넘어갔다가 중화민국이 환수한 직후인 1949년부터 분단 상태다. 장제스를 따라서 1949년 해협을 건넌 외성인은 자치와 평화를 갈망하는 토착민들의 소망을 외면했다. 하지만 2000년 장기집권에 실패한 국민당은 이후 일국양제에 호의적 입장을 취하기 시작했다. 반면 2020년 재집권에 성공한 민주진보당 정부는 미국과 일본의 안보 우산을 앞세워 독립까지 표방하고 있다. 이처럼 본토와의 관계 설정을 둘러싼 내부의 이견은 넘기 어려운 장벽이다. 따라서 항구적 평화를 유도하기 위해서는 대만 정부가 냉전구도 회피라는 글로벌 거버넌스와 자치분권 강화라는 로컬 거버넌스의 조정자 역할을 제대로 수행해야 한다.

수년 전 대만과 홍콩, 마카오를 둘러보았다. 일국양제를 둘러싼 치열한 갈등의 현장에서 남북관계를 성찰했다. 우리의 미래는 북·미 간 대치구도의 완화, 금강산 관광의 점진적 재개, 상대방 체제를 인정하는 공존공영 등에 달려 있다. 물론 이러한 정책수단은 한 치 앞을 가늠하기 어려운 난제들이다. 하지만 중국의 일국양제를 제대로 학습한다면 지연과 회피에 의존한 기존의 대응전략을 탈피해 정책 딜레마의 혁신적 해결도 촉진될 것이다.

5) 싱가포르의 재창조와 메가시티의 진로

말레이 반도의 끝자락 섬이자 도시인 싱가포르는 1965년 말레이 연방에서 자의반 타의반 분리되었다. 독립 당시 싱가포르는 분단과 대립을 경험한 한국과 대만처럼 부존자원과 공공서비스 부족에 시달렸다. 사회적 불안요인을 잠재우고 고도성장에 매진한 결과 고립무원의 도시국가는 1인당 GDP 7만 달러를 돌파하는 기적을 창출했다. 개방적 세계도시로 부상하면서 이민과 종교를 포용하는 성숙한 모습도 보였다. 스마트 국가를 표방한 싱가포르는 세제와 규제 및 언어 장벽을 완화해 첨단산업의 메카로 부상하였다.

싱가포르의 상황인식과 발전전략은 지방소멸 위기에 직면해 중앙정부에 의존하고 수도권을 탓하지만 자립기반을 강화하는 메가시티 창설에는 소극적인 우리 지방자치와 구별된다. 물론 양국의 역사제도적 특성 차이에 비추어 대구경북과 부울경이 인구 600만 내외로 싱가포르와 유사하다는 점에 착안해 직접적 비교를 시도하기는 무리가 있다. 다만 한국형 메가시티도 독자생존과 공존협치를 전략적으로 혼합한 싱가포르의 역동적 거버넌스에 주목해야 한다.

도시국가를 건설한 리콴유에서 재도약을 선도한 리셴룽으로의 리더십 변화는 〈재벌집 막내아들〉의 진양철과 진도준 사이를 연상시킨다. 제조업에서 서비스업으로 전환하기 위해 아버지가 터부시한 카지노까지 허용하며 복합리조트를 유치한 아들의 정책혁신이 대표적이다. 벅시가 건설한 '도박의 도시'에서 세계적인 '오락과 컨벤션 산업의 허브'로 변신한 라스베가스에 착안한 것이다. 변혁적 리더십은 중앙정치에 휘둘리는 영남권 국회의원이나 자치단체장들이 학습할 과제다.

권위주의 통치를 계승한 싱가포르지만 일선 공무원들은 적극행정을 실천해 왔다. 실용주의 행정문화와 영미식 성과관리에 익숙한 싱가포르 공공부문은 전문성과 효율성을 중시한다. 역동적 거버넌스의 필요조건인 우수한 인재, 신속한 절차, 실용적 문화를 구비했고 충분조건인 미리 보기, 다시 보기, 두루 보기라는 정책품질관리도 구현했다. 우리 지방자치도 창의행정을 촉진하기 위해 전문가 특채나 엄정한 평가가 절실하다.

싱가포르의 도시재창조 수단은 다양하다. 우선 경제활성화를 위해 신성장동력을 창안했다. 의약바이오나 관광컨벤션은 치밀한 기획으로 다국적 기업과 초일류 인재를 유치한 일이 주효했다. 물 안보를 위해 공공시설원(PUB)을 재편하고 물산업클러스터에 기반해 중수도 역량을 배양했다. 하수터널에서 채집한 물을 저수지에서 자연 정화해 정수하는 방식으로 뉴워터 브랜드를 홍보했다. 대구시가 물산업클러스터가 축적한 기술 역량을 활용하지 못하고 맑은 물 하이웨이와 청라수 홍보에 몰두하는 일은 단선적이다. 페놀 사태를 고도정수처리로 돌파한 승부수를 떠올려야 한다.

외국인 투자유치는 경제사령탑인 경제개발청을 비롯해 주룽타운공사나 도시재개발청(URA)이 참여했다. 미래의 유망산업과 기업을 지목하고 투자유치 단계마다 맞춤형 서비스를 제공한다. 투자유치가 성사된 이후에도 기업활동에 대한 애로청취와 정보제공이라는 사후관리 서비스를 소홀히 하지 않는다. 반면에 대구경북은 메가시티 구상의 기원이자 싱크탱크인 대경연구원을 분리했고 도시마케팅 전담조직에도 미온적이다.

싱가포르는 삶의 질과 직결된 사회정책을 혁신했다. 산업화 초기에는 노동이 배제된 조합주의라는 친자본 편향성을 노출했다. 하지만 서민생활의 안정을 위해 임대주택과 의료보장에 몰두했다. 싱가포르에 산재한 사원들은 종교의 경연장을 방불케 한다. 다만 종교별로 거주지가 분리되는 현상을 치유하는 일에는 역부족이다. 대구시도 북구 대현동 이슬람 사원을 둘러싼 갈등을 좀처럼 해소하지 못하고 있다.

싱가포르는 교육정책도 혁신했다. 산업사회의 교육정책은 수월성을 중시했지만 지식정보화 추세에서 창의성 발현에 주목했다. 교육의 목표를 학업성취도에서 문제해결능력으로 전환하면서 초·중학교 수업을 줄이는 대신에 예체능, 탐사 등 방과후 활동을 강화했다. 대구시가 교육청과 협업해 직업계고 실습이나 일·학습 병행을 확대한 일도 유사한 사례다.

글로컬 시대를 맞이해 싱가포르는 도시의 매력을 증진하려고 도시마케팅과 도시재개발을 중시했다. 홍콩을 제치고 뉴욕과 런던에 이어 세계 3위의 금융허브로 부상한 일이 대표적 성과다. 경관의 명소 마리나 베이 일대에 수십만이 몰리는 F1 그랑프리를 비롯해 매년 600여 개의 국제행사를 개최한다. 2030 엑스포 유치에 몰두하는 부산과 달리 대구는 아시안게임을 비롯한 메가이벤트 청사진을 제시하지 못하고 있다.

싱가포르와 아일랜드가 다국적 기업을 대거 유치할 수 있었던 배경에는 영어가 통용되는 도시환경이 크게 작용했다. 싱가포르 도시재개발청은 도시정비 초기부터 체계적 발전을 유도하기 위해 용도지구제를 확립하고 항구 인근의 불량주택도 대대적으로 정비했다. 반면에 대구나 부산은 재건축과 재개발을 앞세운 공동주택의 도심지 침투에 고전해 왔다. 따라서 인공 건축물에 집착하는 우리 메가시티도 녹색 가치의 재발견이 필요하다.

싱가포르 국가공원청은 녹지공간을 확대하기 위해 정원도시에서 정원 속의 도시로 개념을 확장하는 한편 정원 속에 도시가 있는 것처럼 상상하도록 공원커넥터 구상을 추진했다. 부산이 낙동강 하구에 에코스마트시티를 건설하자 대구도 금호강 르네상스 사업을 표방하였다. 대구를 관통하는 금호강에 문화관광 보행교, 명품 레저시설, 생태탐방로 연계 등을 추진한다는 개발구상은 배후단지와 단절되고 지속가능성도 의문시된다는 점에서 양과 질 모두에서 보완이 필요하다.

동아시아를 대표하는 세계도시 싱가포르는 1990년대 이후 제조업 도시에서 서비스 산업과 첨단 산업을 결합해 세계도시로의 전환을 추구했다. 당시 싱가포르가 추구한 최고의 전략이 관광을 육성하는 도심지 재개발과 주거안정을 도모하는 주거재생 사업이다. 이러한 도시경쟁력 강화구상을 지탱하는 양대 기반으로 에코와 스마트를 표방했다.

싱가포르는 친환경 도시의 이미지를 강화하기 위해 정원도시를 표방했다. 싱가포르의 공원 커넥터 구상은 영국이나 프랑스 같은 선진국은 물론 기후와 식생이 유사한 캄보디아 프놈펜을 벤치마킹 대상으로 설정할 정도로 실용적이다. 오늘날 싱가포르 도심에는 친환경을 테마로 보타닉가든이나 가든스바이더베이(Gardens by the Bay)가 시민은 물론 관광객들의 만족도를 높이는 요인으로 작용하고 있다.

싱가포르는 스마트 도시를 구현하기 위해 초고속통신망을 비롯해 정보통신 인프라 투자를 강화해 왔다. 도심과 주거지에 포진한 인텔리전트빌딩이나 정보도서관은 싱가포르 지식정보화의 상징이다. 더불어 싱가포르는 도심지 교통난 해소를 위해 지능형 혼잡통행료 부과시스템을 개발해 주목을 받기도 했다. 나아가 최근에는 가든스바이더베이에 관광용으로 무인자동차를 도입할 정도로 선구적인 노력을 경주하고 있다.

싱가포르의 도시경쟁력 강화전략은 서구와 달리 정부 주도로 이루어졌다.

1965년 독립을 전후해 초기 산업화를 성공리에 완수한 리콴유 총리는 싱가포르의 재도약을 위해 1974년 국가개발부 산하기관으로 신설한 도시개발공사(Urban Renewal Authority)에 전권을 부여하였다. 오래된 항구지대 클락키를 정비해 관광의 명소로 단장하고 복합리조트 유치사업을 추진하면서 싱가포르의 재도약을 견인하였다.

싱가포르 도시계획은 도시재개공사가 기획한 중장기 계획에 근거해 추진되었다. 도시개발공사는 우선 10년 단위로 인구, 산업, 경제, 환경 등을 고려해 도시의 개발 방향과 비전을 설정하는 콘셉트 플랜(Concept Plan)을 만든다. 현재 신도시, 공항, 고속도로, 주간선도로 등은 모두 1971년 콘셉트 플랜에 의해 완성된 것이다. 콘셉트 플랜이 만들어지면 이를 구체화하기 위해 5년 단위의 중기 계획인 마스터 플랜이 만들어진다. 마스터 플랜은 토지 소유주와 개발 업자들에게 토지의 용도, 높이, 용적률, 오픈 스페이스, 가로계획 등 세부 지침을 제공한다. 일례로 2010년 개장한 마리나베이 샌즈호텔은 해외투자자를 엄선해 허가하는 방식으로 성공한 사례다. 마리나베이 샌즈는 2,500여 개의 객실을 갖춘 특급호텔을 운영하고 있다. 그뿐만 아니라 세계적 규모의 컨벤션센터, 쇼핑몰, 레스토랑, 카지노 등이 들어선 복합 리조트 건물이다. 이 건물과 콘텐츠로 인해 파생된 경제효과는 일자리 9,000개 창출, 연간 9,000억 원의 세금납부, 관광객 급증 등 상당한 것으로 평가되고 있다.[6)]

도시개발공사는 도시재개발만 수행하는 곳이 아니다. 제한적 면적을 지닌 도시국가라는 특성에 부응해 도시계획 초창기에는 용적률을 높이는 재개발에 주력하였다. 하지만 1980년대 이후 전통 건축물의 잠재력을 인식하기 시작하면서 도시재생에도 주목하기 시작했다. 1989년 차이나타운과 1991년 부킷 파소를 보존지역으로 지정한 이래 역사적 가치가 높은 6,500동의 건물을 보존하였다. 나아가 시민들이 공감하고 호응하는 도시계획 추진을 위해 쌍방향 정책홍보에도 주력하고 있다. 일례로 도시개발공사 청사에 마련된 도시갤러리는 대규모 도시모형, 개발 상세계획, 도시 유산 모형 등을 전시해 시민들의 사랑을 받고 있다. 공

6) 부산일보. 2017.09.14.

사는 관람객 참여 프로그램을 활용해 싱가포르 명소를 적극적으로 홍보하고 시민들이 희망하는 도시 비전을 시정 계획에 반영한다. 이 외에도 매년 도시계획 보고서를 출간하고 혁신적인 디자인의 건물을 심사해 건축상을 시상한다. 근대 건축물의 보존과 활용을 위해 건축 유산상도 수여하고 있다. 우리나라도 최근에 덕수궁 인근 정동에 국토발전전시관을 개관하였지만 아직은 일방적 정보제공 수준에 그치고 있다.

도시개발공사와 마찬가지로 국가개발부 산하기관인 주택공사가 주도한 공공주택정책은 전국민의 90%를 대상으로 한다는 점에서 세계인들의 부러움을 사고 있다. 전국민에게 주택을 보급하기 위한 공공주택개발에 대한 정책적 지원에는 융자 방식의 금융지원, 노후시설의 개보수, 민자유치 제도, 세입자를 위한 임대주택의 판매 등을 포함하고 있다.

싱가포르에서 산업단지를 공급하는 주롱산업단지공사(Jurong Town Cooperation: JTC)는 최근에 산업클러스터나 인프라스트럭처 개발에 집중하고 있다. 싱가포르를 대표하는 첨단산업단지인 바이오폴리스를 성공리에 구축한 JTC는 신규 유망사업으로 항만배후부지, 일반항공센터, 의료기술센터(medtech) 등에 주목하고 있다. 특히 JTC는 기업들을 한 곳에 모아 시너지를 창출하는 대규모 산업클러스터를 조성한 경험을 해외에 수출할 정도로 경쟁력을 지니고 있다.

일본을 위협하는 제조업 국가로 부상한 한국이지만 청년일자리 창출과 서민경제 활력 측면에서 많은 애로를 경험해 왔다. 특히 수출 대기업, 수도권 집중, 공장 자동화, 기득권 노조 등에 기인하는 애로를 타개하기 위해서는 서비스업이라는 활로를 개척해야 한다는 목소리가 커지고 있다. 더불어 서비스 육성을 위해서는 탈규제와 민영화가 필수불가결하다는 재계의 정책제안도 빠지지 않고 등장한다.

싱가포르의 성공 비밀은 과거 고도성장기의 우리나라와 마찬가지로 시장개입적 산업정책을 추진하는 유능하고 깨끗한 정부에 대한 무한신뢰를 전제로 한다. 전후 독일과 일본의 경제기적을 연상시키는 정부 주도의 전략기획은 많은 논란에도 불구하고 싱가포르에서 성공리에 작동해 왔다.

과거 IMF 금융위기 때 한국 김대중 정부가 시장 주도의 개방경제를 표방하는 영미식 신자유주의로의 전향을 결정한 이후에도 싱가포르는 전임 총리이자 국부로 추앙받는 리콴유의 주도하에 아시아적 가치를 표방하면서 유교적 권위주의에 기반한 정부의 선도적 역할을 적극적으로 옹호했다.

저임금 노동력을 활용한 중개 가공무역에서 시작해 금융과 물류의 중심지로 부상하는 과정에서 정부의 비전 설정과 전략선택 및 행정지도가 싱가포르 경제기적의 주된 요인으로 작용했다. 또한 세계화가 진전된 최근까지도 정부가 미래의 먹거리로 지목(picking winner)한 의료, 교육, 관광, 유통, 물산업 등이 외부인의 이목을 집중시키는 새로운 자랑거리로 부상하고 있다. 그러나 싱가포르 성공의 진면목은 화려한 도심의 외관이나 방대한 국부펀드의 규모가 아니라 서민생활의 안정에 최고의 우선순위를 부여하는 정부의 사회서비스 정책이다. 일례로 국민의 85%가 공공주택에서 살고 있고, 그중 90% 이상이 공공주택 소유자로 이는 세계에서 제일 높은 주택보유율이다. 공공성은 물론 효율성까지 결합된 주택, 의료, 연금, 교육 서비스는 세계 각국의 집중적인 벤치마킹 대상으로 부상했다.

이처럼 싱가포르가 경제사회 전반에서 인상적 성과를 산출한 주요 원인은 중개무역을 촉진한 지리적 이점과 더불어 다문화 중심지로서 인종적 편견을 극복한 일이 크게 작용했다. 나아가 각기 경제와 정치라는 제도적 관점에 초점이 부여된 자유설과 분배설도 외국자본의 유치와 보편적 공공서비스를 확립하는 방식으로 국가발전에 기여하였다는 점에서 그 의미를 축소하기 어렵다.

한편 싱가포르의 성공은 정부에 대한 국민적 신뢰를 되살리는 공공개혁의 필요성을 시사한다. 특유의 활력과 야성을 상실한 채 권력자 눈치보기나 낙하산 자리 잡기에 급급한 과정에서 재계나 언론의 조롱거리로 전락한 비정상적 정부 관료제의 정상화가 전제되지 못한 상태에서 진정으로 국민과 국가에 헌신하는 소신 있는 정책을 기대하기 어렵기 때문이다. 나라 전체가 도시형 경제특구인 싱가포르의 창조경제 구상은 나름 매력적이지만 인구 5,000만 명을 넘어 강중국을 지향하는 한국의 복잡한 현실에 대입하기는 무리가 있다. 물론 카지노호텔과 영리병원으로 대표되는 탈규제 구상을 영종도나 제주도에 제한적으로 허용하는 방안을 고려할 수 있지만 이것도 특구의 경제편익이 국가 전체의 사회비용을 능가한다는 확신이 전제될 때 가능한 문제다.

6) '기회의 땅' 라오스에서 무엇을 찾을 것인가

연말에 대학생 봉사단을 인솔해 라오스에 다녀왔다. 봉사단이 현지에 기부할 수화물을 부치다 이주노동자들이 휴대한 이민가방을 목격했다. 1980년대 아메리칸드림을 꿈꾸며 미국행 비행기에 오르던 한국인들의 모습이 겹쳐 보였다. 한국이 일본을 따라잡은 것처럼 인도차이나도 한국을 추격할 것이다.

경유지인 베트남 호치민 공항에서 이륙한 항공기는 캄보디아 프놈펜 공항에 잠시 들렀다. 노후한 국내선용 비행기 배정과 예상치 못한 착륙에 당황했지만 인도차이나반도 3개국을 동시에 들르는 여정에 의미를 부여했다. 미국에서 워싱턴행 완행 비행기를 탑승했던 것처럼 중간 기착지에 들려 승객을 갈아 태우고 최종 목적지로 향하는 방식이 동남아에도 도입된 것이다.

라오스는 소왕국이 난립한 상태에서 1893년 프랑스에 귀속되었다. 제2차 세계대전에서 프랑스가 독일에 무너지자 일본이 라오스를 점령했다. 통킹만 사건으로 프랑스를 대신해 미국이 개입하며 베트남전쟁이 발발했고 라오스도 전화에 휘말렸다. 칠레 아옌데 정권이 무너지며 피노체트 독재가 들어선 것처럼 전후 라오스가 폐쇄노선을 채택하고 캄보디아 폴 포트가 근본주의에 빠진 일도 미국의 대외정책과 무관하지 않다.

1975년 공산혁명으로 라오인민민주공화국이 출범했다. 라오 민족은 왕정과 단절한 공화국을 토대로 자본주의보다 공공성을 강화한 사회주의와 독재를 터부시한 민주주의를 추구했다. 베트남의 도이모이를 따라서 개방했지만 발전성과는 미진했다.

인도차이나 중북부에 위치한 라오스는 외세에 취약했다. 북베트남이 라오스에 건설한 호찌민 통로를 미군이 폭격했다. 지금도 미군의 불발탄 사고가 발생하고 있다. 미국은 비밀전쟁에 소수민족인 몽족까지 용병으로 활용했다.

우리 봉사단은 라오스에서 가나안농군학교를 방문했다. 1962년 김용기 선생이 창설해 새마을운동의 기원이 된 가나안농군학교는 1991년 방글라데시를 시작으로 13개 국가에 진출했다. 한국의 공적개발원조 안내자 역할을 수행하며 기반을 구축했다. 라오스 지부는 불교문화와 사회주의를 감안해 조용한 선교를 표방하며 교육과 자활을 지원했다. 한국에 진출한 북미 선교사들이 학교로 창출한 선교의 기적을 차용한 것이다. 한국과 수교 30년을 앞둔 라오스는 우리나라의 3위 공적개발원조(ODA) 공여국이자 4위의 관광객 유입국으로 등장했다.

대학생들은 교육봉사를 통해 그들이 간직한 생태적 풍요와 삶의 여유를 체득했다. 반동초등학교 학생들은 아담한 체구와 순박한 모습이다. 언어장벽에도 대학생 봉사단과 스스럼없이 어울리고 교사들은 후원물품 기증에 감동한 모습이다. 세계적 히트곡인 아기상어를 부르고 태권도 동작을 배우며 간만의 축제를 만끽한다. 작은 운동장과 빈 교실은 배회하는 닭과 개가 점거한 상태였다. 학교 인근 농가에서 당나귀 크기만큼 자라는 토종 소를 잡는 장면도 목격했다. 휴경지를 활용해 방목이 이루어지는 국가답게 소고기 가격은 저렴하다. 송별 행사이자 화합의 무대로 운동회가 열렸다. 우리의 만남은 짧았지만 모두에게 유익했다. 현지인과 봉사단 모두의 변화를 자극하고 아름다운 추억을 선사했다.

반둥마을 인근에는 한국의 교회가 후원한 사립 센쑥학교도 운영중이다. 19세기 말 한국에 진출한 북미 선교사들이 학교와 병원 및 원조를 앞세워 천주교를 압도하는 선교의 기적을 창출한 선례를 창조적으로 학습한 것이다.

가나안 농장에서 카사바 수확과 사료 제조도 거들었다. 카사바 가루인 타피오카 전분은 쌀국수나 발효사료에 혼합한다. 고구마와 식감이 유사한 카사바 뿌리는 쪄먹지만 분말이나 칩으로도 가공된다. 가난한 국가에서 신이 내린 식물로 칭송할 정도로 사람과 동물 모두에게 긴요하다. 농장에 게시된 "먹기 위하여 먹지 말고 일하기 위하여 먹자, 일하기 싫거든 먹지도 말자. 음식 한끼에 반드시 4시간씩 일하고 먹자"라는 구호도 인상적이다. 농장의 돼지는 진흙 목욕을 즐기며 체온을 조절했다. 개처럼 땀샘이 발전하지 않아서 목욕으로 체온을 조절한다. 종돈용으로 선발된 건장한 수돼지는 암돼지의 두 배에 육박할 정도로 우람하다. 비육용으로 분류된 어린 수돼지는 풍미와 체중을 늘리기 위해 거세를 피

메콩강 유역의 국가와 도시

하기 어렵다.

우리 봉사단은 몽족 마을도 방문했다. 몽족마을로 가는 길은 비포장이라 험난했다. 이른 아침이라 탁발에 나선 스님들도 목격했다. 맨발에 속옷 없이 가사를 걸치고 다니며 수행 초기에는 석가의 행적처럼 수백일의 전국기행도 떠나야 하는 고행의 삶이 척박하지만 순박한 주민들의 삶과 닮아 있다. 마을은 산림지대라 목조주택이 많았고 호수가 연출하는 경관이 뛰어나다. 이 마을에서는 한국의 원조를 받아 백탄용 벌목지에 커피나무를 심었다. 정글 개발의 블루오션인 바이오 디젤에 이어 커피가 부상한 것이다.

라오스의 주력 산업은 농축산업과 수자원개발이다. 4,500km에 달하는 메콩강은 티베트에서 발원해 미얀마 계곡을 지난다. 2006년부터 라오스는 사야부리 댐과 돈사홍댐 건설을 필두로 수십 개 댐의 건설을 추진했다. 한국의 SK가 아따프 댐 붕괴사고를 촉발할 정도로 건설이 활발하다. 이에 메콩강위원회는 우려를 표명했다. 라오스는 수력발전과 홍수조절로 실리를 챙기지만 댐 하류는 농어업 위축과 생태적 위협에 직면한다. 최근에 수력발전소의 운영권이 중국으로 넘어갔다. 미국 유학파가 득세한 한국처럼 중국 명문대 출신들이 친중 정책을 양산한 것이다.

중국의 일대일로가 쿤밍에서 비엔티안까지 고속철도를 건설한 것처럼 단둥에서 평양을 경유하는 서울행 노선도 기대해 본다. 시진핑은 실크로드가 역사에 기록된 것은 군마와 창이 아니라 낙타행상과 선의라고 역설했다. 실크로드 전통이 육해상 일대일로의 원동력이다. 만약 동서 양단에 위치한 한국과 서유럽이 동참하면 북·중·러와 한·미·일 간 신냉전 구도를 완화시킬 수 있다.

약소국의 계속된 시련에도 불구하고 '사바이디 라오스'의 진면목인 합장 인사와 배려 문화는 선한 심성을 반영한다. 탁발과 나눔이 일상인 공동체 의식도 교훈적이다. 라오스 불교는 문맹률이 높은 지역의 특성상 불상과 불화를 활용해 포교해 왔다. 부처상과 더불어 사자, 소, 거북이 등 신성한 동물의 형상까지 기리는 힌두교 전통도 혼재된 상태다. 우리 절에서 관우나 산신령을 모시는 도교 전통이 혼합된 모습과 유사하다. 출가가 의무인 남자들은 계속 승려로 남기도 한다. 검소한 스님들은 사원 건축도 자력으로 해결하고 아침 탁발도 가난한 이들을 위한 먹거리로 사용된다.

인구의 70%를 점유한 룸족은 공직진출 우선권은 물론 사업기회도 충분하다. 약자우대조치가 미진한 상태에서 카무족이나 몽족의 소외감은 커지고 있다. 또한 가난한 절도범을 과도하게 처벌하는 왕조의 억압적 통치유산은 1975년 공화국 출범 이후에도 개선되지 못하고 있다. 유력 가문이 돌아가며 대통령을 배출하며 권력과 부를 독점하는 현상도 여전하다. 중국 명문대에 유학한 친중파들이 정부의 요직을 확보한 일에도 주목해야 한다.

CNN과 내셔널 지오그래픽을 비롯한 매체들이 라오스의 문화와 자연에 주목하고 있다. 관광산업 활성화를 통한 경제회복 기대감이 크다는 것이다. 라오스 수도인 비엔티안의 랜드마크는 프랑스와의 독립전쟁에 헌신한 이들을 기리는 기념문인 빠뚜사이와 불교사원 탓루앙이다. 소금이 귀한 내륙의 라오스는 안데스 자락의 잉카문명처럼 고산지대 콕사앗에서 암염이 녹은 지하수를 취수해 끓여서 소금을 생산한다. 체류형 관광객이 선호하는 라오스 도시는 중국의 계림을 연상시키는 방비앵, 루앙프라방, 팍세 등이다. 한적한 시골인 가나안농군학교에도 초저녁부터 반디불이와 별빛의 하모니가 연출된다. 인근에는 '콰이강의 다리'로 불리는 탕원다리 밑의 뱃놀이가 유명하다. 방비앵 방향으로는 광활한 호수와 민물젓갈이 특산물인 남릉댐이 지척이다.

라오스는 한반도와 면적과 형상이 유사하지만 인구는 1,000만 명 이하로 공간이 여유롭다. 식생활 문화도 우리와 비슷해 친근함을 느끼게 된다. 코로나19로 관광산업이 위축되면서 물가와 환율이 경제를 위협하고 있다. 이에 정부는 차세대 발전전략으로 지리적 이점을 활용한 국제물류 중심국가로의 도약을 꿈꾸고 있다. 하지만 수력발전을 강화해 동남아의 배터리로 부상한다는 구상이 차질을 보였던 것처럼 내륙국가 탈피와 제조업 강국의 그날도 다소 멀게 느껴진다. 하지만 식민지 시절에 통용된 불어 대신 대외교류와 외자유치에 유리한 영어를 선택한 라오스 청년 세대의 실용적 모습에서 미래의 가능성을 점쳐 본다.

7) 체류형 휴양지로 경쟁력을 배양한 다낭과 치앙마이

나는 오래전 겨울에 베트남의 남부와 북부를 일주한 경험이 있다. 이번 다낭 방문은 당시에 빼먹은 중부라는 공백을 채운다는 의미가 있다. 역사적으로 다낭과 한국의 인연은 파월 한국군 부대의 주둔지와 멀지 않다는 것이다. 한국인들이 선호하는 국민관광지로 부상한 베트남 중부는 이미 주변의 많은 지인들이 다녀왔을 정도로 붐비는 곳이다. 경기도 다낭시로 회자되는 대중적 인기의 비결을 접하는 것도 나쁘지 않다. 우리는 현지에서 호텔 안내직원(concierge)에게 입수한 정보를 활용해 고대 무역항인 호이안 투어도 다녀왔다.

다낭은 한국의 동해안 강릉시 경포나 동해시 망상 해변과 유사하다. 발전의 잠재력이 무궁무진한 젊은 도시다. 세계적으로는 긴 해변에 특급 호텔이 즐비한 마이애미나 칸쿤 비치가 미래지향적 발전목표일 것이다. 다낭 남쪽의 석호에는 17세기 국제무역도시 호이안이 위치한다. 이곳은 브라질의 리우나 쿠바의 아바나와 유사한 지리적 조건을 갖추고 있다.

동북아와 동남아를 연결하는 요지에 위치한 석호스타일 항구 호이안은 17세기 이후 국제무역항으로 붐비던 곳이다. 그때를 전후해 남겨진 유적들이 이곳이 세계문화유산으로 지정되는 원동력으로 작용했다. 놀라운 사실은 당시에 이미 천명에 달하는 왜인들이 항구에 거주하며 무역활동에 종사했다는 점이다. 만약 우리의 장보고나 이성계가 국내 정치에 휘말리지 않고 대외 교류에 주력하였다면 먼저 개척했을 항구라는 생각이 들었다. 하여튼 이러한 인연으로 최근에는 아베 총리까지 이곳을 다녀갔다. '베트남-일본 문화공간'으로 명명된 호이안의 핵심 골목은 오토바이 출입이 금지된 소음청정 지역으로 관광객들로 넘쳐나고 있다.

호이안의 명물이라는 등불 경관을 접하기 위해 우리는 근사한 카페에 자리를 잡았다. 세계문화유산에 힘입어 동남아 유명 도시들과 마찬가지로 서양인 장기 체류자들도 자주 보였다. 잠시 후 골목에 하나둘씩 등불이 켜지자 우리도 항구로 나가 보았다. 그야말로 빛의 향연을 연상시키는 등불 축제가 시작되고 있었다.

다음날 오후에 해변을 따라 북쪽으로 6㎞ 지점에 위치한 선짜반도 초입이자 보트피플 희생자를 기리기 위해 조성된 67m 높이의 해수관음상에 도전했다. 낙산사 해수관음상을 연상시키는 다낭 영흥사 해수관음상까지 왕복 12㎞를 걸으면 내가 표방한 다이어트 여행의 취지에도 부합한다. 해변을 따라 올라가다보니 하수가 배출되는 여러 개의 실개천 인근에는 심한 악취가 진동한다. 고품격 해변휴양지를 지향하는 다낭의 미래가 염려된다. 선진국과 개발도상국가의 도시를 구별하는 결정적 한방은 하수처리의 완결성이다. 풍광이 아름다운 쿠바나 페루의 중소도시도 하수처리에서 애로를 경험하고 있다. 실상은 서울시도 1970년대 이후부터 현대식 중랑하수처리장을 운영했다. 다낭 해변의 끝에는 어촌과 항구가 위치한다. 방파제가 없는 관계로 파도가 잔잔한 거대한 만의 구석에 배를 정박한 다음에 원형의 바구니 배로 육지를 연결하는 방식이다.

다낭 일정을 마치고 치앙마이로 향하는 기내에서 항공사 잡지를 펼쳤다. 다양한 도시개발 사업이 진행중인 베트남 도시를 소개한다. 베트남 건설회사 BRG 그룹은 일본계 은행 스미모토로부터 42억 달러 규모의 투자를 유치해 수도 하노이 북부에 스마트 시티를 건설하고 있다. 20세기 초 식민지 시절 프랑스인들이 열대의 열기를 피하기 위해 건설한 고원휴양지 달랏을 소개하는 기사도 보인다. 하지만 메콩델타와 캄보디아 인근에 위치한 휴양지 푸꾸옥이 인도양 몰디브에 필적하는 저렴한 여행지라는 점에도 주목해야 한다.

내가 치앙마이를 찾은 이유는 사철 봄의 도시라는 쿤밍보다 쾌적한 기후대인 사철 초여름을 한겨울인 1월에 누리고 싶었기 때문이다. 막상 도착하니 아침과 저녁은 몰라도 치앙마이의 오후 땡볕은 한여름을 방불케 한다. 이곳은 대구처럼 분지형 고원도시라 해풍이 사방에서 불어오는 해안도시 다낭에 비해 무덥고 습하다.

휴양 여정에서 나는 다양한 국적의 마사지를 경험했다. 베트남의 경우 중국식 발마사지와 태국식 아로마 마사지가 혼합된 느낌이다. 타이완의 경우 아저씨들이, 타이의 경우 아주머니가 마사지 업소의 대세를 장악한 상태다.

해질 무렵 시내 중심으로 진출해 치앙마이 다운타운을 둘러보았다. 이곳에 위치한 도심형 사찰에서는 가난한 사람들을 위한 자선활동으로 관(coffin)을 기부하라는 이색적 캠페인을 전개하고 있다. 아마도 잘 죽어야 다음 생애에 환생한다는 윤회적인 종교관을 반영하는 의미를 담고 있을 것이다. 절에서 나와 테라스와 음악이 어우러진 하드락 카페에도 들렀다.

골프리조트의 아침은 일찍 시작된다. 해가 뜨는 7시를 전후해 라운딩이 시작되기 때문이다. 골프장 넓은 페어웨이와 연못에 비친 빨간 아침 햇살의 잔영은 벌판의 일출을 대표하는 장관이다. 아침이슬이 마르지 않아 산책로가 미끄러웠지만 기후는 상쾌했다.

태국은 4만개의 사원을 지닌 불교의 나라이고 방콕과 치앙마이에 유명 사찰이 밀집해 있다. 특히 사각형 모양의 치앙마이 올드타운은 성곽의 흔적과 오래된 사찰이 테마다. 가장 먼저 찾아간 왓프라싱은 1354년 지어진 태국 북부의 대표적 사원이다. 청명한 날씨에 사찰 안마당은 신도와 관광객으로 북적였다. 거대한 금박 불탑과 더불어 본당의 불상 아래 위치한 10여 명 고승의 가부좌상이 인상적이다. 절 안마당의 한편에는 먹거리 좌판도 설치되어 생과일 주스와 각종 튀김

류를 판매한다.

다음 방문지인 왓체디루앙은 82m 높이의 거대한 사리탑이다. 500년이 넘은 고찰의 한편에서는 장례식이 열리고 있었다. 우리의 결혼식장을 연상시키는 메인 홀의 중앙에는 더운 나라임에도 불구하고 잘 장식된 관이 단상 위에 안치되어 있고 액자에 담긴 고인의 사진도 게시되어 있다. 조문객들은 대부분 검은색 정장을 자려입고 예의를 표하고 있으며 식장 건물 내외에 마련된 식탁에서는 음식서비스가 제공되고 있었다. 가정의례준칙까지 제정하며 반강제적으로 간소화시킨 우리나라의 예식문화에 비해 품격이 있다는 생각이 들었다.

치앙마이 구시가지에는 최초의 사원인 왓치양만을 비롯해 중소규모의 사원들이 자리해 있다. 치앙마이 근교에는 야경이 아름다운 왓우몽과 도이수텝이 유명세를 타고 있다. 역사의 도시 치앙마이는 란나 민속박물관, 치앙마이 역사센터, 아트 앤드 컬쳐럴 센터 등과 같은 박물관들이 유명하다.

하지만 태국의 정수를 느끼기 위해 치앙마이를 찾아온 것은 좋았지만 치앙마이의 명소 도이수텝을 빼먹은 일은 아쉽다. 그러나 동남아 사찰문화 탐방은 미얀마에서 충분히 만회할 수 있을 것이다. 불교의 성지 인도 북부가 이슬람 지대로 변모한 아쉬움을 미얀마가 대신하고 있기 때문이다. 동남아의 대표적인 불교국가 라오스나 태국에 비해 미얀마는 불교 열기가 강한 곳이다. 자비가 불교의 교리이지만 소수민족의 이슬람에 대해 무력행사를 불사하는 무관용 원칙을 추구한다는 점에서 불교근본주의의 폐해는 아쉬운 대목이다.

8) 불국토의 전성기를 기억하는 만달레이와 바간

2021년 2월 미얀마에서 재발한 쿠데타가 시민의 저항을 촉발한 소식은 1980년 광주의 참상을 경험한 우리의 이목을 집중시켰다. 유고연방을 창설한 티토나 통일정부를 열망한 김구를 연상시키는 아웅산 장군의 리더십을 앞세워 다민족 연방국가 건설을 추구한 버마지만 1962년 네윈의 쿠데타로 민족갈등이 증폭되고 산업발전이 지연되었다. 그렇다면 산업화와 민주화의 도미노를 경험한 동아시아 각국과 달리 미얀마에서 저발전의 악순환이 지속되는 이유는 무엇인가?

이러한 의문을 해소하기 위해 나는 COVID-19 직전에 다녀온 미얀마 여행의 기억을 소환했다. 치앙마이에서 만달레이로 향하는 기내에서 고산과 계곡을 개척한 미얀마인의 치열한 삶을 확인했다. 불편한 공항버스는 한국말로 인사를 건네는 한류 마니아들과의 유쾌한 대화로 만회했다. 호텔 인근에는 악취와 한기에도 불구하고 깨진 하수도 맨홀 위에서 잠을 청하는 이들이 보인다. 인도에서 시작해 방글라데시를 경유하고 미얀마까지 이어진 남아시아 빈민지대와 조우하는 순간이다.

단수가 빈발하는 열악한 상수도 사정으로 어렵게 단장한 우리는 시내일주에 돌입했다. 일본의 침탈로 초토화된 왕궁은 드라마 세트장 수준으로 복원된 상태다. 미얀마의 실세 군부대가 주둔하며 입장료까지 징수하는 왕궁은 유신당시 국기하강식을 거행하던 경복궁을 연상시킨다. 황금색 파고다로 둘러싸인 만달레이힐은 북악산 팔각정에 필적하는 경관을 선사한다. 2025년 3월에 석장경을 보관한 하얀색 파고다 밀집지대가 심각하게 훼손되었다는 소식을 접하고 안타까웠다. 시 외곽에 위치한 우베인 다리는 강변 둔치를 활용해 땅콩, 해바라기 등 농작물 재배는 물론 오리 방목과 어류 채집을 동시에 목격할 수 있다.

만달레이에서 바간으로 이어진 12시간의 리버크루즈에 도전했다. 불교 문화권을 수호한 최일선 보루답게 미안마 각지에는 수많은 황금색 불탑들이 존재감을 뽐내고 있다. 하지만 강변의 광활한 평야지대에 11~13세기 고대왕국 시절에 건설된 불탑이 5,000개나 밀집한 역사도시 바간의 풍광은 신비롭다. 특히 바간은 강과 평야가 조화된 미얀마의 자연경관이 농업에 종사하는 주민들의 일상생활과 어우러져 독특한 인상을 발산하는 곳으로 유명하다.

오전 6시에 호텔을 나와 만달레이에서 바간으로 이동하는 익스프레스 보트 선착장으로 이동했다. 7시에 출발한 배는 동쪽 강변의 풍성한 나무위로 솟아 오른 아침 햇살을 맞으며 쾌속 항진했다. 이 배는 선상에서 식사와 선탠이 가능한 플로팅 레스토랑 서비스를 제공하며 바간까지 10시간이 소요된다. 한강이나 낙동강 하구를 능가하는 강폭과 수량을 수백 킬로미터 내륙에서 경험할 수 있다니 머지않아 유럽의 도나우강에 필적하는 리버크루즈 명소로 부상할 것이다. 실제로 선착장에는 중국에서 수입한 것으로 보이는 리버 크루즈 선박들도 정박해 있다.

미얀마 고산의 빙하가 녹아 형성된 이라와디강의 물길을 따라서 한 삼십분을 내려가자 우리 배 옆으로 그물을 설치하는 쪽배도 보인다. 그리고 밍군과 더불어 만달레이 외곽투어의 명소인 사가잉 강변의 산정에는 황금색 파고다 군락이 빛나고 있다. 사가잉의 경우 2025년 지진의 진앙지로 피해가 심했던 곳이다.

한나절 가량 항해한 배는 휴식과 점심을 위해 도기를 만드는 마을에 들렸다. 강변은 충적토 진흙이라 토사 절리 형태의 둑이 형성되어 있다. 이러한 연유로 진흙을 활용한 도기 마을도 형성되었을 것이다. 더불어 빠른 물살에 녹아내린 흙들이 강물을 탁류로 변화시켰다. 도크나 접안 시설이 전무한 강변에 배들이 접안하는 방식은 막대기로 노가리를 꿰는 방식이다. 꿰어진 배들은 인접한 배의 통로를 이용해 승선하거나 하선한다. 작은 마을이지만 이곳에도 마을 입구에 파고다가 있고 그 안에는 불상이 모셔져 있다. 만달레이의 파고다 밀집 지역에는 우리의 석가탑과 마찬가지로 불경이 종이 두루마리나 비문 형태로 보관되어 있기도 하다. 작은 성당의 천국인 그리스와 마찬가지로 작은 마을이나 집안 소유의 사찰이 지천인 것이다.

대외교류에 소극적인 미얀마지만 지정학적 요충지 양곤은 오래전부터 세계도시의 역할을 수행해 왔다. 독립 직후에는 경제력을 앞세워 미얀마의 수도 역할을 수행했지만 지금은 중부지방 네피도로 천도한 상태다. 전통적으로 미얀마는 왕조의 부침이 심했고 그만큼 천도가 활발하게 이루어졌다. 아마도 이러한 전통이 관습과 기득권에 연연해 수도이전에 저항하는 우리의 모습과는 구별되는 대목이다.

초저녁 양곤 공항에 도착해 인근 호텔로 향하며 목격한 변두리의 풍경은 만달레이의 악몽을 연상시킬 정도로 혼란스럽다. 만성적인 교통난에 택시는 빈민가 골목을 관통해 이동한다. 시 외곽의 가로는 방치된 쓰레기와 하수도 냄새로 불편했다.

다음날 택시타고 시작한 여정은 쉐다곤 파고다에서 시작했다. 미얀마를 대표하는 사원은 부처님의 사리와 머리카락을 안치한 곳으로 야트막한 언덕 전체를 거대한 사원으로 조성했다. 사방의 출입구에서 신발을 벋고 에스컬레이터나 승강기를 이용해 정상에 오르는 방식이다. 정상에는 세월을 거듭하며 증축된 거대한 황금 불탑을 다양한 용도의 사찰 건물들이 둘러싸고 있었다. 파고다에서 바라보는 시내 경관도 시원하다.

파고다에서 하산한 우리는 양곤대학교로 이동했다. 대학 구내에는 때마침 전통복장을 차려입은 수많은 학생들이 동반한 가족들과 기념사진을 찍은 장면을 연출하고 있었다. 양곤은 군부통치의 피로감이 누적된 도시지만 오래된 국제도시의 저력도 엿보인다. 국민적 결속의 상징인 쉐다곤 파고다의 위용과 미래를 책임질 대학생들의 열정에서 미얀마 도약의 가능성을 타진해 보았다.

미얀마 현대사는 제국주의 침탈과 군사정부의 억압으로 훼손되었다. 2008년 이후 헌법개정과 정권교체를 경험하지만 군부의 위세가 여전하다. 의원의 25%를 군부에 할당하고 산업지배를 통해 이권도 확보했다. 실권자가 사업, 언론 등 인허가 권한을 행사하면 소용돌이의 한국정치처럼 사생결단의 쟁탈전이 벌어진다. 충성을 맹세하며 특권을 확보한 지배연합은 정권수호의 보루다.

미얀마의 저발전 원인은 구조와 행위 및 제도로 구분된다. 구조적 원인은 냉전을 거치며 동맹의 지원을 유도하지 못했다는 점이다. 일대일로를 앞세운 중국과의 제휴도 국제사회의 제재로 위협받고 있다. 행위적 원인은 비동맹 노선과 사회주의 체제에 몰입해 자유민주주의나 시장경제의 강점인 사회나 기업의 자율적 역량을 배양하는 일에 실패했다는 것이다. 제도적 원인은 정부관료제의 무능과 군부실세의 부패로 정책품질이 저하되고 지대추구가 팽배했기 때문이다.

역으로 한국을 비롯해 동아시아 고도성장국가들이 저발전을 극복한 핵심적 동인은 세계체제의 전략적 활용과 시장경제의 지속적 확대 및 산업화와 민주화의 시너지에서 찾을 수 있다. 물론 지금의 미얀마가 정상국가로 회귀하기 위해서는 발등의 불인 쿠데타 세력을 척결해야 한다. 미얀마 시민사회와 연방추진세력을 응원하는 국제사회의 지원이 절실한 대목이다.

2. 이슬람 문화권에 위치한 도시들

1) 이스라엘 도시가 추구할 포용과 성장

인도가 다신교의 무대라면 중동은 유일신교가 태동한 곳이다. 기원전 1800년경 페르시아 문화권에서 출현한 최초의 유일신교인 조르아스터교는 유대교와 기독교를 경유해 이슬람의 교리에도 영향을 미쳤다. 외부자의 관점에서 중동의 교파는 계보를 같이 하는 형제 종교지만 현실의 체제경쟁은 피의 복수전을 유발하며 도시를 파괴하는 지경에 이르렀다.

팔레스타인 무장정파 하마스와 이스라엘 간 전쟁이 해를 넘겨가며 2025년에도 지속되고 있다. 파괴된 가자지구의 참상은 눈뜨고 보기 어려운 지경이라 국제사법재판소까지 개입했다. 하지만 트럼프의 후원을 등에 업은 네탄야후 이스라엘 총리는 요지부동이다. 이처럼 과도한 이스라엘의 선택을 역사와 종교의 진리로 성찰해본다.

이스라엘 민족은 정체성이 강하다. 선민의식을 표출하고 독주한다. 아브라함 자손인 유대민족이 이스라엘로 이주한 동기를 반추하면 이해하기 어렵다. 그들은 메소포타미아와 이집트 문명을 중재하는 메신저 역할로 부상했기 때문이다. 유대인과 팔레스타인인, 유대교와 기독교는 오랫동안 공존했다. 하지만 유대국가가 근본주의를 강화하고 시온주의를 갑자기 실행하자 분쟁이 발생했다.

유대가 경험한 수난의 역사는 모세의 출애굽에서 시작됐다. 이집트를 떠나 사막을 떠돌다 여호수아가 예리코 공략에 성공하면서 가나안 땅에 진입했다. 당시 유대인 리더 다윗과 팔레스타인 장군 골리앗의 역사적 전투는 아직도 끝나지 않은 선생의 서막이다.

신바빌로니아의 침입으로 바빌론유수에 직면했다. 노역에 시달리며 시온으로의 귀향을 고대한 유대인들은 페르시아 키루스왕이 난공불락의 요새 바빌론을 함락시킨 다음에야 풀려났다. 해방직후 한국의 미소 몰입과 마찬가지로 해방자 키루스를 칭송한 유대인들은 조로아스터교와 교류하며 유일신교를 확립했다.

알렉산더가 추구한 동서융합 헬레니즘 제국의 통치로 400년 암흑기가 시작됐다. 개방적 문화의 영향으로 우상과 주술도 약화됐다. 유대 보수파는 기득권을 유지하려고 개방과 교류를 선도한 혼혈부족 사마리아인과의 교류를 경계했다. 반면 유대 온건파 예수는 문화의 다양성을 존중하며 기존 체제의 혁신을 추구했다.

로마는 수탈에 항거한 반란을 진압하는 과정에서 성전을 파괴하고 요새도 점령했다. 로마와 이슬람의 지배하에 교류가 촉진되자 유대인은 상인 기질을 발휘했다. 사산조 페르시아의 동서교역 통제로 비단길이 막히고 차선책인 홍해가 붐비자 아라비아 상인들처럼 무역에도 종사했다.

유대교는 유랑 와중에 성전과 제사장 중심의 중앙집권적 종교에서 회당과 랍비 중심의 자치분권적 종교로 진화했다. 종교개혁으로 구교와 신교가 싸우는 가운데서도 시너고그는 공공의 적으로 치부됐다. 1881년 러시아가 유대인을 핍박하고 1894년 프랑스가 드레퓌스를 기소하자 시온주의가 득세했다. 유엔에서 팔레스타인 분할안이 통과되고 1948년 이스라엘이 건국하자 아랍 진영은 전쟁으로 응수했다. 1993년 백악관에서 라빈 총리와 아라파트 의장이 오슬로 협정을 체결했다. 이스라엘군이 서안지구와 가자지구에서 철수하고 팔레스타인의 자치를 허용한다는 타협안이다. 하지만 이스라엘 정부의 협치 정신 부족과 팔레스타인 자치정부의 무능으로 협정 완수는 부진했다.

가자지구는 출입이 제한된 사실상 게토다. 제4차 중동전쟁 이후 50년간 누적된 분노가 하마스의 기습을 촉발했다. 지상전이 개시되면서 10배 보복으로 치닫는 이스라엘에 대한 비판이 늘고 있다. 유대인의 시련은 역사의 교훈과 성경의 뜻처럼 사랑으로 승화돼야 한다. 민족주의라는 투쟁의 시대를 마감하고 보편주의라는 공존의 시대를 열어야 한다.

고대국가 바빌론과 이집트 사이에 위치한 가나안 땅은 양대 세력권에서 밀려난 소수민족의 무대였다. 아담과 노아의 신화처럼 신석기 시대의 현생 인류는 해수면 상승과 기후변화의 고통에 적응하면서 서아시아 일원에 정착했다. 기억과 기록이 교차하는 문명의 초입에서 유대 민족이 태동했다. 메소포타미아 남부의 고대도시 우르에 거주하던 아브라함은 BC 19세기 부족을 이끌고 가나안 개척을 시도했다. 19세기 미국서부나 북간도가 이주민의 엘도라도로 묘사된 것처럼 당시 가나안도 젖과 꿀이 흐르는 신천지로 묘사되었다. 해양교류와 중개무역이 가능한 곳이었기 때문이다.

가장의 권위를 앞세워 부족을 신천지로 인도한 아브라함은 유대민족의 창시자다. 구약이 묘사한 것처럼 이삭, 야곱, 요셉 등의 세대를 거치며 가나안 정착에 성공한 유대는 가뭄이 급습한 메마른 땅을 떠나 애굽(이집트)으로 이주했지만 파라오의 견제와 핍박이 심해지자 기원전 15세기 모세가 주도한 엑소더스를 감행한다.

탈애굽 이후 광야를 떠돌다 귀향한 유대인들은 통일왕국의 창시자 다윗과 상대편 골리앗의 전투에서 묘사한 것처럼 경쟁 부족인 팔레스타인과 대립했다. 흥선대원군에 비견되는 전제적 방식으로 궁전을 치장한 솔로몬의 치세가 끝나면서 유대에는 12지파 부족의 갈등이 격화되었고 BC 920년경 이스라엘과 유다라는 분열왕국 시대로 접어든다. 급기야 분열왕국이 모두 멸망한 BC 586년에는 바빌론 유수라는 고난에 직면했다. 어렵게 시온으로 돌아온 유대공동체는 메디아(튀르키예), 페르시아(이란), 그리스(마케도니아) 등의 간섭으로 명맥만 유지하며 모세와 유사한 예언자(Deliverer)의 출현을 갈구했다. 하지만 예수의 출현을 전후해 고조된 사회변혁 운동을 거부한 유대진영은 AD 70년 로마의 침탈로 유대교 성전까지 파괴되자 북아프리카를 경유해 이베리아 반도로 유랑을 떠나야 했다.

대제국 로마가 출현하면서 지중해 권역의 교류가 확대되자 베드로와 바울을 비롯한 예수의 12제자들은 이스라엘을 떠나 치열한 선교활동을 전개한다. 건국 초기의 로마는 그리스와 마찬가지로 인간적인 다신교의 나라였지만 AD 313년 밀라노 칙령으로 유일신 기독교가 공인된 이후 서로마 가톨릭과 동로마 정교회의 거점으로 부상했다. 476년 서로마가 멸망한 이후에는 독일과 프랑스에 위치한 신성로마제국의 황제들이 바티칸의 교황과 더불어 기독교의 보호자를 자임했다. 동서 교회가 단결력을 발휘한 십자군운동이 실패하면서 이슬람의 반격이 거세졌다. 오스만투르크가 1453년 동로마를 제압하고 발칸까지 확보하자 정교회는 메테오라와 같은 산속에 은거하거나 러시아 짜르의 보호를 받게 되었다.

1492년 콜럼버스가 선도한 지리상의 발견을 전후해 레콩키스타에 성공한 기독교 왕국의 통치권이 강화되자 무어인의 일원으로 이베리아에 정착했던 유대인들은 서유럽 각지로 떠나갔다. 서유럽에 이주한 유대인들은 특유의 상인기질과 예수살해 원죄로 인해 베네치아, 비엔나 등 가톨릭 도시에서 게토에 유폐되면서 다시 고향으로 돌아가겠다는 시오니즘이 싹트게 된다. 1517년 종교개혁 이후 구교와 신교가 싸우는 와중에도 예수를 살해한 유대인 후손의 공동체 시너고그는 공동의 적으로 간주되었다.

인도나 중국인과 마찬가지로 유대인도 인류의 문화유산인 종교의 형성을 선도했다. 인접한 강대국의 침략을 당하는 와중에도 특유의 종교 문화를 창안해 세계 각지로 전파했다. 구름이 적은 건조지대에서 종교가 태동한 이유는 천문과 명상에 유리한 환경 여건이 일조했다. 농경과 목축 및 교역으로 축적한 부를 토대로 학문과 종교 활동이 촉진된 일도 일조했다. 나아가 유대인들이 존경하는 제사장과 랍비는 종교의 권위를 대변한다.

무함마드의 경우는 알렉산더 이후 동로마와 사산조페르시아의 분쟁지대를 피해 신흥 루트로 부상한 메카를 무대로 대상 무역에 종사하며 기독교나 조르아스터교에 관심을 가졌다. 자신을 고용한 거상 카디자와 결혼한 이후에는 안정적으로 명상에 주력하며 40세 되던 610년에 BC 4년의 예수와 유사한 방식으로 하느님의 계시를 받아 유일신 종교 이슬람을 창시했다. 이슬람은 성부와 성자 및 성령을 동일시하며 중재자를 인정하는 기독교식 삼위일체가 아니라 유일신인 하느님과 신자 간의 직접적인 소통을 중시한다. 무하마드는 아담, 노아, 아브라함, 모세, 예수의 계보를 잇는 예언자이자 종결자라는 것이다. 이슬람과 기독교는 하루 다섯 번의 기도를 비롯해 예언자 인정, 소득할당 헌금, 주기적 단식 등에서 유사하다. 다만 유산과 후계자 및 기적을 거부한 인간적 면모의 무하마드는 기독교보다 불교나 조르아스터교와 가까워 보인다.

유랑 생활을 통해 유대인들은 특유의 공동체 자본주의 기풍을 강화시켰다. '형제애'에 기반한 집단생활의 노하우는 '능력껏 벌어 필요에 따라 나누어 쓴다'는 것이다. 이러한 공동체 정신이 흩어져 사는 세계 각지에서 유대 민족이 정체성을 유지하며 도약한 비결이다. 유대 공동체를 강화시키는 데 기여한 종교 교육은 현자인 랍비의 지도하에 생활지침서인 구약, 토라, 탈무드 등을 탐구하고 토론하는 방식이다.

제2차 세계대전을 전후해 히틀러가 주도한 유대인 혐오가 폭증하자 신대륙으로 이주하는 사람들이 늘어났다. 유통업과 은행업으로 성공한 북미의 유대인들은 1948년 영국의 팔레스타인 위임 통치가 끝난 직후 건국된 현대 이스라엘을 후원했다. 이스라엘은 건국 직후부터 팔레스타인을 비롯한 주위 아랍 민족과 갈등에 직면했다. 하지만 히브리어를 사용하는 유대공동체가 굳건하게 작동하는 이스라엘공화국의 새로운 도전은 창업국가(Start-up Nation)라는 발전의 잠재력을 발휘했다. 내우외환에 시달리며 떠나가던 나라에서 돌아오는 나라를 건설한 이스라엘의 기적은 선진국 문턱에 도달한 아일랜드나 한국의 창의적인 성취와 닮아 있다.

이스라엘의 대표도시 예루살렘과 텔아비브는 각기 종교와 산업에 특화한 곳이다. 국내외적으로 벤처기업이 선도하는 창업국가 이스라엘의 기술경쟁력에 대한 관심이 높은 편이다. 국내에서도 댄 세노르와 사울 싱어가 공저한 〈창업국가〉란 책이 번역되었을 뿐만 아니라 이스라엘 기업이 개발한 첨단기술의 상업적 가치에 대한 국내 언론의 기획보도가 자주 보인다. 그렇다면 이스라엘 창업도시가 인터넷, 원자력, 해수담수화, 무인항공기 등의 분야에서 산출한 높은 기술경쟁력을 확보한 비결은 무엇인가?

먼저 행위적 측면에서 논쟁을 즐기는 유대문명의 문화적 특성에 주목할 필요가 있다. 특히 창의성, 모험지향, 민첩성 등을 소유한 우수한 인적 역량이 성공의 핵심적 동인으로 작용하였다. 나아가 이스라엘 특유의 유동성과 유연성도 창업활성화의 주요한 동인으로 거론되는데, 이는 질서와 복종을 중시하는 한국식 기업문화와 대비된다. 일례로 한국에서는 체면문화와 IT버블이 결합된 형태로 고질적인 벤처기피 현상이 발생한 것으로 분석되고 있다.

다음으로 제도적 측면에서 전통적인 기술클러스터 요소와 개인의 역량을 결합시키는 연계 시스템의 구축과 이러한 시스템의 역량이 더 많은 네트워크와 연결될 수 있도록 통합 네트워크를 지향한다는 점이다. 일례로 이스라엘은 벤처창업의 기풍이 강력한 미국의 실리콘밸리와 마찬가지로 연구원들에게 높은 수준의 자율성과 신축성을 보장하고 있다. 더불어 연구원들이 군입대시 관련 기술분야 근무를 제도적으로 보장하고 있을 뿐만 아니라 제대 후에는 예비군훈련까지 기술정보교류의 장으로 활용하는 센스까지 보여주고 있다.

또한 구조적 측면에서 이스라엘은 화교 네트워크에 필적하는 유대인 네트워크를 활용해 미국을 비롯해 서구 각국의 지원과 협력을 유도하고 있다. 특히 미국의 정치경제를 좌우하는 유대출신 저명인사들은 1948년 건국 이래 계속된 아랍권의 위협으로부터 이스라엘을 수호하는 방패의 역할을 수행해 왔다. 제2차 세계대전 이후 이스라엘은 냉전의 최전선에 위치한 독일, 일본, 한국 등과 비슷한 수준의 원조를 미국으로부터 유치한 것으로 알려져 있다.

경제적 부의 증진에 초점이 부여된 협의의 도시경쟁력이란 '국내 기업이 다른 나라 기업들과 경쟁할 수 있도록 효율적인 문화, 제도, 환경 등을 제공하는 도시의 능력'으로 정의된다. 따라서 산업의 기술경쟁력 강화를 위해 우리 정부도 이스라엘의 성공을 통해 학습한 다양한 요인들을 전략적으로 활용해야 한다.

2) 무역도시 제다와 신전도시 메디나의 콜라보

아라비아반도의 80% 정도는 사우디아라비아 영토다. 이곳에 위치한 국가나 도시의 발전성과는 석유나 가스 자원의 편차를 반영한다. 카타르, 아랍에미리트(UAE), 바레인, 쿠웨이트 등과 같은 작은 나라가 번성한 이유도 자원의 힘 덕분이다. 물론 자원의 저주를 회피하는 대안적 발전전략도 필요한 시점이다.

아라비아반도는 석유 이전에도 동서양 교역과 이슬람의 중심으로 위세를 떨쳤다. 이를 대표하는 발전의 거점이 무역도시 제다와 신전도시 메디나다. 제다는 정화의 대항해 이전부터 홍해와 지중해를 연결하는 항구도시로 번성했다. 아라비아 상인들은 이곳을 무대로 동남아 전역을 연결했다. 이러한 경제력을 토대로 인근 메카에서 상인의 후원을 받은 무함마드가 이슬람을 창시한 것이다. 바다와 사막을 무대로 상단을 움직이는 사람들은 천체운행과 과학기술에 정통했다.

아라비아반도는 7세기에 이슬람이 태동한 이후에 이슬람 제국의 중심지로 부상했다. 그러나 제국의 중심지가 농경지인 시리아, 이라크, 페르시아 등으로 옮겨간 후에 문명의 변두리로 전락했다. 이슬람의 패권이 중앙아시아 계열인 셀주크와 오스만투르크로 넘어간 일도 일조했다. 이후 성지인 메카와 메디나를 가지고 있는 히자즈 지방을 빼고는 망각의 지대로 취급되었다. 이 망각의 땅에 1902년 사우드가의 압둘 아지즈왕이 리야드를 중심으로 인근 부족을 평정한 다음 1932년 엄격한 이슬람으로의 복귀를 추구한 와하비즘에 입각한 사우디아라비아 왕국을 출범시켰다.

사우디아라비아는 정교혼합정체(政教混合政體)를 유지해 오고 있다. 이러한 체제하에서 국왕의 권한은 입법, 사법, 행정 각 방면에 걸쳐서 절대적이다. 이슬람법은 기독교 교회와 유사한 방식인 이슬람 장로에 의해 운영되며, 성문헌법은 없고 정당도 인정하지 않는다. 사우디의 국정운영은 왕과 로얄 패밀리, 부르주아 및 쁘띠 부르주아, 그리고 부족장 간의 3자동맹 방식인 것이다.

사우디는 중동을 대표하는 국가로서 반 시오니즘을 표방하며 친 서방을 기본적 외교노선으로 채택하고 있다. 그리고 막대한 오일달러와 이슬람 세계에서의 영향력, 미국과의 우호적 관계 등 국가발전을 위한 유리한 조건을 구비했음에도 불구하고 그 성과는 미흡한 실정이다. 그 원인은 주로 통치엘리트의 후진성으로 사우디가 당면한 가장 큰 장벽이라고 할 수 있다.

홍해 교역로의 중심에 위치한 제다는 역사적으로 중요한 항구도시로 발전했다. 제다는 사우디아라비아의 상업 중심지로, 지금도 국제 무역과 물류의 허브 역할을 담당하고 있다. 메디나는 이슬람의 두 번째 성지로 무함마드의 묘소가 있는 알-마스지드 알나부위가 위치한 곳이다. 매년 많은 순례자들이 메디나를 방문해 이슬람의 의미를 새기고 인구 사막의 명소를 방문하기도 한다.

제다는 사우디아라비아에서 수도 리야드에 이어 두 번째로 큰 도시로 해양 물류와 무역을 통해 국가경제 발전을 선도하고 있다. 제다의 풍부한 비즈니스 환경은 외국인 투자자를 유인하는 기제다. 메디나는 주로 종교적 순례나 관광에 의존하는 경제구조다. 하즈와 우므라 순례자들이 메디나를 방문하면서 많은 수입을 창출한다. 하즈 대순례는 라마단 단식과 함께 이슬람 의례의 양대 산맥을 이루는 메카(Mecca) 성지 대순례를 말한다. 우므라 소순례는 연중 어느 때나 할 수 있지만, 하즈 대순례는 무슬림력 12월 8일~13일로 정해져 있다. 대순례는 신체가 건강하고, 경제적으로 여행할 능력이 있는 성인 신자라면 평생 한 번은 해야 하는 의무다. 세계적으로 유명한 중세의 여행가 이븐 바투타는 1325년 고향 모로코의 딴자를 출발하여 북아프리카를 가로질러 1년 3개월 만에 메카에 도착했다. 요즘은 항공교통의 발전으로 한정된 공간에 수많은 순례자가 몰리기 때문에 사우디아라비아는 해마다 무슬림 인구 1,000명당 1장 꼴로 국가별 비자수를 할당한다. 중동에서 초대형 항공기 A380의 수요가 발생한 이유이기도 하다.

제다는 국제적인 상업중심지로 문화적 다양성을 반영하는 도시다. 제다의 구시가지인 알-발라드(Al-Balad)는 역사적 유산을 보존하면서 현대적 요소와 결합된 도시다. 홍해크루즈가 기항하는 제다는 다양한 해변 리조트와 상업시설이 있어 관광지로도 인기를 끌고 있다. 메디나는 강한 종교적 분위기와 함께 많은 이슬람 전통과 역사적인 유산을 보유한 도시다. 상업적인 요소보다 종교적 신념과 경건한 삶에 중점을 두고 있다.

제다는 사우디아라비아에서 가장 중요한 교통허브 중 하나로, 국제공항인 킹 압둘아지즈 국제공항을 보유하고 있다. 제다는 또한 고속도로, 해상 교통, 철도 등 다양한 교통수단이 연결된 도시다. 메디나는 순례자들을 위한 교통 시스템이 잘 구축되어 있으며, 메디나-메카 고속철도가 중요한 교통수단이다. 주로 도보나 차량을 이용한 이동이 중심이다.

중세시대 수사였던 오컴은 이성에 몰두하는 학문의 세계와 믿음을 우선하는 신앙의 세계를 면도날처럼 명확히 구분하자고 제안했다가 고초를 당했다. 당시는 신의 판단이 정치는 물론 행정과 사법까지 관여하던 암흑시대라 그의 주장이 폭넓게 확산되기는 어려웠다.

종교나 지역 공동체의 규율에 안주하는 생활습관은 갈등회피에 유리하다. 하지만 개인의 역량을 중시하는 현대 사회의 자기관리에는 불리하다. 벤자민 프랭클린이 제안한 자기관리의 13가지 덕목은 절제, 침묵, 규율, 결단, 검소, 근면, 진실, 정의, 중용, 청결, 평정심, 순결, 겸손 등이다. 성공루틴 만들기의 모범사례는 처리할 목록을 만들어 실천하기, 중요한 일부터 우선해 실행하기, 큰 목표를 나누어 달성하기, 뒤집어 생각하고 반론을 경청하기, 명상과 여유를 즐기기, 번잡한 이메일은 시간을 정해 열어보기, 아침 회의와 일상적 전화 줄이기 등이다.[7]

대항해 시대의 개막 이전에는 지중해와 북아프리카를 무대로 개척자 스타일 여행가들이 득세했다. 특히 동서양 무역을 중개한 베네치아의 마르코 폴로가 대표적이다. 그는 15살 때 상인인 아버지 니콜로 폴로와 숙부인 마페오 폴로를 따라 이슬람 지대를 경유해 원 제국으로 여행을 떠났다. 그곳에서 선진문물의 전달자 역할을 수행한 색목인을 우대하던 쿠빌라이 칸의 정책 덕분에 17년간 관리로 일하면서 중국의 각 지역을 체험하고 고향에 돌아와 〈동방견문록〉을 출간했다.

원나라에서 베네치아로 돌아온 마르코 폴로는 십자군 전쟁 이후 지중해 상권을 두고 대립하던 항구도시 라이벌 제노바 공화국과 베네치아 공화국 간의 해전에 참전해 제노바의 포로가 되면서 책을 출간하는 계기를 마련하였다. 1324년 사망 당시 폴로의 여행기를 믿지 않았던 지인들이 고백을 촉구했지만 그는 "난 내가 본 것의 절반도 말하지 않았다"라는 유언을 남기기도 했다.

이러한 그의 도전과 탐험은 영화나 드라마의 단골 소재였다. 2014년 제작된 넷플릭스 오리지널 〈마르코 폴로〉가 대표적이다. 드라마는 탐욕과 배반, 성적인 음모와 경쟁의 세계를 무대로 마르코 폴로가 쿠빌라이 칸의 궁궐에서 겪은 모험담을 판타지 요소를 가미해 제작했다. 1276년 300년 왕국 남송의 멸망 직전까지 끈질기게 저항한 남송 포로의 손발을 잘라 삶아서 군수용 기름을 추출하는 장면이나 소개작전 하듯이 적진을 초토화시키는 장면은 살벌한 전쟁의 공포를 환기시킨다.

폴로 일행은 이탈리아를 떠나 이란 북서부 도시인 타브리즈를 지나 파키스탄의 쿤자람고개를 넘어 실크로드의 중심인 타클라마칸사막을 건너 몽골에 도착하였다. 볼모로 아들을 칸에게 맡기는 대신에 사업권을 획득한 폴로의 아버지는 상인이자 사도로서 자신의 역할을 수행하였다. 쿠빌라이에 의탁한 라틴 출신의

---

7) 벤자민 스폴 & 마이클 잰더 저, 김미정 역. (2021). 성공한 사람들의 기상 후 1시간. 센시오.

폴로가 남송 원정과 궁정 생활에서 전문기술관료로 활동한 색목인들과 마찬가지로 군사정치적 역량을 발휘하는 대목에서는 실용적인 제국의 풍모가 엿보인다. 특히 성곽도시 상양을 둘러싼 일진일퇴의 공방전에서 회회포라는 공성전 병기를 도입하거나 총통 형태의 화약무기가 등장하는 장면은 이후 전쟁의 판도 변화를 예고하는 대목이다.

몽골도 이슬람 지대와 마찬가지로 대부족장(Khan of Khan)을 의미하는 칸의 선출은 쿠릴타이라는 부족연합체의 추대 방식으로 이루어진다. 이 과정에서 치열한 정치적 암투가 벌어지거나 전쟁으로 비화되기도 하지만 무력의 과시나 수장의 결투로 패권의 향방을 정리한다는 점에서 공멸을 회피하는 타협문화를 발휘하기도 한다. 이는 일본 전국시대 봉건영주 간의 사무라이 전쟁을 연상시킨다. 그리고 남송으로 대표되는 중국 남부지역 한족의 저항정신과 향촌의 도교문화는 1368년 명나라 건국의 토대로 작용하였다.

3) 아랍에미리트의 비상을 선도한 두바이와 아부다비

아랍에미리트(UAE)는 부족국가 전통인 7개 토호국이 연합해 형성한 국가다. 이 중에서 두바이와 아부다비는 라이벌 도시로 UAE의 발전을 선도하고 있다. 두 도시는 발전전략과 도시경쟁력 측면에서도 유의미한 차이를 보인다. 또한 고속도로로 한두 시간이면 접근이 가능하기 때문에 두 도시를 비교하는 관광도 유용하다.

경제·산업 경쟁력 측면에서 두바이는 석유 산업에 의존하지 않고 서비스 산업을 중심으로 다각화를 추구하였다. 무역, 관광, 부동산, 금융, 물류 및 항공 산업 등 여러 분야에서 두각을 나타내고 있다. 항공허브를 활용해 자유무역지대와 국제금융센터를 운영하며 다국적 기업의 중동 지사도 유치했다. 세계적인 쇼핑몰인 두바이 몰과 부르즈 칼리파 및 팜 주메이라와 같은 랜드마크가 쇼핑, 관광, 엔터테인먼트를 주도하고 있다. 주간에는 전망대에서 대추야자를 형상화한 고품격 주거지대 팜 주메이라의 위용을 조망하고 저녁에는 부르즈 칼리파의 외벽 조명을 배경으로 펼쳐지는 분수쇼를 감상하는 것이 두바이 관광의 매력이다.

중동에 포진한 나라와 도시

아부다비는 UAE의 석유 자원이 집중된 지역으로 석유와 가스 산업에 의존하고 있다. 아부다비의 석유 산업은 UAE의 주요한 재정 원천이다. 국제석유회사 지수에 상장된 아부다비 국영 석유회사(ADNOC)는 세계적 영향력을 행사하고 있다. 두바이의 성공을 차용해 서비스 산업과 항공 허브에 대한 투자도 늘리고 있다. 아부다비에 위치한 자이드국제공항은 최근에 대규모 신규 터미널을 개장하면서 에티하드 항공의 허브공항으로 에미레이트항공이 선도한 두바이공항의 성공 신화에 도전하고 있다.

정치·행정 경쟁력 측면에서 두바이는 기업친화적인 법과 규제 덕분에 국제 비즈니스와 금융의 중심지로 부상했다. 특히 외국계 기업들이 자유롭게 활동할 수 있는 환경을 조성한 일이 주효했다. 아부다비는 UAE의 수도이자 정치적 중심지다. 아부다비는 국가의 핵심 자산인 석유와 가스를 관리하는 중심지 역할을 수행한다.

관광·문화 경쟁력 측면에서 두바이는 호텔, 쇼핑, 문화 이벤트가 넘쳐나는 글로벌 관광지로 부상한 상태다. 두바이 엑스포 2020과 같은 이벤트를 유치해 도시브랜드를 증진한 일도 모범적이다. 아부다비는 고품격 문화도시를 표방하면

중동에 인접한 유라시아 국가와 도시

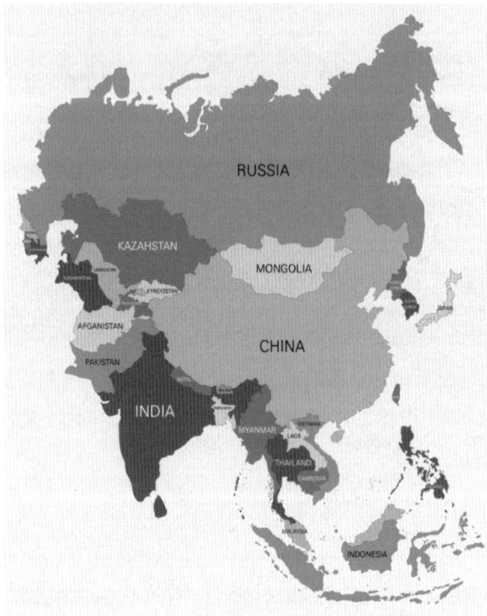

서 루브르 아부다비, 갤러리 뮤지엄, 카스르 알 호슨 궁전 등과 같은 명소를 활용해 문화경쟁력을 증진하였다. 국제적인 스포츠와 문화예술 행사를 자주 개최하여 도시의 인지도를 증진한 점도 인상적이다.

도시혁신 역량의 측면에서 두바이는 스마트 시티와 지속가능 개발을 비전으로 설정했다. 스마트 경찰서를 비롯해 100% 디지털화된 정부 서비스, 데이터 기반 도시, 자율 주행차, 스마트 빌딩 시스템 등이 대표적 실행전략이다. 두바이 클린 에너지와 같은 재생에너지는 물론 원자력발전소 투자도 추진했다. 아부다비는 탄소제로를 표방한 마스다르시티 프로젝트를 통해 환경친화적 이미지 정립을 의도했다. 아부다비 외곽 자이드국제공항 인근 부지에서 2006년부터 시작된 마스다르시티 프로젝트의 핵심적 수단은 에너지 효율적 건축물, 개인용 신속 교통 시스템(Personal Rapid Transit: PRT), 하수 처리수 재활용, 열섬현상을 줄이는 녹지와 공공시설 등이다. 결국 청정에너지와 지속가능한 건축 및 기술혁신에 기반한 미래도시 건설사업인 것이다.

3. 힌두교 문화권을 대표하는 도시들

1) 인도를 대표하는 종교도시의 영향력

14억 인구와 28개 주로 이루어진 인도는 '제3세계 비동맹 노선의 주도자'와 '세계 최대의 민주주의 국가'라는 별칭답게 제도의 다양성을 넘어 복잡성이 존재한다. 남부를 대표하는 농업지대이자 피한여행의 적지로 부상한 케랄라주에서는 사회주의 방식의 행정서비스를 제공하기 위해 각종 세금이나 통행료 징수에 몰두한다. 하지만 모디 총리가 주지사를 역임한 구자라트주로 북상하면 규제완화와 건설공사를 앞세운 성장지향적 신자유주의를 중시한다.

사회주의와 자본주의 간의 체제경쟁 이전에 인도 본래의 모습인 민족주의는 종교와 관련이 깊다. 19세기에 인도와 동남아에서 전개된 제국주의 쟁탈전의 승자는 영국과 프랑스였다. 양국은 태국을 경계삼아 인디아와 차이나 사이의 거대한 반도를 양분했다. 인도를 차지한 영국은 벵골만 동편의 버마와 말레이로 진출했다. 양곤-페낭-싱가포르로 이어지는 해로가 전략적으로 중요했기 때문이다. 1885년 영국의 직할령이 아니라 인도의 주로 편입된 버마는 인도인 관리자와 소수민족 실무자가 영국을 대리해 지배권을 행사했다.

석가모니가 태어난 BC 6세기 이후 인도 북부에서 동서로 길게 불교 벨트가 형성되었다. 하지만 7세기 이후 이슬람 세력이 동진하면서 16세기 인도 북부에 무굴제국이 출현했다. 천년이나 유지된 불교왕국을 밀어낸 인도 북부의 이슬람 세력은 영국이 떠나면 거세질 힌두민족주의를 우려해 1947년 파키스탄과 방글라데시를 건국했다. 하지만 이슬람 소수민족인 로힝야족은 접경에 거주하며 자치권을 요구하고 있다. 미얀마는 식민지 시절 영국을 등에 업은 로힝야족이 버마족을 탄압한 과거사에 분개한다. 이러한 구원이 이른바 로힝야 사태[8]의 원인이다.

한때 북인도를 풍미한 불교를 대신해 지금은 이슬람 세력이 포진해 있다.

---

8) 2017년 미얀마 군이 로힝야 마을에 대해 대규모 군사작전을 벌였다. 이로 인해 수천 명이 목숨을 잃고, 70만 명 이상이 국경을 넘어 방글라데시 등지로 탈출했다. 유엔과 인권 단체들은 이 작전을 "인종청소" 혹은 "집단학살"로 규정했다.

델리를 무대로 이슬람의 전성기를 구가한 무굴제국이 영국에 무너지며 인도는 200년 동안 식민통치를 받았다. 1920년 해외파 변호사 간디가 입국하며 활성화된 독립운동은 비폭력·무저항·비협조 노선을 추구했다. 식민통치에 대항한 수단인 물레와 소금이 간디의 상징이다. 1918년 제1차 세계대전이 종결되고 민족주의가 부상했지만, 승전국의 식민지 인도는 독립이 좌절되었다. 이에 인도의 시성 타고르는 '동방의 등불'에서 식민지 조선을 격려하고 〈내셔널리즘〉에서 제국주의 일본을 경계하였다.

인도는 1947년 독립을 전후해 종교와 이념에 치중하다 분단을 초래했다. 이때 간디와 김구라는 통일운동의 주도자들이 미소를 추종한 극단적 이념세력에 희생되기도 했다. 최근 인도는 개방적 '수출 인도'에서 폐쇄적 '자립 인도'로 정책기조를 전환하였다. 하지만 국정에 만연한 패배주의를 극복하기 위해서는 리더십 회복, 간소한 제도, 신속한 절차, 차별의 철폐, 부패의 척결 등 행정개혁과 더불어 차세대 발전전략인 내수의 부양과 인프라 확충을 추구해야 한다.

종교의 전시장 인도는 히말라야가 다양한 성지나 특구를 품고 있다. 네팔 접경 북인도에는 불교 성지와 스투파를 일주하는 코스가 인기다. 파키스탄 접경 펀잡주에는 이슬람과 힌두교를 혼합한 시크교가 존재감을 과시하고 있다. 한편 침례와 배화를 비롯한 힌두교의 의식은 기독교나 조로아스터교에 영향을 미쳤다. 자이나교가 중시하는 고행과 생명도 불교나 도교와 닮은꼴이다.

케이블TV에서 개봉한 영화 〈러브 인 히말라야(Kedarnath, 2018)〉는 길 잃은 신들의 쉼터이자 순례자들의 천국이라는 설산 케다르나스가 무대다. 시바신의 성지에서 짐꾼으로 일하는 무슬림 청년 '만수르'와 힌두교 사제 브라만 집안의 딸 '무쿠' 간의 사랑이 내용이다. 신분과 종교로 고통받던 연인은 대홍수가 케다르나스를 집어삼키는 장면에서 발리우드판 타이타닉의 감동을 재연한다. 영화 속의 종교갈등, 신분제도, 수도자, 군악대 등은 사랑이야기의 양념이자 인도의 속살이다.

인도여행 전문가 헬레나 노르베리-호지와 전명윤의 책도 유익하다. 나는 〈오래된 미래〉와 〈환타지 없는 여행〉을 참고해 향후 인도 여정을 설계할 예정이다. 호지와 전명윤이 극찬한 라다크 공동체를 체험하고 당카르곰파의 풍광을 감상하며 슬로시티가 주는 감동을 만끽할 것이다.

2) 휴양관광도시 발리의 문화경쟁력

인도네시아는 적도를 따라 동서로 길게 늘어선 섬들로 이루어진 나라다. 문화적으로 동서의 중간에 위치한 발리는 노천박물관으로 전락한 앙코르와트나 족자카르타와 달리 힌두교가 일상을 지배한다. 주거지 곳곳에서 일본의 신사나 우리의 사당처럼 다양한 신을 모실 뿐만 아니라 해안과 산정을 망라한 명승지마다 힌두교 사원이 자리해 있다. 수마트라나 자바 같은 인도네시아 서부가 이슬람의 중심지라면 동부는 2002년 5월 독립을 회복한 동티모르를 비롯해 기독교 섬들이 다수이기 때문에 포용적 다문화 정책이 요구된다.

인도네시아의 크고 작은 섬들은 화산을 품고 있다. 2004년 12월에는 바닷속 불의 고리에서 초대형 쓰나미가 발생해 13만 명이 희생되기도 했다. 가는 날이 장날이라고 필자가 우붓에 체류한 며칠의 여정에는 지난 반세기 동안 잠잠하던 아궁산이 분화의 조짐을 보이면서 화산지진의 위력을 실감했다. 그리고 1963년 아궁산의 마지막 화산분출 당시 발생한 막대한 인명피해를 기억하는 인도네시아 방재청은 경보단계가 상승하자 주민들을 대피시켰다. 아마도 자연의 위력 앞에 신에게 의존하는 인간의 나약함이 신들의 천국 발리를 창조한 최고의 원동력이 아닐까 싶다.

대다수 동남아시아 국가들과 마찬가지로 인도네시아도 서구의 식민통치와 일본의 전시점령을 경험하였다. 제2차 세계대전 직후 독립에 성공하였지만 아직 외세의 영향력이 강한 편이다. 알파벳을 차용한 문자표기, 영국식 차로와 일본식 신발, 동아시아 금융위기의 진원지, 다국적 기업이 장악한 시장과 농장 등이 대표적 사례다.

물론 인도네시아 서민들의 일상에는 고유한 문화가 살아 숨 쉬고 있다. 이는 세계적 관광지로 부상한 발리도 예외가 아니다. 화산과 다락논이 어우러진 고산휴양지 우붓의 풍광은 최근 슬로시티로 각광받은 남해안 섬과 지리산 자락을 연상시킨다. 고품격 리조트로 유명한 해변휴양지 쿠타나 잠바란과 차별화된 이곳의 안빈낙도 분위기가 디지털 노마드나 배낭여행자를 유인하고 있다. 특히 우붓을 찾는 사람들은 〈먹고 기도하고 사랑하라〉는 영화 속 줄리아 로버츠처럼 몸과 마음을 수련하기도 한다.

동남아시아 휴양지들과 마찬가지로 발리도 물가와 사람 모두 착한 편이다. 2002년 10월 발리에서 이슬람 원리주의자에 의한 폭탄테러가 발생해 202명이 사망하는 참사가 발생했다. 당시의 아픈 기억으로 인해 지금도 공공건물에 진입하려는 차량은 보안검색을 받아야 한다. 더불어 열악한 도로사정으로 인해 교통정체가 심하고 대중교통에 대한 투자도 미진한 편이다. 하지만 발리에는 승합차 버스나 도심지 호텔처럼 알뜰 여행의 노하우가 넘쳐 난다는 점이 매력적이다.

해외여행에서 해당 지역의 특급 리조트들을 둘러보는 것도 유용하다. 대부분의 리조트들이 지역을 대표하는 천혜의 절경에 자리하고 있을 뿐만 아니라 대중교통을 활용해 접근이 용이하기 때문이다. 나도 발리 방문시에 3일짜리 자유이용권으로 쿠라쿠라(Kura Kura) 버스의 인기노선에 포진한 리조트를 둘러보았다. 당시 잠바란과 우붓 노선의 말단에 위치한 리조트는 아야나(Ayana)와 데사 비세사(Desa Visesa)였다.

아야나 리조트의 경우 구내의 절벽에 조성한 락바(Rock Bar)에서 시원한 바다를 조망하거나 해변에 설치한 목재 데크에서 물고기들이 노니는 장면을 목격한 일이 인상적이다. 또한 데사 비세사의 경우 우붓이 자랑하는 중산간의 라이스테라스를 배경으로 조성하였기 때문에 주변경관이 수려하고 농사체험이 가능하다는 강점이 있다.

숙박과 교통 못지않게 중요한 음식은 발리도 유명한 편이다. 하지만 현지음식이 주된 관심사도 아니고 발리행 비행기 안에서 공부한 인도네시아 단어가 '볶음밥'과 '산사람'을 의미하는 나시고랭과 오랑우탄 수준이라 험난한 주문의 장벽을 넘기 어려웠다. 서양에 진출한 중국식당에서 손쉽게 접하는 프라이드 라이스는 한식마니아인 나에게 사막의 오하시스와 같은 존재이다.

침팬지, 보노보, 고릴라 등과 더불어 유인원으로 분류되는 오랑우탄을 만나기 위해서는 보르네오나 슈마트라 밀림 깊숙이 들어가야 하기 때문에 인근 공원에서 만난 원숭이와의 교감에 만족하였다.

인도네시아 칼리만탄에 위치한 탄종푸틴국립공원은 서식지가 파괴되면서 판다처럼 멸종위기종으로 전락한 오랑우탄을 관람하는 생태공원으로 유명하다. 매년 1만 명이 넘는 관광객이 찾아오는 이곳에서는 오랑우탄의 위계적 먹이활동이나 방어적 주거공간을 목격할 수 있다. 무리의 우두머리가 진귀한 음식을 독식하거나 큰 나뭇가지 위에 잠자리를 마련하는 그들의 생존전략은 현생 인류의 오래된 조상들과 매우 흡사하다.

한편 아마존에 필적하는 광활한 밀림의 축복인 고무, 팜유, 목재, 석탄 등이 인도네시아 경제를 지탱하고 있다. 이러한 자원의 혜택은 일자리 창출과 생활의 향상으로 이어진다는 점에서 베트남의 메콩델타나 미얀마의 대륙풍에 비견된다. 하지만 우리는 중동이나 남미의 경험처럼 자원에 대한 과도한 몰입이 자원의 저주라는 부메랑으로 돌아온다는 점에도 유의해야 한다.

전후 독립에 성공한 인도네시아도 냉전 구도에서 자유롭기는 어려웠다. 이에 대다수 아시아=아프리카 국가들은 미·소를 대리해 냉전의 첨병으로 전락한 동북아나 유럽을 반면교사로 상정하는 비동맹 노선을 추구하였다. 1955년 4월 반둥회의를 개최한 인도네시아의 열망도 진영논리의 타파를 표방한 것이다.

향후 인도네시아의 성패는 수카르노의 비동맹 노선과 수하르토의 종속적 발전을 넘어서는 새로운 발전전략의 창안과 직결된 문제다. 1997년 발생한 금융위기의 여파로 군부독재자 수하르토가 실각한 이후에도 인도네시아는 부정부패, 인권유린, 빈부격차 등과 같은 적폐를 제대로 청산하지 못하고 있다. 또한 인도네시아의 자원과 시장을 노린 외세의 탐욕스런 눈길도 여전한 실정이다. 따라서 인도네시아의 미래는 2014년 출범한 친서민 개혁성향 조코위 정부의 역동적 거버넌스 역량이 좌우할 것이다.

제5장

남반부 특화도시: 중남미와 아프리카 및 대양주

1. 콜롬비아 보고타와 메데진의 도시부활전략

1970년대 중남미는 시장을 개방하고 수출에 주력한 동아시아와 달리 서구의 착취구조를 회피하라는 종속이론의 권고대로 수입대체산업화 정책을 채택했다. 중남미 각국이 수입을 통제하자 가전과 식료품 밀수가 극성을 부렸다. 우리나라도 정부가 유치산업 보호에 주력하던 시절에 사카린 밀수가 성행한 것과 유사한 이치다.

고산지대에 위치한 콜롬비아는 파나마나 칠레의 항구를 경유해 밀수한 제품을 운송하던 업자들이 득세했다. 물론 이들의 불법행위를 비호한 군경은 이권을 챙겼다. 1973년 아옌데 정부를 전복시킨 피노체트 군사정부는 반정부 세력과 마약 밀매업자를 대규모로 학살했다. 우리나라의 군사반란 세력과 마찬가지로 정통성의 위기를 보완하려는 얄팍한 술수였다.

콜롬비아도 20세기 말에 내전에 휩싸였고 시민들은 좌파 게릴라, 군인, 불법 무장 단체의 충돌 속에 고통스러운 나날을 보냈다. 해마다 난민 8만여 명이 보고타시 외곽의 슬럼가로 유입되면서 인구가 800만 명에 달했다. 대중교통시설도 변변치 않고 다양한 이동수단이 내뿜는 매연으로 공기는 탁했다. 난민과 토착민 간 불신도 심각해 1995년 3,363건의 살인범죄가 발생할 정도였다.

보고타 시장 선거에 출마한 엔리케 페날로사는 다른 정치인들처럼 부자도시 공약을 내세우지 않았다. 오히려 미국처럼 부자가 되겠다는 열망을 비우라고 말했다. 그는 보고타 시민들이 미국보다 소득은 낮아도 행복해질 수 있다고 믿었다. 페날로사는 도시의 공공공간이 시민들을 행복하게 만드는 힘이라고 생각했다. 시장에 당선된 그는 보고타시 예산을 자전거 도로, 공원, 보행 광장, 도서관, 학교, 보육시설 건설에 투입했다. 유류세를 인상하고 시민들의 자동차 통근을 주 3회 이하로 제한하며 광장에는 말뚝을 설치해 자동차의 유입을 막았다. 그의 이런 파격적 행보는 세계도시 설계자들이 반세기 이상 추종한 도시의 철학과 배치된 것이다. 페날로사가 지향한 보고타시의 모습은 북미의 법제, 관습, 부동산, 금융업 등 개발 이데올로기를 선호한 도시의 모습과 정반대였다.

특히 보고타의 바이시클로정책은 자전거 인프라 확장을 목표로 설정했다. 주요한 정책수단으로는 자전거 전용도로 확장, 자전거 공유 프로그램 도입, 교통 정체 해소 및 환경개선, 자전거 이용촉진 캠페인, 도심지 주말 자전거 전용도로 등이다. 이러한 정책의 성과로 자전거 통근자의 수가 두 배나 늘었고, 자동차의 속도도 빨라졌다. 교통사고율과 살인범죄율을 절반 가까운 수치로 줄이는 기적을 창출했다.

보고타시가 수년간 보여준 개조작업은 여전히 세계 곳곳의 도시에 큰 교훈을 주고 있다. 가진 자와 가지지 못한 자의 차별 없이 평등하게 모든 시민들의 경험을 존중하는 방식으로 도시를 디자인하고, 자원을 사용하면 시민들의 생활이 훨씬 윤택해질 수 있다는 것을 알려준 것이다. 도시가 지금처럼 부유했던 적도, 많은 에너지를 소비한 적도 없었다. 또한 이렇게 많은 인류가 개인주택과 이동수단을 이용하는 사치를 누린 적도 없었다. 자원과 자본은 끊임없이 도시로 몰리고 넘쳐나지만 그 안에 살고 있는 사람들의 건강과 행복은 의문시되고 있는 것이다.

1973년 이후 칠레의 마약조직이 와해되자 가전제품을 밀수하던 콜롬비아의 에스코바르가 마약카르텔을 재확립하는 풍선효과가 발생했다. 전방위 공수작전으로 마이애미 마약시장을 개척한 메데진의 카르텔은 세계적 마약단지로 부상했다. 문제의 심각성을 인식한 레이건 정부가 중간 경유지인 파나마를 침공하고 콜롬비아 정부군의 마약단속을 강화하자 마약카르텔은 수리남을 비롯해 중남미 각지로 흩어졌다. 메데진 마약카르텔의 소탕 이후에도 콜롬비아는 한동안 마약국가라는 오명에 시달렸다. 이를 극복하려는 시도가 보고타를 차용한 메데진의 도시개조 프로젝트였다.

코카인의 주요 원재료는 남아메리카에서 자라는 코카라는 식물의 잎이다. 코카잎에는 소량의 마약 성분이 포함되어 있기 때문에 이를 화학적으로 처리해 순수한 코카인 알칼로이드를 추출한다. 코카인은 매우 중독성이 강하고 건강에 치명적인 부작용을 미치는 물질이다. 원주민들은 코카잎이 고산병 증세의 완화를 비롯해 만병통치약으로 치부하기도 한다. 동남아에서 양귀비가 약재로 취급되는 것과 비슷한 이치다.

태국–미얀마–라오스의 접경인 메콩강변 골든트라이앵글과 마찬가지로 멕시코에도 대마초나 양귀비의 재배단지가 밀집한 골든트라이앵글이 조성되었다. 이곳은 콜롬비아 메데진과 마찬가지로 1980년대 중반에 전성기를 구가했다. 콜롬비아를 출발한 마약은 캐리비안해의 쿠바나 중미의 니카라과를 경유하는 경우가 많았다. 이에 반공노선을 견지한 레이건 정부는 공산당 세력과 마약 카르텔을 동일시하는 소탕작전을 구사했다. 파나마 주둔 미군을 활용해 군사작전을 강화한 일이 대표적이다. 콜롬비아의 반군과 마약 세력이 약화되면서 과야킬 등 에콰도르의 태평양 연안 항구 도시가 대안으로 부상했다. 에콰도르를 기점으로 코카인이 세계로 뻗어나갔다. 에콰도르의 범죄조직들은 멕시코와 같은 외국의 마약조직과도 긴밀한 관계를 맺고 있었다.

최근 미국은 라이벌 중국의 부상을 견제하려고 이민자는 물론 공산품 수입까지 억제하고 있다. 트럼프 2기 정부가 출범하면 캐나다와 멕시코 장벽은 물론 관세장벽이 올라갈 것이다. 미국과 캐나다 국경선은 중국인 밀입국의 통로였다. 하지만 캐나다 입국이 어려워지자 콜롬비아 메데진으로 입국해 파나마 열대우림인 다리안 갭을 걸어서 통과해 멕시코 장벽으로 향하는 중국인 밀입국자가 늘고 있다. 콜롬비아 마약 카르텔은 수익사업으로 육로는 물론 해로를 활용한 밀입국의 조력자 역할을 수행하고 있다.

2. 남미의 대표도시인 상파울루와 쿠리치바의 가능성

브라질은 아르헨티나와 마찬가지로 19세기 초 나폴레옹의 이베리아 정복을 틈타 독립에 성공했다. 브라질 문화는 유럽식 전통을 계승한 아르헨티나와 달리 파격적이다 카니발의 재해석을 비롯해 고전적 형식을 초월한 파격적 시도가 인상적이다. 심각한 빈부격차로 구도심 전반이 슬럼화된 관계로 위험하고 불안정한 이미지도 강하다. 물론 아르헨티나 도시들의 고품격 이미지도 군부독재와 경제위기를 거치며 상당부분 퇴색한 상태다.

브라질은 제2의 미국이라 지칭될 정도로 무한한 잠재력을 지닌 나라다. 남미를 대표하는 인구와 영토 대국이자 아마존을 소유한 지구의 허파다. 20세기 중반 종속적 발전 논란에도 불구하고 산업화에 성공했고, 1990년부터 대통령 직선제를 앞세워 민주화도 이룩했다. 하지만 커다란 덩치만큼이나 선진국 도약은 지연되고 있다. 세계화 시대를 맞이해 수입대체산업화에 의존한 소극적 발전전략이 제약요인으로 작용했다.

상파울루는 남미에서 가장 큰 세계도시다. 20세기 초부터 커피산업과 공업화를 통해 고도성장 대열에 동참했다. 사회적 불평등이 도시구조에 반영되어 격차가 심각하다. 상파울루는 자동차 의존도가 높은 도시로, 대중교통 시스템은 상대적으로 부족하다. 브라질에 거주하는 5만 한인들은 상파울루의 봉제시장을 장악한 상태다. 반면에 브라질의 양계산업은 한국에 수입되는 닭의 80%를 책임지고 있다.

상파울루 중심부는 브라질 경제의 중심지로, 은행, 기업 본사, 쇼핑몰 등이 밀집해 있다. 급격한 도시개발로 인해 녹지 공간 부족, 대기오염, 수질오염 등의 환경 문제가 심각하다. 최근에는 지속가능한 도시계획을 목표로 녹지공간 확대와 공공교통 강화에 주력하고 있다.

상파울루 남동쪽 50km 지점에는 한국의 인천과 유사한 수위도시의 관문항구 산토스시가 위치한다. 브라질 제1의 무역항이며, 세계 제2의 커피 수출항으로 유명하다. 브라질의 경제수도인 상파울루의 위용은 초저녁 야경을 통해 확인된다. 가로등 불빛과 어우러진 황토색 지붕들 사이로 빌딩군도 보인다. 천만 도시의 활력은 다운타운 세성당 주변에 밀집한 고층빌딩이나 남대문을 능가하는 중앙시장의 인파에서도 가늠할 수 있다.

상파울루의 깨끗한 도시법은 2007년 산만한 간판의 홍수로부터 도시의 미관을 지키기 위해 제정되었다. 이 법은 당시 시장인 지우 세르마니(Gilberto Kassab)가 도입했다. 주요 정책수단은 도심 내 모든 대형 광고판과 옥외광고 철거, 상업간판 크기 제한, 불법간판 및 구조물 철거, 건물외관 규제, 공공장소 정비 등이다. 이후 상파울루는 도시경관이 개선되었으며, 더 나은 삶의 질을 누릴 수 있게 되었다. 하지만 일부 광고업계와 상인들은 경제적 타격을 입었다고 주장하기도 했다.

주간에 도심의 복잡한 광고판은 도시미관을 해치는 주범이다. 야간에 도심의 광고는 빛공해를 유발한다. 빛공해는 시민의 수면 장애는 물론 동·식물의 안전에 악영향을 미치기 때문에 규제가 필요하다. 인천시는 인공조명에 의한 빛공해 방지 조례와 조명환경관리구역 지정 등을 통해 빛공해를 관리하고 있지만 역부족이다. 더욱이 옥외조명 사전심의제도는 제대로 이뤄지지 않는 등 사실상 유명무실하다.

상파울루 인근에 위치한 대표 도시로는 지구에서 친환경적으로 가장 올바르게 사는 도시라는 쿠리치바다. 이 도시가 에코스마트라는 꿈의 도시로 부상한 계기는 부유하지 못하고 자원도 편재된 남반부의 아열대 도시라는 한계를 직시한 레르네르(Jaimer Lerner) 시장의 변혁적 리더십과 공무원의 창의성 및 시민의 협력이 창출한 역동적 거버넌스 덕분이다. 쿠리치바를 대표하는 도시혁신 사례로는 실생활 생태혁명, 버스중심 대중교통, 저비용 도시경영 등이다.

굴절버스가 선도하는 쿠리치바의 자연친화적 대중교통은 환승센터와 전용차로를 구비하고 있다. 서울시가 선도한 대중교통 안내시스템은 브라질이나 아르헨티나 도시 전반으로 확산되어 교통수요를 분산하고 시민편의를 촉진하고 있다. 대전과 광주가 남미의 급행버스나 노면전철 시스템을 창조적으로 차용한 일에도 유의해야 한다.

브라질이나 아르헨티나 도시의 선전에도 불구하고 구조적 제약요인은 분명해 보인다. 주요한 논거로는 지리적으로 고립된 남반부에 위치, 위도의 유사성에도 불구하고 상이한 기후나 토양으로 인해 주로 북반부에서 진화한 상업용 농작물의 대량생산에 불리, 영어권 언어나 문화와의 괴리현상, 정치제도의 상이성과 도시능력의 미약, 신사회주의 강세로 인한 분배지향적 정책정향 등이 있다. 마찬가지로 한국도 중국이나 일본의 견제, 남북분단, 공동체의 균열과 집단이기주의 확산 등의 제약에 직면한 상태다.

브라질 시민들의 행복지수는 대체로 높은 편이다. 새마을운동의 노래가사에 이어 세계화라는 경쟁구호가 난무하는 우리나라 도시와 달리 전통적으로 고립을 추구한 남미 시민들은 북반부와 거리를 두고 자기들 방식으로 가무를 즐기고 살도 쪄가며 만족스러운 인생을 구가하는 것이다. 돈과 권력을 중시하는 우리의 성공방정식으로 해답을 찾기 어려운 것이 남미스타일 행복국가다. 이러한 풍토에서 성장보다 분배를 중시하는 탈종속이나 신사회주의 구호가 생명력을 유지하는 비결이다.

3. 사하라이남 아프리카의 거점도시를 비교하기

아프리카는 먼지와 모래의 땅이다. 고위도에 위치한 유럽보다 광활한 면적을 자랑하지만 메르카토로 세계지도의 오류로 과소평가되어 왔다. 아프리카는 무한한 잠재력과 가능성의 땅이다. 유엔은 2050년 아프리카 인구가 세계 인구 25%를 차지할 것으로 예측했다. 젊은 생산인구가 증가하면 제조업 잠재력도 증진될 것이다. 에너지와 광물 자원도 풍부한 편이다. 청정에너지나 전기자동차 생산에 필수적인 10대 핵심 광물 중 리튬, 코발트, 니켈을 비롯해 7대 광물이 아프리카에서 나온다.[1)]

로마와 교류를 시작한 아프리카 지역은 한니발의 땅 카르타고였다. 여기에 사는 사람을 아프리카인으로 지칭했다. 한국전쟁에 파병한 에티오피아는 우리가 교류한 최초의 아프리카 국가다. 이곳은 커피의 원산지이자 나일강 상류로 이집트 문명과 교류한 곳이다. 하지만 사하라 이남의 아프리카는 지리상의 발견을 전후해 본격적으로 알려지기 시작했다. 19세기 제국주의 시대에는 서구 열강의 침탈대상으로 전락했다. 1960년대 이후 대거 독립했지만 저발전의 악순환이 계속되고 있다. 아프리카 대륙의 거점 도시는 극단에 자리한 남아프리카공화국의 케이프타운(Cape Town)과 이집트의 카이로를 축으로 다양한 나라와 도시가 포진해

1) 강인선. (2034). 한국과 아프리카가 함께 만드는 미래. 동아일보. 2024.05.22.

사하라 이남 아프리카 일주의 적지

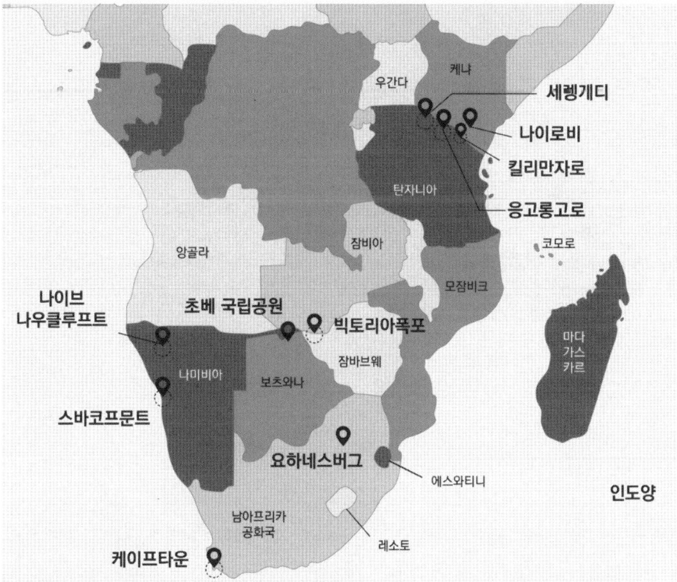

있다.

케이프타운은 대서양과 인도양의 만나는 곳에 자리한 희망봉과 테이블마운틴의 풍광이 압도적이다. 관광도시답게 섬과 해안을 배경으로 트레킹, 서핑, 해양 스포츠 등 다양한 활동이 용이하다. 로벤섬은 넬슨 만델라가 감옥에 갇혔던 곳이라는 역사적 의미가 있다. 유럽과 아프리카 및 아시아의 문화가 혼합되어 독특한 분위기도 자아낸다. 요하네스버그는 남아공의 수위도시로 경제와 산업의 중심지다. 도심에는 다국적기업 지사와 쇼핑센터가 밀집해 있으며 금융과 제조업이 주력산업이다. 인종차별 시대의 유산을 전시하는 아파르트헤이트 박물관인 앳 애버튼을 비롯해 넬슨 만델라의 집인 소웨토와 19세기 금광테마파크인 골드리프 시티가 유명하다.

아프리카 일주에 도전하는 여행자들은 케이프타운에서 사막과 해안이 어우러진 나미비아 스바코프문트로 이동한다. 이곳은 독일 식민지 시절에 건설된 계획도시로 할리우드 배우 안젤리나 졸리가 휴가를 보낸 이후에 유명해졌다. 이곳에서는 경비행기를 타고 3,000m의 나미비아 하늘을 가로지르는 스카이다이빙을

아프리카 대륙에 자리한 나라들

경험하거나 4륜 모터사이클로 거친 사막을 질주해 봐야 한다. 나미비아 트럭투어는 사막, 사파리, 원주민 문화 등 다양한 테마를 담고 있다. 트럭투어는 대형 오프로드 차량을 이용해 붉은 모래언덕과 해안 및 국립공원을 여행하는 방식이다. 사막과 바다가 만나는 해골해안(Skeleton Coast)은 과거 뱃사람들에게 '죽음의 항로'로 불렸던 곳으로 오래된 해안가 난파선이 독특한 풍광을 연출한다. 나우클루프트 국립공원에서는 모래언덕 아래 강물에 말라 죽은 나무들이 기이한 모습을 연출한다.

나비비아에서 내륙으로 동진하면 보츠와나의 명소인 오카방고델타는 물론 짐바브웨와 잠비아 국경에 자리한 빅토리아폭포가 지척이다. 세계 3대 폭포의 위용을 감상한 다음에 탄자니아 다르에스살람으로 항공 이동하면 노예무역의 거점으로 알려진 잔지바르도 지척이다. 다르에스살람은 탄자니아의 경제 중심지이자 항구도시다. 열대 기후를 가진 해안 도시로 아름다운 해변에서 즐기는 해양활동이 매력이다. 잔지바르는 휴양지 분위기를 자아낸다. 향신료 섬이라는 별칭답게 향신료 투어가 인기다. 스톤타운은 고대도시답게 좁은 골목과 역사적인 건축물이 가득하다.

탄자니아와 케냐 국경에 자리한 킬리만자로는 아프리카에서 가장 높은 산으로 5,895m에 달한다. 정상의 빙하는 급격히 감소하고 있다. 킬리만자로는 마사이, 추가 등 부족에게 중요한 문화적 상징이자 웅장한 모습이 압권이다. 여기서 아프리카 최대도시 케냐 나이로비로 항공 이동하면 번화한 도심의 활력을 느끼게 된다. 나이로비에서 자동차로 1시간 거리에는 한국과 케냐가 공동으로 개발하는 콘자 스마트시티가 자리한다. 아프리카에 대한 미국의 관심이 저조한 것처럼 우리나라의 투자나 원조도 저조한 편이다. 우리나라는 아프리카 지역학 연구가 미진하다. 다만 아프리카에 진출한 우리 현지 법인 800여 개가 창출한 무역거래는 184억 달러로 증가하는 추세다. 반면에 중국과 북한 및 중동 국가들은 높은 관심도를 유지해 왔다.

케냐와 탄자니아 국경에는 사자, 코끼리, 표범, 버팔로, 코뿔소라는 빅5 야생동물을 만나는 사파리 라이프도 자리한다. 나이로비 인근에 위치한 세계적 사파리 명소 마사이마라 초원은 국경 너머 탄자니아의 세렝게티나 응고롱고르와 쌍벽을 이루는 곳이다. 마사이어로 끝없는 평원을 의미하는 세렝게티는 야생동물의 대이동이 장관을 연출하는 곳이다. 응고롱고르 크레이터는 세계에서 가장 큰 비활성 화산 칼데라에 다양한 동물이 서식하고 있다.

동부 아프리카의 북쪽에 자리한 에티오피아 아디스아바바, 소말리아 무가디슈, 우간다 캄팔라, 남수단 주바 등을 경유하면 북아프리카 이집트나 아라비아반도가 지척이다. 하지만 이곳은 종족분쟁과 해적활동으로 치안이 불안해 관광객보다 구호단체의 방문이 활발한 곳이다.

서부 아프리카를 대표하는 콩고나 세네갈처럼 과거 식민지로 인연을 맺은 유럽 국가들과의 교류가 활발한 편이다. 주요한 거점도시는 최대 인구를 자랑하는 나이지리아 라고스를 비롯해 세네갈 다카르, 콩고 킨샤샤, 가나 아크라, 코트디부아르 아비장, 니제르 니아메, 앙골라 루안다 등이다.

라고스의 도심에는 다국적 석유회사의 고층빌딩이 즐비하다. 반면에 도심 외곽에는 쓰레기 냄새가 진동하는 빈민촌이 자리한다. 송유관의 석유를 훔치는 것에 만족하지 못해 아예 유조선을 공격하는 해적도 늘어나고 있다. 사하라이남 아프리카의 제2도시인 콩고 킨샤샤의 사정도 크게 다르지 않다. 가나와 세네갈을 비롯해 서아프리카 국가에서는 중국의 경제개발원조가 활성화된 상태다. 가나에는 차이나타운이 형성되고 세네갈에는 공적개발원조로 국립극장이 개관했다.

아프리카의 맹주를 자처한 인물로는 북아프리카 지역의 나세르와 카다피가 유명하다. 상대적으로 최근에는 남아프리카 지역의 만델라와 무가베가 유명세를 탔다. 짐바브웨의 무가베는 1980년 소수 백인이 통치하던 로디지아공화국을 무너트리고 독립을 주도했다. 독립 초기에는 대내외의 칭송을 받았지만 철권통치의 폐해를 양산하며 비판을 받았다. 1990년에는 백인 토지를 몰수해 흑인에게 분배하면서 흑인 히틀러라는 오명을 획득했다. 하지만 서방의 경제봉쇄에도 불구하고 국민들의 인기와 인접국의 후원을 앞세워 장기집권을 유지했다.

아프리카를 대표하는 섬은 바오밥 나무로 유명한 마다가스카를 비롯해 인도양에 포진한 해양 휴양지 세이셸과 모리셔스가 유명하다. 잠비아와 탄자니아 인근 해안에도 코모로를 비롯해 작은 섬들이 매력을 발산하고 있다.

4. 대양주를 대표하는 매력도시의 유혹

대양주는 지구상의 가장 작은 대륙인 오세아니아(Oceania)를 번역한 용어이다. 넓게는 광활한 태평양 바다에 자리한 섬들을 지칭한다. 이곳에는 대륙 규모의 섬인 호주와 남극을 비롯해 섬의 군집인 미크로네시아, 멜라네시아, 폴리네시아가 자리한다. 매력적인 섬의 대명사인 뉴질랜드와 타이티는 각기 영국과 프랑스가 개척한 것으로 유명하다. 나아가 뉴기니와 그 부속도서에 해당하는 오스트랄라시아와 일본 영토인 오가사와라 제도도 포함된다.

1771년에 영국 전함 인데버 호(HMS Endeavour)를 타고 태평양을 개척한 제임스 쿡은 항해일지를 남겼다.[2] 친필 문서에 오스트레일리아 동해 해도를 남겼을 뿐만 아니라 최초로 뉴질랜드를 일주하는 항해를 완수했다. 이후 영국은 호주와 뉴질랜드 원주민인 애보리진(aborigine)과 마우이족(Māori)을 축출하고 식민지를 건설했다.

남회귀선에 자리한 타히티(Tahiti)는 하와이의 자연지리에 비견되는 매력적인 섬이다. 선박으로 왕래하던 시절에 화가 폴 고갱이 말년을 보냈던 곳으로 유명하다. 고호와 함께 지냈던 아를과 마찬가지로 조용한 휴식과 예술적 영감을 원하는 이들에게 최고의 장소인 것이다.

19만 명이 거주하는 타히티섬은 남태평양 프랑스령 폴리네시아에 속한 소시에테 제도에서 가장 큰 섬이다. 화산섬 주변에 산호초가 둘러싼 풍광이 수려하다. 국내 드라마의 촬영지로 관심을 끌기도 했다. 수도인 파페에테는 타히티섬 북서부 해안에 위치해 있다. 인근의 파아아국제공항은 유럽과 미국은 물론 일본과 뉴질랜드까지 직항으로 연결한다. 나는 얼마 전 시애틀 공항에서 환승하다 에어 타히티 누이의 항공기를 발견하고 한동안 잃어버린 남반부 일주의 꿈을 되살리기도 했다.

뉴질랜드는 북섬과 남섬으로 구분된다. 교통과 산업이 발전한 북섬에는 오클랜드와 웰링턴과 같은 대도시가 형성되었다. 활발한 화산활동에 힘입어 온천 휴양지로 부상한 로투로아는 온천연못 수영 체험과 화산 증기로 조리한 음식 항이가 유명하다. 반면에 산악과 빙하가 산재한 남섬에는 크리이스트처지를 제외하고 도시의 발전이 미진하다. 하지만 마운틴 쿡이나 밀포드 사운드가 휴양관광객을 모으고 있다. 남섬 힐링여행의 중심지 퀸즈타운 인근에는 번지점프의 발상지도 자리한다.

사람보다 양이 많이 사는 뉴질랜드는 캠핑카 여행의 적지다. 특히 장기체류하는 관광객들은 숙박비를 절감하려고 캠핑카를 구입했다 여행을 마치고 다시

---

2) 공화국인 미국 전함의 별칭인 USS(United States Ship)는 입헌군주국인 영국 전함의 별칭인 HMS(Her/His Majesty's Ship)와 구별된다.

파는 선택을 하기도 한다. 한적한 곳에서 자연과 가까워지는 최고의 방법이 캠핑이기 때문이다.

뉴질랜드 북섬 혹스베이 지역에 자리한 네이피어는 1931년 지진으로 파괴된 이후에 직선과 지그재그가 반복되는 아르데코 양식으로 재건했다. 장식을 중시하는 빅토리아 건축양식을 탈피해 단순하고 규칙적인 고전양식과 아르데코를 반영한 건물을 신축해 유네스코 세계 문화유산과 세계 아르데코의 수도로 등극했다. 아르데코 건물이 연출하는 하모니와 분위기는 1930년대 영화 세트장을 방불케 한다. 네이피어는 시민의 참여와 단합을 촉진하는 한편 지역경제를 촉진하려고 축제 기획과 행사 마케팅을 강화했다. 매년 2월 도심에서 열리는 행사는 빈티지 자동차, 패션, 음악 등 1930년대의 기억을 소환해 국내외의 관심을 유도하는 일에 성공했다. 네이피어 외곽에는 고급 와이너리와 멋진 레스토랑 및 카페도 밀집해 있다. 거리를 장식한 벽화를 감상하거나 부티크 상점에 들르는 것이 이곳의 테마다.

뉴질랜드가 양모와 목축이 주력이라면 호주는 광산과 농업을 중시해 왔다. 노천광산에서 생산되는 유연탄과 철광석은 굴뚝산업이 발전한 우리나라의 주요한 수입품이다. 호주산 유연탄이 한국산 무연탄을 대체하면서 우리나라의 광산업은 사양산업으로 전락했다. 다량의 휘발성분을 함유한 유연탄은 주로 발전용으로 사용된다. 하지만 독일의 습지에서 삽으로 파내는 난방용 갈탄과 마찬가지로 연소과정에서 오염물질을 많이 배출한다. 우리나라가 미세먼지 대책으로 석탄화력발전소를 천연가스발전소로 전환하려는 이유도 이와 무관하지 않다. 또한 원자력에서 태양광, 풍력, 조력 등 신재생에너지로의 패러다임 전환도 원전 마피아나 굴뚝 산업계의 조직적 반발로 애로를 경험하고 있다.

제6장

한국의 특화도시
: 수도권과 영남권 및 호남 · 충청 · 특별자치권

1. 수도권을 대표하는 도시들

1) 용산이 추구해야 할 '다섯 가지 꿀팁'

용산구청에서 적극행정 특강을 진행했다. 특강을 전후해 관내를 둘러보며 용산의 진로를 모색해 보았다. 남산 아래 구릉지를 한강 물길이 감싸 돌아 아늑한 지형의 용산구는 서울의 원도심을 대표한다. 용산역과 이촌동 평지는 활력이 넘치지만 효창공원과 후암동 산지는 정체된 상태다.

정부나 자치단체가 단독으로 추진하기 어려운 거버넌스 시대를 맞이하여 용산의 발전을 선도할 구청의 역할은 제한적이다. 하지만 중앙정부나 서울시와의 협업을 유도하거나 시장이나 시민사회와의 협치를 강화하는 방식으로 사명에 부응해야 한다. 공무원들의 창의적 결정과 신중한 집행 및 전방위 평가는 적극행정의 필수조건이다.

지금 용산이 추구할 5가지 발전목표는 용산공원의 테마를 확립하기, 서울의 신흥명소를 발굴하기, 남산의 가치를 제고하기, 용산역 배후부지를 재개발하기, 해방촌과 경리단길 공동체를 재생하기 등이다.

첫째, 용산공원의 테마를 확립하는 일은 싱가포르 원노스가 참고사례다. 중동이 불안해지자 영국군대가 수에즈 운하로 떠난 것처럼 주한미군은 북한 방어보다 중국 견제에 유리한 평택 험프리스로 이동했다. 싱가포르는 영국군 주둔지에 바이오폴리스와 미래융합단지를 건설했다. 용산기지는 판교와 송도가 도심형 첨단산업단지로 부상했기 때문에 서비스산업에 특화한 한류문화단지의 적지다.

둘째, 서울의 신흥명소를 발굴하는 일은 미국 보스턴의 프리덤 트레일이나 그린웨이 파크를 차용하면 유용하다. 용산은 외세의 침탈과 오염의 상처를 지닌 곳이라 공원커넥터 구상에 기반해 탐방로를 지정한다. 식민지 관문에서 문화공간으로 변신한 문화역서울284 강우규 동상에서 출발해 생태고가 서울로7017과 한양도성 성곽길을 따라서 안중근기념관과 경성신사터에 들른다. 후암동과 해방촌으로 내려와 경리단길에서 휴식을 취한 다음 대통령실과 전쟁기념관을 경유해 효창공원 백범기념관에 이르는 경로를 '독립의 길'로 명명한다. 이러한 여정마다 색다른 배경이 연출하는 남산타워의 모습은 백미다. 더불어 추후 용산공원의 오염정화시설, 용산가족공원, 한강시민공원 등을 연계한 생태공원길 구상도 가능하다.

셋째, 남산의 가치를 제고하기 위해서는 남쪽 경사면과 인근 주택가 간의 접근통로를 추가로 개설해야 한다. 베르겐과 인터라켄의 명물인 노면케이블카를 후암동이나 이태원 방향으로 부설하면 남산케이블카와 시너지 창출이 기대된다. 환경파괴 우려가 제약요인이지만 보고타나 라파즈가 케이블카를 달동네 교통수단이자 관광용도로 병행 활용해서 성공한 사례를 참고해야 한다.

넷째, 용산역 배후부지인 용산정비창의 재개발은 서울시가 재개할 한강르네상스 구상과 연계해야 한다. 당장은 한강르네상스 사업이 서울시 권역의 물길 강화에 주력하겠지만 중장기적으로 한강하구의 남북한 공동활용까지 이어질 것이다. 강화도와 마포나루 간의 물길이 복원되면 용산은 물론 여의도, 김포, 파주 등지의 경제활성화를 촉진할 것이다.

다섯째, 해방촌과 경리단길 공동체의 재생은 골목상권을 젠트리피케이션의 위협에서 보호해야 한다. 가로수길이나 홍대앞이 국내외 거대자본에 잠식되어 공동체가 무너진 과오를 반복하지 말아야 한다. 해방촌과 경리단길의 정체성을 유지하는 일은 용산 상권의 원류인 이태원의 가치를 강화하는 첩경이다.

용산의 미래상은 대통령실의 발전구상과 직결된 문제다. 군사기지의 이미지를 탈피하려면 합동참모본부의 재배치도 불가피하다. 용산은 종로와 강남을 연결하는 역할을 넘어 원도심과 신도심을 아우르는 중핵을 표방할 것이다. 하지만 궁극적으로 대통령실은 세종시 이전을 준비하는 과도기 청사를 자임해야 한다. 중앙과 지방의 격차구조를 타파하는 균형 잡힌 '참발전'을 위해서는 관습헌법 수도보다 국민통합 수도가 절실하기 때문이다.

2) 주민자치와 자치경찰 우수사례를 배우자

서울시 주민자치 성과공유회에 참석해 특강과 토론을 담당했다. 잘 꾸며진 회의장에 들어서니 무대 옆으로 주민자치 우수사례 홍보존이 마련되었다. 서울런, 손목닥터, 기후동행카드 등 시민생활과 밀접한 서울시 정책도 홍보하는 한편 해치 마스코트와 서울브랜드 조형물이 행사장 분위기를 고조시켰다.

성과공유회가 열린 동대문디자인플라자(DDP)는 2014년 복합문화공간으로 개관했다. 전시, 패션쇼, 신제품발표회, 포럼, 컨퍼런스 등 다양한 문화행사가 열리는 곳이다. 특히 패션 트렌드를 선도하는 신제품을 알리고 디자인 체험이 가능한 콘텐츠를 제공한다.

서울시는 주민자치 활성화 지원조례를 제정해 자치구의 주민자치 사업을 지원해 왔다. 시청에 직접 작성한 주민자치회 시범사업 개선방안은 비전과 기능의 재정립, 주민참여를 보장하는 운영절차 간소화, 시청의 지원수단 다변화, 시청과 구청의 역할분담 체계 등을 제안하였다. 나아가 주민자회의 성과를 평가하는 지표는 신청자 공개모집, 교육이수율, 구성의 다양성과 대표성, 임원선출방식, 분과위원회 구성내역, 정책공유회, 예산총액, 예산확보율, 의제실행률, 의제의 다양성과 적정성, 정족수 대비 주민참석률 등이다.

서울시는 주민자치 교육도 지원하고 있다. 자치역량과 시민공감을 촉진하려고 공무원, 주민자치위원, 시민 등을 대상으로 맞춤형 교육을 실시하였다. 서울시는 자치구에 자치실무, 소통능력, 민관협력 등에 관한 표준교육안도 작성해 배포했다. 교육방법은 외부 교육기관 용역 방식과 평생교육진흥원 시민대학 프로그램과의 협업 방식을 채택하였다.

성과공유회는 표창·사례발표와 강연·정책포럼으로 구성했다. 표창은 주민자치 유공 공무원 및 구별 주민자치(위원)회가 대상이다. 사례발표는 다양한 계층의 주민자치 참여유도 방안을 주제로 녹번동의 어린이 식물해설사, 안암동의 학교로 찾아가는 주민자치교육, 공항동의 청년 활동기반 마련 등을 발표했다. 이번 사례발표는 서울시 주민자치 지역특화 공모사업의 결과물이다. 공모사례는 독거노인 돌봄과 저소득층 지원이 주류를 형성했지만 담배꽁초 줍기나 반지하 화재 예방처럼 특이한 주제도 보였다.

강연은 국내외 우수사례로 구분해 진행했다. 권선필 교수의 국내사례 강연은 주민자치의 기원인 향약은 물론 현대 한국의 지방자치로 이어졌다. 전원마을

텃밭가꾸기와 수해당시 주민구조 활동 일화도 포함했다. 내가 담당한 해외사례 강연은 시애틀과 캘거리는 물론 스위스와 싱가포르의 주민자치와 도시경쟁력 사례를 소개했다. 주민자치가 강한 곳은 산골과 도서라는 점에도 착안했다.

제주도의 강력한 마을자치 전통이 중앙의 억압적 통치에 대한 반발을 초래했다. 중앙의 독단에 항거한 산골에는 장가계도 해당된다. 한나라 개국공신인 장량은 유방에 토사구팽을 당한 한신과 달리 장가계로 피신했다. 워낙 험준한 산골이자 자연인 스타일 산적의 소굴이라 관군의 토벌도 격퇴하였다. 파리콤뮨은 황제의 독단으로 패전의 굴욕을 당한 시민들이 봉기해 자치정부를 수립한 사례다.

토론은 새롭게 부상하는 지역현안의 해결을 위한 주민자치의 역할을 논의했다. 좌장인 서울연구원 연구위원 이준영은 주민자치회가 지역문제 해결 플랫폼으로 기능하기 위해서는 거버넌스 체계, 재정 자립성 강화, 단체 간 정보공유, 다양한 지역주민들의 참여 활성화 등이 필요하다고 제안했다. 토론자 권선필 교수는 주민자치 활동이 활성화되기 위해서는 주민의 주도적 역할이 강화되어야 하고, 참여의 불균형이 해소되어야 하며 재정적 독립이 필요하다고 보았다. 토론자 김정렬 교수는 도시경쟁력이 주목받고 있는 요즘 주민이 주도하는 도시 만들기로 도시경쟁력 제고가 필요하며 주민자치 효능감을 높일 수 있는 사업 위주로 주민자치 활동을 지원해나가야 한다고 제언하였다. 토론자 에듀플랜 대표 박수정은 주민자치위원도 주민자치에 대해 개념이 부족한 경우가 많으며, 위원 간 지식의 차이가 주민자치 활동에 걸림돌이 되는 경우가 많기 때문에 지속적이고 꾸준한 주민자치 교육이 절실하다고 보았다.

주민자치의 원형은 그리스 민주정치와 직결된 문제다. 그리스 도시들은 참주정치를 경계하려고 도편추방제를 활용했다. 시민의 건전한 상식과 배치되는 지도자를 추방한 것이다. 서울시는 박원순 시장 시절에 시민과의 협치를 추구한 거버넌스를 표방했다. 서울시 거버넌스의 대표적 적용분야로는 디자인, 생활환경, 복지, 기후환경 등을 들 수 있다.

그리스 민주정을 학습한 모델이 로마 공화정이다. 시민이 주도한 로마 공화정은 막대한 피해를 감수하면서 카르타고의 침공을 막아냈다. 왕정을 표방한 시저의 독단을 예방하려고 브루투스는 암살까지 불사했다. 로마 시민들은 왕정을 거치며 군사정부의 3S 정책을 연상시키는 원형경기장 검투와 빵에 농락당했다. 이후 지키려는 사람이 줄어든 서로마는 너무나 쉽게 무너지고 말았다.

중세는 자율적인 도시국가 시대로 회귀했다. 급성장한 도시의 영주는 후원도시를 연합해 황제의 자리에 올랐다. 하지만 마녀사냥과 면죄부를 남발한 교회의 억압에 시민의 자율성이 박탈당했다. 종교개혁을 표방했지만 신교와 구교 도시 간의 종교전쟁으로 문명이 퇴조했다.

근대는 절대국가의 전성기에 해당한다. 준자율적인 영주들은 국왕의 충직한 관료로 재편되었다. 군대와 조세를 담당하는 공직자들이 부상했다. 출세지향적인 직업관료제의 권위주의의적 속성은 대다수 개발도상국가에서 여전하다.

한국의 주민자치는 관변단체 시절의 수동적 행태를 극복하지 못하고 있다. 주민자치회의 공간과 예산을 지방자치단체의 선별적 할당에 의존하는 상황에서 지원금을 확보하려면 순응의 미덕을 발휘해야 한다. 장애인과 저소득층 및 임대아파트가 밀집한 강서구 방화동 주민자치회는 담배꽁초 줍기 운동을 시작했지만 보조금 정산의 경직성으로 애로를 경험했다. 미국과 달리 주말과 심야에 주민자치 공간의 활용이 어렵다는 점도 직장인들의 참여를 제약하고 있다.

시범사업 단계인 주민자치의 제도화 수준은 미진하다. 다양한 연령과 계층을 포괄하는 대표성도 부족하다. 주민자치는 쓰레기 치우기나 봉사활동 참여는 물론 국가권력을 견제하고 시장의 독단을 감시해야 한다. 지방자치의 사명이 지역발전 촉진과 민주주의 실현이기 때문이다.

자치경찰제는 주민자치제와 더불어 지방자치의 도약을 알리는 척도다. 2021년 7월 실시된 자치경찰제에는 지역 실정에 맞는 주민맞춤형 치안서비스를 제공하겠다는 의지가 담겨 있다. 하지만 독립성과 자율성이 결여된 '무늬만 자치경찰'로는 생활안전, 여성·청소년, 교통 등 자치경찰사무 전반에서 분출하는 요구에 제대로 대응하기 어렵다.

참고로 대구경북연구원의 전문가 조사에 따르면 생활안전 순찰 및 시설 운영, 가정폭력 및 아동학대 범죄 예방, 교통법규 위반 지도·단속 등이 주민참여가 유망한 분야로 나타났다.

자치경찰제의 기대효과는 중앙집권적 경찰조직의 지역적 분산, 주민밀착형 경찰서비스 제공, 가외성을 구현한 협업체계의 지향, 독점적 경찰조직에 경쟁과 성과 도입, 검경 수사권 조정을 통해 권력기구 개편 자극 등이다. 하지만 자치경찰의 내실화를 위해서는 신분 전환이나 역할 혼란을 우려하는 일선 경찰관들의 불안에도 응답해야 한다. 더욱이 지방정치의 영향권으로 편입되는 자치경찰의 독립성도 보장해야 한다.

정부합동평가 컨설팅에 참여해 시·도가 제출한 자치경찰 우수사례를 살펴보았다. 시·도 자치경찰위원회가 준비한 제1호 사업을 비롯해 다양한 성과가 빼곡하게 정리되어 있다. 국가경찰 또는 인접 시·도와 차별화된 적극행정사례를 발견하기는 어려웠지만 발전 가능성을 포착한 것은 고무적이다.

경북자치경찰위원회는 노인과 대학에 특화한 발전전략을 수립했다. 지자체 노력도 측면에서 민간중심 정책연구 플랫폼 마련과 메타버스를 비롯한 정보통신기술의 활용이 선진적이다. 협업 측면에서 치안행정 길라잡이 정책연구단과 대학생 앰버서더 활용도 참신했다. 하지만 제시한 목표 간의 전략적 우선순위가 불분명했다. 제주자치경찰위원회는 관광지에서 분출하는 교통과 방범 문제에 착안했다. 지자체 노력도 측면에서 전국 최초로 과속 단속 과태료 부과 징수 시스템을 구축했다. 협업 측면에서 드론을 활용한 실종자 수색을 비롯해 스마트 행복치안센터 운영에서 유관기관을 적극 활용했다. 자치경찰의 성지답게 타 시·도의 견학이 빈번하지만 기획 역량과 홍보 실적은 미흡했다.

충북자치경찰위원회는 주민참여형 민관거버넌스를 구현하기 위해 경찰서별로 자치경찰 치안협의체를 구성했다. 실질적 성과는 미약하지만 기초 수준의 차별화를 선도할 것으로 보인다. 충남자치경찰위원회는 빅데이터 분석을 토대로 노인 교통사고 감소대책을 수립했다. 그러나 예산과 인력 및 협업 측면의 실행계획은 빈약했다.

자치경찰의 지속가능성은 고유한 사명과 목표에 부응하는 조직과 인사 및 예산의 독립성이 좌우할 것이다. 윤정부도 출범을 전후해 자치경찰의 독립성에 공감했지만 별다른 진전이 없는 상태다. 단기적 실천과제를 장기적 개선과제로 조정한 모양새다. 이태원 참사에 대한 국가경찰의 소극적 대응이 시사하듯이 생활안전이나 교통관리는 범죄수사나 기획정보를 우선하는 엘리트 간부의 선호에서 밀리며 완결성이 저하된다. 샴쌍둥이를 연상시키는 국가경찰과 자치경찰의 쌍두체제로는 서비스의 전문화를 기대하기 어렵다.

조직의 독립성 강화를 위해 경찰청의 자치경찰 직제를 폐지하는 대신에 시·도로 이관해야 한다. 지방행정과 치안행정의 접점이자 자치경찰과 동네경찰의 상징인 지구대·파출소 인력을 112종합상황실이 주도하는 방식을 탈피해 자치경찰의 활동공간을 보장해야 한다. 첨단기술과 주민참여를 결합한 리빙랩으로 생활치안을 확보하거나 청소년 상담 기능을 강화한 예방행정의 실천이 자치경찰의 최우선 과제다.

인사의 전문성과 직결된 자치경찰 선발 방식이나 시험과목 결정도 시급하다. 시·도 차원에서의 인사권한을 더욱 강화하는 한편 자치경찰 선발 과정에 지방자치론, 행정학, 행정법, 자치경찰실무 등을 포괄한 자치경찰론 과목을 포함시키는 방안을 마련해야 한다.

예산의 안정성을 담보하는 제도적 장치도 고안해야 한다. 지방재정의 취약성을 빌미로 소방공무원의 신분을 지방직에서 국가직으로 전환한 선례를 답습하지 말아야 한다.

국가경찰과 자치경찰의 분리 독립이 이루어지는 시점에서 세원 발굴, 특별회계 신설 등 재정 안정대책도 절실하다.

자치경찰의 진정한 독립은 제주·세종·강원을 대상으로 시범 이원화를 추진한다는 방침으로 무기한 연기되었다. 전통적으로 경찰행정은 상향식 소통의 무풍지대였다. 하지만 자치경찰제가 시작되면서 지방자치단체가 행사하는 행정통제는 물론 주민에 의한 민중통제가 촉진되었다. 자치경찰의 조속한 분리와 서비스 경쟁을 유도하면 민주성은 물론 효율성도 개선될 것이다. 궁극적으로 자치경찰은 보완적인 대체재 관념을 탈피해 필수적인 공공재로 자리 잡아야 한다.

3) 서울 서남권이 추구할 발전의 청사진

서울특별시의 5개 생활권은 서북, 서남, 도심, 동북, 동남으로 구분된다. 도시생활권(종로, 중, 용산)은 역사문화의 중심지라는 위상을 토대로 글로벌 경쟁력 강화를 추구한다. 동북생활권(성동 광진, 동대문, 중랑, 성북, 강북, 도봉, 노원)은 자족기능 강화 및 고용창출을 통한 지역활성화를 중시한다. 서북생활권(은평, 서대문, 마포)은 창조문화산업의 특화발전과 양호한 지역공동체 구축을 표방한다. 동남생활권(서초, 강남, 송파, 강동)은 글로벌 업무와 상업기능 강화 및 기존 주거지의 계획적 관리를 중시한다. 서남생활권(영등포, 양천, 강서, 구로, 금천, 동작, 관악)은 준공업지역 혁신을 통한 신성장 산업 거점 육성 및 주민 생활기반 강화에 주력한다.

서남권 발전의 미래상 검토와 관련해 최근 다양한 정책의제를 분출한 강서구에 주목할 필요가 있다. 강서구는 북쪽으로는 한강을 경계로 하고 동쪽으로 영등포구, 서쪽으로 김포와 인천, 남쪽으로는 양천구와 부천에 접하고 있다. 전체 면적은 41.46㎢로 서울시의 6.8%에 해당하며 서초구(47.14㎢)에 이어 두 번째로 넓은 구청이다. 서울 외곽이지만 김포공항 근처에 대형 쇼핑몰이 입지해 주변 지역주민 및 외부인구 유입이 활발하다. 김포국제공항을 품은 곳이라 항공산업 관

서울특별시 2030 서울도시기본계획 구역도

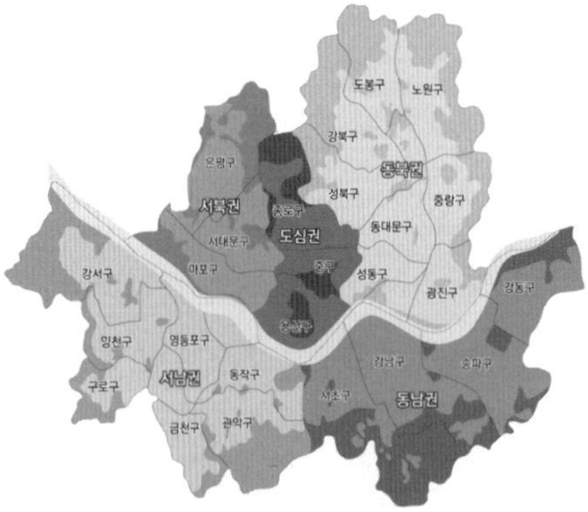

권역	면적(km^2)	인구(명)
서울시	605.96	10,575,447
도심권	55.75	557,705
동북권	171.08	3,351,170
서북권	71.19	1,227,260
서남권	162.78	3,212,138
동남권	145.16	2,207,174

출처: 서울시. 서울통계연보. 2010.

서남권, 준공지역 혁신을 통한 신성장 산업 거점 육성 및 주민 생활기반 강화

련 기업도 밀집해 있다.

전통적인 강서구의 중심지인 화곡동은 거주민과 유동인구 모두에서 지배적인 역할을 수행해 왔다. 반면에 가양동 일대는 한국 최대 규모의 서남하수처리장이 분출하는 악취로 인해 지역개발이 지연되었다. 하지만 서남하수처리장에 악취 저감과 고도처리 시설이 설치되고 마곡지구가 개발되면서 청년 주거와 신상권 형성이 본격화되었다.

지하철 9호선 마곡나루역에 인근에 싱가포르의 원노스와 유사한 도심형 첨단산업단지가 들어선 것이다. 역사에서 나오면 입구에 배후시설인 LG 아트센터와 코트야드 바이 메리어트 호텔이 보이고 안쪽에 자리한 아담한 호수를 둘러싸고 LG 사이언스 파크와 오스템 임플란트로 대표되는 연구센터와 혁신기업이 입주한 상태다. 생태와 힐링 공간인 호수 옆에는 식물체험과 정원문화를 선도하는 서울식물원이 랜드마크 역할을 수행하고 있다.

이처럼 강서구가 양적 성장에 대한 기대감을 증폭시키자 질적인 시민행복 증진이나 지역호감도 향상에 요구도 커지고 있다. 강서구는 구민행복과 직결된 평생학습 촉진전략으로 세 가지 「I-Network」를 고안했다. 첫째, '강력한 네트워크(Impactful Network)'는 기존의 제한적인 네트워크 체계에 대한 반성을 토대로

지역을 관통하는 네트워크 조직 기반 평생학습 문화의 활성화를 도모하기 위한 전략이다. 둘째, '상호적 네트워크(Interactive Network)'는 다양한 학습 네트워크가 상호학습의 원리를 통해 학습자들이 효과적으로 학습에 참여하고 좋은 경험을 누릴 수 있게 하는 전략이다. 셋째, '포용적 네트워크(Inclusive Network)'는 개개인의 취향을 존중하는 다양성 기반의 평생교육 연계체제를 구축하는 전략이다.

영등포구는 2040 영등포의 비전으로 '구민과 함께 글로벌 미래도시 영등포'를 제시했다. 경제·산업적 측면에서 과거 '근대산업의 태동도시'에서 현재 '현대산업의 중심도시', 미래에 '미래사회의 선도도시'로 나가자는 지향성을 담고 있다. 도시·사회적 측면에서 과거 '서울남부의 종가'에서 현재 '서울의 3대 도심', 미래에는 '도약하는 세계도시'로의 확장을 담고 있다. 그리고 2040년 영등포 4대 미래상으로 혁신과 포용으로 도약하는 경제·균형도시, 배움과 활력이 넘치는 지식·문화도시, 소통과 배려로 함께하는 공존·상생도시, 삶의 여유와 품격 있는 생태·힐링도시를 제안했다.

근대 이전 영등포 지역의 취락 발달은 미약하였으나, 저평한 지형과 풍부한 용수 등 공업입지에 적당한 조건을 갖추고 있어 근대 이후 공업지대를 형성하였고, 경인공업지대의 핵심을 이루었다. 한국산업의 상징인 경성방직을 중심으로 섬유산업이 발달했으며, 식품 및 음료 산업 등이 주를 이루었다.

우리나라 최초의 신도시인 여의도가 개발되면서 국회의사당, 증권거래소, 한국방송공사, 63빌딩을 포함한 많은 업무공간이 들어서게 되었고, 우리나라 정치, 경제, 언론의 중심지로 자리매김하고 있다. 최근에는 국제금융과 문화관광의 중심지로 발전하였으며, 영등포동 일대는 일찍이 상업지구를 형성해 서울 최대의 부도심을 이루고 있다.

국회미래연구원이 분석한 국민행복지수에 따르면 영등포는 전국 228개 시군구 중 행복지수가 높은 최상위 10개 시군구 중 하나다. 국민행복지수는 국회미래연구원이 기본적인 삶을 영위하기 위한 행복의 영역인 건강, 안전, 환경, 경제, 교육, 여가, 관계 및 사회참여를 기본으로 행복역량지수를 도출하고, 행복의 중요한 요소라 할 수 있는 주관적인 만족도를 추가해 종합한 것이다.[1)]

서울시의 중장기 비전과 전략

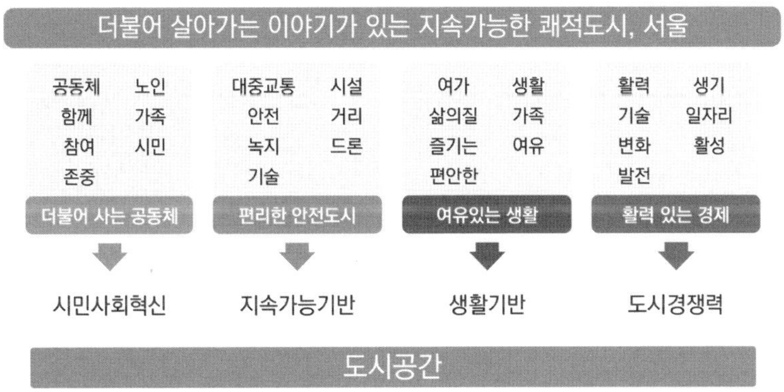

구로구는 1964년 구로1공단 설립 이후 2, 3공단이 설립되면서 농촌에서 상경한 많은 노동자들이 유입되었다. 구로구 전체 면적의 34.6%(6.97㎢)가 준공업지역으로서 한국수출산업공단(구로공단)의 설립과 함께 수출산업의 요람으로 부상했다. 구로공단은 1980년대 중반 한국 노동운동의 성지로 부상했다. 저임금 장시간 노동의 노동자들이 1985년 6월 구로동맹파업을 시도했고, 1987년 6월항쟁과 함께 우리나라 민주노조 운동의 밑거름 역할을 수행하였다. 더불어 노동집약적인 산업화 초기에 심각한 주거 문제를 해결하기 위해 조성된 고밀도 다세대 주택인 벌집은 최근까지 중국 동포들이 선호하는 저렴한 주거지로 활용되었다.

최근에 세계 최대 규모의 기계공구상가 유통단지가 들어서 수도권 경제의 중추적 역할을 수행중이다. 구로구는 김포공항, 인천항, 서해안 고속도로와 인접한 서울의 서남권 관문으로서 경부·경인선 철도와 전철 1·2·7호선, 경인·경수국도가 연계하는 교통의 요충지라는 점을 극대화시켜야 한다.

공단 배후 주거지역으로 성장한 관악구와 금천구는 주민들의 행복과 복지 향상에 주력해 왔다. 관악구는 동네책방 등 주민이 생활 속에서 인문학을 접하는 교육기회를 제공해 인문학 대중화에 기여했다. 서울대학교 박물관, 체육관, 규장각 등을 연계한 학·관협력 평생학습 강좌도 유용한 시도다. 더불어 민간 기관과

1) 국회미래연구원. 대한민국 행복지도 홈페이지(happykorea.re.kr).

단체를 활용해 동 평생학습센터를 운영한 점도 인상적이다.

금천구의 Classic Cloud Day는 클래식, 명화, 역사 등 예술을 주제로 한 인문학 강좌를 금천구의 인문학 프로그램으로 브랜드화하여 구만의 대표 프로그램으로 정착시킨 사례다. 주민센터로 찾아가는 금천 CC DAY와 퇴근길 인문학(오늘은 즐거운 퇴근길 인문학), 인문학 산책! 금천 CC DAY 등도 높은 평가를 받고 있다.

생활권 차원의 발전전략을 구현하기 위해서는 개별 구청의 대응에 부가해 서울시의 조성적 역할이 중요하다. 2040 서울플랜의 특징으로는 계획 초기단계부터 시민과 함께 수립, 이슈 중심의 목표지향적 전략계획 수립, 서울시 전 부서의 협력적 계획, 생활권계획 역할 및 기능 강화, 계획의 실현성 제고를 위한 상시 모니터링 및 평가체계 운영 등이다. 2030년 서울시 미래상으로는 '소통과 배려가 있는 행복한 시민도시'로 설정한 상태에서 5대 핵심이슈, 17대 목표, 60개 실행전략도 제시했다.

4) 제물포 르네상스가 창출할 발전성과

인천광역시는 도시경쟁력 강화의 선결과제로 행정체제 개편을 추진했다. 시는 2026년 민선 9기 출범에 맞추어 원도심인 중구와 동구를 통합해 제물포구를 개청하는 한편 공항을 기반으로 급성장한 영종구를 분리한다. 더불어 면적이 넓고 인구가 많은 서구를 분리해 서구와 검단구로 이원화한다는 방침이다. 나아가 중장기 관점에서 인접한 경기도 시군과의 연계 강화를 모색하고 있다.

인천의 원도심을 대표하는 중구와 동구는 민선 8기가 표방한 제물포 르네상스의 적지이다. 인천항과 인천역 인근에 자리한 두 구청은 1883년 제물포 개항 이후 한 세기 동안 인천의 도약을 선도했다. 다만 산업구조고도화가 본격화된 1980년대 중반 이후 변두리로 치부하던 연수구와 서구에 밀리면서 도심공동화가 촉진되었다.

인천중구문화재단 경영평가에 다녀오면서 남쪽 루트인 제2경인고속도로와 수인선 전철을 이용했다. 인천의 남쪽에는 신성장동력을 견인하는 송도신도시와 인천신항은 물론 지역인재의 산실인 인하대와 인천대가 포진해 있다. 공단 지대에 자리한 남동구는 수인선 역세권을 중심으로 미니 신도시급 주거단지가 들어선 상태다.

인천의 북쪽인 서구와 계양구는 서울과 인천공항을 연결하는 고속도로와 철도의 수혜지역이다. 미분양이 심각했던 청라지구도 정주 여건이 개선되면서 국제도시의 면모를 회복했다. 오세훈 시장의 호언처럼 정서진과 여의도를 연결하는 아라뱃길까지 정상화되면 해당 지역이 촉진될 것이다. 도서지역인 강화군과 옹진군도 도심과의 연계를 기반으로 6차산업을 타진하기 시작했다.

전철 1호선과 경인고속도로가 지나는 원도심 라인은 아직 고전중이다. 개항과 산업화를 선도한 중구와 동구 및 부평구의 복귀가 지연되고 있고 주안으로 대표되는 미추홀구도 개명의 효과를 누리지 못하고 있다. 인천의 원도심은 서울의 목동은 물론 경기의 부천에도 밀리면서 도시재생으로 연명하는 곤궁한 처지로 내몰렸다.

중구가 문화재단을 설립한 이면에는 도시재창조의 전기를 마련한다는 의지가 담겨 있다. 재단은 기존에 지명도를 확보한 차이나타운과 자유공원에 부가해 일본조계지와 송월동동화마을을 홍보하기 시작했다. 쫄면의 원조인 신포국제시장을 비롯해 지역 상권의 연계 강화나 세계음식문화축제를 비롯한 행사 기획도 원도심의 활력을 증진할 것이다. 일례로 최근에 인천항에서 열린 '1883 인천맥강파티'는 외국인 관광객을 대상으로 맥주와 닭강정 파티를 열어 지역의 브랜드 가치를 증진시켰다.

개항장 인천은 국내 최초라는 수식어가 넘쳐나는 곳이다. 근대식 해양문화를 대표하는 팔미도 등대, 묘도해수욕장, 제물포 구락부, 대불호텔, 팔경원 리조트 등이 대표적이다. 개항장이라는 신세계는 짜장면과 같은 다국적 음식문화도 창출했다. 짜장면은 화상들이 개항장에서 팔던 중국식 작장면에 한국식 비빔면과 일본식 단무지가 혼합된 창의적 음식문화로 급속히 확산되었다.

인천항과 접한 월미도는 인천상륙작전의 승리를 기념하는 장소이자 전화를 입은 주민들이 밀려난 땅이다. 월미도와 차이나타운을 연결하는 월미바다열차는 안정성 논란으로 한동안 멈춰서 있었다. 인천항 배후부지인 만석동은 일본이 러일전쟁 직후부터 간척을 진행했다. 이곳은 일제가 건설한 부평 군사기지의 줄사택처럼 조세희의 소설 〈난장이가 쏘아올린 작은 공〉의 단서인 노동자 밀집촌 원괭이부리마을이 남아 있다. 스토리가 체화된 도시재생을 표방한 동구청과 인천문화재단의 지원으로 작은 전시공간인 우리미술관과 예술가 지원용 임대주택도 조성했다.

조선은 척화파의 우려에도 1883년 제물포를 개항하면서 대외교류가 촉진되었다. 왜관이 설치된 부산처럼 항구 인근에 차이나타운이 들어섰다. 인천은 브라질 산토스나 일본 요코하마처럼 수도와 근접해 관문 역할을 수행하였다. 내해를 활용한 충남이나 황해도와의 교류도 활발했다. 일제 강점기를 전후해서는 세곡선과 어선이 실어나른 쌀과 생선을 유통하며 부를 축적했다.

19세기 말에 부상한 제물포항과 달리 고려나 조선은 강화포구를 기점으로 벽란도나 마포 같은 내륙의 포구를 연결했다. 조수간만의 차이에 순응한 강화포구와 달리 제물포항은 도크라는 현대적 설비로 자연의 제약을 극복했다. 군산의 뜬다리부두와 함께 근대화의 상징으로 부상한 것이다. 하지만 도크도 길고 강해진 방파제에 밀리는 형국이다. 향후 인천이 트라이포트를 구현하기 위해서는 공항과 항만의 경쟁력에 부가해 철도를 보강해야 한다. 전철망의 한계인 속도를 고속철도 노선의 다변화로 보완해야 한다.

인천의 재도약을 담보할 정책추진체제의 강화도 긴요하다. 시장의 변혁적 리더십을 토대로 행정체제의 역량을 강화해야 한다. 정책품질관리 차원에서 국내외 우수사례에 대한 벤치마킹을 추구해야 한다. 인천의 약점인 교육과 생태 역량을 증진하기 위해 에듀테크와 그린테크를 장착해야 한다. 또한 중국이 1979년 개혁개방을 시작하면서 선전과 주하이는 물론 화교의 투자를 유치하기 위해 샤먼과 산터우를 선택한 전략도 학습대상이다. 재외동포청을 유치한 인천도 동포와의 유대 강화는 물론 중국이나 대만으로 돌아간 화교와의 관계 복원에도 유의해야 한다.

5) 경기북부의 박탈감을 치유하는 시정혁신

경기도는 한강의 남부와 북부가 대비된다. 조선 왕조와 일제강점기에는 강북에 자리한 궁궐과 서울역에서 의주나 원산으로 향하던 북부 라인이 번성했다. 하지만 1948년 정부 수립 이후 대륙봉쇄 기조에 동참하면서 경기도 남부 라인이 득세했다. 미군기지의 평택 이전이나 반도체 공장의 입지도 이러한 추세를 심화시켰다.

1980년대 이후에 경기도의 격차가 벌어졌다. 1기와 2기 신도시인 분당과 일산, 동탄과 옥정의 부동산 가격이 대표적이다. 상대적 박탈감을 치유하려고 경기북부특별자치도 구상이 등장했다. 하지만 자치단체의 분할과 통합은 난제다. 지방시대를 선도한다는 대구·경북 행정통합도 부진하다.

광역에서 돌파구를 마련하기 어려우면 기초가 창의성을 발휘해야 한다. 의정부·양주·동두천·연천으로 이어진 경기북부를 종단하며 발전대안을 숙고했다. 이곳은 경기남부의 수원·화성·평택·안성과 대비된다. 경기도 남북을 대표하는 행정도시·신도시·군사기지·농업단지인 것이다.

의정부시는 경기도북부권시장·군수협의회와 공동으로 미래비전 포럼을 시작했다. 행사는 미래 신산업 육성, K콘텐츠 복합문화단지 조성 등을 논의했다. 면적이 협소한 의정부시는 미군 공여지를 활용해 지역개발과 시민행복이라는 상반된 가치를 조화시켜야 한다.

동두천시는 미군 음악문화에 착안한 록페스티벌과 도심재생 야간축제인 헬로 DDC 페스티벌을 개최한다. 지역자산을 활용한 이색축제로 매력도시를 표방한 것이다. 적은 인구와 기지촌 이미지를 탈피하려면 행정통합도 시도해야 한다.

연천군은 1호선 전철 연장을 기회 삼아 전곡리유적에서 연천DMZ국제음악제란 지역축제를 연다. 군부대 피해사례 조사는 약자를 배려한 청지기 행정이다. 연천군 서쪽은 철도망 수혜가 전무하다. 이에 파주 방향 도로망을 활용해 호로고루성, 임진강 주상절리 등을 알리고 있다.

임진강과 한탄강은 강이 크게 굽어 흐르는 여울목이 많다. 이런 곳들은 양주 방면에서 북상하는 신라군이 임진강을 건너 개성으로 진입하는 길목이라 고구려는 방어용 성벽을 설치했다. 임진강 하류에서 상류 쪽으로 덕진산성, 호로고루, 당포성, 무등리 보루 등 10여개의 고구려성이 밀집해 있다. 임진강과 연결된 한탄강변 전곡리 구석기 유적지 인근에 자리한 은대리성도 유사 사례다. 참고로 한강유역에서 후퇴한 고구려는 6세기 중엽 이후 7세기 후반까지 약 120여 년 동안 임진강을 남쪽 국경으로 삼았다.

양주시는 시정혁신의 모범사례다. 시정혁신위원회는 과소 읍면동 맞춤형 발전대안, 장흥 문화예술창조허브 조성 등을 제안했다. 공무원들은 규제혁신과 적극행정 공모에 생활밀착형 청년공간 조성, 상속민원 신속대응으로 25만평 임야 무상취득 등을 제출했다.

임진강에서 우이령까지 김신조 루트는 안보희생이 집중된 지역이다. 군부대가 개발과 통행을 제한한다. 서울시는 비용 절감을 위해 양주시 장흥을 연결하는 704번 버스 노선을 단축한다고 발표해 변두리의 분노를 유발했다.

경기북부의 인프라 확충도 시급하다. 경기남부는 경부고속도로와 경부고속철도에 힘입어 비상했다. 수인선은 전철로 진화했지만 교외선은 운행이 중지되었다. 대만처럼 고속철도망의 북부 연장이 필요하지만 서울이 걸림돌이다. 1970년 경부고속도로가 경기남부를 관통했지만 경기북부를 종단한 구리포천고속도로는 2017년 개통했다.

지역개발의 청사진은 전문가나 공무원이 주도한다. 그러나 시민단체나 지역기업과의 협치가 성패를 좌우한다. 변방이 부흥하려면 시애틀처럼 앵커기업을 유치해야 한다. 경기남부의 반도체 벨트 같은 특화 단지가 북부에도 필요하다. 경기도는 특별자치도와 병행해 행·재정 인센티브를 대폭 늘려야 한다. 중앙정부도 지방시대 정책의 최우선 목표로 경기북부의 변화를 자극해야 한다.

수도권의 성장세를 조절하는 규제수단이 수도권정비계획법이다. 이 법은 수도권을 과밀억제권역, 성장관리권역, 자연보전권역 등 3개의 권역으로 구분해 규제한다. 수도권 낙후지역은 팔당상수원보호구역이나 군사시설보호구역이라는 중복규제의 대상이라는 점에서 상대적 박탈감이 심하다. 비수도권 자치단체도 적용받는 농업진흥지역이나 상수원보호구역에 대해 체감하는 규제강도가 높은 편이다. 따라서 중복규제를 완화하는 방식으로 지속가능한 개발구상을 마련해야 한다.

경기북부의 지역개발을 촉진하려면 경기도청의 관심유지는 물론 광역이나 기초단위 지방공기업의 역할이 중요하다. 경기남부의 개발에서 경기주택도시공사는 물론 성남도시개발공사나 광주도시관리공사를 비롯해 시군단위 지방공기업이 선도적 역할을 수행하였다. 이에 의정부시와 양주시를 비롯해 경기 북부의 시군도 도시개발을 선도하기 위해 시설관리공단을 도시개발공사로 확대 개편하였다.

중앙정부 산하의 LH나 지방자치단체의 도시개발공사들은 사업비 증가와 탈규제 요구에 부응하려고 공공과 민간을 혼합한 제3섹터 형태의 단발성 특수목적법인(SPC) 방식에 주목하였다. 첨단산업단지 조성이나 판교대장지구 복합개발처럼 대기업이나 민간투자자에게 사업의 주도권을 허용하는 SPC는 공공기관의 출자타당성 검토 이후 단계에서 사업에 대한 운영통제가 어렵다는 단점이 있다. 광주도시관리공사도 개발사업 인허가 장벽과 사업비용 기채발행규제로 인해 애로를 경험했다. 공사의 기채조달한도를 자본금 400%로 제한하는 기존 규제와 더불어 대장동 사태의 여파로 민간참여자 수익률을 10%로 제한하는 규제강화조치가 시행되면서 공공개발사업이 침체한 것이다. 따라서 공사는 기초단위 도시개발공사들과 공조하는 방식으로 규제장벽의 합리적 개선을 추구해야 한다.

양주시는 도시화가 늦었지만 발전잠재력이 양호한 곳이다. 양주시시설관리공단을 모태로 2022년 출범한 양주도시공사는 3년 연속 최우수 지방공기업으로 선정될 정도로 활성화된 곳이다. 공사는 권역별로 배치한 체육시설이나 조선시대 공연문화인 별산대놀이 전통을 계승한 문화예술회관 운영에 강점이 있다. 나아가 환경시설인 재활용선별장은 채색 스치로폼, 컵라면 용기, 도자기류, 아이스팩, 문구류, 장난감, 코팅지, 영수증, 부직포 등 재활용이 어려운 사이비 재활용품을 선별해 폐기하는 역할을 담당한다.

6) 위성도시에서 중핵도시로 변신한 성공비결

용인특례시 핵심리더과정에 출강했다. 중소규모 자치단체의 6급 공무원들은 5급 승진을 앞두고 시도 교육원에서 운영하는 장기 교육과정에 참여한다. 하지만 용인시는 110만 특례시답게 시청 인근 명지대에 위탁해 수강생 편의를 도모했다. 수차례 오가며 강의 주제인 도시경쟁력을 용인시에 접목해 보았다.

교육에 참여한 중간관리자들이 포착한 시정 현안은 세계반도체 중심도시 도약, 탄소중립 포인트, 생활문화자원을 활용한 문화예술, 골목상권 활성화, 하천오염 민원대응, 열린 관광지 조성, 교통사업 특별회계 수입확대, 반려 가족의 학대-유기 없는 행복한 삶 지원, 민원안내 AI컨택센터 도입, 가설구조물 점검 매뉴얼, 구도심 골목길 정비 등이다. 이러한 분임 탐구는 시군구의 경합을 거쳐 시도 대표로 자치단체 합동평가에 진출하는 우수사례의 창출경로다.

서울의 위성도시에서 경기의 중핵도시로 변신한 용인은 경제성장과 인구증가를 앞세워 도시경쟁력을 강화했다. 용인시의 양적 성장은 반도체라는 기업도시 전략이 주효했다. 울산과 창원처럼 첨단 반도체 제조와 연구단지를 유치했다. 기흥호수 주변에는 삼성전자 기흥캠퍼스와 경희대 국제캠퍼스가 자리한다. 이곳은 실리콘밸리나 송도국제도시처럼 산업과 주거가 결합된 테크도시로 도약했다.

삼성전자가 반도체 50년 역사를 시작한 기흥에서 재도약해야 용인의 미래가 밝아진다. 반도체에서 초격차를 유지하던 삼성은 TSMC나 SK하이닉스의 추격을 허용했다. 이에 용인을 구름판삼아 화성-평택-천안을 잇는 첨단 반도체 클러스터를 강화하는 한편 소부장 회사와의 상생에도 나섰다.

용인시는 경제활성화 전략으로 SK하이닉스의 신규 공장도 유치했다. 용인 반도체 클러스터는 SK하이닉스가 이천과 청주에 이어 건설하는 제조기지다. 이곳에 입주할 공장은 인공지능 메모리반도체인 HBM을 생산할 예정이다.

수도권 공장총량제를 우회해 반도체 공장을 지으면 개별 기업과 유치 도시는 이익이지만 국가적 부담은 가중된다. 반도체 공정에 소요되는 막대한 용수와 전기를 감당하려면 댐과 원전을 추가로 건설해야 한다. 팔당과 떨어진 인천과 안산은 제조원가가 높고 안정성이 의문시되는 해수담수화 압력에 직면할 것이다. 더욱이 특정 지역의 밀도와 소득 증가는 부동산 투기를 촉발해 서민의 박탈감을 조장한다.

인재유치와 국제경쟁력에 민감한 한국 대기업의 용인 사랑은 불가피한 측면이 있다. 하지만 수도권 과밀억제권역 시장들이 연합한 규제완화 요구는 과도하다. 정부는 편협한 정쟁을 탈피해 대기업과 명문대의 지역재배치를 촉진하는 인센티브를 창안해야 한다. 동대구역과 수성구가 지척인 경산에는 대임지구라는 반도체 부지는 물론 명문 사립대가 인수 가능한 대규모 캠퍼스가 여럿이다.

용인은 런던의 위성도시이자 전원도시인 레취어스나 웰윈처럼 공원과 골프장을 품은 주거지가 양호하다. 경부고속도로 양쪽으로 난개발된 용인의 과거 이미지와는 사뭇 다르다. 용인서울고속도로와 광역급행철도 유치로 강남권 진입도 용이해졌다. GTX A노선 구성역은 압축도시를 촉진할 것이다.

구도심으로 치부되던 시청 인근 역북지구와 동백지구는 쾌적한 대단지로 탈바꿈한 상태다. 도심 곳곳에서 첨단산업과 근린시설이 어우러진 자족형 신도시인 플랫폼시티 개발도 추진하고 있다.

용인시는 에버랜드와 한국민속촌을 활용해 문화관광 기반을 확충했다. 산지와 녹지를 활용해 생태공원도 조성했다. 하지만 국내외 인지도나 도시브랜드 가치는 기대 이하다. 따라서 성장잠재력과 시민행복도에 상응해 도시평판도를 증진해야 한다. 시정비전인 '함께 만드는 미래 용인르네상스'를 제대로 하려면 시민을 우선하는 주민자치 거버넌스를 우선해야 한다.

2. 영남권을 대표하는 도시들

1) 부산이 추구할 참발전 기상도

신발과 해운을 앞세워 성장한 부산시는 지역소멸로 330만 인구가 위험하다. 이에 구도심 재도약을 방안으로 세계박람회 유치라는 담대한 발전목표도 설정했다. 시장은 피난수도 시절부터 누적된 혼잡도와 난개발을 해소하려고 시민행복 15분 도시와 마을공동체 회복을 천명했다. 부산의 상징인 동백꽃, 갈매기, 고등어는 시민의 자부심과 이미지 개선에 기여해 왔다.

부산시는 15분 이내에 1㎞ 정도의 근거리 학습망에 접근가능한 시민이 80.3%로 양호하다. 16개 구·군 모두가 평생학습도시로 지정받은 상태에서 생애주기별 교육에 매진한 덕분이다. 시와 구·군이 협업해 인플루언서를 양성하고 온라인 콘텐츠도 강화했다.

심각한 교통난을 고려해 대중교통친화도시로 도약한다는 방안도 마련했다. 지역화폐를 활용한 대중교통 통합할인제나 빅데이터를 접목한 시내버스 노선조정은 시민행복에 기여할 것이다. 부산역 동백상회는 지역특화 상품과 관광 기념품을 판매해 도시브랜드 가치를 증진시켰다.

부산은 글로벌 허브도시를 표방하고 있다. 국제적 수준의 유무형의 네트워크 기반을 구축해 경쟁우위를 확보한다는 전략이다. 일찍이 부산은 물류, 교통, 인구, 고용, 산업, 금융, 의료, 교육, 문화 측면에서 허브지수 순위를 발표해 왔다. 미래의 중심도시는 네트워크 연결 측면에서 점에서 선, 선에서 면으로 진화하고 있다. 최근 부산역 인근 호텔에 개소한 워케이션 센터도 국내외 연결을 촉진하는 수단으로 작용할 것이다.

고가철도를 재생한 파리의 공중정원 프롬나드 플랑테는 뉴욕의 하이라인파크와 서울로 7017에 영감을 제공했을 뿐만 아니라 동서고가도로를 재생해 '15분 도시'을 실현한다는 부산의 벤치마킹 대상이다. 부산도 근거리 연결성을 강화하는 수단으로 고가도로 재생을 검토하고 있다. 하지만 대체 유료도로의 구상은 시민부담을 수반하기 때문에 보완이 필요하다.

부산시는 낙동강수계기금을 활용한 환경기초시설 투자와 비점오염원 관리에도 불구하고 산업단지의 폭발적 증가로 맑은 물 공급에 애로를 경험해 왔다. 대구시가 낙동강 취수원의 북상을 시도하는 것처럼 남강 수계의 활용은 물론 해수담수화나 강변여과수를 병행해야 한다.

부산은 한국을 대표하는 해양도시에서 세계도시로 전환하고 있다. 2002 부산아시안게임과 2005 APEC 정상회의를 개최하면서 도시의 인지도와 호감도가 상승했다. 하지만 메가이벤트의 적지인 싱가포르나 홍콩에 비해 도시브랜드가 떨어진다.

부산은 산복도로를 비롯해 샌프란시스코처럼 언덕과 해안이 어우러진 명소가 많다. 용두산공원에서 바라보는 초량은 물론 영도 카페의 야경도 눈부시다. 제주나 완도처럼 말을 키우던 영도의 산비탈에는 피난민들이 몰려와 주거지를 형성했다.

부산은 도시재생과 도시재개발이 한창이다. 감천문화마을, 아미동 비석문화마을 등은 독특한 테마를 간직한 도시재생으로 유명하다. 영화의 도시답게 국제시장을 비롯해 로케이션도 활발하다. 피난민의 소울푸드인 냉면이 전분이 귀한 부산에서 밀면으로 재탄생한 스토리도 애절하다.

부산을 대표하는 도시재개발 사례는 센텀시티, 엘시티 등이다. 벡스코가 자리한 센텀시티는 2002년 부산아시안게임을 대비해 민관합작 특수목적법인(SPC) 방식으로 조성한 신도시다. 센텀시티와 유사한 방식인 해운대 엘시티는 추진과정에서 지역 토호가 결부된 부패 시비가 일기도 했다.

부산도시공사와 한국수자원공사가 개발을 주도한 동부산과 서부산도 인기를 끌었다. 기장군에 들어선 아울렛과 호텔 및 골프장은 복합관광단지로 부상했다. 부산의 변두리 강서구는 을숙도가 테마인 에코델타시티 조성으로 인구가 늘고 있다. 하지만 명지신도시와 대저토마토라는 대비적 상징을 적절히 혼합해야 한다.

부산시가 단행한 지방공기업 구조개혁인 부산시설공단과 스포원의 통합도 고무적이다. 중앙정부의 구조개혁 방향을 지방공공기관이 제안했다는 의미를 지닌다. 부산이 국가 공공기관의 2차 지방 이전과 관련해 KDB산업은행의 부산 이전을 가시화시키는 정치력도 발휘했다.

최근 부산은 등록 엑스포 유치에 실패했다. 수천만 명이 몰리는 행사는 경제효과가 상당하다. 리야드나 로마와의 경합을 주관한 국제박람회기구(BIE) 실사단 앞에서 "부산은 준비됐다"를 외쳤던 이유다. 올림픽과 월드컵에 필적하는 엑스포를 유치해야 부산이 부흥한다는 점에서 재도전을 시작해야 한다. 대전과 여수, 상하이와 두바이 유치 사례를 학습해야 한다.

엑스포 유치시 행사무대인 북항지구는 인프라 투자에 힘입어 윤곽을 드러냈다. 부산역 맞은편 국제여객터미널과 연안여객터미널 사이의 공간이 정비되었고 랜드마크로 오페라하우스를 신축하고 있다. 아이치 엑스포의 성공에 추부공항이 기여한 것처럼 가덕신공항도 긴요하다.

부산이 오사카－고베－교토가 밀착한 간사이처럼 엑스포를 활용해 광역개발의 동력을 확보하려면 부울경은 물론 대구경북의 동반자 역할이 요구된다. 부산의 서비스업과 울산의 제조업은 물론 거제의 해양레저와 경주의 역사휴양도 연계해야 한다.

부산은 경쟁보다 공존을 추구해야 한다. 인접 시도의 지원을 확보하지 못한 상태에서 외국의 호응을 유도하기는 어렵다. 정부나 재계의 지원은 물론 시민의 동참도 절실하다. 참발전은 효율성과 공공성 및 완결성의 조화가 요구된다. 효율성 가치를 구성하는 경제성, 능률성, 효과성을 관리해야 한다. 공공성은 윤리로 수렴하는 형평, 소통, 생태를 중시해야 한다. 완결성에 긴요한 합법성, 지속성, 가외성의 내면화도 필요하다.

770만 부산·울산·경남 인구는 감소세를 보이고 있다. 이에 초광역 협력체제를 확립해 맞춤형 출산과 양육환경 조성을 추진한다는 구상이다. 지역에 따른 맞춤형 정책도 필요하다. 울산, 창원, 거제 등 제조업 도시는 근로자의 요구에 부응해 출산·육아 제도를 수립해야 한다. 산업적 측면에서 수도권과 견줄 만한 최고의 메가시티 후보지가 부울경이라는 점에서 기업과 정부의 협력을 유도해 일자리를 창출해야 한다.[2)]

부산과 경남은 1960년대 초까지만 해도 하나의 행정구역에 속해 있었다. 그러다가 1962년 부산이 직할시로 승격해 경남에서 분리되어 현재에 이르고 있다. 지방소멸의 위기 상황에서 행정통합은 숙명이다. 생존을 위한 행정통합의 필요성과 비전 등에 대한 시도민의 동의를 얻을 수 있다고 본다. 지방자치법에 명시

2) 서울신문. 2024.11.14.

된 특별연합이 아닌 특별법 제정을 통해 행정통합을 하는 것이 정부의 권한과 예산 이양에 효과적일 것이다.

미국의 뉴욕, 중국의 상하이처럼 수도권 일극체제에 맞설 동남권의 경제수도를 만들자는 것이다. 부산이라는 글로벌 도시가 있고, 경남만 하더라도 글로벌 기업들이 많다. 합치면 집적 효과를 낼 수 있다. 행정통합으로 서울에 버금가는 또 하나의 수도권을 만들면 동북아 8대 경제권으로 갈 수 있다.

대기업 중심의 일자리 창출도 필요하지만 벤처나 스타트업, 게임 산업 등 신산업 기반의 일자리 제공도 중요하다. 부산시에서 투자하고 산업체와 대학이 연계해 벤처나 스타트업 창업을 추진하면서 허브 기업으로 성장하는 사례들이 나오고 있다. 이런 기업 종사자들을 인터뷰해 보면 삶에 대한 만족도가 대기업에 취직한 경우보다 높은 편이다.

2) 서부 경남은 K-기업가정신의 뿌리와 미래

대구에서 출발해 합천과 산청을 경유하고 의령, 진주, 사천을 둘러보는 여정은 기업가정신을 성찰하기에 유용하다. 초입에서 황강나루길 합천가을꽃축제에 들르면 핑크뮬리와 황화코스모스가 색채의 향연을 선사한다. 산청은 동의보감촌과 산천재가 유명하지만 시간이 없다면 의령으로 직행해도 좋다.

의령군은 소도읍을 중심으로 부자 테마를 창출했다. 삼성상회 터와 호암 이병철 고택을 도시마케팅에 활용한 대구처럼 이병철 회장의 고향에 착안해 호암이병철대로라는 도로명을 부여하고 리치리치 페스티벌도 개최한다. 삼영화학그룹을 일군 1조 기부왕 이종환과 백산상회로 임시정부를 후원한 안희제도 지역의 자랑이다. 큰 부자가 탄생한다는 솥바위 스토리텔링이 확산된 이유다. 의령의 먹거리인 망개떡과 메밀소바는 축제의 조연이다. 오사카 이민자 출신 할머니가 시작한 메밀국수가 의령의 맛으로 정착한 것이다.

경북 북부처럼 서부 경남은 유학의 전통이 강한 곳이다. 퇴계 이황과 남명 조식은 조선 중기에 유학의 혁신을 추구했다. 남명은 불교와 노장사상은 물론 병법과 천문까지 응용했다. 남명사상의 요체인 경의(敬義)는 문무와 실천을 중시한다. 안으로 마음을 밝히는 것은 경이요, 밖으로 행동을 결단하는 것이 의라는 것이다. 남명은 국정에 실패한 선조를 질타하는 사직장을 올렸다. 그의 제자인 곽재우나 정인홍은 의병의 길을 택했다.

경의사상에 공감한 승산마을의 부자들은 노블레스 오블리주라는 사회적 책임에 충실했다. 허씨와 구씨의 집성촌인 마을에는 우물을 공유하고 쉼터를 기부하는 전통이 있다. 지역 인사가 주도한 창업의 결단도 남명학의 영향권이다. 이들이 수학한 지수초등학교 자리에는 2022년 K－기업가정신센터가 들어섰다. 이곳은 예비창업자나 중소기업인에게 교육을 제공하고 북카페 스타일의 도서관도 운영중이다.

허만정은 구휼을 중시한 부친의 유지를 받들어 1914년 임시정부 수립 자금을 지원했다. 1923년에는 백정의 인권을 개선하는 형평사 운동에도 관여했다. 1925년에도 교육사업으로 진주여고의 전신을 설립했다. 이러한 전통은 20세기 후반 진주 시내에서 한약방을 운영하여 장학과 사회봉사 활동을 실천한 다큐 영화 〈어른 김장하〉의 감동적인 스토리로 이어졌다.

구인회는 1931년 진주에서 상점을 개설한 이래 신뢰경영을 표방하며 1947년 락희화학공업사를 설립했다. 1959년에는 금성사를 창업해 혁신적 전자제품을 출시했다. 사돈인 허만정 일가와 동업해 대기업 LG를 키운 일화도 유명하다.

의령에서 지수초등학교로 전학을 갔던 이병철은 1938년 삼성상회 설립 이후 속도경영을 추구하면서 삼성전자를 비롯해 굴지의 회사를 키웠다. 반도체 산업의 기반을 구축하고 문화, 예술, 교육, 언론 등에서도 지대한 공을 세웠다. 그가 동기생들과 식수한 부자소나무는 마을의 명물이다.

함안군 군북의 6천석 부호 집안의 조홍제는 지수초등학교에서 시작된 이병철과의 인연을 1927년 일본 와세다대학 유학까지 이어갔다. 이후 1948년에 공동출자한 삼성물산공사를 시작으로 제일제당과 제일모직 출범에도 참여했다. 1962년 56세에 효성물산을 설립해 독자 사업도 시작했다. 이후 특유의 방향감각으로 사업을 일구어 나갔다.

도농통합 진주시의 외곽인 승산마을에서 도심으로 진입하면 경상국립대와 진주교대가 자리한 교육도시를 체감하게 된다. 지리산에서 발원해 경호강을 지나 남강댐 진양호를 가득 채운 약수는 상수원 오염에 시달리는 부산이 탐내는 보물이다. 진주시는 절경이 펼쳐진 진주성 인근에서 남강유등축제를 기획해 성공했다. 유네스코 창의도시 지정을 계기로 전통공예산업의 가능성도 타진하고 있다.

사천은 에어쇼가 열리는 항공산업의 도시다. 사천바다케이블카를 앞세워 지역관광의 거점으로 부상했다. 삼천포대교와 인접한 늑도 유적이 알려주듯이 사천 앞바다는 삼한시대부터 교역의 중심지이자 거북선이 최초로 출격한 임진왜란의 격전지였다. 비토섬은 호수 같은 내해를 활용해 캠핑의 명소로 부상했다. 사천대교의 개통으로 하동군이나 남해군과의 교류도 촉진될 것이다.

서부 경남의 테마인 K-기업가정신은 지역발전에 기여할 것이다. 진주를 축으로 서부 경남 경제권이 강화되면 전남 동부 경제권과의 연계발전 구상도 촉진될 것이다. 한려해상과 지리산이 어우러진 휴양특구는 미래지향적 산업단지가 융성할 최적의 입지다. 영호남이 합심해 조성한 화개장터처럼 한국을 부양할 초대형 혁신장터가 남부권에 등장하기를 기대해 본다.

3) 포항 · 영덕과 구미 · 김천의 라이벌 구도와 재창조 전략

한국을 대표하는 신년 해돋이 명소는 한반도 최동단 포항 호미곶이다. 강릉 정동진과 울산 간절곶이 경쟁자로 부상했지만 아직은 건재하다. 호미곶 일대는 반도를 연상시키는 웅장한 산세와 시원한 풍광이 압도적이다. 나는 호미곶 남단이자 경주와의 접경인 구룡포 일원에 산재한 선장직영 횟집의 풍미를 느끼려고 겨울철 드라이브에 나서곤 한다.

토함산 자락과 형산강 줄기는 포항의 기회이자 제약요인이다. 고대에는 왕도 경주를 지키는 장벽과 물길로 기능했다. 근자에는 거대한 산군과 가파른 물길이 지진과 홍수 피해를 키웠다. 대구가 연이은 사고로 인해 재난도시로 각인되었던 것처럼 포항의 이미지 손상이 예상된다. 랜드마크 기업 포스코가 오염배출과 가동중단에 직면한 일도 우려를 더한다.

포항시는 인구 50만 명으로 경북의 수위도시다. 자치행정을 담당하는 행정구와 읍면동이 다양하고 면적도 광활하다. 동해안의 교통망이 개선되면서 포항과 인접한 영덕의 발전도 촉진되고 있다. 포항시 흥해읍이 고향인 이명박 대통령 시절에는 영포라인이 득세하고 지역개발이 촉진되는 후광효과도 누렸다. 하지만 굴뚝의 기세가 약화되자 인구도 정체된 상태다. 반면에 드라마 〈갯마을 차차차〉의 무대로 알려진 포구나 장터처럼 수려한 문화관광 자산이나 포항공대가 주도할 영일만밸리의 산학연 역량은 재창조의 원천이다.

포항은 해안과 산군이 망라된 신흥 여행지다. 호미곶 일출광장과 내연산 보경사라는 경관의 보고를 비롯해 운하와 제철소 야경을 품은 영일만과 형산강의 하모니도 매력적이다. 구룡포 과메기와 죽도시장 물회, 영일대 불꽃축제와 스페이스워크, 월포해수욕장과 장길리낚시공원의 힐링도 포항을 알리는 조연이다.

조선왕조실록이라는 생생한 기록에 근거해 부활한 장기유배촌은 스토리가 있는 역사관광지를 창출했다는 점에서 모범적이다. 구룡포와 감포의 중간지대 해변가 안쪽에 조성된 유배촌은 바다와 산골의 정취를 즐기며 돌아보기에 적합한 곳이다. 봄철 인근의 국도변에서 출렁이는 청보리의 군무도 운전자의 시선을 끌어당기기에 충분하다.

포스코 정문에는 '자원은 유한, 창의는 무한'이라는 슬로건이 적혀 있다. 창업 초기부터 견지한 경영의 핵심 원칙이다. 철강도시에서 생태도시로 변신한 기타큐슈의 제철산업도 그린과 클린을 추가로 장착한 포항제철소가 학습할 대상이다. 포항시가 보스턴처럼 녹색기반을 강화한 일도 고무적이다. 하지만 산업도시 포항의 풍력이나 태양광 수준은 RE100이라는 재생가능 에너지 목표와는 거리가 있다.

찰스 랜들리는 〈창조도시〉의 원천으로 풍부한 상상력과 혁신적 방법론에 주목했다. 창조도시의 제도적 기반은 역동적 거버넌스다. 공공, 비영리, 민간부문의 협력을 유도해 시너지를 창출해야 한다. 지역개발의 성공적 추진을 위해서는 중앙정부의 규제 혁신과 금융재정 지원은 물론 지역기업이나 지역사회와의 협력 유도가 절실하다.

도시재창조는 복합예술 장르의 창안을 연상시킨다. 신성장동력을 창출한 빌바오와 맨체스터처럼 도시 유전자를 개조하기 위해서는 새로운 비전과 목표, 창의적 공간창출 역량, 시민 요구의 충분한 이해, 영감 유도와 인센티브 제공, 외부적 정책과 내부적 관리의 연계, 전통 자산의 재활용, 녹색 가치의 재발견 등이 필요하다.

미래를 선도할 창조적 전환은 싱가포르나 바르셀로나의 재도약 과정에 담겨 있다. 고용을 늘리고 기술을 혁신하며 주민을 결속한 일이 대표적이다. 상징적 건축물, 신재생에너지 확대, 편리한 대중교통망, 쇼핑과 오락의 명소, 사람을 모으는 광장, 참신한 기획이 돋보이는 축제 등이 핵심적 정책수단이다.

그동안 경북도민대학 특강에 참여할 때마다 느꼈던 소회지만 포항시 평생학습원은 규모와 서비스 모두에서 압도적이다. 형산강 하구에 자리한 뱃머리평생교육관은 애플의 더블린 사옥을 연상시키는 수려한 건축물로 당구장, 노래방, 탁구장, 체력단련실, 컴퓨터실, 강의실 등이 입주해 그야말로 원스톱 토탈서비스를 제공한다. 시는 경북행복학습마을 사업을 활용해 해병대 제1사단 청림마을 관사까지 살피는 포용성까지 발휘했다. 평생학습원은 군 장병들의 주경야독을 위해 중국어, 하모니카 등 야간 강좌 서비스를 제공하는 한편 토요 가족체험과 학습마을 축제를 개최해 군인 가족의 만족도까지 증진시켰다.

포항의 교통여건은 고속도로와 고속철도의 개통으로 진전된 상태다. 산군의 초입 대구 팔공산IC에서 광활한 해안 영일만신항만을 한 시간 안에 연결하는 대구포항고속도로는 산맥의 파노라마와 서핑의 활력을 선사한다. 동해안 철도망이나 동해고속도로의 개통으로 부울경 지역과의 접근성도 개선되었다. 더불어 북쪽으로 영덕 해안에 자리한 강구항과 블루로드가 발산하는 관광잠재력과 연계활용에도 유의해야 한다.

포항의 신항만은 환동해권 해운망 개척의 선도자다. 연오랑세오녀 설화나 울릉도 카페리가 시사하듯이 포항은 신라는 물론 동북권을 대표하는 항구로 자리해 왔다. 포항경주공항 개칭을 계기로 경북 남부권의 광역행정도 촉진될 것이다. 경주를 매개로 한국을 대표하는 양대 중공업 도시인 포항과 울산의 공조도 기대된다. 철강과 조선, 해운과 화학, 포항공대와 유니스트 등이 산출하는 시너지가 지역발전을 촉진할 것이다.

전기차 업체 테슬라가 아시아 생산기지의 후보지로 한국을 꼽으면서 포항과 울산의 경쟁과 협력관계도 주목을 받고 있다. 포항시는 포스코 중심의 철판 공급망에 부가해 배터리 규제자유특구 지정으로 이차전지 기업과의 연계도 용이해졌다. 영일만 물류기반과 경주–영천–경산–대구로 이어지는 자동차 부품단지도 시너지 창출에 일조할 것이다. 나아가 국내 최대의 자동차 산업도시인 울산과의 공조가 이루어진다면 금상첨화다.

경부고속철도 역사인 김천구미역과 천안아산역은 도시가 결합된 명칭을 사용한다. 2004년 천안아산역이 영업을 시작한 이후 양 단체는 100만 특례시를 표방한 최근까지 지속적으로 통합을 시도해 왔다. 2018년부터 역사 인근에 조합형태로 천안아산상생협력센터를 설치해 도서관, 교통정보 등을 공동으로 운영했다. 충남을 대표하는 연담도시인 천안과 아산의 통합은 충청권 메가시티 구상도 자극할 것이다.

김천구미역이 2010년 개설되면서 구미의 산업단지와 김천의 혁신도시를 연계하는 발전구상이 등장했다. 하지만 양 도시의 교류를 가늠하는 척도인 연계교통망이 부족하다. 또 다른 고속철도 역사 유치를 두고 벌이는 각자도생 전략도 우려스럽다. 역사 명칭을 초월해 화학적 결합의 시너지를 창출하지 못하고 있다. 이는 경북권 통합의 적지인 안동·예천도 유사한 실정이다. 통합의 청사진과 실행력이 미약해 실현가능성이 의문시되고 있다.

인구 500만 내외로 시도를 통합하는 메가시티를 건설과 더불어 압축도시를 구현하는 시군구 통합도 병행해야 한다. 우리 지방자치는 수직적 통제에 기반한 다층제 방식을 채택해 왔다. 하지만 기초자치단체의 역량이 증진되면서 초광역 연합체와 지역별 거점도시가 주목을 받고 있다. 광역자치단체의 존재감이 약한 영미는 메가시티를 중시해 왔지만 기초자치단체가 협소한 유럽과 일본은 압축도시에 착안해 왔다.

구미와 김천의 재도약은 링킹핀에 해당하는 김천혁신도시의 강화에 달려있다. 두 도시는 포항처럼 제조업 플러스 알파를 추구해야 한다. 윤대통령을 비롯해 정재계 인사들의 잇단 구미 방문으로 지역민들의 기대감이 고조되었다. 삼성전자 구미기술센터 등을 유치하면 제조업 부활의 단서를 마련할 것이다. 그러나 구미가 성장의 한계를 극복하려면 반도체 특화단지는 물론 김천의 교통물류와 문화관광을 수혈해야 한다.

구미는 차로가 협소하고 트럭이 질주하며 보행로가 단절되는 공단도시의 이미지를 탈피해야 신성장동력의 유치와 MZ세대의 정주가 촉진될 것이다. 구미의 생태경쟁력을 보충하는 숨터인 금오산의 재발견도 필요하다. 금오지는 데크 산책로를 따라서 저수지와 산자락을 느끼는 매력적 장소다.

구미는 경부고속도로가 관통하는 도시다. 금오산성을 품은 산악으로 인해 낙동강 쪽으로 동진했다. 강변에는 대구시와 공동활용을 논의하던 해평취수장을 비롯해 구미캠핑장과 신라불교초전지가 시민행복을 책임지고 있다. 경상북도는 성장의 3대 변수인 노동, 자본, 기술에 각기 특화한 경제진흥원, 신용보증재단, 테크노파크 등 삼각편대로 구미공단을 방어해 왔다. 하지만 중앙의 보조금에 의존하는 산발적 지원을 남발하면 좀비기업을 양산할 우려가 있다.

구미와 상생할 김천의 강점은 사통팔달 교통망이다. 영남에서 한양으로 향하던 김천 추풍령은 죽령과 조령을 압도했기에 전주처럼 영남제일문으로 부상했다. 삼도봉 자락 나제통문을 통해서는 영남－호남－충청 간의 교류가 이루어졌다. 접속도시 김천의 가치를 증진하는 물류산업의 강화에도 주력해야 한다.

혁신도시 건설로 증가하던 김천의 인구는 아직 14만에 미달하지만 구미와 통합할 경우 55만으로 경북의 수위도시로 부상한다. 원도심 슬럼화와 혁신도시 쏠림이 유발한 격차구조도 심각하다. 일반철도 김천역과 고속철도 김천구미역의 경쟁력 차이를 반영한다. 혁신도시에는 한국전력기술을 비롯해 고층빌딩이 들어섰지만 구도심은 벽화마을이 명소로 등장했다.

김천의 재도약 비전은 힐링과 기술을 결합해야 한다. 인구감소나 지방소멸을 피하기 위해서는 남부내륙철도는 물론 동서횡단철도가 필요하다. 프랑스 스트라스부르는 변방의 소도시지만 자연, 레저, 문화, 교육 등이 공존한다. 변방의 소도시가 고속철도 역사와 유럽연합 의회를 앞세워 첨단기술도시로 도약한 모범 사례에 착안해 구미가 열망하는 첨단산업단지는 김천구미역 인근에 배치하는 방안을 검토해야 한다.

김천 구도심과 직지사 구간에는 포도산업특구가 포진해 있다. 샌프란시스코 와이너리 투어와 유사한 6차산업의 활성화도 기대된다. 직지사가 배출한 승병장 사명대사를 기리는 테마공원도 힐링의 명소다. 직지사 사명대사길에서 부항댐 둘레길을 경유해 청암사 인현왕후길을 연계하는 명소화 구상도 창의적이다.

다크투어의 적지인 부항호에는 둘레길을 비롯해 레저시설이 들어섰다. 2002년 태풍 루사가 촉발한 피해로 시작된 댐 공사는 2016년 완공되었다. 다목적 댐이 조성되자 수변공간에는 출렁다리와 짚와이어가 들어섰고 생태휴양펜션도 개장했다. 물론 남해안의 케이블카 운영단체들이 레드오션의 함정에 빠진 일에는 유의해야 한다.

김천이 문화관광 역량을 강화하기 위해서는 볼거리를 추가해야 한다. 경관이 우수한 무흘계곡이나 온돌을 품은 방초정도 유력한 후보다. 합천과 거창이 문화유산 해인사와 수승대, 관광단지 합천호와 황산마을, 생태거점 가야산소리길과 거창창포원 등을 결합한 일을 학습해야 한다.

과일브랜드 "김천앤"을 강화해 포도－자두－호두로 대표되는 지역특산물의 가치도 극대화시켜야 한다. 매년 10월 10일 삼도봉 축제를 개최하는 김천－무주－영동이 백두대간을 테마로 공동의 과일브랜드를 창안하거나 연계관광 루트를 고안해야 한다. 지역의 특성을 스토리텔링해 한국을 대표하는 다크투어와 슬로시티로 거듭나야 한다.

대구경북 메가시티의 동력이 약화된 상태에서 압축도시 기반의 연담도시가 실현되기를 기대하기는 어렵다. 하지만 상생발전 노력을 지속해야 시민들이 통합의 당위성과 진정성에 공감할 것이다. 구미와 김천이 공조해 경상북도나 중앙정부로부터 가시적인 정책지원 성과를 확보한다면 시민들의 우려가 기대로 전환될 것이다.

4) 경북의 정신을 계승한 역사문화도시 경주와 안동

경주는 천년의 역사를 품은 신라의 수도라 유적이 풍부하다. 경주역사유적지구는 유네스코 세계문화유산이다. 특히 남산은 남북 길이 10km 동서 너비 4㎞의 타원형으로서 계곡과 능선이 일품이다. 불탑과 사원이 산재한 바간과 치앙마이처럼 전성기 경주도 불국토였다.

남산의 초입에 자리한 나정과 포석정은 서기전 57년부터 935년까지 56대 992년간 존속한 신라의 시작과 마지막을 대표하는 상징적 장소다. 박혁거세의 난생설화 무대인 나정은 역사적 근거가 약했지만 지척에 박씨인 제7대 일성왕릉이 자리해 상상력을 자극했다. 경주 남서쪽에 박씨 집성촌이 존재했고 청도나 밀양으로 확산되었을 것이라는 추론도 가능하다. 포석정은 남산 계곡과 접한 연회장으로 국정을 농단한 경애왕이 927년 견훤의 습격을 받아 살해당한 곳이다.

고려는 신라가 멸망한 이후에 지배층을 개성으로 이주시켰다. 신라 마지막 왕인 경순왕릉이 개경 외곽인 연천 고랑포에 자리한 연유다. 고려 말 몽골과 왜구의 연이은 침탈은 솔로몬 성전이나 포로 로마노처럼 신라의 왕궁과 사찰도 치명적 손상을 입었다. 지금 우리는 18만 5천호가 생활하던 왕도가 무너진 폐허 위에 들어선 읍성과 유적의 흔적으로 경주의 전성기를 추억한다. 우리는 신라의 흥망을 통해 삼국통일의 원동력인 통합과 포용의 정신을 배워야 한다. 공동체 기풍이 강해야 국가나 지역의 경쟁력이 유지되기 때문이다.

일제가 1918년 부설한 동해남부선 철도가 촉발한 경주의 재발견은 1970년대 경부고속도로와 보문관광단지로 도약했다. 1973년은 경주의 상징인 천마가 세상에 알려진 해다. 1971년 공주 무령왕릉에 자극받아 경주에서 발굴이 촉진되었다. 신라정신을 계승하자는 통일전의 성역화는 구미나 포항의 경제적 성과와 결부되면서 박정희 대통령을 대구경북의 맹주로 각인시켰다.

남산 자락에 자리한 현대식 건물은 통일전이 유명하다. 근대화를 상징하는 콘크리트 한옥의 외관이 독특하다. 호국과 통일정신을 기리기 위해 1977년 건립한 곳으로 1960년대 현충사 성역화 사업의 연장선상에 위치한다. 경내에는 태종

무열왕, 문무대왕, 김유신 장군의 영정이 모셔져 있으며, 통일의 격전을 보여주는 기록화와 기념비도 있다. 5060세대 수학여행의 필수 코스였던 이곳은 남산에서 토함산 쪽으로 펼쳐진 벌판과 가로수가 일품이다. 인근에는 산보와 명상의 적지인 경북천년숲정원도 새로 조성되었다.

기초자치단체 면적 5위로 광활한 경주시는 산과 벌판이 조화된 아늑한 지형이다. 경주의 대표적 유적인 고분, 궁궐, 사찰은 넓은 벌판과 구릉에 자리한다. 수도권을 대표하는 조선시대의 왕릉과 마찬가지로 경주 외곽의 고분과 유적은 지역의 자랑이다. 경북대가 첨성대를 영남대가 천마를 학교의 상징으로 설정했다. 반면에 월성과 황룡사처럼 신라의 궁궐과 사찰은 대부분 소실되어 부지발굴과 건물복원을 진행하고 있다.

신라는 의성 조문국이나 고령 대가야와 유사한 부족국가에서 시작해 율령을 반포하고 국교를 정하며 빠르게 발전했다. 이러한 성과는 갈수록 크고 화려해진 고분과 사찰에서 잘 나타난다.

경주에는 고려나 조선의 문화유산도 상당하다. 유교문화인 양동마을과 동학성지 용담정이 대표적이다. 동학을 창시한 최제우의 고향 경주는 유불선을 통합해 한국의 전통 사상과 종교의 흐름을 주도한 곳이라는 의미 부여가 가능하다. 이에 경주시는 청소년 수련시설 화랑마을에 이어 동학교육수련원을 개장했다.

경주가 추구할 재도약은 그랜드 디자인의 비전과 목표를 명확히 해야 한다. 천년수도 경주는 이스탄불이나 교토처럼 도시브랜드가 고양된 곳이다. 물론 경주의 높은 인지도는 자구 노력의 산물은 아니다. 충주처럼 적극적인 유튜브 홍보가 필요한 이유다.

경주의 중심상권을 살리려면 봉황대 공연과 황리단길 쇼핑에 부가해 황남빵과 천년한우를 능가하는 향토브랜드가 절실하다. 봉황대는 경주 최대의 고분이지만 조선시대에는 조망대로 활용되었다. 금요일 밤의 음악공연과 연계한 불금예찬 야시장의 활성화도 고무적이다. 청년취향 테마거리 황리단길의 성공은 용산 경리단길이나 전주 한옥마을을 연상시킨다.

수많은 문인을 배출한 문학도시 경주는 스토리텔링을 활용한 장소마케팅의 잠재력도 충분하다. 에밀레종과 장항사지는 물론 김동리의 무녀도에 모티브를 제공한 예기소가 대표적이다. 이육사는 남산 옥룡암서 요양하며 시를 썼고 박목월과 조지훈도 경주의 명소를 무대로 시를 교류했다.3)

지리적 고립을 극복하는 연계 교통망도 확충해야 한다. 경주는 역사나 공항의 접근성이 떨어진다. 수도권에서 자가용을 이용하는 시간과 비용도 과도하다. 역사에서 공유형 렌트카 이용이 활성화되고 동해고속도로 동경주 IC가 추가된 일은 긍정적이다. 경주역과 포항경주공항을 연계하는 급행이나 투어버스도 필요하다. 경주 감포나 포항 구룡포를 순회하는 노선이 등장하면 해양레저 수요를 자극할 것이다.

역사문화도시에 특화한 축제나 행사도 강화해야 한다. 축제는 내외부인 모두의 관심과 참여를 유도하는 핵심적 수단이다. 경주 벚꽃축제나 형산강 연등축제처럼 인지도를 확보한 축제는 물론 테마의 다변화가 요구된다. 2025 APEC 경주를 비롯한 국제행사 유치에도 주력하는 한편 신라달빛기행이나 천마총 사진전처럼 참신한 기획도 유용하다. 영화 〈신라의 달밤〉처럼 경주 배경의 로케이션도 유용하다. 경상북도문화관광공사는 보문관광단지 활성화를 위해 복합리조트 유치를 타진해야 한다.

경주시가 24만 인구를 지키려면 일자리 창출이 절실하다. 관광에 의존하는 일자리 창출만으로 부족하다. 2005년 유치한 방폐장도 다변화 사례다. 정원을 채우지 못하는 지역 대학은 퇴로를 모색하는 중이다. 경주역은 한국원자력연구원 양성자연구단이 들어선 이후에야 아파트 건설이 시작되었다. 소형모듈원자로에 특화한 국가산업단지 조성은 물론 인근 도시인 대구－포항－울산과 연계한 제조업 활성화 대책이 절실하다.

안동은 경북도청 이전은 물론 중앙선 부활의 대표적 수혜도시다. 경북 북부권의 균형발전을 선도할 안동은 선비문화의 보고이자 인문정신의 보루다. 찜닭, 소주, 국시, 식혜, 간고등어, 헛제삿밥 등과 같이 안동이 들어간 향토음식도 도시 브랜드를 각인시키는 주역이다. 우리나라에서는 호남을 대표하는 근대문화도시

---

3) 이도국. (2023). 많은 문인 배출한 문학도시 경주. 영남일보. 2023.06.30.

목포와 군산, 백제의 흔적이 남겨진 공주와 부여, 신라와 가야의 무대인 경주와 김해 등이 안동과 유사한 잠재력을 지니고 있다.

안동은 내륙 산악지형이지만 2개의 댐이 조성되면서 물의 도시로 변모했다. 안동댐 수문 아래 월영교나 임하댐 물길이 지척인 만휴정은 경관이 탁월하다. 이에 안동시와 경북문화관광공사는 안동호 주변에 호텔, 골프, 유교랜드, 식물원, 수상레포츠, 세계물포럼 기념센터 등을 연계한 안동문화관광단지를 조성하였다. 안동호 상류에 자리한 도산서원과 고산정 및 한국국학진흥원은 호젓한 산세와 어우러져 명산대찰에 필적하는 입지경쟁력을 자랑한다.

안동이 포함된 경북 북부권은 지역의 블랙홀 대구광역시는 물론 포항과 구미가 선도하는 경북 남부권과 서부권보다 발전이 지체된 상태다. 하지만 광역도 차원의 균형발전 수단인 도청 이전을 계기로 재도약을 추구해 왔다. 도청신도시와 인접한 하회마을은 지역관광의 활성화를 선도하는 첨병이다. 또한 백신을 제조하는 SK바이오사이언스가 입주하면서 안동바이오산업단지의 경쟁력도 강화되었다.

결국 한반도 내륙지방의 활성화는 우리가 추구할 참발전의 척도다. 유교 인문정신의 정수이자 항일 독립전쟁의 본향인 안동의 재발견은 자본주의나 분단체제의 한계를 극복하는 단서다. 나아가 수도권 집중을 해소하는 대안으로 출향민의 리쇼어링(reshoring)이나 도시청년의 시골이주를 촉진하기 위해서는 권위적인 위계질서나 정치문화에 연연한다는 오해도 불식시켜야 한다.

안동은 풍부한 문화관광 기반을 활용한 로케이션 유치사업에도 적극 나서고 있다. 국제 에니상 수상으로 각광받은 연모의 촬영지인 안동호 부교와 목선, 넷플릭스를 통해 세계로 전파된 미스터 선샤인의 배경인 만우정, 하회마을 부용대의 비경 속에 어우러진 옥연정사, 호젓한 명상의 장소로 적합한 낙동강변의 병산서원 등이 대표적이다.

경북은 신라의 수도이자 서울의 어원인 서라벌이 자리한 신라 천년 권력의 중심지였다. 한국 현대사의 여정에서도 권력욕과 상실감을 표출한 곳이다. 삼한시대 이래 압독국과 조문국이 자리한 경산과 의성의 벌판에는 부족연합국가 신라의 역동성과 다양성을 입증하는 유물들이 출토되고 있다.

고려와 조선을 거치며 중앙권력에서 멀어진 경북은 유불선을 앞세워 정신문화의 수도를 표방했다. 최치원과 이황, 의상대사와 사명대사, 하회마을과 양동마을, 김주영과 이문열이 경북을 대표하는 문화 아이콘으로 부상한 것이다. 석주 이상룡과 박정희 대통령도 경북이 배출한 상징적 인물로 평가되고 있다.

경북은 미군정의 정책실패가 촉발한 생활고에 항의한 1946년 10.1대구사건의 확산을 주도했을 정도로 진보적인 면모도 표출했다. 당시 박상희는 구미를 무대로 여운형이 주도한 건국준비위원회 간판을 내걸고 구미봉기를 주도하다 사살당했다. 군인 박정희는 형의 영향으로 남로당에 가입했다 여순사건 직후에 발각되어 생사의 위기를 경험했다.

그레고리 헨더슨이 〈소용돌이의 한국정치〉에서 묘사한 것처럼 1948년 정부수립을 전후해 중앙권력과 밀착하려는 지방 토호의 경쟁이 치열했다. 박정희 정부가 출범하면서 경북은 고도성장의 과실을 선점한 지방의 맹주로 도약했다.

대한제국과 대한민국의 대표적 발전수단인 경부선과 경부고속도로는 산맥과 물길에 봉인된 경북의 욕망을 분출시키는 계기로 작용했다. 일제 강점기에는 경부선을 이용해 신천지로 부상한 만주국과 일본으로 이주했다. 산업화를 촉진한 경부고속도로는 영남권 도시의 양적 성장도 동반했다.

오래전부터 해양 세력과 대륙 세력의 각축장인 한반도나 대한민국에서 보수세가 강해진 경북의 진로설정도 관심사다. 지리적 인접성과 역사적 친밀성에 부가해 국공대립 구도가 대만과 일본 간의 우호관계를 촉진한 것처럼 남북분단과 보혁정치 구도가 경북의 독도수호 의지를 약화시킬지도 모르기 때문이다.

수도권 집중은 갈수록 위세를 떨치고 있다. 요즘 경북에는 의성을 비롯해 지방소멸 후보지가 넘쳐난다. 문제의 심각성에 대응하는 정치권의 열정과 자치단체의 역량도 제한적이다. 대통합과 소통합을 망라해 힘을 모아도 역부족인데 각자도생이 만연한 상태다.

대구경북은 통합과 협치를 표방하며 통합신공항과 대구상수원 문제의 타결을 시도해 왔다. 하지만 지역 정치권이 기회주의적 행태를 보이고 홍준표 대구시장이 독자노선을 표방하면서 정책딜레마가 가중되었다. 군위군의 대구 편입이 통합신공항의 열쇠라면 지역구 사수라는 현상유지 편향도 극복해야 한다. 국회의원 지역구와 기초자치단체 통합 권역의 동조화도 요구된다. 일본의 현단위 자치구역이 우리의 국회의원 지역구와 유사하고 지역독점 정당구도를 완화하는 대선거구제 도입의 취지와도 부합하기 때문이다.

대구경북의 대통합 기조는 약화된 상태다. 대구경북의 마지노선인 500만 인구가 무너진 상태에서도 광역단위 메가시티나 기초단위 소통합에 대한 기대는 여전하다. 대구시도 구군 간 균형발전이나 광역행정 요구에 나서야 한다. 경북에서는 안동예천 행정통합과 같은 소통합 노력이 강화될 것이다.

하드웨어적인 행정통합에 부가해 소프트웨어인 지역공동체의 결속도 필요하다. 경북이 노인과 대학의 과다 문제를 해소하기 위해 창안한 이웃사촌 마을사업, 도시청년 시골파견제, 스마트팜 청년농부, 대학생 자치경찰 앰버서더 등이 대표적이다. 이처럼 자치단체가 고안한 정책이 지속가능하기 위해서는 중앙정부가 지원하는 교육이나 보육 플랫폼인 평생학습도시나 복지전달체계와의 연계도 필수적이다.

5) 신설철도 활용해 지역소멸에 대응하자

연말에 의정부 모임에 참석할 일이 생겼다. 금요일 오후에 경산에서 출발하는 일정이라 서울역과 수서역을 저울질하다 예매가 용이한 청량리역으로 정했다. 정오 무렵에 대구선으로 하양에서 영천까지 이동하느라 거른 점심은 영주역에 잠시 내려 해결하기로 했다.

고속열차가 영천에서 의성으로 북상하니 팔공산과 마늘밭 풍광이 시원하다. 오후 시간대라 승객이 적은 의성은 지나치고 곧바로 안동행이다. 안동역은 경북도청과 도심지의 중간지대에 자리해 다소 썰렁하다. 반면에 의성과 영주는 도심지 중앙에 역사가 자리해 산만한 외곽화 문제를 해결하는 압축도시 역할이 기대된다.

영주에서 식사를 마치고 도심을 둘러보았다. 부석사 배흘림기둥을 차용한 역사 외관이 매력적이다. 대합실에서는 대전역 성심당과 도쿄역 에끼벤처럼 지역특산물인 태극당 카스테라 인절미와 영주 호수목장 요거트를 판매한다. 특산물을 사려고 영주에 들르는 사람들이 늘어나기를 기대해 본다. 시내 로타리의 단절 없는 교통과 도심에 포진한 대형마트도 인상적이다. 경북전문대학은 파크골프장을 유치해 관련 학과를 운영할 정도로 창의적이다. 영주는 유학이 테마인 소수서원과 무섬마을이 관광잠재력을 발산하는 고품격 도시다. 추운 날씨에 모녀 관광객이 부석사를 찾아갈 정도로 전망과 분위기가 탁월하다.

다음 열차에 탑승해 풍기에 진입하니 영주에서 조망한 소백산의 웅장한 자태가 병풍처럼 아늑하다. 계곡 지형이라 조금은 답답한 단양과 다른 느낌이다. 청량리역에 도착하는 일부 열차가 서울역까지 연장 운행하는 것처럼 경기북부의 균형발전과 지역 간 연계를 촉진하려면 의정부역에도 들려야 한다.

중앙선이 지역소멸 극복에 기여하려면 영주를 출발한 고속열차가 영천과 하양을 경유해 대구로 진입해야 한다. 대구경북이 경부선에 밀집된 수도권 공장과 학생을 유치하기는 역부족이다. 충청권과 치열하게 경쟁하는 레드오션이기 때문이다. 충청권과의 전면전을 피하면서 상수원 규제로 개발이 어려운 수도권 동부를 공략해야 블루오션이다. 청량리, 상봉, 양평 등지의 기업을 대구경북으로 이전시키고 풍기, 안동, 하양 소재 대학으로 학생도 유치해야 한다.

대구경북은 연말연초 철도에서 호재를 맞이했다. 중앙선은 물론 동해선, 대경선, 안심－하양 연장선 등이 개통했다. 인프라 신설효과를 극대화하려면 소프트웨어도 강화해야 한다. 동해선은 어촌관광 활성화의 촉매제로 활용해야 한다. 동해에서 삼척까지 연장한 고속철도는 포항으로 내려와야 한다. 경관이 아름다운 해안가 철도인 동해선, 경전선, 장항선 철도를 아우르는 국토 순례길 패스도 판매해야 한다.

2칸짜리 광역전철인 대경선은 구미시와 경산시 구간 61.8km를 운행한다. 이 구간은 경부선이 운행하던 구간이라 신설효과가 제한적이다. 개통 효과를 극대화하려면 경산역 라인과 더불어 동대구에서 Y자 형태로 분기해 하양과 영천에 진출해야 한다. 최근 연장된 안심－하양 지하철 노선과의 시너지도 기대된다.

지역사회는 지하철 하양-금호 연장선과 영남대-하양 순환선이 건설되기를 기다리는 수동적 자세를 탈피해야 한다. 대구선 철로 신호체계를 개선하는 창의적 발상으로 연장선과 순환선 효과를 곧바로 누릴 수 있다. 다만 지역소멸에 둔감한 한국철도공사의 소극행정이 걸림돌이다. 중장기적으로 달빛철도와의 접속은 물론 경북내륙 순환철도 구상도 절실하다. 철도는 지역소멸의 극복과 지속가능한 도시를 보장하는 핵심적 수단이기 때문이다.

3. 호남 · 충청 · 특별자치권의 대표 도시

1) 광주와 대구가 추구할 차별화 전략

대구와 광주에서 출자·출연기관 경영평가 결과를 심의할 기회가 있었다. 용역과 직영이라는 평가방식의 차이에도 결과는 대동소이했다. 다만 지방공공기관 법제를 통합해 경영평가를 강화할 필요성은 충분하다. 지방공공기관 통합과 메가시티 구현이 지역발전의 화두지만 싱크탱크인 대구경북연구원과 광주전남연구원이 분리된 일도 아쉽다. 동대구역 박정희 동상 건립과 정율성 역사공원 조성을 추진한 시장의 카리스마도 비슷하다.

닮은꼴 도시는 경주와 나주를 대체하며 성장했다. 낙동강 사문진과 영산강 구진포 물길은 퇴조했다. 철도가 부설되자 항구인 부산과 목포가 부상했다. 내륙의 한계를 공항으로 극복했지만 군공항 이전요구에 휘말렸다. 전투기 수용성이 높은 지역을 찾다보니 너무 멀리 나가고 말았다. 미사일과 드론으로 전쟁하는 시대에 전투기 감축이나 재배치를 검토했다면 결과가 달라졌을 것이다. 미국의 내륙 도시처럼 공항을 강화하면 기업유치가 촉진된다. 달빛철도의 추진은 화개장터 사례처럼 내륙 도시 간의 연계를 촉진할 것이다.

광주와 대구는 고속도로망이 강점이다. 서광주 나들목으로 진입해 확인한 광주기아챔피언스필드와 양동시장의 존재감은 대구삼성라이온즈파크와 서문시장을 연상시킨다. 프로 스포츠가 활성화된 서구에서는 야구장이나 축구장이 시민의 휴식공간이나 관광객 유치수단으로 활용하고 있다. 이에 각 구단은 경기장의 명소화에 많은 관심과 투자를 하고 있다. 우리나라도 최근 프로야구의 인기가 상승하면서 대도시 구장을 신축하는 사례가 늘어나고 있다. 도시의 경제력이 상승하면서 문화, 예술, 스포츠 시설에 대한 투자도 과감해진 것이다.

전통시장의 쇠퇴와 구도심 골목의 적막감은 광역시도 피하기 어렵다는 인구소멸과 도심공동화의 여파다. 1929년 신간회가 후원한 광주학생항일운동처럼 1946년 미군정에 항의한 대구10·1사건이 발생했다. 양림역사문화마을은 대구근대골목처럼 테마투어를 진행한다. 국립아시아문화전당은 국립5·18민주묘지와 더불어 광주민주항쟁의 상징이다. 대구는 1907년 국채보상운동기념공원과 1960년 2.28기념중앙공원을 조성했다.

두 도시는 행정과 교육의 중심지다. 상무대 부지에 청사를 신축한 광주처럼 대구는 두류정수장 자리에 청사를 건립할 예정이다. 전국 어디서나 분출하는 애향심과 단결력에 대한 외부의 시각은 냉소적이다. 내생적 발전의 토대인 지역 명문고와 거점 국립대를 살리려면 채용에서 지역인재를 우대해야 한다.

국립공원으로 거듭난 팔공산과 무등산은 지역의 상징이다. 도심을 관통하는 신천과 광주천은 시민의 휴식공간으로 부상했다. 동인동 찜갈비와 광주송정역 떡갈비, 따로국밥과 오리탕, 막창과 홍어 등은 향토음식을 대표한다. 블랙투어로는 중앙로역 화재와 신천지교회 감염병, 충장로 시위와 전일빌딩 상흔이 알려졌다. 낙동강 페놀과 정수장 응집제 유출은 상수도 사고였다.

광주광역시 1913송정역시장은 고속철도 역사유치와 풍부한 전통유산을 결합해 신세대의 기호에 부응한 성공사례다. 시장을 재창조하는 과정에서 상인, 지자체, 기업 간의 협력체제가 유기적으로 작동한 일도 주효했다. 여기에 시청과 구청의 맞춤형 지원, 시장과 상인의 마케팅믹스 차별화, 전통시장에 대한 소비자의 인식전환 등도 활성화에 일조했다. 청계천 복원사업이나 동대문디자인플라자 개관이 인근 상권과 문화시설을 촉진한 계기로 작용한 것처럼 경제사회적 파급효과도 상당했다.

김광석은 대구에서 자랐지만 광주와 어울리는 민중가요를 불렀다. 황석영과 백기완이 공조해 작사한 〈임을 위한 행진곡〉도 광주가 무대다. 광주는 국악 전통에 힘입어 트로트 열풍을 후원했다. 대구는 아이돌이 K－pop 활성화에 기여했다. 광주가 디자인과 조각을 중시한 비엔날레도시라면 대구는 뮤지컬과 오페라에 특화한 음악도시다. 대구가 조국의 광복을 염원한 이상화를 배출한 곳이라면 광주는 국가의 폭력에 천착한 한강의 고향이다.

광주와 대구는 근대화 단계에서 정치과잉과 출세지향을 표출했다. 탈근대에 부응하려면 차별화가 요구된다. 시장의 리더십은 추진력보다 혁신의지가 중요하다. 약화된 제조업 역량을 신성장동력으로 보충해야 한다. 인재와 업체가 지역을 선택하도록 확실한 인센티브를 제공해야 한다. 지역발전에 기여한 정당과 기업도 차등해야 한다. 시·도지사협의회는 ESG경영의 독려 차원에서 대기업의 균형발전 기여도를 공표해야 한다.

2) 전주와 청주의 재도약 비전과 성과

전주시는 전북특별자치도 행정과 교육의 중심지다. 하지만 산업과 교통은 침체된 상태다. 인재의 산실인 지역명문고와 거점국립대도 약화되었다. 시청은 강한 경제를 육성해 전라도의 수도로 도약하자는 비전을 설정했다. 전주가 2036년 하계올림픽 대한민국 후보도시로 선정된 일은 고무적이다. 탄소섬유에 특화한 기회발전특구를 비롯해 문화와 교육 특구까지 석권했다. 하지만 지역발전 성과에서 북도 라이벌 경북이나 충북의 거점 도시를 부러워하는 처지다.

전주는 19세기 후반 농산어촌의 중심지인 농도로 부상했다. 탐관오리와 일제침탈에 항거한 동학혁명의 거점 역할도 수행했다. 동학의 뿌린 씨앗은 증산교와 원불교라는 민족종교를 태동시켰다. 근대 교육은 기전과 신흥이라는 기독교 계열이 선도했다. 미국 장로교가 설립한 전주 예수병원은 대구 제중원과 달리 정체성이 확실하다. 방직과 제지의 전성기에 인구밀집도시의 위상을 유지했다. 하지만 영남제일문이 자리한 김천처럼 호남제일문과 수도권과의 거리가 발목을 잡았다.

시민과 소상공인이 주도한 도시재생도 활발하다. 지역활성화는 혁신을 유도하는 로컬 크리에이터와 더불어 스타트업을 지원하는 액셀러레이터가 필요하다. 전주의 양대 행정구인 완산구와 덕진구의 명칭도 흥미롭다. 완산성 전통과 친환경 못인 덕진공원을 브랜딩했다. 하지만 양대 구청의 35개 행정동은 장소마케팅을 강화해야 한다.

전주는 역사문화도시와 예술음식도시의 정체성을 확립해 왔다. 조선을 창조한 왕업도시로 한옥마을과 판소리 전통을 계승했다. 경기전은 조선을 건국한 태조 이성계의 본향이 전주임을 상기시키는 곳이다. 최명희는 소설 〈혼불〉에서 세월이 가도 결코 버릴 수 없는 꿈의 꽃심을 지닌 땅으로 전주를 묘사하기도 했다. 한지와 서예, 목판과 인쇄, 비빔밥과 콩나물국밥, 한복과 한정식, 감영과 향교, 연못과 산성 등도 전주를 대표한다. 이러한 상징성에 힘입어 전주한옥마을은 갈수록 붐비고 단장된 모습이다. 하지만 구도심의 상가나 음식점은 과거에 비해 퇴조하고 있다.

전주한옥마을은 안동하회마을처럼 전통문화를 보존해 관광객을 유치했다. 700여 채의 한옥을 무대로 한복 체험과 전통 놀이가 펼쳐진다. 전통 음식점과 현대적 카페의 조화도 매력적이다. 한지를 응용한 전통공예도 인기다. 전주국제영화제는 영상과 콘텐츠 산업 기반을 강화했다. 할리우드를 꿈꾸며 부산을 비롯한 유사 영화도시와 차별화를 추구했다. 다양한 장르가 망라된 전주세계소리축제도 예술의 저변을 확대시켰다.

전주비빔밥은 도시브랜드의 성공사례다. 전통음식점을 육성해 음식문화의 세계화를 추구했다. 2012년에는 세계 4번째로 유네스코 음식창의도시로 선정되었다. 전주를 찾는 관광객들은 슈퍼스타일 가맥집에서 양념장 북어로 병맥주를 마신다. 모주와 수란을 곁들인 전주식 콩나물해장국은 숙취 해소에 탁월하다.

지속가능한 발전전략으로 에코시티를 지향했다. 청정한 전주천이 한옥마을의 가치를 증진했기 때문이다. 전주가 재도약하려면 역사와 환경을 결합한 도시 경쟁력 강화전략과 더불어 교통망의 다변화에 유의해야 한다. 전주와 김천을 연결하는 횡적 교통망 강화가 절실하다.

전주시 산업구조는 제조업 비중이 낮고, 자영업 비중이 높은 특징을 지니고 있다. 도소매업과 숙박음식점업이 가장 많은 전형적인 서비스업 도시다. 고임금 근로자를 고용하는 대기업의 역할이 제한된 상태에서 지역경제의 성장을 기대하기 어려운 것이 현실이다. 이는 대기업의 진출이 활발한 청주에 비해 전주의 1인당 지역총생산이 떨어지는 주된 이유다. 1990년에 인구 50만을 돌파한 지역의 거점도시지만 2010년 이후 65만에서 정체된 상태다.

최근 전주시는 조용한 추격전을 시작했다. 10만 완주군과의 행정통합 추진과 더불어 전북특별자치도를 차용해 특례시 도전에도 나섰다. 청주와 통합한 청원군처럼 완주군은 기업유치, 이서혁신도시, 귀농·귀촌 등에 힘입어 활력을 유도했다. 하지만 통합 주민투표를 앞두고 밀당이 한창이다. 우석대가 자리한 삼례읍은 역사 미곡창고를 문화예술촌으로 재창조했다. 군청은 정주환경을 개선하려고 메타버스 크리에이터 전문가 양성과정을 비롯해 청년층(18~39세)의 역량강화 교육에 집중하였다. 전통시장의 활성화 노력과 병행하여 청년 점포의 비중도 증가시켰다.

모악산에 들어선 로컬푸드 스테이션은 도농상생 6차산업의 구현사례다. 6차산업 활성화를 주도한 (주)완주로컬푸드는 완주군과 지역 8개 농·축협이 참여한 제3섹터 법인이다. 외상후 스트레스에 시달리는 소방관들이 힐링농원이나 편백숲에서 체류하면 스트레스 호르몬이 줄어든다는 점에 착안한 것이다. 완주는 교통이 편리한 산업용지와 아파트가 자리해 전주와 경제적 시너지가 기대된다. 하지만 전원도시와 슬로시티 운동도 활발하다는 점에서 지역공동체 보존에도 유의해야 한다.

청주시는 바다와 접하지 않은 충청북도의 도청소재지다. 한때 충주에서 이전한 충청도 감영이 자리했지만 공주로 넘겨주었다. 청주 외곽의 상당산성은 나제통문과 단양적성에 필적하는 삼국의 접경지대였다. 고려시대 사찰이 주도한 불경 인쇄의 전통이 창출한 세계 최고의 금속활자본인 직지심체요절은 행정교육도시 청주의 자존심이다.

내륙에 자리한 청주는 사람들이 몰리는 천안 못지않게 편안하고 안전한 도시다. 이상과열 상태인 수도권의 온기가 전해지는 곳이라 인구도 늘고 있다. 산업화 초기까지 산악과 평야의 전이지대인 구릉지에서 담배나 뽕잎을 수확했다. 연초제조창이 번성하고 거점국립대학에 연초학과를 운영했던 연유다. 실크의 원료인 누에고치가 귀하던 시절에는 잠사연구소도 운영했다. 하지만 지금은 방직과 식품의 시대를 지나 반도체와 바이오가 주력 산업으로 부상했다.

청주시의회가 1991년 제정한 전국 최초 행정정보공개조례 발의 및 시행은 지방자치 혁신의 선구적 사례다. 당시 집행부의 재의요구와 대법원 제소에도 불구, 재의결 및 대법원에서의 승소를 통해 조례를 제정함으로써 전국적으로 정보공개조례를 확산시켰다. 더불어 현행 〈공공기관의 정보공개에 관한 법률〉을 제정하는 데 기여했다. 요즘도 시청은 시민참여예산제, 온라인 플랫폼, 현장 간담회 등을 활용해 시민과의 소통을 강화하고 맞춤형 정책을 창안하고 있다.

청주시의 도시경쟁력 우수사례는 경제산업과 교통인프라에 집중되어 있다. 고속철도 역사 개통이라는 기회요인을 극대화해 오송역 일원을 제약, 의료기기, 화장품 산업이 집적된 바이오밸리로 육성했다. 반도체, AI, 데이터통신 등 첨단산업을 유치해 산업경쟁력을 강화한 일도 고무적이다. 오송역 주변에는 세종시를 지원하는 사설 회의공간이 활성화된 상태이고 인근 산업산지와 결합된 주거시설도 쾌적하다. 오송호수공원을 상징하는 다섯 그루의 소나무는 인근 연구단지나 주민들의 자랑거리다.

청주시는 중앙부처나 충청북도의 협력을 유도하는 방식으로 투자유치와 기업지원 정책을 고안했다. 중소기업 육성, 창업 지원, 연구개발 지원 등과 같은 지원정책수단에 부가해 수도권 대비 낮은 임대료와 운영비가 기업들에게 매력적 요인이다. 청주시는 쾌적한 생활환경과 낮은 생활비가 강점이라 근로자들에게 인기가 있다. 이러한 기업친화도시 역량이 청주를 반도체 및 바이오헬스 분야의 중심지로 부상시켰다.

선진적 교통 인프라를 대표하는 청주국제공항은 항공허브를 꿈꾸고 있다. 인근 오창산업단지와 연계된 항공물류 허브의 구축에도 유의해 왔다. 대전, 세종, 천안 등 충청권 주요 도시를 연결하는 철도망 구축은 교통 접근성을 증진시켰다. 하지만 청주시는 충청북도 발전을 이끄는 지역거점도시라는 점에서 도내

불균형 발전의 심화에 유의해야 한다. 최근 도청이 제안한 레이크 르네상스의 거점인 대청호와 충주호 지역의 균형발전역량 확보가 대표적 사례다.

상대적으로 부족한 문화관광 분야의 투자와 관심도 분발이 요구된다. 직지를 테마로 축제를 개최하고 드라마 〈제빵왕 김탁구〉가 흥행하자 수암골 벽화마을에 방문객을 유치했다. 하지만 노잼도시의 치욕을 당하고 말았다. 꿀잼도시로 도약하려면 무심천 강수욕장과 초정온천 힐링타운도 실행력을 보여야 한다. 청주시가 생태환경 이미지와 관광산업 활성화를 유도하려면 괴산과 보은 및 상주와 협업해 속리산 권역의 활성화에 나서야 한다.

이탈리아의 도시재창조 사례는 제조업 위기론이 부상한 우리 산업도시가 정면교사할 대상이다. 제조업과 서비스업이 혼합된 탄탄한 산업구조를 창출해야 글로컬이 초래한 위기를 극복하고 재도약 기회를 포착할 수 있다. 통일운동과 올림픽으로 알려진 토리노는 1982년 옥상에 테스트 트랙을 갖춘 피아트 공장이 문을 닫자 호텔과 컨벤션으로 재창조했다. 청주시도 연초제조창을 문화제조창으로 탈바꿈시키고 공예비엔날레를 성공리에 개최한 저력을 이어가야 한다.

관광특구로 지정된 유성은 온양이나 수안보처럼 충청권을 대표하는 온천휴양도시다. 인근에 계룡대와 과학단지가 자리해 유동인구도 많은 편이다. 이에 정부나 공공기관이 주도하는 각종 컨벤션이 활발한 곳으로 유명하다. 하지만 오송역의 접근성을 앞세운 세종시나 청주시의 도전에 직면한 상태다. 청주에도 대규모 호텔이 들어서면서 전국적 행사가 빈번하게 개최되기 시작했다.

인구 88만 청주시는 100만 자족도시를 구현하려고 원도심 개발 활성화, 초정치유마을과 청원생명축제를 앞세운 꿀잼도시 강화, 25분 생활권 도로·교통망 구축, 기업하기 좋은 도시, 아이 낳고 키우기 좋은 도시 등에 주력할 예정이다. 2024년 한국기업평판연구소의 기초자치단체 브랜드 평판에서 2개월 연속 비수도권 도시 1위를 차지한 일은 이러한 목표설정에 고무적이다. 하지만 수도권에서 히트한 황토길을 무분별하게 확충하는 모방전략은 시민의 요구를 감안하더라도 창의적인 시도로 평가하기 어렵다.

3) 목포권의 도시재생과 지역혁신 전략

목포는 육상과 해상 모두에서 한반도의 중심지다. X자 형태의 교통망이 교차하는 서울을 배제하면 부산, 신의주, 원산 정도가 라이벌 도시다. 하지만 고도로 산업화된 세계도시 도약이 지연되면서 무안국제공항은 좀처럼 활성화되지 못하고 있다. 최근 발생한 제주항공 참사도 공항 활성화의 험난한 여정을 시사한다. 도시개발의 양대 수단인 도시정비보다 도시재생에 몰두하는 현상도 미래지향적 동력확보에 불리하다. 오늘날 목포를 찾는 사람들은 새로운 사업기회를 찾기 보다는 레트로 관광객인 경우가 많다.

나의 목포 방문은 시간이 오래 걸리는 동쪽이나 남쪽에서 시작하는 경우가 많다. 영남권에서 시작해 여수, 보성, 완도 등지를 거치는 방식이다. 남쪽에서 시작할 때는 제주항에서 출발해 추자, 진도, 해남 등을 경유한다. 수도권에서 목포로 가는 경로인 호남고속철도나 서해안고속도로와 다른 방법이다. 일제 강점기 시절의 목포는 여수와 통영을 경유해 부산을 연결하는 내해선은 물론 일본과 중국을 연결하는 국제선도 개설된 상태였다.

제주항을 떠난 여객선은 남해를 고속으로 항진해 한 시간 남짓이면 추자도 일원을 지나친다. 상추자도와 하추자도는 올레 코스로 각광받고 있을 뿐만 아니라 인근 바위섬들은 낚시의 명소다. 이곳을 지나면 육지와 가까운 보길도와 청산도가 모습을 보인다. 진도 해상에서 빠른 조류가 몰고 온 탁류와 남해의 깊은 바다가 정화한 청류가 혼합되는 광경을 목격했다. 진도 남단의 팽목항 인근에는 세월호의 아픈 상처를 기리는 노란색 상징물이 남아 있다.

일본의 세토 내해처럼 육지와 도서가 길게 늘어선 좁은 수로를 항해하는 배들은 평형상태를 위협하는 급변침을 피하기 위해 속도를 줄인다. 온돌 형태인 3등급 객실에 누워 휴식을 취하다 보면 커브 구간에서 선실의 바닥이 기울어지는 체험을 하게 된다. 배가 목포항에 진입하려고 달리도를 감아 돌면 고하대교가 보인다.

목포항에 내려서 유달산 방향으로 십여 분을 걸으면 일제 강점기에 조성된 공공건물과 영사관으로 대표되는 근대 건축물이 밀집한 골목을 지나게 된다. 골목 끝에 자리한 민어의 거리에서 회, 무침, 전, 탕으로 이어지는 코스요리도 이색적 체험이다. 밤에 이곳을 방문하면 유달산 자락에서 목포역으로 향하는 도로에서 루미나리의 화려한 빛이 보인다. 한잔이 생각나면 건해산물 상가거리에 산재한 맥주집에 들려 안주로 목포 바다의 풍미를 느껴도 좋다.

목포 관광의 백미는 최근에 개통한 케이블카로 유달산의 기암 봉우리와 고하도 해안의 데크길을 걷는 일이다. 목포역에서 출발하는 시티투어 버스를 타고 1004섬 신안 일주에 도전하는 것도 매력적이다. 목포항 맞은편에는 매립 이후 공원으로 변신한 삼학도가 목포를 알린 이난영의 공적을 기리고 있다. 바다 건너 지척에는 행정구역상 영암인 조선소가 위용을 자랑한다.

영화 〈킹메이커〉가 실감나게 묘사한 것처럼 1967년 대통령 선거를 계기로 금오산과 낙동강이 키운 박정희와 유달산과 영산강이 배출한 김대중의 정치적 라이벌 구도가 형성되었다. 얼마 전 윤정부가 박정희 대통령이 설립한 금오공대를 찾아와 인재양성전략회의를 개최하고 김대중 대통령의 노벨평화상 기념관이 들어선 목포는 민주당 인사들의 단골 순회지로 부상했다.

좀처럼 꺾이지 않는 목포의 정치적 영향력은 호남고속철도의 종착역이나 전남도청이 목포생활권으로 이전한 일에서 확인된다. 매립 이후에 신도시가 조성된 하당 지역은 음식점과 숙박단지가 밀집해 있다. 인근에는 전남도청과 대불산업단지가 자리해 쇠락하는 항구도시 목포를 수호하는 흑기사 역할을 수행하고 있다.

도서지역을 관할하는 목포의 지리적 특성은 인구나 면적을 넘어서는 영향력과 직결된 문제다. 지방소멸을 방어하는 압축도시의 중심지 역할을 수행하고 있는 것이다. 지금도 목포항 지척에는 신안교육지원청이 자리해 실질적 중심지 역할을 수행하고 있다.

전남은 서남권에 자리한 해남과 영암의 개발을 촉진하기 위해 2023년 6월에 솔라시도 계획을 발표했다. 관광레저형 기업도시로 지정된 솔라시도를 아랍에미리트 마스다르시티와 사우디아라비아의 네옴시티에 필적하는 꿈의 도시로 조성한다는 것이다. 2030년을 목표로 솔라시도를 대통령 공약인 광주~영암 아우토반과 연결해 미래형 첨단 생태도시, 친환경 에너지 선도도시, 서남해안 관광·레저 거점도시로 육성한다는 구상이다. 특히 솔라시도를 이색적인 관광 인프라와 5성급 호텔·컨벤션센터를 갖춘 국제적 관광명소로 육성하는 한편 복합문화예술공간인 수상 공연장과 수상 보행교도 건립할 예정이다.

목포권을 지탱하는 후원지대인 신안과 무안의 도전도 고무적이다. 신안은 염전과 갯벌 및 보물선으로 유명해진 증도를 비롯해 예술섬과 꽃섬 시리즈로 테마를 확장했다. 연육교 개통 이후 주민과 군청이 합심해 1섬 1꽃을 표방하며 365일 꽃피는 섬을 구현했다. 퍼플섬은 5월에는 라벤더, 10월에는 아스타 국화로 보라색 정원을 구현했다. 보라색 옷을 입거나, 보라색 장신구를 착용하면 무료입장이라는 이벤트도 시행한다. 마늘과 양파 대신에 수선화를 심으면 농가에 상응하는 소득을 지원한다는 경관농업 조례도 선도의 자발적인 참여를 유도했다.

무안은 도청 이전으로 활력을 보충했지만 공항의 침체로 고전하고 있다. 고속철도 역사의 유치로 반전의 계기를 마련했지만 제주항공 참사로 회복에 상당한 기간이 필요할 것으로 보인다. 무안에 자리한 목포대학교도 유사한 국립대인 군산대학교나 안동대학교처럼 지리적 고립의 한계를 좀처럼 극복하지 못하고 있다. 다만 의대 유치를 연결고리 삼아 순천대학교의 통합을 추구하는 전략은 고무적이다.

4) 충남의 고속성장을 선도한 천안과 아산

충남을 대표하는 특화도시는 다양하다. 산업도시로 고속성장을 선도한 천안과 아산을 비롯해 역사도시로 백제의 문화유산을 간직한 공주와 부여, 생태도시로 서해안의 환경가치를 증진한 태안과 서산 등이 대표적이다. 태안군 일원 해수욕장의 모래는 진흙 성분이라 콘크리트처럼 견고하다. 표면 상태도 균질해서 비행장 활주로로 사용해도 손색이 없다. 안면도 북쪽에 자리한 몽산포해수욕장의 광대한 스케일은 사람을 압도한다. 서산시는 천수만 철새도래지를 알리기 위해 버드파크를 조성했다. 태안반도 내륙 깊숙이 자리한 천수만은 서산시의 관할권에 속한다.

천안과 아산의 고속성장은 충남의 활력을 충전해 왔다. 천안에는 후삼국을 통일한 태조 왕건의 흔적도 남아 있다. 이에 시청은 태조산 공원 입구에 태조 왕건 기념공원의 설립을 추진하고 있다. 후삼국 통일의 마지막 전투인 일리천 전투의 조형물을 설치해 역사성을 부여하는 한편 시민휴식의 편의성도 증진한다는 구상이다. 천안과 공주의 접경인 차령의 대립과 갈등이 치열했기에 왕건은 훈요 10조에서 차령 이남의 인재등용을 경계하라는 유훈을 내렸을 것이다.

천안시민의 수도권 접근성 강화하는 천안역사 재건축 구상도 역점 과제다. 국철과 전철에 이어 GTX C 노선까지 연장되면 천안의 수도권 편입이 가시화될 것이다. 서해와 근접한 내륙도시 천안은 해넘이에 비해 해돋이 접근성이 떨어진다. 이에 도심 외곽에 자리한 흑성산, 태조산, 광덕산 등을 활용해 일출 명산화 구상도 추진하고 있다. 시민행복을 중시하는 세심한 행정의 구현사례로 평가된다.

충절의 고장 천안을 대표하는 독립운동가로는 아우내장터 3.1만세운동을 주도한 유관순 열사와 대한민국 임시의정원 초대의장으로 임시정부를 선포하고 김구 주석을 후원한 이동녕 선생을 들 수 있다. 독립운동의 아이콘 유관순 열사의 고향에는 독립기념관이 들어섰다. 윤봉길을 비롯해 충남이 배출한 독립투사가 입지 선정에 일조했다. 천안이 국토의 중심이고 고속도로 접근성이 양호하다는 점도 유리한 요소였다. 결과적으로 독립기념관은 천안을 대표하는 랜드마크로 부상해 지역정체성과 이미지 확립에 기여했다. 하지만 대중교통의 한계를 극복하기 위해 전철의 유치를 희망하고 있다. 가을에는 흑성산 아래 독립기념관을 둘러싼 단풍나무숲길을 찾는 이들도 많다.

독립기념관을 구성하는 10개의 전시관들은 각기 뿌리, 시련, 함성, 평화, 회복 등의 주제를 표방하고 있다. 비록 압축적 방식이지만 우리 겨레의 기상과 저력을 깨우치는 역사학습장으로 손색이 없다. 초기 구석기의 상징인 아슐리안 주먹도끼, 산성과 기마대로 만주를 호령한 고구려, 철의 나라 가야의 해상교류, 국권회복을 염원한 무장항쟁과 대외홍보 등 역사의 쟁점을 한평 규모 공간에 집약해 전시한 점이 흥미롭다. 전시관 뜰에 자리한 독립운동가 트로이카의 동상이나 진입부 광장에 치솟은 기념탑도 청기와로 치장한 본관 건물의 위용과 조화를 이루고 있다. 더불어 조선총독부를 해체한 석재나 김구를 비롯한 임시정부 요인들이 귀국 시에 사용한 비행기 실물도 좌우 주변의 적절한 공간에 배치된 상태다.

온양온천이 자리한 아산은 한국을 대표하는 근대 휴양도시다. 이순신 장군의 고향으로 그를 기리는 사당인 현충사가 자리한 곳이다. 고속철도 천안아산역과 국철 온양온천역에서 오전에 출발하는 아산시티투어 버스는 지역의 명소인 신정호관광지, 은행나무길, 온양민속박물관, 현충사, 외암마을, 공세리성당, 피나클랜드 식물원 등을 연결해 준다. 아산시가 아트밸리를 표방하며 예술과 명소를 연계한 행사 기획을 강화한 일도 고무적이다. 하지만 아산이 대학도시의 명성을 지키기 위해서는 특성화대학이나 지역연합대학 구상을 강화해야 한다.

인구 66만 명의 천안시는 38만 아산시와 공조해 충청권의 수도권화를 촉진하고 있다. 중장기적으로 통합 특례시의 출현까지 기대되는 대목이다. 충청권 대도시의 인구 증가세는 수도권 공장과 대학에 대한 총량규제에 기인한다. 최근 아산을 연결하는 고속도로망과 전철망이 강화된 일도 고무적이다. 영남을 대표하는 기업도시와 대학도시인 구미나 경산이 고전하는 모습과 대조된다.

경부선 라인에 포진한 수도권 산업벨트는 충남 북부 천안과 아산으로 확장되었다. 삼성전자의 사업장이 용인 기흥에서 시작해 화성 동탄과 평택 고덕을 지나 아산 탕정으로 진출한 일이 대표적이다. 아산의 명물 포도와 배밭 인근에도 테크노밸리나 디지털단지로 명명된 산업단지가 들어섰다. 4월 중순 아산지역 고속철도에서 보이는 새하얀 이화의 향연은 눈부실 정도다. 마찬가지로 경북의 철길을 장식하는 연분홍 도화도 색다른 매력을 선사한다.

5) 제주의 농업과 관광이 추구할 진로

제주의 매력은 성공한 관광도시나 웅장한 랜드마크가 전부는 아니다. 오래된 마을과 섬문화 특성에 체화된 제주인의 강인한 성취와 애절한 스토리도 살펴야 한다. 조승연이 책 〈리얼:하다〉에서 제시한 성찰처럼 뉴욕을 뉴욕답게 만든 것은 센트럴파크나 맨해튼브리지가 아니라 뉴요커 덕분이다. 그들이 새로운 세상에 대한 희망으로 노예선과 매한가지인 이민선에 탑승한 것처럼 제주인은 척박한 현무암 지대에 마을과 농토를 조성했다.

해방을 전후해 제주도에는 128개 마을이 있었다. 일제강점기 제주발 오사카행 배편인 군대환이 마을공동체에 거주하던 도민의 이주를 촉진했다. 해방 직후 배편이 사라진 다음에도 3만 명이 희생당한 4.3의 비극과 공포를 피해 수많은 제주인들이 밀항선에 탑승했다. 제주 이주민들이 영원한 안식처로 선택한 오사카 통국사 납골묘에는 4.3과 북송의 시련을 경험한 도민의 스토리가 묘비에 새겨져 있다. 재일동포 연극인 김균봉의 일대기를 기록한 〈이카이노 이야기〉도 4.3의 비극과 경계인의 애환이 소재다. 오늘도 이들의 기억하는 후손들이 4.3평화공원 위패 봉안실과 오사카 코리아타운 역사 보존관을 찾고 있다.

제주를 대표하는 오래된 마을은 대부분 읍면동으로 재편되었다. 한라산을 순환하는 방식으로 설정된 제주특별자치도의 행정구역은 제주시 동지역, 애월읍, 한림읍, 한경면, 대정읍, 안덕면, 서귀포시 동지역, 남원읍, 표선면, 성산읍, 구좌읍, 조천읍이다. 한라산 고지대－중산간－해안가로 이어지는 제주의 특성 때문에 육지보다 규모를 키운 제주의 리 단위 마을은 상동, 중동, 하동으로 구분하기도 한다. 리 단위 마을회관은 육지의 면사무소를 연상케 하는 건물 크기와 자치 역량을 과시하는 곳들이 많다.

한국의 8대 민속마을인 성읍마을은 조선시대에 제주 동남부를 관할한 정의현청 소재지로 억새로 이은 가옥과 단아한 성곽이 인상적이다. 하드웨어의 존재감에 부가해 제주민요, 오메기술, 고소리술, 초가장 등 무형문화재가 삶에 스며든 곳이다. 전통마을이 경쟁력을 배양하기 위해서는 전통건물의 관리나 무형문화재 지정을 초월해 대중친화적인 향토음식 육성과 전통문화 확산이 절실하다. 흑돼지 특구조성, 경관농업 강화, 텃밭 체험 등 먹거리나 볼거리 및 즐길거리를 확충해야 한다.

제주의 땅속에 자리한 최고의 자원은 지하수다. 중산간의 곶자왈 지대는 광활한 벌판과 산지다. 이곳의 빗물은 현무암 지층의 지연 필터링을 거치면 청정 상수원인 지하수로 재탄생한다. 제주도민의 공유재인 지하수는 경사면 따라 흘

러내려 해안가에서 용출하거나 지하 암석층 사이의 저수공간에 보관된다. 조천읍 지역에 밀집한 지하수는 제주도수자원본부의 상수도 원수나 지방공기업 제주도개발공사의 생수인 삼다수 브랜드로 가공되기도 한다.

제주는 물이 잘 빠지는 검은색 현무암 지질이라 논농사보다 이모작이 가능한 밭농사가 적합하다. 봄에 귀리, 율무, 조, 보리 등 잡곡이나 감자를 심은 다음에 추수가 끝나는 가을에는 양배추, 무, 브로콜리, 비트 등 월동이 가능한 채소를 재배한다. 과수원 농사의 경우 노지 감귤의 가격경쟁력이 갈수록 약화되면서 한라봉, 황금향, 천혜향, 레드향 등의 시설재배가 각광받고 있다. 민속촌이나 공항에서 판매하는 팥고물 오메기떡은 좁쌀로 만든 떡이다. 전통시장에서 만나는 무나물 빙떡은 메밀을 사용한다. 이처럼 제주도는 강원도의 메밀과 수수처럼 잡곡을 활용한 특산물이 많다.

농업경쟁력이 탁월한 표선면에는 한때 유행한 티켓다방을 대신해 제주 3대 해장국집이 들어섰다. 인근 신천리 포구에는 꽃피는 벽화마을이 조성되었다. 신천목장은 말을 키우던 곳인데 지금은 해안가 기암을 감상하는 제주올레 3코스로 인기다. 말을 키우는 1차산업에 말뼈나 마유크림 및 귤껍질을 가공하는 2차산업과 승마장을 운영하는 3차산업을 결합한 6차산업으로 경쟁력을 증진한 것이다. 목장 입구의 브런치 카페나 양식장 건물도 변화를 상징하는 장소다. 농축산업에서 서비스업으로, 잡는 어업에서 기르는 어업으로의 전환을 시사한다. 동쪽으로 이동하면 섭지코지와 성산일출봉은 물론 갈치잡이 항구로 유명한 성산항을 만난다. 신공항 예정지는 국내선과 국제선 이원화가 달갑지 않은 기존 공항 사수파의 반대로 지연되고 있다. 강정해군기지와 마찬가지로 도민사회의 분열을 가중시킨다는 점에서 조속한 결정이 필요하다.

중장년층의 제주관광은 관절에 무리인 한라산 등산보다 오름 트레킹이 인기다. 제주시 동쪽에 자리한 조천읍 거문오름에서 시작해 구좌읍 거친오름와 다랑쉬오름으로 이어진 트레킹으로 확인한 기생화산 군락의 파노라마는 늦가을 제주의 비경이다. 물론 이처럼 아름다운 중산간 오름지대가 제주4.3사건의 비극을 간직하고 있다는 점은 모순적이다. 나만의 조용한 힐링을 원하는 여행자라면 해변과 마을을 넘나드는 올레길을 선택해도 유용하다.

제주의 겨울은 초록색 밭과 나무가 있어 푸근하다. 공항에 내려 시계반대 방향으로 제주일주를 시작하면 먼저 애월읍 곽지해수욕장에 들린다. 비양도 선착장과 신창풍차해안 풍력단지를 지나면 차귀도 조망이 가능한 수월봉전망대가 지척이다. 이곳에서는 노을이 아름다운 서쪽 바다는 물론 한라산에서 내려온 광활한 벌판과 조우한다. 우도와 차귀도는 제주의 동서를 대표한다. 북쪽의 비양도와 더불어 남쪽의 마라도와 가파도가 사랑을 받고 있다.

제주시 북사면 중산간 지대의 오름인 어승생악은 한라산처럼 등산로가 정비된 경관의 명소다. 주변에는 관음사를 비롯해 공설묘지, 저수지, 승마장, 골프장 등이 자리한다. 제주도에서 가장 오래된 절인 관음사는 조선 숙종대에 잡신정리 정책으로 사라졌다가 1909년 경술국치 직전에 재건되었다. 요금은 조계종의 본사로 제주도의 말사 약 30여 개를 관장한다. 경내에는 다양한 건물과 탑이 있었지만 도교적 토속신앙인 삼성각의 존재감을 포착했다. 중화권에는 불교와 도교 사찰이 경합하는 구도이지만 한국에서는 불교에 흡수된 도교의 흔적이 상대적으로 미진하기 때문이다.

관음사는 한라산 정상 도전이 가능한 등산로이기도 하다. 백록담으로 가는 등산로는 북쪽 관음사 코스와 동쪽 성판악 코스다. 관음사 코스가 성판악 코스보다 힘들지만 북쪽 능선의 웅장한 산세를 감상하기에 유리하다. 이러한 이유로 전문가들은 관음사 코스로 백록담에 올랐다가 성판악 코스로 하산하기를 추천한다.

관음사를 둘러본 다음에 택시 기사님이 전망의 명소로 추천한 공설묘지에 들렀다. 이곳은 국립묘지처럼 가문이나 단체별로 묘역이 구획되어 있다. 제주는 공동체 문화가 강해 매장 위주의 장묘문화를 선호해 왔다. 하지만 유골을 잔디나 화초 및 수목 밑에 매장하는 자연장이 인기를 끌면서 명당자리인 어승생 공설묘지의 인기도 떨어진 상태다.

제주는 괸당이라는 폐쇄적 혈족네트워크가 작동하는 곳이다. 관료사회를 은유한 관당 정도가 경쟁자다. 세대나 남녀가 분리되고 자립의식과 생활력이 강한 제주에서는 한집 울타리 안에서 노인세대가 별도의 공간에 거주하는 경우가 많고 경조사비도 가족보다 개인 단위로 주고받는 풍습이 남아 있다.

한라산을 느끼는 가장 편리한 등산로는 아침에 영실로 올라갔다가 어리목으로 내려오는 코스다. 주차 애로를 피하기 위해 택시타고 영실등산로 입구로 가다가 천백고지 휴게소 앞의 습지도 관찰했다. 가을은 구름에 가려 좀처럼 모습을 드러내지 않는 영실 산행의 적기다. 오늘 코스의 정점인 1,740m 고지 윗세오름은 한라산 정상 도전이 불가능하지만 고지 평원에서 백록담을 품은 봉우리와 광활한 능선을 조망한다는 장점이 있다.

해안에서 돌출한 육지를 의미하는 곶의 방언인 섭지코지는 풍광이 아름답다. 성산일출봉과 우도까지 조망이 가능한 곳이자 인기드라마 〈올인〉 세트장이 자리해 관광객들이 즐겨 찾고 있다. 섭지코지에 위치한 화산송이 붉은오름과 선돌은 관광객들이 선호하는 전망의 거점이다.

동부 해안가 구좌읍에 자리한 스마트 그리드 실증단지에서는 풍력발전기와 태양광의 활용가능성을 확인하고 신재생에너지의 미래를 타진해 보기도 했다.

제주도는 우리가 거주한 수도권보다 저위도에 공기까지 청정해서 그런지 오후 2시의 따스한 겨울 햇살이 뜨겁게 느껴질 정도다. 지는 해의 후광도 만만치 않아서 오후 무렵의 제주 일주는 서에서 동으로 이동하는 코스를 추천한다. 같은 제주에서 울창한 숲을 이루는 측백나무 방풍림이지만 경기도에서는 잘해야 울타리 담장 정도가 고작이다.

제주는 육지에서 사라진 풍습이나 사투리가 살아있는 곳이다. 태양의 위치를 기준으로 한 해를 구분하는 24절기가 집안의 대소사를 결정하는 기준이다. 실제로 제주에서 이사는 아무 때나 하는 것이 아니라 24절기 마지막인 대한 후 5일에서 24절기 시작인 입춘의 3일 전까지 일주일 정도가 인간이 사는 지상에 하늘의 신들이 없는 기간이라는 의미의 신구간에 택일한다. 육지의 경우 생활의 편의에 따라 신학기 직전에 이사하는 경우가 많지만 아마도 제주에서는 정월 초순을 전후한 겨울에도 이사가 가능한 기후로 인해 이러한 전통이 유지된 것으로 보인다.

표선면 중심에 자리한 봉우리와 오름은 동네산보에 적합하다. 노인친화적인 지그재그 산책로가 울창한 아열대 숲과 조화를 이룬다. 천연과 인공잔디 축구장을 모두 구비한 표선생활체육관은 겨울철 육지 학생들의 전지훈련 장소로 각광받고 있다. 조례로 사용료를 면제하는 대신에 선수단 유치로 지역경제 활성화를 추구한 것이다.

표선생활체육관 입구에 자리한 표선면 4.3 추모공원은 비극적 역사를 성찰하는 장소다. 1947년 시작된 4.3의 비극으로 표선면에서만 700여 명이 사망했다. 당시 해안에서 5킬로미터 이상 떨어진 중산간 마을에 소개령을 내리고 극우 반공세력인 서북청년단 주도로 대대적인 소탕작전을 전개하면서 표선면의 중산간 지대인 가시리, 세화리, 토성리 등에서 다수의 사망자가 발생했다. 과거의 아픈 기억을 간직한 가시리는 해안가에 비해 저렴한 지가에 착안한 개발업자들이 몰려와 이주민용 타운하우스를 조성해 분양했다. 향토색이 묻어나는 가시리 일대의 식당은 제주도 사투리를 경험하기에 유용한 곳이다.

제주에는 1월 중순에도 수확이 늦은 노지 감귤이 나무에 달려있다. 지금은 오렌지나 자몽같은 수입과일은 물론 한라봉, 키위 등 시설재배 과일에 밀려 인기가 덜하지만 아직도 제주를 대표하는 농산물임에 분명하다. 노란 열매가 달린 귤나무는 유채꽃과 더불어 제주를 대표하는 경관농업의 단골 소재다.

에필로그
: 차세대 도시경쟁력과 글로컬 특화도시

중앙집권적인 근대 민족국가는 지역의 특수성보다 전국적 보편성에 주력했다. 20세기 중반에 대거 출현한 신생독립국가들은 인위적으로 국경을 획정당한 후과이자 종족과 종교적 이유로 분쟁을 경험했다. UAE 사례가 시사하듯이 부족국가 전통이 온존한 국가에서는 도시가 문화의 다양성을 담보한다. 로컬의 특수성을 중시한 도시이야기는 인간과 마을에 대한 애착이 담겨 있다. 국가라는 스케치보다 도시라는 정물화가 각광받는 이유다.

북반부에 포진한 잘나가는 도시들의 성공비결은 환경과 제도 및 사람의 하모니로 집약된다. 환경 변수의 우수사례는 시대의 요구나 거대한 흐름에 잘 적응한 도시다. 제도 변수의 유용성은 정부의 정책이나 기업의 혁신이 촉발한 선한 영향력은 물론 협동조합이나 산학협력 네트워크의 유용성을 반영한다. 사람 변수는 시민과 시장의 헌신과 창의에 힘입어 도약한 도시다.

도시의 활력을 증진한 비결은 분명한 목표설정과 시민참여의 활성화다. 기지촌이나 소도시라는 태생적 한계를 극복하려면 도시정체성을 재정립하고 교통통신망을 강화해야 한다. 수입의 감소나 자산의 하락에 실망해 지역을 떠나는 시민과 기업을 설득해 도시재창조에 참여시켜야 한다. 문제를 해결하는 개인적 노력의 결집이 우수한 성과를 창출하는 첩경이다. 지역의 미래에 투자하는 시민모금운동이나 고향사랑기부제도 발전성과 증진과 직결된 문제다.

지속가능하고 미래지향적인 발전을 달성하려면 과학도시, 문화도시, 건강도시, 관광도시 등과 같은 특화전략이 필요하다. 새로운 사명과 목표를 공유하면 성과 창출의 모멘텀 확보가 용이해진다. 도시에 오랫동안 거주한 시민들은 지역의 발전가능성을 충전하는 주역이다. 시민에게 체화된 경험과 진심어린 애착이 지역발전의 싱크탱크나 불도저 역할을 수행한다. 시장이나 공무원은 시민을 자극하고 지원자 역할에 충실해야 한다.

글로컬 특화도시는 내외부의 다양한 이해관계자들과 열린 소통을 추구한다. 변혁적 시장의 결단이나 엘리트 관료의 역량도 중요하다. 합리적 결정보다 성공적 집행을 관통하는 최고의 성공비결은 협력적 거버넌스다. 시민과 기업도 정부의 친절을 기대하는 자세를 탈피해 적극적으로 요구하고 헌신적으로 선도해야 한다.

우리나라에서 지방 거점도시의 침체를 알리는 징후가 포착되었다. 부동산 가격의 하락이나 지방대 신입생 미달이 대표적이다. 문화예술이나 과학기술을 활용해 도시경쟁력을 증진하려면 특화도시 기획의 강화, 효과적 기관형성, 정책수단의 다변화, 마케팅 전략의 활용 등이 필요하다.

국내외 우수도시들은 지역의 특성을 반영해 발전전략을 수립했다. 시애틀과 포틀랜드는 지속가능도시 비전을 통해 기업도시로 도약하는 계기를 마련했다. 캘거리와 밴쿠버도 산업화에 불리한 서부에 자리했지만 관광휴양 중심의 도시개발로 활력을 보충했다. 부산과 인천도 한국을 대표하는 항구도시로 번성했다. 하지만 신항만 건설이후 쇠락한 구도심의 부활시키려고 이벤트와 결부된 서비스업의 강화를 추구했다.

우리는 20세기에 국가주도로 메가트렌드가 전환되는 역사적 장면을 목격했다. 스탈린과 루즈벨트는 물론 덩샤오핑과 리콴유의 성취가 대표적이다. 한국의 권역별 산업단지나 신도시 건설도 개발시대의 화려한 유산이다. 최근에 도시계획 분야에서는 포괄적 그랜드플랜보다 구체적 연동계획을 중시하려는 경향이 부각되었다. 변화의 폭과 깊이 및 속도가 연착륙하는 관리의 시대를 맞이해 작고 정교한 계획이 각광받기 시작했다. 빅데이터와 AI는 이러한 추세를 후원하는 핵심적 수단이다.[1)]

도시계획의 완결성을 확보하려면 수립의 초기 단계부터 시민, 전문가, 공무

1) 김주일. (2024). 삼국지, 제갈량, 그리고 지역개발. 경북일보. 2024.04.08.

원들이 공동으로 참여해 목표를 공유하고 엄정한 평가체계를 구축해야 한다. 도시계획은 매우 정교하고 복잡한 규제의 집합체다. 따라서 규제장벽을 이해하고 극복하는 일은 도시활성화 프로젝트의 성패를 좌우한다.

아름다운 도시 파리를 알린 주역은 루브르박물관과 퐁피두센터이다. 높은 브랜드 가치에 힘입어 루브르 아부다비나 퐁피두센터 상하이를 비롯해 세계 각지에 분관이 설치될 정도다. 한때 범죄도시로 추락하던 뉴욕의 부활에도 미술관과 공연장을 비롯해 문화예술 역량이 일조했다. 창조도시나 과학도시의 원천인 문화예술과 과학기술 역량이 도시경쟁력을 증진한 비결이다.

르네상스 시절 문화예술로 부흥한 피렌체의 도약에는 메디치 가문이 헌신했다. 문화예술 분야의 사회공헌 활동인 메세나 정책으로 피렌체를 고품격도시로 재창조했다. 순수미술 분야의 거장인 미켈란젤로, 다빈치, 보티첼리 등이 당시의 수혜자였다. 메세나의 최근 사례는 구겐하임이나 이건희 미술관을 들 수 있다. 조엘 코트킨의 제언처럼 문화도시로 도약하려면 인상적 갤러리, 독특한 상점, 활기찬 거리, 관광의 산업화 등이 필요하다.[2)]

일본의 다케오 시립도서관 활성화 프로젝트는 공공시설을 민간위탁하고 운영과 요금의 자율성을 허용했기에 가능했다. 이러한 시도는 시민단체나 경쟁업체의 반발로 의도한 목표를 달성하기가 어려운 경우도 많다. 더불어 도시의 활력을 유도하는 창의적 시도를 촉진하려면 도전적인 청년세대가 주도권을 행사하도록 연공서열 관행을 파괴해야 한다.

현대인의 도시생활은 행복국가 덴마크의 휘게 라이프처럼 개인의 취향과 가치관을 존중하는 행복한 삶을 추구한다. 주거단지 내에 사우나 시설, 글램핑 시설, 골프 연습장, 동호회 모임, 커뮤니티 식당 등을 갖추는 곳이 늘고 있다. 단지 주변에 위치한 쇼핑몰, 도시관, 맥도날드, 스타벅스 등도 인기의 비결이다. 러시아의 다차처럼 도시 아파트에서 5일, 시골의 오두막 농막에서 2일을 보내는 '오도이촌'의 삶을 선택하는 이들도 등장했다.

---

2) 최현희. (2024). 앞의 책.

1. 글로컬 특화도시 구현사례의 국제비교

시애틀은 1970년대 이후 동아시아 국가의 추격으로 경쟁력을 상실한 중후장대 제조업의 경쟁력을 보완하려고 첨단기술산업 유치에 주력했다. 보잉과 아마존의 성장에 힘입어 관련 기업들을 대거 유치했다. 광산업과 목축업에 의존하던 캘거리도 지역의 핵심자산인 캐나디안로키의 배후도시로 적극 홍보했다. 내륙형 휴양관광도시의 성공과 직결된 허브공항의 활성화에 주력한 점이 결정적 변수였다. 다운타운 중심으로 밀도를 증진한 캘거리는 압축도시의 성격도 지닌다.

국내외 우수도시들은 지역의 특성을 고려해 특화발전 전략을 추진했다. 시애틀은 우주개척 엑스포와 지속가능도시 비전을 통해 첨단기업도시로 전환하는 계기를 마련했다. 캘거리도 산업화에 불리한 서부내륙에 자리했지만 에너지에 추가해 휴양관광도시 이미지를 강화하면서 침체된 도시에 활력을 보충했다. 청주와 전주도 내륙도시의 한계를 탈피하는 일에 주력해 왔다. 청주는 안정적 주거 여건에도 불구하고 도시매력의 저하 문제를 해결하기 위해 서비스산업의 육성에 주목하기 시작했다. 최근에 대한민국의 무게중심이라는 지리적 이점과 교통망 강화를 활용해 컨벤션 산업에도 주목하기 시작했다. 전주는 수도권과의 거리감을 극복하는 전략으로 한옥마을을 활용한 체류형 관광을 육성해 왔다. 지리산과 서해안이라는 인접 자산을 효과적으로 연계하면 시너지 창출이 촉진될 것으로 보인다.

우리는 20세기를 풍미한 국가주도의 기획시대라는 메가트렌드가 전환되는 역사적 사건을 목격하고 있다. 한국의 권역별 산업단지나 신도시 건설도 개발시대의 유산이다. 국제비교 대상 4개 도시들은 스마트 도시를 지향하는 도시계획의 완결성을 확보하려고 수립의 초기 단계부터 시민, 전문가, 공무원들이 공동으로 참여해 목표를 공유했다.

비교대상 4대 도시는 지역의 거점으로 우수 인재가 포진해 있다. 이들의 아이디어를 자극하고 반영해야 지역발전이 촉진된다. 지속가능하고 미래지향적인 도시발전을 추구하려면 과학도시, 문화도시, 건강도시, 관광도시 등 특화전략을 강화해야 한다. 새로운 사명과 목표를 공유하면 성과 창출의 모멘텀 확보가 가능하다. 도시에 오랫동안 거주한 시민들은 소규모 도서관이자 싱크탱크 역할로 지역의 가능성을 충전하는 주역들이다. 시민에게 체화된 경험과 진심어린 애착이 지역발전의 싱크탱크나 불도저 역할을 촉진한다. 시장이나 공무원은 시민을 자극하고 지원하는 역할에 충실해야 한다.

4개 도시를 비교분석한 결과 글로컬 특화도시의 성공에는 이해관계자들의 열린 소통이 주효했다. 변혁적인 시장의 결단이나 엘리트 관료의 분석도 중요하지만 결정과 집행을 관통하는 최고의 비결은 협력적 거버넌스 방식이다. 시민과 기업도 정부의 선의를 기대하는 소극적 자세를 탈피해 주도적으로 요구하고 실천해야 한다. 도시발전의 주도자인 관료와 시민이 추구할 최고의 덕목은 겸손이다. 내가 최고라는 오만한 자세로는 주변의 인정과 협력을 유도하기 어렵다. 우수인재의 유치와 직결된 도시매력 증진성과에도 주목해야 한다.

도시가 국가에 비해 불리한 규모의 한계를 극복하려면 협력적 네트워크를 가동해 범위의 미덕을 구현해야 한다. 시민들이 적극적으로 정책과정에 참여해 민주적 절차를 확립하지 못하면 정책은 힘자랑하는 장소로 전락할지도 모른다.[3] 국가와 달리 도시는 일상과 직결된 문제들을 다룬다는 점에서 공동체의 원리를 우선해야 한다. 북미국가의 도시들은 시민참여를 촉진하는 방식으로 도시재생을 전개했다. 한국의 도시는 북미에 비해 시민참여가 저조한 편이지만 지방자치가 안정되며 우수사례의 창출빈도가 늘고 있다.

도시의 활력을 증진하는 비결은 분명한 목표설정과 시민참여의 활성화다. 소멸과 침체라는 태생적 한계를 탈피하려면 도시정체성을 재정립하고 교통통신을 강화해야 한다. 수입의 감소나 자산의 하락에 실망해 지역을 떠나는 시민과 기업을 설득해 도시재창조 운동에 참여시켜야 한다. 문제를 해결하는 과정상의 작은 실천이 우수한 성과를 창출하는 첩경이다. 지역의 미래에 투자하는 시민모금운동이나 고향사랑기부제도 발전성과와 직결된 문제다.

---

3) 박치성. (2024). 정책학. 박영사.

도시의 발전역량을 강화하려면 수많은 인재들이 집단지성을 발휘해야 한다. 에드워드 글레이저는 인적자본을 끌어들이고 결집시키는 도시매력도가 부와 행복을 좌우할 것으로 보았다. 인도 벵갈루루와 미국의 실리콘밸리는 도시의 인접성·친밀성·혼잡성을 극대화시키는 방식으로 기술혁신의 중심지로 부상했다. 도시발전은 인재유치를 촉진하는 행정과 정책의 혁신역량에 달려있다.

우수인재의 유치와 직결된 도시매력도 강화도 주목할 만하다. 여피스타일 전문직을 중심으로 자연친화적 주거에 대한 선호가 증가하면서 숲세권과 공세권이 부상했다. 북미국가 도시들은 도시재생을 통해 시민과 관광객들이 원하는 도시환경과 생활을 조성하였다. 한국의 도시도 수변주거지나 공공시설을 확충하는 방식으로 도시매력을 증진했지만 청주 사례처럼 노잼도시 탈피에는 상당한 시간이 소요될 것이다.

잘나가는 특화도시의 성공비결은 환경과 제도 및 사람 변수의 하모니가 좌우한다. 환경 변수의 우수사례는 시대의 요구나 거대한 흐름에 잘 적응한 도시다. 제도 변수의 유용성은 정부의 정책이나 기업의 혁신이 촉발한 선한 영향력은 물론 협동조합이나 산학협력 네트워크의 제도적 유용성을 반영한다. 사람 변수

글로컬 특화도시 추진전략의 국제비교

	시애틀	캘거리	전주	청주
특화도시 목표	첨단과학도시 휴양관광도시 문화예술도시	휴양관광도시 압축도시 건강도시	역사문화도시 예술음식도시 생태도시	첨단과학도시 행정교육도시 안전도시
특화도시 추진체제	효율성 중시 정부-기업관계 강화	공공성 중시 정부-시민관계 강화	공공성 중시 정부-시민관계 강화	공공성 중시 정부-기업관계 강화
핵심적 정책수단	기업유치 규제개혁 시민행복 안전장치	도시공간 공동활용 자연보호 강화	정부보조금 유치 시민제안 활용	도농통합 구현 도시마케팅 강화
집행과정의 특성	신속한 집행 (하향식과 상향식 절충)	점진적 집행 (상향식 집행전략)	점진적 집행 (상향식 집행전략)	신속한 집행 (하향식과 상향식 절충)
특화도시 성과	세계도시 도약 시민행복 증진 도시브랜드 향상	거점도시 강화 시민행복 증진 도시인지도 향상	시민소득 부진 시민행복 저하 도시매력도 향상	경제활성화 유도 시민행복 증진 도시매력도 정체
특화도시 미래	지속적 강화	점진적 강화	점진적 강화	지속적 강화

가 창출하는 효과는 시민의 헌신과 창의에 힘입어 도약한 도시다.

특화도시가 창출한 성과는 양과 질 및 격으로 구분된다. 먼저 양적 성과는 인구와 소득이 대표적이다. 시애틀은 1990년부터 2023년까지 꾸준한 인구 증가세를 보였다. 2010년 이후 IT 및 기술산업의 성장으로 인구가 급증했다. 2022년에서 2023년 사이 지역총생산(GRDP)이 6.2% 증가할 정도로 경제성장세도 가파르다. 캘거리는 1990년대부터 현재까지 지속적인 인구성장을 기록했다. 에너지와 휴양관광산업의 발전으로 인구유입이 활발한 편이다. 2024년 GRDP는 2%로 안정된 성장세를 유지했다. 전주는 1990년대부터 2000년대 초반까지 빠른 인구증가세를 보였으나, 2010년 이후 증가세가 둔화되었다. 2023년 전주가 포함된 전라북도의 경제성장률은 －0.2%를 기록하며 침체를 보였다. 청주는 1990년대부터 꾸준한 인구증가세를 보였다. 2014년 청원군과의 통합으로 인구가 크게 증가했다. 2023년 청주가 포함된 충청북도의 경제성장률은 -0.4%를 기록하며 전주와 마찬가지로 침체를 보였다. 하지만 대기업을 유치한 청주는 1인당 GRDP에서 전주를 압도했다.

다음으로 질적 성과는 시민행복도가 대표적이다. 2024년 세계행복보고서(World Happiness Report)에서 미국(시애틀)은 24위, 캐나다(캘거리)는 18위, 한국(전주·청주)은 58위를 기록하며 국가별 삶의 질에서 차이를 보였다. 또한 행복도시지수(Happy City Index)에서는 캘거리만 136위를 기록하며 전 세계 250위 이내 순위를 기록 반면에 시애틀, 전주, 청주는 순위권 밖에 머물렀다. 이러한 평가는 사회적 지원, 1인당 GDP, 기대수명, 자유, 관용, 부패에 대한 인식, 감정 등을 기준으로 이루어진다. 즉, 지역별 경제력과 사회적 환경이 시민 삶의 질에 미치는 영향력을 반영하고 있다.

한편 격을 반영한 성과는 도시평판도가 대표적이다. 2023년 삶의 질 지수(Quality of Life Index)에서 캘거리는 36위, 시애틀은 39위를 기록하며 서구권 세계도시 중에서 높은 순위를 차지했다. 국내 기관이 조사한 도시브랜드 순위는 청주가 16위, 전주는 21위로 평가되었다. 이는 지역적 특성과 산업적 기반의 차이를 반영한다. 이러한 평가는 생활비, 주거비용의 적정성, 대기·수질오염 수준,

글로컬 특화도시 성과의 국제비교

	시애틀	캘거리	전주	청주
인구	약 75만명/405만 (도시/대도시권)	약 141만명	약 65만명/75만 (도시/대도시권)	약 88만명
면적	약 217km^2	약 825km^2	약 206km^2	약 940km^2
지역총생산 (GRDP)	$487.75billion	CA$102.66billion (75.97 billionUSD)	약 15조 6,000억	약 34조 6,500억원
1인당 GRDP	68,074USD	CA$79,885 (59,115USD)	2400만 원 (18,500USD)	3,930만 원 (30,000USD)
일자리 (고용인 수)	약 2,100,000명	약 900,000명	34만 5000명	30만 5800명
시민만족도 (2024)	24위(미국)	18위(캐나다)	58위(한국)	58위(한국)
도시평판도 (2023)	국제 39위	국제 36위	국내 21위	국내 16위

주: Calgary website(www.calgary.ca), US Census(www.census.gov/),
청주시(www.cheongju.go.kr), 전주시(www.jeonju.go.kr),
한국기업평판연구소(brikorea.com), Institute for Quality of Life
(https://happy-city-index.com), WGR(worldhappiness.report), Numbeo(www.numbeo.com)

범죄율, 의료 시스템의 질, 교통 체증 및 통근 시간 등을 종합적으로 고려한 것이다. 이러한 요소들은 도시매력도를 좌우하는 결정적 변수다.

청주와 전주는 지방 거점도시로 행정과 교육에 치중했던 도시다. 하지만 1990년대 이후 수도권의 급속한 비대화로 인해 도시경쟁력이 약화되었다. 부동산 가격의 하락이나 지방사립대 신입생의 미달이 대표적 징후다. 지역인재들이 수도권 대학을 선호하면서 지방 거점도시의 위상도 약화되었다. 이에 편리한 교통과 오랜 역사를 기반삼아 첨단기술과 문화예술에 특화한 발전전략을 추구했다. 하지만 이러한 특화전략은 청주를 노잼도시와 전주를 역사도시로 각인시키는 부정적 결과도 초래하였다.

비교대상 도시들은 도시매력을 증진하려고 도시마케팅을 활용했다. 지역축제를 활용해 관광객을 유치한 일이 대표적이다. 지역자산을 활용해 문화·관광시설 및 서비스를 개발하면 지역경제의 활성화에 기여할 수 있다. 역사문화도시 전주와 청주는 장소성에 기반한 문화콘텐츠의 성공적 활용사례다. 브랜드는 무형의 가치로 대중 속의 심상에 해당한다. 마음에 들면 강력한 힘을 발휘한다. 도시

브랜드에는 시민들이 추구하는 도시의 지향점이 담겨 있다. 시애틀은 영화 로케이션이나 엑스포 행사를 활용해 도시이미지를 증진시켰다. 캘거리도 지역의 특성을 반영하는 로데오 축제나 다문화 이벤트를 주기적으로 개최하여 내외부의 관심을 유도하였다.

글로컬 특화도시는 도시경쟁력의 강화전략으로 세계적 흐름과 지역적 가치를 혼합했다. 시애틀과 청주는 기업유치와 주거생활을 융합해 도시매력을 증진시켰다. 또한 캘거리와 전주는 지역 고유의 자연과 문화를 토대로 도시브랜드를 강화했다.

캘거리와 전주는 지역 고유의 자연과 문화를 토대로 도시브랜드를 강화했다. 이처럼 산업경제와 문화관광이라는 상이한 도시발전 전략의 차이에도 불구하고 도시경쟁력을 강화한 비교대상 4개 도시는 모범적이다.

도시정부를 비롯해 다양한 이해관계자가 결부된 정책형성 기제인 로컬거버넌스 역량이 도시발전의 결정적 변수로 작용했다. 시청이 제안한 혁신적 정책의제에 시민이 동참해 구체적 발전목표를 설정한 것이다. 정책집행 단계에서는 관료의 헌신과 시민단체가 조력이 안정적 정책집행을 담보하는 기제로 작용했다. 정책평가 단계에서는 양, 질, 격이 망라된 총체적 도시경쟁력 성과에 대한 지속적인 환류가 미래지향적 도전을 자극했다.

에코스마트시티 거버넌스의 우수사례는 런던, 암스테르담, 싱가포르 등이 대표적이다. 이들 도시는 도시재개발은 물론 도시재생을 망라한 다양한 사례들을 추진했다.

먼저 정책형성의 측면에서 성공적 도시변화를 유도하기 위해서는 다양한 이해관계자들의 목소리를 적극적으로 경청하고 수용해야 한다. 하지만 사회주의 색채가 강한 전통적 기획은 도시계획안의 수립과정에 시민들의 목소리를 경시하는 경우가 많았다. 특히 공영개발 방식으로 진행되는 대규모 도시개발사업의 경우 부동산 투기의 문제를 수반한다는 점에서 충분한 보안유지라는 제약요인이 존재한다.

국가군별 정책결정패턴은 영미식 시장주의, 유럽식 합의주의, 동아시아식

국가주의 등으로 일반화가 가능하다. 이러한 패턴은 도시혁신 사례인 에코스마트시티 거버넌스에서도 재확인이 가능했다. 영미 사례에 해당하는 런던 도크랜드의 경우 신우파 대처 정부 시절에 이루어졌기 때문에 외견상 국가공기업의 정책주도에도 불구하고 실질적으로 민간의 참여를 중시하는 도시재개발 방식을 활용하였다. 반면에 유럽을 대표하는 암스테르담 북항 도시재생의 경우 정부나 시장보다 시민사회를 대표하는 예술가들이 주도했다는 점에서 사회협약 방식과 유사하다. 더불어 동아시아를 대표하는 싱가포르의 도시재개발은 공영개발 권한을 독점적으로 행사한 정부 부처와 공공기관의 정책주도가 안정적으로 유지되었다.

다음으로 정책집행의 측면에서 에코스마트시티의 추진과정은 관과 민을 망라한 다양한 집행조직들을 활용하였다. 런던 도크랜드는 공기업의 정책주도에 부가해 사업비의 80%는 민자를 유치해 부동산 개발이나 경전철 건설을 추진한 반면에 옥소타워 재생은 시민주도의 조합이 정책집행과정 전반의 주도권을 행사하였다. 싱가포르의 경우 정부가 결정하고 공공기관에 집행을 위탁하는 방식이 목격되었다. 더불어 정부가 출자한 공공기관의 경우 도시개발, 주택건설, 산업단지 등으로 분야별 전문성을 확보한 조직들을 활용하였다.

도시개발사업의 성패를 좌우하는 재원조달의 경우 런던의 경우 민자나 조합과 같은 민간조달 방식을 채택하였다. 암스테르담의 경우는 예술가단체가 자율적으로 운영관리규약을 마련하는 등 주도자 역할을 담당했지만 도시정부가 보조금이나 인허가 등에서 편의를 제공하는 패턴을 표출하였다. 싱가포르의 경우 정부가 조성한 기금이나 예산을 주로 투입했지만 서민 대상의 염가 판매정책도 병행하였다.

한편 정책평가의 측면에서 사기업이 주도한 런던 도크랜드의 경우 투자수익률의 관점에서 재투자 규모를 결정한다. 하지만 시민조합이 주도한 옥소타워 임대주택의 경우 도시재생 이후 지역주민의 재정착 비율이나 공동체의 활성화 수준에 주목한다. 유럽을 대표하는 암스테르담의 경우 도시재생에 따른 중장기 파급효과에 주목하는 경우가 많았다. 더불어 싱가포르는 복합리조트 투자유치 단계에서 해외투자자들을 대상으로 엄정한 사업자 선정평가를 진행했을 뿐만 아니라 집행 이후 단계에서는 경제사회적 영향평가도 주기적으로 수행하였다.

에코스마트시티의 안정적 제도화를 위해서는 후속 투자와 관심을 유발하는 홍보 활동이 강화되어야 한다. 지구촌을 대표하는 대도시들은 외부의 지속적인 관심을 유발하기 위해 다양한 홍보활동을 전개하는 방식으로 인지도 상승효과를 창출하였다. 런던의 경우 산업도시에서 창조도시로의 전환이 주목을 끌었으며, 암스테르담은 수려한 주거공간과 활발한 대외교류가 부가가치를 창출하는 원천으로 작용하고 있다. 더불어 싱가포르는 국부와 국질 및 국격 모두에서 높은 수준의 국가경쟁력을 유지하고 있다는 점이 투자자나 관광객들의 관심을 끌고 있다.

산업도시에서 창조도시로의 전환을 촉진하려고 우리나라도 에코스마트시티 조성을 추진하고 있다. 물론 아직은 중앙정부가 지원하는 보조금 사업이나 국가 공기업이 주도하는 특화사업의 형식을 띠고 있는 경우가 많다. 더불어 광역과 기초를 망라한 지방자치단체를 대상으로 도시재생 공모사업을 진행하고 있다는 점도 고무적이다.

우리나라처럼 도시 전반에 정보통신 인프라를 구축한 나라들은 감염병에 취약한 고밀도 도시라는 위협에도 불구하고 소기의 성과를 창출하였다. 각국의 유무선 통신망 속도를 발표하는 한 사이트에 따르면 싱가포르, 홍콩, 한국, 모나코, 네덜란드 등이 상위권을 차지하고 있다. 더불어 기업과 대학들은 우려했던 재택근무나 비대면 강의가 나쁘지 않다는 사실도 깨닫기 시작했다. 정보통신 인프라는 인공지능이나 빅데이터와 함께 핵심적 역할을 수행할 것이다.

또한 기존 도시에 생태적 가치를 강화하는 방식으로 산업도시나 기후변화의 부작용을 해소하려는 움직임도 강화되고 있다. 이를 반영하는 대표적 사례가 숲이나 공원의 확충이다. 도시에 녹색지대가 늘어나면 미세먼지의 저감이나 열섬효과를 완화하기에 유리하기 때문이다. 이러한 실질적 효과 이외에 도심에 녹지축을 형성하는 일은 이미지 개선이나 대내외 홍보를 기대할 수 있다. 뉴욕의 하이라인파크나 보스턴의 그린웨이가 가시적 성과를 창출하자 서울을 비롯해 많은 도시들이 적극적인 벤치마킹을 시도하였기 때문이다.

더욱이 1990년대에 출생한 미래의 주축세대는 개인주의와 직업안정 및 워라밸을 선호한다. 〈90년생이 온다〉는 저서에 따르면 한국의 90년생은 인터넷 세대답게 짧고 간단한 것을 좋아하고, 조국 사태에서 표출된 것처럼 공정이라는 가치를 중시한다. 디지털 노마드처럼 유동적인 생활에도 익숙한 이들은 앞으로 친환경 주거문화를 선도할 세대이기도 하다. 광역교통망 강화라는 기회요인을 활용해 영미나 유럽의 친환경 세대처럼 대도시 외곽에 한국형 에코스마트시티 건설을 선도할 것이다.

이처럼 한국형 에코스마트시티의 당위성에 부응하기 위해서는 이미 정부가 시작한 시범사업의 성공적 추진이 필수적이다. 앞으로 우리가 살아갈 미래의 도시를 상상하는 데 있어 부의 양극화와 불평등, 저출산과 초고령사회로의 진입, 기후변화와 4차 산업혁명 등이 가장 중요한 변수로 떠오를 것이다. 그리고 이러한 요인들은 단순히 개인적 삶의 스타일을 바꾸는 데 그치지 않고 에코스마트를 앞세워 도시에 대한 전통적 관념을 변화시킬 것이다.[4)]

우선 부산에코델타시티는 이름처럼 낙동강 하구 삼각지에 조성되고 있는 시범사업이다. 4대강을 관리하는 한국수자원공사와 부산광역시가 주관하는 해당 사업은 국가하천 주변지를 체계적이고 계획적인 개발을 통해 하천의 물순환을 담보한 미래지향적인 수변도시를 조성한다는 점에서 주거와 산업 모두에서 상당한 사회경제적 파급효과가 기대된다. 특히 정부의 「포트비즈니스밸리」계획과 부산시의 「국제산업물류도시」계획을 반영한 복합물류·산업중심 글로벌 거점도시를 조성할 경우 국가경쟁력 제고로 이어질 것이다.

또한 세종스마트도시(5-1생활권)는 신도시에 입주한 주민들의 교통과 생활편의를 개선함은 물론 유관 산업의 진흥을 도모한다는 것이다. 한국토지주택공사와 세종시는 4차 산업혁명 관련 신기술을 자유롭게 실증·접목하고, 창의적인 비즈니스 모델이 구현되는 혁신산업 생태계를 조성하여, 미래 스마트시티 선도모델을 제시할 계획이다. 이곳에선 개인용 탈것과 자율주행이 보편화될 미래를 가정해 가로환경과 교통시스템을 마련할 예정이다. 쓰고 남은 에너지는 건물끼

---

4) 정재승. (2020). 쇼핑-서비스 기능 축소된 도시, '만나고 경험하는 공간'으로 재탄생. 동아일보. 2020.04.02.

세종 스마트도시의 대표사업

리 교환과 거래가 가능하고, 병원 응급실 상황을 모니터링하고 공유해 응급차가 빨리 적절한 응급실에 환자를 이송할 수 있도록 할 예정이다. 기술을 도시 운영자들을 위해서가 아니라 시민의 행복과 도시의 지속가능성을 위해 사용하는 것이 세종 국가시범도시의 철학이다. 나아가 신산업 육성을 위해 자율주행차 운전자 의무 완화, 드론 활용관련 신고절차 간소화 등 각종 규제특례도 허용해 스마트시티가 다양한 4차 산업혁명 기술을 담아내는 플랫폼으로서 우리 경제의 새로운 성장동력이 되도록 육성할 계획이다.

한편 DMZ 국제평화지대 구상은 남북관계 개선을 전제로 추진이 가능한 미래지향적 에코스마트시티 사업이다. 아직은 문재인 대통령이 2019년 9월 UN총회 연설을 통해 제안한 정치적 수사 이상의 의미를 부여하기가 어렵지만 남북관계의 획기적 진전에 따라 사업추진이 본격화될 경우, 오래된 생태의 보고 비무장지대가 에코스마트시티의 부지라는 점에서 세계적인 관심과 투자유치가 용이할 것이다. 실례로 GP를 대신해 조성된 DMZ 평화의길은 다수의 내·외국인들이 방문해 잠재된 저력을 입증하기도 했다. 일례로 우리가 기존에 조성한 송도국제도시는 바다를 토사로 메우는 토건위주의 개발방식이지만 DMZ 국제평화지대 조

제5차 국토종합계획의 비전과 목표

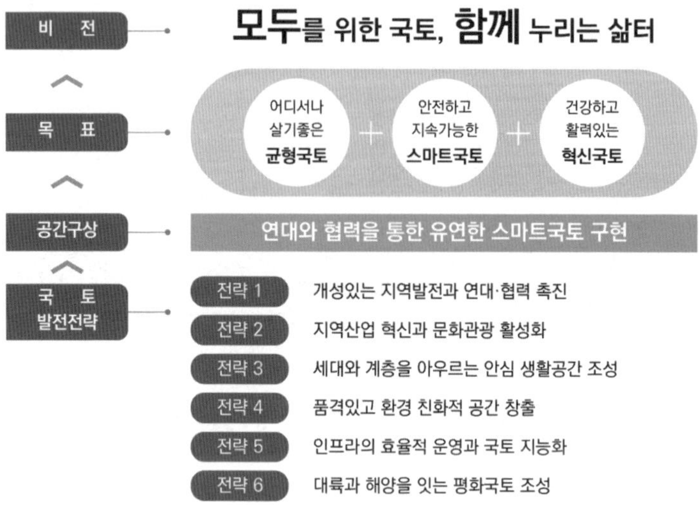

성은 환경친화적인 재생을 지향한다. 한반도의 DMZ는 지금까지 유례를 찾아보기 힘들 만큼 중무장되어 있는 갈등과 대립의 상징으로 자리해 왔지만 2018년 10월 '9·19 군사합의'에 따라 JSA 내 지뢰를 제거하고, 감시초소와 화기를 철수하면서 평화적이고 친환경적인 재생의 가능성을 제시하였기 때문이다.

2. 생활 속의 도시계획과 부동산 이야기

도시계획이란 도시의 바람직한 미래상을 정립하고 시행하는 과정이다. 우리나라의 모든 도시계획은 〈국토의 계획 및 이용에 관한 법률〉에 근거한다. 우리나라의 국토공간계획 체계는 "국토 및 지역계획–도시계획–개별건축계획"의 3단계로 나누어진다.

우리나라의 국토종합계획은 1972년 제1차 국토종합개발계획을 시작으로 제5차 국토종합개발계획(2020~40)을 마련했다. 또한 〈국토의 계획 및 이용에 관한 법률〉은 광역도시계획, 도시·군계획 등 다양한 지방 차원의 계획을 규정하고 있다. 제5차 국토종합개발계획의 공간적 범위는 대한민국의 주권이 실질적으로 미치는 국토 전역을 대상으로 하며, 필요시 한반도와 이를 둘러싸고 있는 동아시아 전역으로 확대한다. 〈국토기본법〉에 따르면 국토의 현황 및 여건 변화 전망에 관한 사항, 국토의 균형발전을 위한 시책 및 지역산업 육성에 관한 사항에 대한 기본적이고 장기적인 정책방향이 포함되어야 한다.

도시계획은 광역도시계획, 도시·군기본계획, 도시·군관리계획 등으로 구분된다. 광역도시계획의 수립사례로는 서울-인천-경기도를 포괄하는 수도권광역도시계획, 광양만권광역도시계획 등이 대표적이다. 도시·군기본계획이란 국토종합계획·광역도시계획 등 상위계획의 내용을 수용하여 도시가 지향하여야 할 바람직한 미래상을 제시하고 장기적인 발전방향을 제시하는 정책계획이다. 따라서 도시 내에서 다른 법률에 의한 환경, 교통, 수도, 하수도, 주택 등에 관한 부문별 계획을 수립할 때에는 반드시 도시·군기본계획의 내용과 부합해야 한다. 도시·군관리계획이란 도시의 개발·정비 및 보전을 위하여 수립하는 법정 도시계획으로서 용도지역·지구·구역, 기반시설, 도시개발사업 및 정비계획, 지구단위계획 등을 일괄된 체계로 종합하여 단계적으로 집행토록 하는 계획이다.

도시계획의 근간인 용도지역·지구제는 상위 도시계획에 부합하는 목적 및 방향으로 토지나 건축물의 이용을 유도하는 제도다. 즉, 모든 토지에 대하여 행위를 제한하는 용도지역제와 이를 강화 또는 완화하는 장치인 용도지구제로 구분된다. 〈국토의 계획 및 이용에 관한 법률〉은 용도지역을 도시지역(주거지역, 상업지역, 공업지역, 녹지지역), 관리지역(보전관리지역, 생산관리지역, 계획관리지역), 농림지역, 자연환경보전지역으로 구분한다. 해당 용도지역 안에서 토지를 이용하거나 건축물을 거축하려는 때에는 법률이 정하는 용도지역별 건폐율·용적률, 건축물의 용도·종류·규모 등을 따라야 한다. 이때 건폐율이란 땅의 면적 대비 건물 바닥의 넓이를 뜻한다. 대지에 건물을 얼마나 넓게 지을 수 있는지를 규정한다. 용적률은 대지면적과 대비해 건물 연면적이 차지하는 비율이다. 연면적은 건축물 각 층별 바닥 면적의 합이라 건물의 층수를 결정하는 지표가 된다.

국토교통부장관, 시·도지사 또는 대도시 시장은 용도지구인 경관지구, 미관

국토종합계획 위상과 다른 계획과의 관계

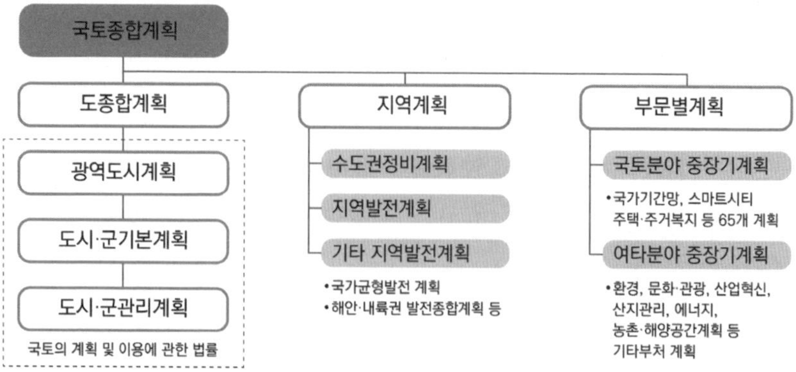

지구, 고도지구, 방화지구, 방재지구, 보존지구, 시설보호지구, 취락지구, 개발진흥지구, 특정용도제한지구 등 총 10개를 도시·군관리계획으로 결정한다. 나아가 용도지역·지구제를 보완하는 정책수단인 용도구역은 개발제한구역, 시가화조정구역, 수산자원보호구역, 도시자연공원구역 등 4개다.

모든 계획은 상호연관성과 복잡성에 대응하려는 것이다. 도시계획의 경우 지역발전이나 시민행복과 직결된 토지이용(지역지구제), 가로패턴, 대중교통, 철도교통(해상과 항공), 공공여가, 도시예술 등을 다룬다. 토지라는 사유재산의 개발을 통제하는 지역지구제의 정당성은 공공의 이익을 위해 민간의 행위를 규제한다는 것이다. 일례로 획지분할규제는 일정 규모의 블록이 개별 필지로 전환되는 것을 규제한다. 도시계획의 성공요소는 통일성과 일관성, 보행자와 자동차 상충 문제의 최소화, 비·바람·소음으로부터의 보호, 이용자에게 알기 쉬운 방향성 제시, 토지용도들의 융화, 쾌적한 휴식공간 확보, 행복감과 안정감의 제공 등이다.[5)]

세계 각국의 도시는 엄격한 규제기준으로 도시의 성장잠재력이 약화되자 용도지구제의 일환으로 계획단위개발(Planned Unit Development: PUD), 유도 지역제(Incentive Zoning), 개발권 이양제(Transfer of Development Right: TDR), 성과용도지역제(Performance Zoning) 등을 활용하고 있다. 일례로 개발권 이양제란 개별획

5) 존 레비 저, 서충원·변창흠 역. (2013). 앞의 책. p.237.

지에 대해서 실행 가능한 개발 총량을 규제하는 대신 당해 획지에 있어서 미이용의 개발 가능용량을 다른 획지로 이전하는 것을 인정하는 제도다.

아파트 공화국 서울도 용적률을 탄력적으로 조정해 왔다. 1970년대 초반 200% 수준에서 1980년대에 300%대로 상향 조정했다. 하지만 인구밀도 증가로 교통난, 쓰레기매립지 확보 문제 등의 문제가 제기되자 2000년대 이후 250%로 하향 조정했다. 최근 해외에서도 친환경 주거수단으로서 아파트의 효용성에 주목하기 시작했다. 서울도 300% 내외 용적률로 지어진 1980년대 아파트의 재건축을 앞두고 고민하기 시작했다.

도시 기반시설이란 시민의 공동생활과 도시의 경제·사회활동을 원활하게 지원하기 위하여 설치하는 물리적 시설이다. 〈국토의 계획 및 이용에 관한 법률〉에 의한 기반시설은 교통시설, 공간시설, 유통공급시설, 공공문화체육시설, 방재시설, 보건위생시설, 환경기초시설 등 총 7개 유형에 53종의 시설이 있으며, 이중 도시·군관리계획으로 결정하여 설치하는 시설을 도시·군계획시설이라고 한다.

도시·군계획시설은 도시·군관리계획으로 결정고시 후 단계별 집행계획에 의해 사업이 시행된다. 도시개발사업과 정비사업은 각각 〈도시개발법〉과 〈도시 및 주거환경 정비법〉에 의하여 시행하는 단지개발사업으로서, 도시·군관리계획으로 결정고시 되어야 사업을 시행할 수 있다.

〈도시 및 주거환경정비법〉상 도시개발 방식은 주거환경개선사업, 재개발사업, 재건축사업으로 구분된다. 우선 주거환경개선사업은 도시 저소득주민이 집단거주하는 지역으로서 정비기반시설이 극히 열악하고 노후·불량건축물이 과도하게 밀집한 지역의 주거환경을 개선하거나 단독주택 및 다세대주택이 밀집한 지역에서 정비기반시설과 공동이용시설 확충을 통하여 주거환경을 보전·정비·개량하기 위한 사업이다. 또한 재개발사업은 정비기반시설이 열악하고 노후·불량건축물이 밀집한 지역에서 주거환경을 개선하거나 상업지역·공업지역 등에서 도시기능의 회복 및 상권활성화 등을 위하여 도시환경을 개선하기 위한 사업이다. 그리고 재건축사업은 정비기반시설은 양호하나 노후·불량건축물에 해당하는 공동주택이 밀집한 지역에서 주거환경을 개선하기 위한 사업이다.

지구단위계획이란 토지이용을 합리화하고 그 기능증진 및 미관개선을 통한 양호한 환경의 확보 및 체계적·계획적 관리를 위해 수립하는 도시·군관리계획이다. 지구단위계획은 1종과 2종으로 구분되며, 각기 도시지역과 이외 지역을 담당한다. 제1종지구단위계획은 기존 시가지내 용도지구 및 도시개발구역, 정비구역, 택지개발예정지구, 대지조성사업지구 등 양호한 환경의 확보 및 기능 및 미관의 증진을 위하여 필요한 지역에 대하여 지구단위계획 구역 지정 후 계획을 수립한다. 제2종지구단위계획은 계획관리지역 또는 개발진흥지구를 체계적·계획적으로 개발 또는 관리하기 위하여 용도지역의 건축물 그 밖의 시설의 용도·종류 및 규모 등에 대한 제한을 완화하거나 건폐율 또는 용적률을 완화하여 수립하는 계획이다.

경관계획이란 일정 지역의 경관을 보전·관리 및 형성하기 위한 수립하는 지방자치단체의 자치적 법정계획이다. 경관계획은 지방자치단체에서 의무적으로 수립해야 하는 강제적 계획이 아니기 때문에 지역의 여건과 상황에 따라 선택적으로 수립한다. 세계도시 이미지 관리에 주력하는 서울시는 녹지축, 수경축 등의 경관골격을 실질적 관리대상으로 구체화해 경관기본관리구역과 경관중점관리구역을 설정하였다.

우리나라는 수도권의 인구와 산업을 적정하게 배치하기 위해 〈수도권정비계획법〉을 제정해 3대 권역인 과밀억제권역, 성장관리권역, 자연보전권역에 따라 엄격한 규제기준을 설정하였다. 하지만 공장총량제와 조세부담을 요체로 하는 과밀억제권역 규제강도를 둘러싸고 수도권과 지방도시 간에 논쟁이 격화되고 있다.

우리나라의 도시계획 법제도 혁신도시나 기업도시처럼 거대. 정치 이슈보다 시민행복과 생활편의에 주목하기 시작했다. 〈도시공원 및 녹지 등에 관한 법률〉은 도시에서 공원녹지의 확충·관리·이용 및 도시녹화 등을 활용해 쾌적한 도시환경을 추구한다. 공원녹지에는 도시공원, 녹지, 유원지, 공공공지 및 저수지 등이 포함된다. 또한 나무, 잔디, 꽃, 지피식물(地被植物) 등이 자라는 공간도 대상이다. 그리고 도시녹화란 식생, 물, 토양 등 자연친화적인 환경이 부족한 도시지역의 공간에 식생을 조성하는 것이다. 여기에 부가해 최근에는 도시숲을 조성·관리하는 일도 법제화가 이루어졌다. 참고로 도시농업이란 도시지역에 있는 토지, 건축물 또는 다양한 생활공간을 활용해 농작물 경작, 수목 또는 화초 재배, 양봉 등 곤충을 사육하는 행위를 말한다. 유리온실이나 비닐하우스를 활용한 스마트 관리가 촉진되면서 도시농업이 각광받고 있다.

우리나라는 급속한 산업화와 도시화 과정에서 불균형 발전의 폐해를 유발했다. 이에 노무현 정부는 2004년 〈국가균형발전특별법〉을 제정해 지역 간 불균형 문제에 대응했다. 이를 위한 실천전략으로 공공기관 이전, 세종특별자치시 건설, 지역혁신체제 구축을 추진했다. 하지만 이명박 정부의 5+2 광역경제권 정책이나 박근혜 정부의 지방 중추도시권(10+α)은 지방분권의 상대적 약화를 초래했다.[6]

우리나라의 역대 정부와 도시는 재개발에 주력해 왔다. 그러나 문재인 정부와 박원순 시장의 주도로 도시재생이 강화되었다. 도시재생이란 인구의 감소, 산업구조의 변화, 도시의 무분별한 확장, 주거환경의 노후화 등으로 쇠퇴하는 도시를 지역역량의 강화, 새로운 기능의 도입·창출 및 지역자원의 활용을 통하여 경제적·사회적·물리적·환경적으로 활성화시키는 도시발전전략을 지칭한다. 〈도시재생 활성화 및 지원을 위한 특별법〉상 도시재생의 유형인 경제기반형은 산업단지, 항만, 공항, 철도, 일반국도, 하천 등 국가의 핵심적인 기능을 담당하는 도시·군계획시설의 정비 및 개발과 연계하여 도시에 새로운 기능을 부여하고 고용기반을 창출하기 위한 것이다. 반면에 근린재생형은 생활권 단위의 생활환경 개선, 기초생활인프라 확충, 공동체 활성화, 골목경제 살리기 등을 위한 것이다.

케이블카와 출렁다리, 데크길과 황톳길은 요즘 지방자치단체가 몰두하는 사업이다. 관광객을 유치하거나 시민만족을 유도하기에 유리하다고 판단한 것이다. 하지만 유행과 선거를 의식해 방만하게 일을 벌이면 사업실패와 재정파탄으로 초래하는 경우가 많다.

지방자치단체의 역점 공약 사업은 환상을 부추기는 광고로 시작된다. 시장과 업자는 당선과 이윤이라는 성과를 얻지만 주민들은 부동산 급등과 미분양 역

6) 이성근 외. (2013). 최신 지역개발론. 집현재.

지역개발 사업타당성검토의 착안사항

타당성 검토절차	착 안 사 항	비 고
지역여건분석	• 지역의 개발잠재력 분석 • 산업연관효과 등 지역부존자원의 효율적 활용 • 지역개발 등 지역경제파급효과 • 시장접근성 분석	정책적 가치판단
사업계획의 적정성분석	• 사업추진배경 및 목적 • 지역개발계획 등 상위계획과의 연계성 • 전문적 경영능력 검토 • 조직 및 인력관리계획의 적정성	전략적 가치판단 사업수행능력 검토
재원조달계획의 적정성분석	• 투자재원조달의 합리성 • 지역재무구조의 건정성 • 지역의 중장기투자계획 분석 • 지방재정에의 기여도	재정적 타당성 검토
사업수지분석	• 시장경기동향 및 시장수요분석 • 투자비 지출의 합리성 • 제조원가, 판매단가 추정 등 예상수입분석 • 경영환경변화에 따른 민감도 분석 • 경제적 수익률분석(NPV, IRR 등)	경제적 타당성 검토
검토결론	◦경영사업 검토의 종합적 판단	최종검토

풍을 감내하는 경우가 많다. 이에 정부는 감사행정과 성과관리의 연장선상에서 대규모 개발사업의 책임성을 확보하는 안전장치로 사업타당성검토(feasibility study)를 의무화시켰다.

전략적 불확실성에 역동적으로 대응한 우수사례는 싱가포르가 대표적이다. 1980년대 싱가포르 국방부는 다국적기업인 쉘(Shell)사의 도움을 받아 미래 시나리오 기법을 활용한 전략수립을 시도하였다. 1995년에는 총리실 산하에 시나리오 사무국을 운영하였고 다시 전략정책처로 개명하였다. 전략정책처는 국가 차원의 시나리오 외에 별도로 기후변화, 뉴미디어 등 특정 이슈에 대한 시나리오를 만들고 있다. 나아가 정부는 2004년 '위험평가와 추세분석(Risk Assessment and Horizon Scanning: RAHS)'이라는 미래예측 기법을 고안하였다.

사업타당성검토란 특정 사업에 대한 투자가치가 있는가의 여부를 과학적이고 체계적으로 검토하는 일련의 과정과 방법을 말한다. 특정사업이 타당성을 갖기 위해서는 정책적·전략적 측면에서의 사업에 대한 매력 또는 정당성, 사업시행자의 사업수행능력, 재정경제적 측면에서의 일정한 투자수익의 보장 등 3가지 관점에서 문제가 없어야 한다.

택지개발을 비롯해 지방자치단체가 수행하는 지역개발의 사업타당성검토 절차는 시청이 자체적으로 기본계획을 수립하는 단계에서부터 시작된다. 이후 수립된 기본계획을 전문기관에 검토 의뢰하는 단계로 넘어간다. 우리나라는 중앙정부 사업은 한국개발연구원 공공투자관리센터에서 예비타당성검토를 수행하지만 지방차치단체 사업은 시도나 전문연구기관에서 담당한다.

지역개발대안 간에 우선순위를 가리는 비용편익분석(cost－benefit analysis)도 타당성검토의 핵심적 기법이다. 비용편익분석의 절차는 우선 평가의 대상이 되는 정책의 대안을 구성한다. 다음으로 각 대안의 이해관계자 선정 및 비용과 편익을 구체화한다. 이후에 비용과 편익의 화폐가치와 현재가치를 계산한다. 마지막으로 총순편익을 계산하여 대안 간의 우위를 판단한다.

지역경제성장을 분석하는 변화할당모형(shift－share model)은 지역경제성장의 횡적인 차원과 종적인 차원을 동시에 관찰할 수 있는 간결하고 이해하기 쉬운 지역경제 분석모형이다. 지역성장의 요인을 국가전체의 성장요인(national share), 산업구조적 요인(industry mix), 지역의 경쟁력 요인(local factor)으로 구분한다. 자료가 불충분하여 시계열 분석이 어려운 경우나 시간과 자원이 제한된 경우에도 무리 없이 사용될 수 있다.

정부 간 재정관계의 규범에도 유의해야 한다. 오츠(Oates)의 분권화 정리에 따르면 중앙정부와 해당 지방정부의 공공재 공급 비용이 동일하다면, 지방정부가 해당 지역에서 공공재를 공급하는 것이 중앙정부가 모든 구역에 걸쳐 획일적으로 공급하는 것보다 효율적이다. 그램리치(Gramlich)가 주장한 끈끈이 효과(flypaper effect)란 하위 지방정부가 상위정부로부터 지원금을 받으면 그것을 이용하여 해당 지역주민의 조세 부담을 경감시키기보다 행정비용으로 전용하는 경우가 많은 점에 착안하였다. 코르나이(Kornai)가 주장한 연성예산제약(soft budget constraint)이란 지방정부가 재정적 곤란에 처하게 될 경우, 중앙정부가 상당한 재정지원을 할 것이라고 기대하는 지방정부가 방만한 재정운영 행태를 보일 것이라는 이론이다.

우리나라 지방자치법은 도시 간 규모 차이를 반영해 지방자치단체에 대한 특례를 허용한다. 우선 인구 30만 이상인 지방자치단체로서 면적이 1천㎢ 이상인 지방자치단체의 경우 이를 특례를 둘 수 있는 인구 50만 이상 대도시로 본다. 또한 특례를 둘 수 있는 인구 50만 이상 대도시는 전년도 말일 현재 해당 지방자치단체의 관할구역에 주민등록이 되어 있는 사람 수를 합산한 주민 수가 2년간 50만 이상인 시로 한다. 더불어 특례시의 부시장은 2명으로 하며, 이 경우 부시장 1명은 일반직, 별정직 또는 임기제 지방공무원으로 보할 수 있다. 나아가 세종특별자치시와 제주특별자치도의 지위·조직 및 행정·재정 등의 운영에 대해서는 행정체제의 특수성을 고려해 특례를 둘 수 있다.

지역의 특화발전은 도시경쟁력을 강화하는 첩경이다. 입지계수(location quotient)는 어떤 지역의 특정 산업이 국가 전체와 비교하여 어느 정도 특화되어 있는가를 측정하는 지표다. 입지계수를 활용하여 경제기반분석의 기반활동과 비기반활동을 구분할 수 있다. 만일 특정 산업의 입지계수가 1보다 크면 특화되었다고 말할 수 있다.

티부(Tiebout) 가설은 도시 간 경쟁이 작동하는 상황에서 효용극대화를 추구하는 주민의 이사의도에 주목하였다. 주요 가정은 주민이 선택할 수 있는 지방자치단체의 수는 충분히 많고, 주민은 이동에 아무런 제약이 없다는 것이다. 더불어 주민은 각 지방자치단체의 재정 정보를 완전하게 알고 있다. 따라서 도시는 거주자들의 선호에 따라 지방공공재의 균형적인 분배를 추구한다는 것이다.

3. 지방소멸의 위기와 창의적 부활전략

저출생·고령화 추세에 국내외 도시 간 경쟁까지 격화되자 지역격차와 지방소멸이 심화되었다. 지역소멸의 별칭은 한계취락, 유령마을, 제로마을 등이다. 로컬을 복원하려는 내생적 자구노력과 외생적 지원수단에도 불구하고 가시적인 발전성과의 창출은 미진한 실정이다. 따라서 소멸위기를 극복하려면 각자도생의 경쟁적 사고를 탈피해 공존공영의 협치 마인드를 확산시켜야 한다.

지역소멸은 해당 지역의 인구가 줄어들면서 초·중·고 폐교나 행정기관 통폐합이 이루어진다는 의미이다. 폐교로 인한 통학부담을 우려하는 학부모나 통폐합으로 승진이 어려워지는 공무원이 직접적인 피해자다. 우리나라 인구감소 추세를 감안하면 중장기적으로 기존 읍·면·동 가운데 30% 정도가 사라질 것으로 보인다. 지역소멸로 부동산이 하락하고 지역개발이 침체되면 주민들의 상대적 박탈감이 커진다. 일본은 인구감소로 2004년 이후 23개 구간 총 614㎞의 철로를 폐지했다. 반대로 인구가 증가한 한국의 특례시나 일본의 지정시는 공무원 인사가 원활하고 도시행정의 자율성도 증가했다.[7)]

2004년 정점에 달한 일본 인구는 하락세를 보이고 있다. 2014년 총무성 장관을 역임한 직업관료 출신의 마스다 히로야는 지방소멸에 관한 보고서를 작성했다. 인구감소 추세에서 수도권 집중화가 계속되면 2040년까지 900여 개에 달하는 지자체가 소멸위험에 직면할 것이라는 예측이다. 이에 일본은 지역 간 불평등과 지역소멸 위기를 극복하려고 범국가적 정책의제인 지방창생 운동을 시작했다. 이후 장소자산, 관계인구, 고향기부제 등이 지방창생의 핵심적 정책수단으로 활용되고 있다.

일본의 대표적인 낙후지대인 시코쿠는 문학관에서 산업유산에 이르기까지 새로운 장소자산을 개척해 마케팅한 우수사례다. 지역 활성화나 관광 자원으로 '활용'했거나 '정책'화한 사례는 물론 문학과 영화 등의 영역에서 '상상'하거나 '재현'해 문화자산으로 가치를 가지게 된 장소에 주목한 것이다. 일례로 메이지유신 이전에 봉건영주의 근거지인 근세성곽이 지금은 모두가 누리는 공원으로 재탄생했다. 폐번치현에 따라 독점적인 영주의 번을 대신한 공공적인 시민의 현이 공간에 새로운 정체성을 확립한 것이다. 더불어 나오시마 예술섬이나 마쓰야마 문학

7) 일본은 기초자치단체 시정촌 중 인구 50만 이상의 도시에 대해 광역자치단체인 도도부현에 상응하는 일부 기능을 허용하는 지정시 제도를 운영한다. 우리나라도 인구 50만 이상의 도시에 행정구를 설치할 수 있도록 특례를 허용하는 한편 인구 100만 이상의 특례시는 시정연구원 설치 등 광역자치단체의 권한에 준하는 권한까지 허용하고 있다.

도시도 시코쿠를 대표하는 지역활성화 사례다.[8)]

관계인구 확대에 주력한 야마나시현은 정주인구를 보완하는 정책수단으로 야마나시 링키지(linkage) 프로젝트를 추진했다. 야마나시현을 지지하고, 경제적 공헌이 높으며, 지역에 애착과 귀속의식이 있는 사람을 링키지 인구로 정의하고, 이중 지역 거주자, 야마나시현 출신 귀향자, 관광객 등을 6만명 수준으로 증가시키자는 목표를 설정해 경제사회적 파급효과의 극대화를 추구한 것이다.

최근에 부상한 고향기부제는 단순한 모금운동을 탈피해 지역사회금융인 크라우드펀딩으로 진화해야 한다. 일본은 특산품의 공급 혁신은 지자체에 일임하고, 혁신적인 모금은 민간에 맡기고, 총무성은 감독보다 지원에 주력하라는 스가 요시히데 전 총리의 주문에 응답해 소기의 성과를 창출한 것이다. 한국도 고향사랑기부제의 답례품 공급은 수익을 기대하기 어렵고, 잔손이 많이 가는 업무지만 지역 농·축협의 헌신으로 순항중이다. 일본 총무성의 관계인구를 차용한 한국 행정안전부의 생활인구도 잠재력이 충분하다.[9)] 더욱이 장소자산인 로컬 공간만큼 베이비부머들의 활약이 기대되는 곳도 찾아보기 어렵다는 점에서 집단귀향을 적극 유도해야 한다.[10)]

행정안전부는 2023년 〈인구감소지역 지원 특별법〉을 시행하면서 생활인구를 도입했다. 생활인구는 주민등록법에 따라 주민으로 등록한 사람과 체류하는 사람은 물론 등록 외국인까지 포괄한다. 풍광이 수려한 바다나 숲을 보며 일하거나 공부하는 지자체 워케이션(Work+Vacation) 마을도 생활인구 늘리기의 수단이다. 제주도 구좌읍은 주민들이 설립한 마을협동조합에서 워케이션 센터를 운영한다. 춘천 워케이션은 KT&G 상상마당 스테이, 오월학교 스테이, 엘리시안강촌, 박사마을 글램핑 등이 숙소이고 인근의 카페나 갤러리를 사무공간으로 활용한다. 워케이션의 일종인 농촌유학 프로그램은 도시 아이들에게 생태학습 기회를 제공하는 사업이다. 전남교육청은 지역 농촌학교에 6개월 이상 전학해 생태학습

8) 박진한 외. (2023). 시코쿠에서 일본을 읽다. yeon doo.
9) 고두환. (2025). 히라도시 '고향납세' 기적을 다시 꺼내보며. 농민신문. 2025.02.27.
10) 전영수. (2025). 부머+로컬=일석이조 행복전략. 농민신문. 2025.02.05.

을 체험하는 기회를 제공한다. 공무원연금공단이 운영하는 은퇴자 공동체마을은 전원생활 단기체험 기회를 제공한다.11)

인구가 감소해 면사무소나 군청이 사라지더라도 주민들은 전자정부나 찾아오는 서비스를 활용해 별다른 불편을 느끼지는 않는다. 주민에게 제공하는 서비스의 효율성을 확보하는 압축도시나 메가시티도 보완적인 수단이다. 단체자치에서 주민자치로 전환해 능동적인 대응역량을 배양하면 농산어촌의 활력도 증진될 것이다. 마을에서 폐가를 공동으로 관리하면 최소한의 수선으로 귀촌인과 이주민의 거처로 활용이 가능하다. 주민이 소멸한 마을은 쾌적한 숲이나 농지로 전용될 것이다. 지금은 농어촌 일손부족을 외국인 계절노동자들이 해결하지만 중장기적으로 규제개혁 조치와 결부된 유리온실이나 로봇의 활용빈도가 증가할 것이다.

행정안전부는 〈지방자치분권 및 지역균형발전에 관한 특별법〉에 근거해 2021년 10월 시·군·구 89곳을 인구소멸지역으로 지정했다. 행정안전부의 인구감소지수 지표는 연평균인구증감률, 인구밀도, 청년순이동률, 주간인구, 고령화비율, 유소년 비율, 조출생률, 재정자립도 등 8개다. 5년마다 지정되는 인구소멸지역은 부산과 대구의 구군은 각기 3개, 인천과 경기의 구군 각기 2곳도 포함될 정도로 전국적 현상이다. 낮은 출산율로 2020년 인구증가율은 마이너스로 돌아섰다. 청년세대의 수도권 집중도 균형발전을 제한하고 있다. 생활여건이 척박한 수도권의 청년세대는 저출생을 심화시키는 요인이다.

한국고용정보원 분석에 따르면 2023년 기준 기초자치단체 226개 중 지역소멸 위험지역은 절반이 넘는 118개로 나타났다. 특·광역시 자치구를 제외하면 지방의 74.7%가 소멸위험 지역에 포함되었다. 국토의 11.8%에 불과한 수도권 인구가 2019년 비수도권 인구를 앞지른 이후 지역격차가 심해졌다. 안보문제로 지역개발이 침체된 경기북부를 제외하면 수도권 과밀현상의 심각성은 보다 분명해진다.

각국 정부는 지역격차 해소정책에 몰두해 왔다. 지역소멸 위험에 직면한 도시들은 자생적으로 지역재창조 운동을 시작했다. 하지만 지역재생은 중앙정부의

11) 조선일보. 2022.12.21.

획일적 대책이나 지방자치단체의 답습적인 대응으로 실질적 성과를 창출하기가 어렵다.

우리나라도 급격한 산업화와 도시화로 인해 수도권으로 인구가 집중되었다. 수도권 인구는 이미 비수도권의 인구를 추월한 상태다. 지역소멸 위기는 중소도시나 읍·면은 물론 비수도권 광역시도 예외가 아니다. 지역소멸이라는 서글픈 표현은 단순히 행정구역의 통폐합을 초월해 지역에 축적된 삶의 지층이 사라지는 현상이다. 그러나 우리들의 마음과 정성을 지역으로 모은다면 행정구역의 유지와 더불어 기억유산의 보존도 가능할 것이다.[12)]

낙후된 지역이 경쟁력을 확보하려면 슬로시티도 유력한 대안이다. 에너지·식량·문화·교육·주거·재정의 자립을 이루는 유토피아 공동체를 만들고 유용성을 입증하면 경쟁력이 살아날 것이다.[13)] 헬레나 호지는 〈오래된 미래〉에서 친환경적이고 지속가능한 경제, 가족공동체의 따뜻한 유대의식, 자신이 속한 사회에 대한 문화적 자존심을 갖는 것이 행복한 삶이라고 역설했다. 인간이 서로 도우면서 사회를 형성하고, 공동의 운명을 개척하는 미래는 지역공동체의 작동원리이다.[14)]

지역의 활력을 제고하려면 기업유치는 물론 인구유출을 막아야 한다. 저출생·고령화 추세에 대응하려면 청년세대의 유입과 정착을 유도해야 한다. 이에 각급 정부는 지역에 부족한 도서관, 돌봄공간, 공유카페, 생활체육공간 등에 대한 지원수단을 강화했다. 창작·홍보·판매 스튜디오 제공, 예비창업자 역량강화 교육, 스마트팜 혁신밸리 구축 등을 통해 청년창업을 촉진하는 한편 이들이 안정적으로 거주할 수 있도록 정주여건도 개선하였다.

지방자치단체의 자구노력과 중앙정부의 정책지원을 연계한 혁신적 정책대응은 지역소멸이라는 난제 해결의 첩경이다. 지역은 주민들의 삶의 터전이자 행정서비스의 일선이다. 지역경쟁력이 증진되면 매력도시와 행복도시가 구현된다.

---

12) 양진오. (2023). 마음아, 지역으로 가거라. 매일신문. 2023.07.21.

13) 장원. (2025). 지방은 왜 사라지는가. 농민신문. 2025.02.07.

14) 이동필. (2025). 오래된 미래와 지속가능한 농업·농촌. 농민신문. 2025.01.31.

창의성을 분출하는 특화도시의 역량을 배제한 상태에서 글로컬 파고를 넘기 어려울 것이다.

국가경쟁력을 좌우하는 핵심 요소가 기업의 생산성과 정부의 효율성이다. 기업과 정부는 서로 벤치마킹이 가능하다. 따라서 미국의 성장을 촉진한 선도기업의 전략을 차용하면 유용하다. 부연하면 첫째, 선도기업은 디지털화에서 가치를 포착한다. 둘째, 선도기업은 연구개발, 지식재산권, 직원역량 같은 무형자산에 적극적으로 투자한다. 셋째, 선도기업은 미래기술 활용에 필요한 숙련된 인재를 양성해 인재전쟁에서 승리한다. 넷째, 선도기업은 새로운 시장에 접근해 이해관계자들과 창조적으로 협업할 수 있는 기회를 모색하는 등 시스템적인 사고방식을 취한다.[15)]

브랜드는 무형의 가치로 대중 속의 심상에 해당한다. 마음에 들면 강력한 힘을 발휘하는 것이다. 도시브랜드에는 시민들이 추구하는 도시발전의 지향점이 담겨 있다. 우리가 접하는 심벌, 캐릭터, 슬로건, 축제, 명소, 상표 등은 총체적 도시브랜드를 구성한다. 자치단체가 생산한 볼거리, 먹거리, 즐길거리 등 콘텐츠의 대중적 유포와 확산은 장소자산의 활용이자 지역 브랜딩의 구현사례이다. 지역 브랜딩은 긍정적 이미지를 구축하는 실행전략이라는 점에서 장소 마케팅과 유사하다.

우리 자치단체도 지방소멸에 대응해 로컬브랜드 마케팅을 강화하였다. 지역축제를 활용해 관광객을 유치한 시도가 대표적이다. 일본 시코쿠와 마찬가지로 지역자산을 활용해 문화·관광시설 및 서비스를 개발하면 지역경제가 활성화될 것이다. 역사문화도시 경주와 통영은 장소성에 기반한 문화콘텐츠의 성공적 활용사례다. 두 도시는 2005년 중·저준위 방폐장을 유치하고 2015년 지역 내 조선소가 파산할 정도로 지역경제의 침체가 심각했다. 이에 지역이 배출한 윤이상과 최제우의 문화적 가치에 주목하는 한편 한산대첩축제와 동피랑 벽화마을, 경주 벚꽃축제와 황리단길의 브랜딩을 추구해 지역활성화 성과를 이룩하였다.

지방소멸을 극복하려면 국가균형발전이 불가피하다. 새로 출범한 이재명 정

---

15) 찰스 앳킨스 외. (2023). 생산성 높은 기업은 무엇이 다른가. 동아일보. 2023.07.13.

부는 세종시와 혁신도시 완성에 주력해야 한다. 공공기관은 물론 대기업과 명문대에 파격적 인센티브를 제공하는 방식으로 지방이전을 설득해야 한다. 해당 지역에서 졸업한 대학생들이 고향에 안착하도록 취업우대조치를 고안해야 한다.

경북 북부와 충북 북부는 지방소멸 위기지역으로 상대적 박탈감이 가중된 상태다. 수도권은 물론 동일 권역인 경북 남부와 충북 남부와 비교하더라도 경제사회 전반의 활력이 저하된 상태다. 대구와 떨어진 경북 북부는 대구경북특별시라는 메가시티 추진을 경계한다. 청주권의 비대화로 약화된 충북 북부는 조선시대나 일제 강점기에 충청감영과 조령이 선도한 지역발전의 전성기를 그리워한다. 친수도시는 경북 북부와 충북 북부 지역의 시군들이 포착한 애절한 화두다. 해당 지역은 낙동강과 남한강의 상류에 위치한 관계로 수많은 댐이 오래전부터 건설되었다. 대규모 댐의 존재가 지역개발을 제한해 왔지만 수중보를 활용한 친수도시 건설을 돌파구로 상정했다. 산악지대의 계곡과 결부된 서원, 사찰, 동굴, 폭포 등과 연계한 친환경 테마의 강화도 유용한 지역자산이다. 경북 북부의 유교문화권 개발사업과 충북 북부의 레이크 르네상스 구상과 연계한 친수도시 전략이 대표적이다.

이처럼 지방의 중소도시도 블랙홀 수도권을 원망하는 소극적 자세를 탈피해 글로컬 특화도시를 창출하는 경쟁력 강화전략에 매진해야 한다. 최우선과 우선은 물론 차선까지 고려하는 서너 개의 특화도시 브랜드를 준비해야 한다. 국내 유사도시를 압도하는 비교우위 요소를 발굴하는 한편 세계 최고로 도약한다는 확실한 목표를 설정해야 한다.

QR코드를 스캔하시면 참고문헌을 확인할 수 있습니다.

잘나가는 도시의 성공비결

초판발행 2025년 7월 10일

지은이 김정렬
펴낸이 안종만·안상준

편 집 전채린
기획/마케팅 장규식
표지디자인 BEN STORY
제 작 고철민·김원표

펴낸곳 (주) 박영사
서울특별시 금천구 가산디지털2로 53, 210호(가산동, 한라시그마밸리)
등록 1959. 3. 11. 제300-1959-1호(倫)
전 화 02)733-6771
f a x 02)736-4818
e-mail pys@pybook.co.kr
homepage www.pybook.co.kr
ISBN 979-11-303-2342-8 93300

정 가 22,000원